Apresentação

A presente obra resulta dos trabalhos escritos no Módulo de Direito Penal do Curso de Currículo Permanente da Escola da Magistratura Federal da 4ª Região, realizado no curso do ano de 2008. O curso contou com a participação, na abertura, do Prof. Dr. Kai Ambos, catedrático da Universidade de Göttingen, Alemanha, ao lado de vários outros grandes nomes dos três Estados da Região e de outros, do Brasil e do Exterior, entre magistrados e professores. As escolhas se revelaram acertadas, como comprovado ao longo do curso e pelas avaliações dos participantes, o que também deve ser creditado à já conhecida excelência do trabalho da incansável equipe de servidores da Escola da Magistratura.

A estrutura foi assemelhada à dos demais cursos do currículo permanente, em um modelo que pode ser considerado vencedor, e inclui a elaboração de um trabalho escrito pelo magistrado participante, com isso retirado da posição de mero espectador ou ouvinte e colocado em postura ativa, de pesquisador. O curso, a par de representar, por imperativo constitucional, estímulo ao avanço na carreira, é um momento de reflexão do magistrado sobre o direito e sua própria atividade, de modo sistemático e científico, distinto, portanto, da atividade forense diária. Com isso, os colegas participantes puderam aliar sua vivência prática à pesquisa teórica, com resultados bastante ricos, ora trazidos à publicação.

A coletânea dos trabalhos elaborados ao longo do curso, divididos em dois volumes, um dedicado aos temas de Direito Penal Material, e outro aos temas de Direito Processual Penal e Criminologia, vem atestada pelos professores que avaliaram e recomendaram os trabalhos para publicação. Nela consta o pensamento dos magistrados federais, que é levado ao público em geral, não se restringindo às partes dos processos.

Reputo importante que essas ideias sejam apresentadas à coletividade, por parte de magistrados que praticam, especialmente em relação à criminalidade econômica, uma justiça penal equilibrada, preocupada com os direitos fundamentais dos investigados e dos acusados, bem como com os direitos fundamentais das vítimas e com a proteção dos bens coletivos, evitando a tendência do hipergarantismo, que, ao exacerbar apenas as garantias individuais, leva a uma inviabilização da justiça penal, em especial para os autores de crimes de colarinho branco. O quadro atual, apesar do bom funcionamento das instâncias ordinárias da justiça penal federal, é de impunidade seletiva, funcionando o sistema penal apenas para aqueles que ocupam os mais baixos estratos sociais, enquanto os autores dos grandes crimes econômicos e ambientais se valem da demora do sistema para alcançar a impunidade. Essa situação se viu agravada, aliás, com a recente decisão do STF no sentido de que somente com o julgamento de todos os recursos, incluídos especial e extraordinário, é possível o início do cumprimento da pena, com o que aumentará a incidência de prescrição em casos complexos, jogando por terra todo o esforço despendido em primeiro e segundo graus.

Não se pode, porém, desanimar. A jurisprudência evolui e se aperfeiçoa também com a crítica doutrinária, não só aquela elaborada por professores, mas também por outros profissionais, como os magistrados e os advogados. É de esperar que essa publicação sirva de estímulo aos colegas para que continuem escrevendo e publicando, em especial sobre temas da competência da Justiça Federal, sempre unindo teoria e prática de uma instituição preocupada não só em evitar os excessos contra os acusados, mas também com uma aplicação eficaz da Justiça penal, em favor de toda a sociedade.

José Paulo Baltazar Junior
Juiz Federal Coordenador Científico do Currículo Permanente – Módulo IV – Direito Penal

Prefácio

O estudo doutrinário por magistrados é necessário e sempre interessante.

Ao juiz representa a oportunidade de examinar o estado da arte acadêmica sobre temas sem direta relação com as pessoas em lide. À sociedade traz-se o pensamento de quem por ela resolve os conflitos de direito, estruturalmente posicionado no processo de modo diferente dos advogados, que com muito maior intensidade costumam atuar na atividade acadêmica, assim também distanciando naturalmente seu foco de impressões sobre os temas jurídicos.

No processo penal, encontra-se em grande discussão o papel do juiz na condução do feito, especialmente na interferência probatória. Elevam-se as exceções de prejulgamento a regras de conduta a serem evitadas, como se comuns fossem. Sugerem-se modelos de um *juiz sem braços*, que não interfere na busca da verdade, ainda que com isso sacrificando a efetiva justiça!

A despeito da discussão de a quem interessa o *juiz manietado*, a obstaculização ao caminho – ainda que ideal – da verdade real, à melhor busca do justo, certamente sobressai do contexto da vivência do magistrado um cabedal de experiências e visões que o singularizam na compreensão do direito. Não está o juiz sofrendo a injustiça da parte, os dramas familiares dos acusados, mas tampouco daí guarda ressentimentos ou visões de maior parcialidade e mais facilmente preocupa-se com a efetividade do processo e com a pessoa da vítima.

Assim é que vejo com especial alegria nova obra acadêmica de magistrados federais, produzida ao par da grande quantidade de trabalho que enfrentam no dia a dia forense, apta a qualificá-los e a qualificar os estudos do processo penal.

Vários são os enfoques deste tomo, de eficiência do processo a novos ritos, de técnica procedimental à colheita das provas, da prisão e seus aspectos de cautelaridade.

São temas que empolgam justamente pela exposição de ideias nem sempre acompanhando a maioria doutrinária hoje consagrada no Brasil, que de uma visão merecidamente garantista por vezes se acentua para uma visão de quase exclusiva e parcial defesa dos interesses do processado.

Se a eficiência do processo não pode servir de obstáculos ao direito de defesa, é ela em si um bom ideal. Os temores de quem sofreu com raros excessos de atropelos na marcha processual não servem para macular o princípio constitucional de melhor e mais célere exercício do poder estatal, aspecto em que também se insere a jurisdição.

Os novos ritos do processo penal ainda provocam grandes divergências doutrinárias, justificando o valor no exame do tema por aquele que tem como responsabilidade a direção do processo em sua atividade diária.

A técnica procedimental e a colheita de provas constituem-se em outros aspectos em que grande é a contribuição que pode trazer o magistrado, pela constante necessidade de decidir acerca das provas necessárias ao feito e à forma com que serão realizadas.

Finalmente, o tema da prisão cautelar, sua forma e limites, é sempre preocupante a todos operadores do direito. Representa a discussão do mal maior ao cidadão, a privação de sua liberdade, com a agravante dessa medida dar-se em período em que é presumidamente inocente. Assim é que muito se tem debatido acerca da confrontação da honra e da dignidade do acusado e do por vezes oposto interesse de preservação da utilidade do processo e da cessação dos riscos sociais.

Enfim, é o trabalho de juízes que dedicaram seu tempo a melhor compreender temas do processo penal, valorizando a discussão com o diferenciado prisma do condutor do processo. Se devem as decisões judiciais ser discutidas em um estado democrático, se pode o julgador sofrer críticas por qualquer deliberação sua, é, de outro lado, como representante do Judiciário, o agente das salvaguardas da sociedade, aquele a quem todos confiam a lembrança das promessas estatais, para que sejam rememoradas e cumpridas, para que se assegure ao cidadão a plena defesa em digno processo e para que se assegure à vitima – individual e coletivamente considerada – que os culpados de crime, e apenas estes, merecerão a correta sanção penal.

Néfi Cordeiro
Desembargador Federal do TRF da 4ª Região

Sumário

O dilema do tempo no Processo Penal: celeridade e observância das garantias processuais

Danielle Perini Artifon[1]

Resumo: Exige-se, hoje, a tramitação do processo penal em prazo razoável. Esse direito encontra-se, inclusive, positivado no texto constitucional (art. 5º, inc. LXXVIII, incluído pela Emenda Constitucional nº 45/2004). Nesse contexto, correntes doutrinárias primam pelo rigor punitivo e pela celeridade na solução dos casos penais, ainda que esta se obtenha por meio de restrições de direitos fundamentais do acusado. Por outro lado, tem-se o pensamento de índole garantista que, embora reconhecendo a necessidade de o processo não se estender de modo indevido, não tolera que se sacrifiquem direitos e garantias do réu. Reconhece-se que o processo penal é vocacionado para demorar (de modo razoável). Busca-se, assim, conciliar a observância das garantias processuais com a tramitação sem dilações indevidas. Por essa linha de pensamento, a segurança jurídica não deve ser buscada na majoração de penas e em reformas processuais que objetivem simplificar o rito e suprimir fases processuais, mas na proteção do indivíduo em face do poder punitivo estatal. De igual modo, o direito à razoável duração do processo deve ser visto também sob o prisma do acusado (não apenas da sociedade), já que a longa tramitação do feito é, por si só, um estigma e uma pena para quem se encontra na condição de réu.

Sumário: Introdução. 1. As diferentes concepções do processo penal: visão garantista *versus* movimentos repressivistas. 2. O direito à razoável duração do processo. 2.1 O tempo da sociedade e o

---

1 Juíza Federal Substituta da 6ª Vara Federal de Curitiba.

tempo do direito.3.A demora do processo na perspectiva do acusado: o tempo como pena.Conclusão.Referências.

Palavras-chave: Razoável duração do processo.Garantias processuais. Celeridade. Segurança. O tempo como pena.

INTRODUÇÃO

O presente estudo aborda o dilema enfrentado, hoje, na tramitação do processo penal, em razão da exigência concomitante de que a prestação jurisdicional se dê em um prazo razoável e que a instrução processual garanta, de modo efetivo, o exercício da defesa do acusado, a exposição de suas razões e a ampla produção probatória.

Ver-se-á que existem correntes de pensamento que primam, essencialmente, pela rápida resposta do Estado no *acertamento* dos casos, como fator de segurança social, e para satisfazer o anseio de uma população ávida por soluções imediatas. Para a obtenção desse desiderato, porém, não raro se restringem garantias processuais do réu, em uma clara opção pela celeridade em detrimento do sujeito, de sua liberdade e dignidade. Igualmente se verá que, em nome dos mesmos valores (celeridade e sentimento de segurança social), penas são impostas antecipadamente, sob o manto do instituto das prisões cautelares, as quais se tornaram comuns nos dias atuais.

Por outro lado, será possível verificar a existência de diversas vozes na doutrina a se insurgirem contra esse estado de coisas, denunciando a falácia do discurso que prega a busca de segurança social por meio da rápida punição e do recrudescimento da resposta do Estado ao crime. Restará explicitado que, segundo essa linha doutrinária, a rapidez na tramitação do processo penal não pode ser obtida a qualquer preço, com a desconsideração da pessoa que sofre o processo e de suas garantias. Além disso, em conformidade com essa mesma abordagem – encarado o processo como instrumento garantidor das liberdades individuais em face do Estado –, será possível constatar que ele não está vocacionado a uma tramitação muito rápida, havendo necessidade da (razoável) demora para a reconstituição aproximada dos fatos, a fim de permitir ao réu o amplo exercício de seu direito de defesa, e, ao julgador, os elementos necessários para a formação de um juízo mais seguro.

Objetiva-se, assim, realizar uma análise dessas questões, propondo a busca de um equilíbrio entre o ideal da tramitação do processo em um tempo devido (não excessivo) e a observância das garantias processuais do réu.

O tema será tratado a partir de manifestações da doutrina, centrando-se na realidade do direito positivo brasileiro.

Foram utilizados na pesquisa, essencialmente, livros específicos sobre o tema enfocado, assim como artigos publicados em revistas especializadas e disponíveis na internet.

O primeiro capítulo trará as diferentes concepções acerca do processo penal e de seu propósito, abordando, de um lado, a chamada visão "garantista" e, de outro, a ideia "repressivista", muito em voga nos dias de hoje, a fim de propiciar uma contextualização inicial ao leitor e permitir uma tomada de posição. No segundo capítulo, será abordado o direito ao processo sem dilações indevidas, a forma como esse direito tem sido encarado pela doutrina, pelos operadores do Direito em geral e pela sociedade, bem como as distorções havidas em sua interpretação. No terceiro, a questão do tempo de tramitação do processo será tratada sob a perspectiva do réu, evidenciando como a espera demasiadamente longa por uma sentença pode significar, em si, verdadeira pena.

A intenção não foi esgotar o tema, mas chamar a atenção para sua importância e atualidade, enfocando alguns de seus aspectos. Muitas questões igualmente relevantes foram deixadas de lado, tal como a discussão acerca de critérios objetivos para definição do que seja prazo razoável, considerando os limites a que se propõe o presente estudo. Buscou-se, em síntese, propiciar uma reflexão crítica sobre a exigência de celeridade no processo penal, e sobre suas possíveis implicações na tramitação do processo e na observância das garantias que lhe são próprias.

1. AS DIFERENTES CONCEPÇÕES DO PROCESSO PENAL: VISÃO GARANTISTA *VERSUS* MOVIMENTOS REPRESSIVISTAS

Jorge de Figueiredo Dias[2] ensina que o propósito do processo penal consiste em "obstar a insegurança do direito que necessariamente existe *antes* e *fora* daquele, declarando o direito no caso concreto, i. é, definindo o que para este caso é, hoje e aqui, justo". Para ele, o processo penal, longe de servir apenas ao "exercício dos direitos assegurados pelo direito penal", visa, antes, à "compreensão e realização, a definição e declaração do direito do caso concreto".

E, para que isso ocorra a contento, é necessário que o processo se estruture dialeticamente, dando atenção às diferentes possibilidades e pontos de vista que se apresentam em seu tramitar[3].

Para Aury Lopes Junior[4], "Antes de servir para a aplicação da pena, o processo serve ao Direito Penal", e "Tão importante como a pena é a função de proteção do indivíduo em relação ao Direito Penal". Nesse sentido, o processo penal apresenta-se como instrumento de limitação do poder punitivo do Estado, conforme explicitado pelo autor:

> O processo, como instrumento para realização do Direito Penal, deve realizar sua dupla função: de um lado, tornar viável a aplicação da pena, e, de outro, servir como *efetivo instrumento de garantia dos direitos e liberdades individuais*, assegurando os indivíduos contra os atos abusivos do Estado. Nesse sentido, o processo penal deve servir como instrumento de limitação da atividade estatal, estruturando-se de modo a garantir plena efetividade aos direitos individuais constitucional-

---

2 DIAS, Jorge de Figueiredo. *Direito Processual Penal.* Coimbra: Coimbra Editora Lda., 1974, v. 1, p. 46.

3 *Op. cit.*, p. 50.

4 LOPES JUNIOR, Aury. *Introdução Crítica ao Processo Penal (Fundamentos da Instrumentalidade Constitucional).* 4. ed. rev. e atual. Rio de Janeiro: Editora Lumen Juris, 2006, p. 38.

mente previstos, como a presunção de inocência, contraditório, defesa, etc.

O processo penal, sob esse enfoque, revela-se como "ordenação limitadora do poder do Estado em favor do indivíduo acusado"[5]. Por sua vez, o Estado, ao proteger o indivíduo através do processo, "protege-se a si próprio contra a hipertrofia do poder e os abusos no seu exercício"[6].

Conforme bem sintetiza Figueiredo Dias[7], apenas em uma concepção autoritária de Estado, o processo penal é dominado, exclusivamente, pelo interesse punitivo estatal, não se concedendo ao interesse das pessoas qualquer consideração autônoma. Ao contrário, em um Estado Democrático de Direito, impõem-se limites ao interesse comunitário na prevenção e repressão da criminalidade, "inultrapassáveis quando aquele interesse ponha em jogo a *dignitas* humana", e que só podem ser superados "depois de cuidadosa ponderação da situação", para que prevaleça o legítimo interesse das pessoas em não ter sua esfera de liberdade afetada além do absolutamente indispensável para a consecução do interesse comunitário[8].

Igualmente, Mariângela Gama de Magalhães Gomes[9] vê na dignidade da pessoa humana (art. 1°, III, da Constituição da República) uma limitação necessária à intervenção penal. Para ela,

> (...) Ao reconhecer a pessoa humana como o centro em torno do qual a legislação do Estado – e, de maneira especial, a legislação penal – há de ser pautada, a Constituição impõe ao legislador o dever de ponderar toda e qualquer intromissão que aponte para limites de direitos e garantias assegurados constitucionalmente a todas as pessoas; e, de modo especial, deverá limitar a intervenção penal.

5 DIAS, Jorge de Figueiredo. *Op. cit.*, p. 64.

6 DIAS, Jorge de Figueiredo. *Op. cit.*, p. 65.

7 *Op. cit.*, p. 61.

8 *Op. cit.*, p. 59.

9 GOMES, Mariângela Gama de Magalhães. *O Princípio da Proporcionalidade no Direito Penal.* São Paulo: Editora Revista dos Tribunais, 2003, p. 66-67.

Porém, em oposição a esse pensamento que prima pelas garantias processuais do acusado, surgem, nos dias de hoje, os chamados "movimentos repressivistas", como o movimento da lei e ordem, dando ênfase ao rigor punitivo em matéria criminal. O risco ínsito a essa visão é, pela ânsia de punição ao crime, considerar-se a "supremacia estatal e legal em franco detrimento do indivíduo e de seus direitos fundamentais"[10].

Reflexo do pensamento "repressivista" no Brasil foi, por exemplo, o advento da lei dos crimes hediondos, em que prevaleceu a opção legislativa de majorar as sanções penais com o objetivo de reduzir a prática dos delitos[11].

Essa tendência foi verificada por Alberto Silva Franco, no prefácio da edição brasileira da obra "O Tempo como Pena", de Ana Messuti[12]. Segundo ele, entre os efeitos do ingresso do Brasil no atual processo de globalização, está a característica de controle penal mais rigoroso e abrangente, estimulada pelos meios de comunicação social. E isso ocorre em um ritmo sem precedentes, com ampla produção legislativa em matéria penal e processual penal, muitas vezes sem a devida observância das garantias processuais do cidadão. Tudo em nome de uma pretensa segurança nas relações sociais. Diz o doutrinador[13]:

> (...) Normas penais entraram, a todo vapor, na linha de produção legislativa e, com elas, as penas se tornaram mais exasperantes e as garantias processuais, de modo ostensivo, se deterioraram. [...]
>
> [...] Em resumo, fortaleceu-se a ideia de um Estado-nação que se comporta, de modo transigente e maleável para fora, ou seja, para o mercado mundial e se mostra autoritário, quando não arbitrário e desumano, para dentro, ou seja, para a sociedade dos excluídos. Liberdade, democracia, garantias penais e processuais são palavras de uso desfocado no vocabulário do mercado. Segurança é a palavra-chave que veio em substituição, escrita em letras maiúsculas.

---

10 LOPES JUNIOR, Aury. *Op. cit.*, p. 15-16.

11 LOPES JUNIOR, Aury. *Op. cit.*, p. 16.

12 MESSUTI, Ana. *O Tempo como Pena*. São Paulo: Editora Revista dos Tribunais, 2003, p. 10.

13 *Op. cit.*, p. 10.

Eis a síntese de tal pensamento "repressivista": vive-se em meio a uma "síndrome de insegurança", propalada pelos meios de comunicação. A população sofre a influência desse pensamento, incorporando-o. E o poder político, atendendo ao anseio da opinião pública, apressa-se a produzir novos tipos penais, majorar as sanções, agravar os regimes de cumprimento de pena, na esperança de que essas medidas tenham o efeito de resolver os conflitos sociais e reduzir a violência[14].

Enfim, em nome de uma suposta segurança, o "Estado Social e Democrático de Direito" vai sendo substituído por um "Estado de polícia", com a "proposta de uma luta sem tréguas contra o crime"[15].

Salo de Carvalho[16] também aborda o assunto, explicando que, já quando da substituição do Estado Liberal pelo Estado Social ("welfare state"), a ideia de intervenção penal como "última *ratio*", ou "perspectiva repressiva absenteísta", foi substituída por uma visão intervencionista. Isso se justificava, historicamente, pelo fato de o novo modelo de Estado trazer consigo a ideia de proteção social, de segurança e prevenção, de modo que "o controle penal [...] foi instigado a ampliar seu espectro de incidência"[17]. A mudança foi sentida de maneira clara, no Brasil, no século XX, a partir da década de 30, momento em que o Estado rompe com a perspectiva liberal, consolidando, no âmbito penal, tal política criminal intervencionista[18].

Contudo, prossegue o autor dizendo que também o Estado Social ou Estado Providência entrou em crise, sendo substituído, nos dias de hoje, pelo que ele denomina de "Estado Penitência". Para ele, a crise do Estado Providência é notada a partir de "uma gradual predominância de razão mercadológica [...] em detrimento das garantias sociais"[19]. O

14 MESSUTI, Ana. *Op. cit.*, p. 10.

15 MESSUTI, Ana. *Op. cit.*, p. 11.

16 CARVALHO, Salo de. A Ferida Narcísica do Direito Penal (primeiras observações sobre as (dis)funções do controle penal na sociedade contemporânea). *In*: *A Qualidade do Tempo: Para Além das Aparências Históricas*. GAUER, Ruth M. Chittó *et al.* Organizador GAUER, Ruth M. Chittó. Rio de Janeiro: Editora Lumen Juris, 2004, p. 183.

17 *Op. cit.*, p. 184.

18 *Op. cit.*, p. 185.

19 *Op. cit.*, p. 189.

discurso que justifica a superação do modelo intervencionista é baseado "nos problemas de financiamento (custos) dos direitos", isto é, o Estado de bem-estar social não teria condições de arcar com suas promessas[20].

Nesse sentido, a solução propalada é a minimização do Estado, acompanhada da flexibilização dos direitos sociais[21], ao mesmo tempo em que se dá ênfase ao valor segurança, pretensamente garantido pela ampliação da abrangência do Direito Penal[22]. E, dentro dessa visão maximizadora do controle punitivo, sobressaem, no plano legislativo, exemplificativamente, a edição da Lei dos Crimes Hediondos e a constrição de direitos nos casos de tráfico de entorpecentes[23].

Citando José Eduardo Faria, Carvalho explica que[24]:

> (...) com o processo de globalização e a gradual simbiose entre marginalidade social e marginalidade econômica, as instituições jurídicas dos Estados são obrigadas a concentrar sua atuação na preservação da ordem e da segurança, assumindo papéis eminentemente punitivo-repressivos. [...] O que aí se tem é a definição de novos tipos penais, a criminalização de novas atividades em inúmeros setores da vida social, o enfraquecimento dos princípios da legalidade e da tipicidade por meio do recurso a regras sem conceitos precisos, o encurtamento das fases de investigação criminal e instrução processual e a inversão do ônus da prova.

Zaffaroni[25], igualmente, denuncia a atual existência de "um discurso público de *segurança cidadã* como ideologia (não como problema real, que é algo totalmente diferente)", discurso esse que, segundo

---

20 *Op. cit.*, p. 190.

21 *Op. cit.*, p. 190.

22 *Op. cit.*, p. 193.

23 *Op. cit.*, p. 195-196.

24 *Op. cit.*, p. 193-194.

25 ZAFFARONI, E. Raúl; BATISTA, Nilo. *Direito Penal Brasileiro*. 2. ed. Rio de Janeiro: Editora Revan, 2003, v. 1, p. 59.

ele, se revela "como uma das mais graves ameaças ao estado de direito contemporâneo, e que pode conduzir a um estado de polícia sob a forma de *ditadura da segurança urbana*". O exercício do poder punitivo do Estado é visto como uma "guerra à criminalidade e aos criminosos"[26], e essa "imagem bélica do poder punitivo" tem diversas implicações negativas, assim elencadas pelo autor:

> a) aumentar os níveis de antagonismo nos estratos sociais inferiores; b) impedir ou dificultar a coalizão ou o acordo no interior desses estratos; c) aumentar a distância e a incomunicabilidade entre os diversos estratos sociais; d) potencializar os medos (espaços paranoicos), as desconfianças e os preconceitos; e) desvalorizar as atitudes e discursos de respeito pela vida e pela dignidade humana; f) dificultar as tentativas de encontrar caminhos alternativos para solução de conflitos; g) desacreditar os discursos limitadores da violência; h) apresentar os críticos do abuso de poder como coniventes ou aliados dos delinquentes; i) habilitar, no que concerne a esses críticos, a mesma violência concernente aos delinquentes.

Trata-se, em suma, da atual construção de uma "imagem bélica" de Estado, "legitimante do exercício do poder punitivo por via da absolutização do valor segurança", o que, segundo Zaffaroni, provoca a "debilitação dos vínculos sociais horizontais (solidariedade, simpatia) e o reforço dos verticais (autoridade, disciplina)". Nessa perspectiva, "O modelo de organização social comunitária perde terreno perante o de organização corporativa". Por seu turno, "O modelo de estado que corresponde a uma organização social corporativa é o do *estado de polícia*"[27].

Nesse atual contexto, em que o princípio da intervenção mínima do Direito Penal é posto de lado em nome de um discurso que prima pelo rigor punitivo, a doutrina de índole garantista, por seu turno, alerta

---

26 *Op. cit.*, p. 58.

27 *Op. cit.*, p. 59.

para a importância do processo enquanto garantia do indivíduo frente ao poder punitivo do Estado, porquanto[28]

> (...) Se o Direito Penal falha em virtude da panpenalização, cumpre ao processo penal o papel de *filtro*, evitando o (ab)uso do poder de perseguir e penar. O processo passa a ser o freio ao desmedido uso do poder. É a última instância de garantia frente à violação dos Princípios da Intervenção Mínima e da Fragmentariedade do Direito Penal.

2. O DIREITO À RAZOÁVEL DURAÇÃO DO PROCESSO

O direito ao julgamento em prazo razoável foi inserido na Constituição Federal, expressamente, pela Emenda Constitucional nº 45/2004, nos seguintes termos:

> Art. 5º (...)
> LXXVIII – a todos, no âmbito judicial e administrativo, são assegurados a razoável duração do processo e os meios que garantam a celeridade de sua tramitação.

Todavia, a doutrina entende que esse direito é decorrente do devido processo legal (art. 5º, inc. LIV, da CR), e, nesse sentido, nem sequer necessitaria estar expressamente consignado no texto constitucional para ser visto como direito fundamental do acusado. Humberto Fernandes[29], por exemplo, classifica-o como uma das "garantias procedimentais do devido processo legal", entendidas tais garantias como aquelas "ligadas especificamente ao encadeamento dos atos, ou seja, o aspecto exterior do processo".

O direito de ser julgado em prazo razoável poderia, ademais, ser extraído da conjugação dos dispositivos, insertos no art. 5º da CR, que

---

28 LOPES JUNIOR, Aury. *Op. cit.*, p. 19.

29 FERNANDES, Humberto. *Princípios Constitucionais do Processo Penal Brasileiro*. Brasília: Editora Brasília Jurídica, 2006, p. 58.

vedam a tortura, o tratamento desumano e degradante bem como dos dispositivos que estabelecem o direito à ampla defesa, ao contraditório e à tutela efetiva[30].

Além disso, esse mesmo direito já se encontrava expressamente assegurado nos artigos 7.5 e 8.1 da Convenção Americana de Direitos Humanos, em plena vigência no Brasil, integrando o rol de direitos fundamentais[31].

A jurisprudência pátria também vem se ocupando do tema, como se vê no julgado do Supremo Tribunal Federal cuja ementa está transcrita a seguir, no qual se reconhece o direito ao julgamento sem dilações indevidas como prerrogativa decorrente do devido processo legal[32]:

> O JULGAMENTO SEM DILAÇÕES INDEVIDAS CONSTITUI PROJEÇÃO DO PRINCÍPIO DO DEVIDO PROCESSO LEGAL. – O direito ao julgamento, sem dilações indevidas, qualifica-se como prerrogativa fundamental que decorre da garantia constitucional do "*due process of law*". O réu – especificamente aquele que se acha sujeito a medidas cautelares de privação de sua liberdade – tem o direito público subjetivo de ser julgado, pelo Poder Público, dentro de prazo razoável, sem demora excessiva e nem dilações indevidas. Convenção Americana sobre Direitos Humanos (Art. 7º, ns. 5 e 6). Doutrina. Jurisprudência – O excesso de prazo, quando exclusivamente imputável ao aparelho judiciário – não derivando, portanto, de qualquer fato procrastinatório causalmente imputável ao réu – traduz situação anômala que compromete a efetividade do processo, pois, além de tornar evidente o desprezo estatal pela liberdade do cidadão, frustra um direito básico que assiste a qualquer pessoa: o direito à resolução do litígio, sem dilações indevidas e com todas as garantias reconhecidas pelo ordenamento constitucional. O EXCESSO DE PRAZO, NOS CRIMES HEDIONDOS, IMPÕE O RELAXAMENTO DA PRISÃO CAUTELAR – Impõe-se o relaxamento da prisão cautelar, mesmo que se trate de pro-

30 LOPES JUNIOR, Aury. O Direito de ser Julgado em um Prazo Razoável: o tempo como pena e a (de)mora jurisdicional no processo penal. *Revista da AJURIS*, ano XXXI, nº 96, p. 37, dez. 2004.

31 *Op. cit.*, p. 37.

32 Jurisprudência extraída de: FERNANDES, Humberto. *Op. cit.*, p. 64.

> cedimento instaurado pela suposta prática de crime hediondo, desde que se registre situação confirmadora de excesso de prazo não imputável ao indiciado/acusado. A natureza da infração penal não pode restringir a aplicabilidade e a força normativa da regra inscrita no Art. 5º, LXV, da Constituição da República, que dispõe, em caráter imperativo, que a prisão ilegal "será imediatamente relaxada" pela autoridade judiciária. Precedentes.
>
> (STF. HC 80.379/SP. Segunda Turma. Rel. Min. Celso de Mello. DJ 25.05.2001, p.611).

Por sua vez, José Afonso da Silva, citado por Gustavo Rabay Guerra[33] em estudo sobre o tema, entende que a razoável duração do processo é decorrente da garantia de acesso à justiça, a qual "já inclui uma prestação jurisdicional em tempo hábil para garantir o gozo do direito pleiteado". Nesse sentido, o constitucionalista considera despiciendo o novo inciso incluído, pela Emenda Constitucional nº 45, no rol dos direitos e garantias fundamentais do art. 5º da CR.

No mesmo ensaio sobre a razoável duração do processo, Gustavo Rabay Guerra[34], embora sem abordar o tema à luz do processo penal, defende a possibilidade de se conciliar a prestação jurisdicional em um prazo razoável com a segurança jurídica. Para ele, "segurança e efetividade são valores extremamente interligados". E, para a realização do processo "enquanto instrumento de pacificação social justa", esses valores devem ser conjugados, "entrelaçados por suas facetas interdependentes", não se descuidando da observância da tramitação em tempo razoável.

O autor salienta a necessidade de observância do devido processo legal, de modo que, em nome da celeridade, não haja aviltamentos a direitos e garantias tutelados pela ordem jurídica. Bem por isso[35]:

---

33 GUERRA, Gustavo Rabay. O princípio constitucional da razoável duração do processo. O acesso à tutela jurisdicional célere como direito fundamental. *Jus Navigandi*, Teresina, ano 12, n. 1758, 24 abr. 2008. Disponível em: <http://jus2.uol.com.br/doutrina/texto.asp?id=11188>. Acesso em: 15 dez. 2008.

34 *Op. cit.*

35 *Op. cit.*

> (...) o valor efetividade inspira o reconhecimento de que todas as partes devem ser tratadas com condições de igualdade dentro da relação jurídico-processual. Basta apenas mencionar que, para um processo ser *efetivo*, necessário se faz que seja observado o tratamento paritário das partes que o compõem, baseando-se na regra da igualdade de armas que deve acompanhar todos os momentos da sociedade democrática.

Contudo, no âmbito do processo penal, a doutrina alerta que o discurso da busca pela celeridade nem sempre está comprometido com a garantia dos direitos do acusado. E, muitas vezes, tem servido para justificar a supressão de direitos de réu concernentes à ampla defesa, fragilizando a posição de quem sofre o processo, e fazendo preponderar os interesses de quem impulsiona a jurisdição[36]. Explica-se[37]:

> (...) embora a retórica da celeridade do processo penal apresente a rapidez como um direito do acusado, a base normativa de onde advém o referido direito tem duplo direcionamento, conforme o direito material efetivamente assegurado – direito de punir ou direito de liberdade – [e] o argumento acaba por favorecer um dos interesses protegidos no processo. Quase sempre, a rapidez tem servido a apressar a condenação ao invés de assegurar em definitivo, no menor tempo possível, o estado de liberdade.
>
> Daí vem o paradoxo do direito à celeridade do processo: antecipam-se a condenação ou seus efeitos, suprimindo-se direitos e garantias do acusado. Vê-se que os meios utilizados para garantir a celeridade como direito do acusado suprimem direitos e garantias de defesa do próprio acusado. Perverte-se o próprio sentido da garantia processual. É preciso considerar, então, em que termos a celeridade deve ser compreendida no processo penal.

---

36 PORFIRIO, Geórgia Bajer Fernandes de Freitas. Celeridade do Processo, Indisponibilidade da Liberdade no Processo Penal e Prescrição Retroativa. *Revista Brasileira de Ciências Criminais*, ano 11, nº 45, p. 117, out./dez. 2003.

37 *Op. cit.*, p. 117.

Assim, Geórgia Porfirio[38] pondera que é preciso ter cuidado com aquilo que denomina de "visão monista" do direito ao processo sem dilações indevidas e à prestação jurisdicional rápida e eficaz. Esclarece a autora que o termo monista é utilizado, por ela, para designar o pensamento que "enfoca por um único ponto de vista interesses tão diversos quanto os do acusado, da vítima e seus familiares e o econômico e prestacional do Estado". E adverte que, no processo penal, "não podem faltar garantias de que a liberdade será protegida e de que a declaração de inocência tenha espaço garantido como resultado possível".

A preocupação revelada pela autora embasa-se no pensamento de que, nos dias atuais, a visão do processo como "mediação" para solução de conflitos tem perdido força. Tenta-se encurtar o seu tempo de duração e suprimem-se fases processuais. Por isso, "A luta contra o tempo, no processo penal, exige maior reflexão", para que não reste inobservado o devido processo legal[39]. Em suma[40]:

> (...) Enfraquecer o processo como mediação, neste contexto, implica em fortalecer um dos interesses em detrimento do outro. Na medida em que é o processo o instrumento que garante a manutenção da liberdade até decisão sobre a incidência ou não do direito de punir, sua mitigação ou seu enfraquecimento acaba certamente por privilegiar o interesse punitivo.

Jacinto Nelson de Miranda Coutinho[41] alerta para a diferença essencial entre efetividade e eficiência no processo penal. Segundo ele, a ideia de eficiência, vista conforme a base neoliberal, "responde aos meios"; já a efetividade diz respeito à análise dos fins a serem atingi-

38 *Op. cit.*, p. 119.

39 *Op. cit.*, p. 118.

40 *Op. cit.*, p. 118.

41 COUTINHO, Jacinto Nelson de Miranda. Efetividade do Processo Penal e Golpe de Cena: Um Problema às Reformas Processuais. In: *Escritos de Direito e Processo Penal em Homenagem ao Professor Paulo Cláudio Tovo*. GRINOVER, Ada Pellegrini *et al.* Organizador WUNDERLICH, Alexandre. Rio de Janeiro: Editora Lumen Juris, 2002, p. 143.

dos por via do processo, e tem compromisso com esses fins. Sob o prisma da eficiência (dos meios), "o direito, que antes de tudo protege, passa a ser [considerado] um obstáculo, acusado de burocrático, ou melhor, burocratizante"[42].

Nesse contexto, no âmbito das reformas legislativas, a chamada busca pela eficiência, aliada ao discurso de preocupação com o tempo (de tramitação do processo)[43],

> (...) pode ser sinônimo de *exclusão*, aqui, nas reformas processuais, carimbada pela supressão de *direitos e/ou garantias*, mormente constitucionais ou, pelo menos, pela redução dos seus raios de alcance, manipuláveis pela força da hermenêutica (...)
>
> Sendo o direito um estorvo (ou algo que estorva), natural é o avanço da ideia de *flexibilização*, a que, em *ultima ratio*, responde pela precitada supressão.

Invocando a eficiência, busca-se, hoje, antecipar possíveis condenações, com o auxílio da mídia, "mesmo que, para tanto, tenha-se que correr o risco da *injustiça*". Caminha-se, assim, para a desconsideração do indivíduo, sacrificando-lhe direitos e garantias, tudo sob a "retórica fácil" do discurso eficientista[44].

Em outro estudo, acerca dos princípios que regem o processo penal, Coutinho[45] novamente adverte para o equívoco e risco inerentes a esse discurso. Salienta que, "em tempos de neoliberalismo e Estado mínimo", calcados no "eficientismo das ações", a jurisdição deve ser estudada não apenas como um poder, mas também como garantia constitucional do cidadão, da qual não se pode prescindir. Nesse sentido, há de se pensar "em um aprimoramento do *poder* e dos *órgãos* que o exercem", longe da noção "eficientista e minimalista, de cariz emi-

42 *Op. cit.*, p. 144.

43 *Op. cit.*, p. 145.

44 *Op. cit.*, p. 147.

45 COUTINHO, Jacinto Nelson de Miranda. Introdução aos Princípios Gerais do Direito Processual Penal Brasileiro. *Revista de Estudos Criminais*, ano 1, nº 1, p. 30, 2001.

nentemente economicista", que faz "ataque desarrazoado à jurisdição, em geral buscando suprimi-la, em largos espaços".

Diz o autor que o processo, encarado como garantia do indivíduo, impõe a efetiva observância do princípio do contraditório, típico de um processo de partes, no qual o Estado apresenta-se como mediador no "acertamento" dos casos. Esse princípio implica a necessidade de se conferir às partes a possibilidade de expor amplamente suas razões e requerer a produção das provas que julgarem importantes para a solução do caso penal, traduzindo-se, em suma, na "ciência bilateral dos atos e termos processuais e possibilidade de contraditá-los"[46].

Portanto, impõe-se "a dialética de um processo de partes, ou seja, o diálogo entre a acusação e a defesa, perante um juiz imparcial". E, nesse sentido, "a audiência das partes de modo paritário é vital à própria existência do processo" assim concebido (como garantia), constituindo expressão do princípio da igualdade[47].

2.1 O tempo da sociedade e o tempo do direito

A visão eficientista, de que acima se falou, exige do Estado-juiz uma resposta rápida aos casos penais. Para a sociedade atual, habituada com a velocidade, revela-se difícil ter de aguardar o tempo (necessário) de tramitação do processo penal. Daí o apoio que se dá à banalização das prisões cautelares, que trazem consigo, aos olhos da população, a ideia de uma "imediata punição"[48]. Igualmente, nesse mesmo anseio por respostas imediatas, os juízes são pressionados a decidir "rápido", e as comissões de reformas processuais penais, a criar procedimentos mais céleres[49].

Ocorre que o processo não pode acompanhar essa dinâmica acelerada que caracteriza a sociedade de hoje, pois "existe um *tempo do*

46 *Op. cit.*, p. 43.

47 *Op. cit.*, p. 44.

48 LOPES JUNIOR, Aury. (Des)Velando o risco e o tempo no Processo Penal. *In*: *A Qualidade do Tempo: Para Além das Aparências Históricas*. GAUER, Ruth M. Chittó *et al.* Organizador GAUER, Ruth M. Chittó. Rio de Janeiro: Editora Lumen Juris, 2004, p. 165.

49 *Op. cit.*, p. 166.

direito que está completamente desvinculado do tempo da sociedade", como adverte Aury Lopes Júnior[50]. Não se desconhece a necessidade de que a tutela jurisdicional seja prestada em um prazo razoável (sem dilações indevidas), mas não se pode, em nome da almejada celeridade, "sacrificar a necessária maturação, reflexão e tranquilidade do ato de julgar", tampouco "*atropelar* os direitos e garantias do acusado"[51]. É que o processo é vocacionado para demorar (de maneira razoável), para que possa reconstituir, de maneira satisfatória, os fatos históricos dos quais se ocupa, evitando julgamentos precipitados[52].

Conforme alerta o autor, na tentativa de imprimir maior agilidade ao processo, simplificam-se procedimentos, abreviam-se prazos e as formas são contornadas. Entretanto, muitas vezes se negligencia o fato de que, "no processo penal, a forma é garantia, enquanto limite ao poder punitivo estatal", e que se está lidando com bens jurídicos de extrema relevância (a liberdade e a dignidade humanas), de modo que a urgência pode acabar se revelando como "um grave atentado contra a liberdade individual"[53].

Nesse sentido, entende-se que é possível um tramitar processual em prazo mais adequado sem a redução de garantias processuais, especialmente com a modernização da administração da justiça, por via da utilização da tecnologia hoje disponível[54].

Na mesma linha, Bárbara Sordi Stock[55], em estudo sobre a dicotomia "tempo das relações sociais" e "tempo do direito", sustenta que "Na busca de conferir ao processo penal a possibilidade de dar respostas na velocidade da luz aos conflitos, emerge a adoção do paradigma da eficiência, derivado essencialmente do modelo de 'mercado ideal'". A forma como o processo penal é encarado, com a expec-

---

50 *Op. cit.*, p. 165.

51 *Op. cit.*, p. 166.

52 *Op. cit.*, p. 167.

53 *Op. cit.*, p. 170.

54 *Op. cit.*, p. 168.

55 STOCK, Bárbara Sordi. Eficiência do Processo Penal: Uma Breve Leitura a Partir da Dicotomia Tempo das Relações Sociais e Tempo do Direito. *Revista de Estudos Criminais*, ano IV, nº 18, p. 205, abr./jun. 2005.

tativa de respostas em curto prazo (o que não é viável), reflete o pensamento imediatista da sociedade de mercado e a concepção de eficiência derivada dessa mesma sociedade, como bem explica a doutrinadora[56]:

> Entende-se que uma norma seja eficiente quando esta alcança os fins a que se propõe com um custo razoável. Caso uma norma atinja seus objetivos, mas possua um custo maior que os benefícios que produz, teremos um caso nítido de ineficiência normativa. Nesse sentido, eficiência implicaria efetividade, mas o contrário não, pois uma norma pode ser eficaz porque cumprida (*eficácia de cumprimento*), efetiva porque alcança seus fins (*efetividade*), porém *ineficiente*, pois os custos para se atingirem os fins foram superiores aos benefícios que produziu.
>
> [...]
>
> Adequada significativamente à economia globalizada, busca a eficiência inserir na seara estatal objetivos e valores como custo/benefício e aumento da economicidade, antes exclusivamente buscados pelos economicistas. Logo, o processo penal também deve se adequar à lógica de mercado, conferindo respostas imediatas aos conflitos.

3. A DEMORA DO PROCESSO NA PERSPECTIVA DO ACUSADO: O TEMPO COMO PENA

Ana Messuti[57] ensina que "o tempo da pena", na perspectiva de quem a cumpre, não é comparável ao tempo do restante da sociedade. Explica que, em uma pena de prisão, "o tempo, mais do que o espaço, é o verdadeiro significante" da sanção. Isso porque o período de segregação, para o sujeito que a vivencia, tem uma duração distinta, "qualitativamente diversa", do tempo social.

---

56 *Op. cit.*, p. 205-206.

57 *Op. cit.*, p. 33.

A esse raciocínio deve-se acrescentar que, na atualidade, a distinção entre o tempo subjetivo de quem cumpre uma pena e o tempo social é ainda mais relevante. Considerando o ritmo acelerado que caracteriza a sociedade de hoje e a rapidez com que se operam os acontecimentos e as mudanças, é possível dizer, seguramente, que "(...) dez anos de prisão hoje não equivalem – em termos de tormento, sofrimento e desconexão com a dinâmica social – a 10 anos de prisão quando da concepção do Código Penal, em 1940. O conteúdo aflitivo (tempo subjetivo) é infinitamente maior"[58].

Para explicar como o decurso do tempo, por si, funciona como sanção, mais do que o mero isolamento do indivíduo em determinado espaço, a supracitada autora, Ana Messuti, traz a seguinte distinção entre o tempo em sua dimensão subjetiva e objetiva[59]:

> O tempo objetivo [...] não transcorre mais velozmente ou mais lentamente caso seja uma criança, um velho, um paciente no dentista, um orador em uma reunião pública ou um soldado no campo de batalha o afetado pelo transcurso temporal. Assim sendo, cabe dizer exatamente o contrário, caso esse transcurso se experimente no interior da consciência. Por isso, há que se acrescentar ao tempo natural e ao tempo objetivo do direito o tempo subjetivo, o tempo da consciência.

Ou seja, o período da pena é, essencialmente, um tempo de espera, durante o qual "a visão do presente se obscurece ante a expectativa do futuro. O presente só tem valor como passagem do futuro ao passado, pois [...] todo o ser está concentrado na espera"[60].

A espera, em si, é um castigo. Porém, segundo a autora, o ordenamento jurídico desconsidera a perspectiva do sujeito da pena, com a "temporalidade" que lhe é própria, inclusive na busca da propor-

58 LOPES JUNIOR, Aury. (Des)Velando o risco e o tempo no Processo Penal. *In*: *A Qualidade do Tempo: Para Além das Aparências Históricas*. GAUER, Ruth M. Chittó *et al.* Organizador GAUER, Ruth M. Chittó. Rio de Janeiro: Editora Lumen Juris, 2004, p. 174.

59 *Op. cit.*, p. 44.

60 *Op. cit.*, p. 45.

ção entre delito e pena. E apenas quando a ordem jurídica passar a admitir essa "temporalidade" é que se aproximará um pouco mais do equilíbrio buscado[61].

O mesmo raciocínio válido para o tempo de cumprimento da pena, definitivamente imposta, vale para o tempo de tramitação do processo penal, quer exista ou não a imposição de prisões de natureza cautelar em seu curso. Pode-se dizer, em suma, que "O tempo do processo [...] não é um tempo ordinário", e, sob a perspectiva do réu, ele "interrompe o desenvolvimento linear do tempo cotidiano"[62].

Esse é um período de penosa espera para o réu, "aquele submetido ao ritual degradante e à angústia prolongada da situação de pendência". Então, conquanto o processo deva durar o prazo necessário para sua devida "maturação e cognição", não devem existir excessos em seu tempo de tramitação, pois o prejuízo maior será, sem dúvida, o da pessoa acusada, que aguarda um pronunciamento jurisdicional[63].

Diante desse quadro, Aury Lopes Júnior propõe que o conceito de segurança jurídica seja repensado, não mais como a concebem os movimentos "repressivistas", mas "enquanto instrumento de proteção do indivíduo" em face do poder punitivo estatal, proteção essa especialmente necessária nos tempos atuais, em que a ânsia por soluções imediatas (a tão propalada urgência) acaba, na prática, por restringir garantias processuais do acusado. Assim explica o autor sua visão renovada de segurança[64]:

> Trata-se de recorrer a uma clara definição das regras do jogo, para evitar uso desmedido do poder, enquanto redutor do arbítrio, impondo ao Estado o dever de obediência. No processo penal, é o que

61 *Op. cit.*, p. 62.

62 TUCCI, José Rogério Cruz e. *Tempo e Processo: uma análise empírica das repercussões do tempo na fenomenologia processual (civil e penal)*. São Paulo: Editora Revista dos Tribunais, 1997, p. 26.

63 LOPES JUNIOR, Aury. (Des)Velando o risco e o tempo no Processo Penal. In: *A Qualidade do Tempo: Para Além das Aparências Históricas*. GAUER, Ruth M. Chittó *et al.* Organizador GAUER, Ruth M. Chittó. Rio de Janeiro: Editora Lumen Juris, 2004, p. 174.

64 *Op. cit.*, p. 171.

> convencionamos chamar de *instrumentalidade garantista*, ou seja, o processo enquanto instrumento a serviço da máxima eficácia dos direitos e garantias do débil a ele submetido. Afinal, o Estado é uma reserva ética e de legalidade, jamais podendo descumprir as regras do jogo democrático de espaços de poder. (...)

Dentro dessa noção, não se ignora a necessidade de o processo desenvolver-se em um prazo razoável, sem excessos, mas não sob a ótica utilitarista, com a ilusão de uma justiça imediata que satisfaça uma certa sensação de segurança na sociedade. Antes, "O processo deve ser mais célere para evitar o sofrimento desnecessário de quem a ele está submetido"[65].

Nesse sentido, como bem sintetiza José Rogério Cruz e Tucci[66], "na esfera criminal a ideia de tempestividade da decisão engloba outros valores e outras exigências", devendo-se incluir, na concepção do devido processo penal, o direito do indiciado ou acusado de obter um pronunciamento judicial que ponha término, de modo mais rápido possível, à situação de incerteza e restrição próprias da submissão ao processo penal.

Sob esse prisma, deve-se atentar para a conciliação de dois postulados, assim compreendidos[67]:

> (...) o da segurança jurídica, exigindo [...] um lapso temporal razoável para a tramitação do processo, e o da efetividade deste, reclamando que o momento da decisão final não se procrastine mais do que o necessário. Obtendo-se um equilíbrio destes dois regramentos – segurança/celeridade –, emergirão as melhores condições para garantir a justiça no caso concreto, sem que, assim, haja diminuição no grau de efetividade da tutela jurisdicional.

65 *Op. cit.* p. 174.

66 *Op. cit.*, p. 65.

67 TUCCI, José Rogério Cruz e. *Op. cit.*, p. 66.

CONCLUSÃO

Pelo que foi exposto ao longo do presente estudo, verifica-se que a sociedade, hoje, exige do Estado respostas urgentes para o problema da violência e da criminalidade, influenciada, inclusive, pelo discurso trazido pelos meios de comunicação social. E, como resposta a esse clamor, o Estado opta pela via das reformas legislativas, majorando sanções penais, tornando mais rigorosos os regimes de cumprimento de pena e abreviando os ritos processuais, tudo com o intuito de "dar uma satisfação" para a sociedade ávida por punição.

Esse comportamento da coletividade, marcado pela pressa e pelo imediatismo, pode ser explicado pela velocidade característica dos dias atuais, marcando todos os setores da vida social. Como reflexo disso, no âmbito do Direito Penal e do Direito Processual Penal, surgem linhas de pensamento propondo a busca da segurança através do incremento do rigor punitivo do Estado e da rápida resposta jurisdicional. Como o enfoque é, essencialmente, a busca da segurança social através da punição exemplar, em nome desse desiderato se toleram relevantes restrições às garantias processuais da pessoa acusada. A celeridade na tramitação do processo penal (a fim de que, em última análise, resulte em rápida punição) é colocada à frente de outros valores, como a dignidade da pessoa humana e a liberdade. Aceita-se esse estado de coisas como sendo "o preço" a pagar para a manutenção da ordem e do sentimento (coletivo) de pretensa segurança.

Ocorre que o crime e a violência não são fenômenos privativos da sociedade de hoje. São, ao contrário, inerentes a qualquer grupamento social, em qualquer época. Bem por isso, a majoração das penas, assim como a rápida e rigorosa punição dos "infratores da ordem social", jamais resultará na eliminação (e nem sequer na minoração) do problema.

Resta, portanto, a necessidade de se primar pela construção de uma ordem jurídica justa que, a par de possibilitar a aplicação da sanção penal quando se fizer pertinente, garanta ao acusado, de modo efetivo, o exercício de seus direitos e garantias processuais inerentes à ampla defesa e ao contraditório. Ou seja, a declaração de inocência deve ter espaço como resultado possível do processo. O interesse na punição dos delitos não pode se sobrepor a valores igualmente caros à coletividade, como o respeito à liberdade e à dignidade.

Esse é o equilíbrio que se deve almejar na tramitação do processo penal: não a busca da celeridade a qualquer preço, mas a conciliação da observância do devido processo legal (em seu aspecto substancial) com a tramitação processual sem dilações indevidas. É preciso reconhecer que o processo é vocacionado para demorar (sem excessos, é claro), pois desse tempo de duração depende a produção das provas necessárias à instrução processual e a exposição das razões de acusação e defesa, evitando-se, assim, julgamentos precipitados ou sem a reflexão necessária. É sob esse prisma que deve ser encarado o conceito de segurança jurídica.

Com vistas a alcançar esse equilíbrio, importante é a contribuição que o uso da tecnologia pode dar, reduzindo o tempo de tramitação do processo. Os recursos de informática estão, hoje, à disposição para isso. Ademais, parte do excesso de prazo na duração do processo pode ser imputada ao mau funcionamento dos cartórios. Assim, a efetiva concretização do direito ao processo sem dilações indevidas passa, necessariamente, pela modernização da Administração da Justiça e adoção de técnicas de gestão mais eficazes.

Em suma, a busca da segurança social por meio da aplicação de sanções mais rigorosas, e mais rapidamente, é argumento falacioso. A verdadeira segurança advém de uma ordem jurídica que proteja os indivíduos contra eventual arbítrio estatal, especialmente na esfera penal, em que está em jogo o valor liberdade. É preciso que se tenha a garantia de que eventual condenação advirá apenas após a produção de todas as provas pertinentes à solução do caso e após o efetivo exercício do direito de defesa. Não se pode, enfim, descuidar do sujeito que sofre o processo. E, nesse sentido, o próprio ideal de um julgamento em prazo razoável deve ser visto não sob o prisma da rápida "vingança social", mas da minoração do sofrimento de um indivíduo para quem aquele longo tramitar representa, antes de tudo, um estigma e uma verdadeira pena.

REFERÊNCIAS

CARVALHO, Salo de. A Ferida Narcísica do Direito Penal (primeiras observações sobre as (dis)funções do controle penal na sociedade contemporânea). *In*: *A Qualidade do Tempo: Para Além das Aparências Históricas*. GAUER, Ruth M. Chittó *et al*. Organizador GAUER, Ruth M. Chittó. Rio de Janeiro: Editora Lumen Juris, 2004, p. 179-211.

COUTINHO, Jacinto Nelson de Miranda. Efetividade do Processo Penal e Golpe de Cena: Um Problema às Reformas Processuais. *In*: *Escritos de Direito e Processo Penal em Homenagem ao Professor Paulo Cláudio Tovo*. GRINOVER, Ada Pellegrini *et al*. Organizador WUNDERLICH, Alexandre. Rio de Janeiro: Editora Lumen Juris, 2002, p. 139-147.

__________. Introdução aos Princípios Gerais do Direito Processual Penal Brasileiro. *Revista de Estudos Criminais*, ano 1, nº 1, p. 26-51, 2001.

DIAS, Jorge de Figueiredo. *Direito Processual Penal*. Coimbra: Coimbra Editora Lda., 1974. v. 1.

FERNANDES, Humberto. *Princípios Constitucionais do Processo Penal Brasileiro*. Brasília: Editora Brasília Jurídica, 2006.

GOMES, Mariângela Gama de Magalhães. *O Princípio da Proporcionalidade no Direito Penal*. São Paulo: Editora Revista dos Tribunais, 2003.

GUERRA, Gustavo Rabay. O princípio constitucional da razoável duração do processo. O acesso à tutela jurisdicional célere como direito fundamental. *Jus Navigandi*, Teresina, ano 12, n. 1758, 24 abr. 2008. Disponível em: <http://jus2.uol.com.br/doutrina/texto.asp?id=11188>. Acesso em: 15 dez. 2008.

LOPES JUNIOR, Aury. (Des)Velando o risco e o tempo no Processo Penal. *In*: *A Qualidade do Tempo: Para Além das Aparências Históricas*.

GAUER, Ruth M. Chittó *et al*. Organizador GAUER, Ruth M. Chittó. Rio de Janeiro: Editora Lumen Juris, 2004, p. 139-177.

__________; BADARÓ, Gustavo Henrique Righi Ivahy. *Direito ao Processo Penal no Prazo Razoável*. Rio de Janeiro: Editora Lumen Juris, 2006.

__________. O Direito de ser Julgado em um Prazo Razoável: o tempo como pena e a (de)mora jurisdicional no processo penal. *Revista da AJURIS*, ano XXXI, nº 96, p. 30-53, dez. 2004.

__________. *Introdução Crítica ao Processo Penal (Fundamentos da Instrumentalidade Constitucional)*. 4. ed. rev. e atual. Rio de Janeiro: Editora Lumen Juris, 2006.

MESSUTI, Ana. *O Tempo como Pena*. São Paulo: Editora Revista dos Tribunais, 2003.

PORFIRIO, Geórgia Bajer Fernandes de Freitas. Celeridade do Processo, Indisponibilidade da Liberdade no Processo Penal e Prescrição Retroativa. *Revista Brasileira de Ciências Criminais*, ano 11, nº 45, p. 115-133, out./dez. 2003.

SARLET, Ingo Wolfgang. *A Eficácia dos Direitos Fundamentais*. 8. ed. rev. e atual. Porto Alegre: Livraria do Advogado Editora, 2007.

STOCK, Bárbara Sordi. Eficiência do Processo Penal: Uma Breve Leitura a Partir da Dicotomia Tempo das Relações Sociais e Tempo do Direito. *Revista de Estudos Criminais*, ano IV, nº 18, p. 203-207, abr./jun. 2005.

TUCCI, José Rogério Cruz e. *Tempo e Processo: uma análise empírica das repercussões do tempo na fenomenologia processual (civil e penal)*. São Paulo: Editora Revista dos Tribunais, 1997.

ZAFFARONI, E. Raúl; BATISTA, Nilo. *Direito Penal Brasileiro*. 2. ed. Rio de Janeiro: Editora Revan, 2003. v. 1.

As Leis nº 11.689/08, nº 11.690/08 e nº 11.719/08: destaques e reflexões de seus pontos principais

João Carlos Barros Roberti Junior[1]

Resumo: As Leis nº 11.689/08, nº 11.690/08 e nº 11.719/08 promoveram modificações relevantes no Código de Processo Penal. Suas novidades legislativas refletiram a preocupação do legislador em imprimir ao processo penal maior simplicidade e agilidade, aprimorando sua função instrumental de pacificação social. Elas contemplaram a otimização dos procedimentos e a oralidade, mitigaram a complexidade de etapas processuais e encerraram algumas discussões doutrinárias e jurisprudenciais. Também se afinaram à tecnologia e trouxeram ao processo penal um caráter mais atual.

Em suma, as novas leis conferiram inédita roupagem ao processo penal, melhorando significativamente sua tramitação e facilitando a realização dos atos processuais, mas será a maneira pela qual a jurisprudência receberá e levará a efeito essas mudanças que delimitarão a efetividade e o alcance da modernidade proposta.

Palavras-chave: Processo Penal. Inovações Legislativas. Simplicidade. Celeridade. Modernização.

---

1 Juiz Federal Substituto da V.JEF Previdenciária de Cascavel.

INTRODUÇÃO

Com o advento das leis nº 11.689/08, nº 11.690/08 e nº 11.719/08, o processo penal sofreu significativas alterações. Uma gama de novas regras foi inaugurada, provocando uma minirreforma no Código de Processo Penal, reformulando desde institutos a procedimentos.

O presente trabalho propõe-se a destacar essas alterações e comentar seus aspectos principais.

Pela grande quantidade de dispositivos contidos na Lei nº 11.689/08, sua análise foi difundida a partir da separação das seções pertinentes tratadas no capítulo II do Título I do Livro II do Código de Processo Penal, com o propósito de realçar, em cada uma delas, seus principais pontos, sem perder de vista a vantagem de uma melhor ordenação para comentá-los.

As leis nº 11.690/08 e nº 11.719/08 tiveram seus artigos examinados na ordem crescente, ressalvadas inversões pontuais admitidas com o objetivo de ganhar a contextualização do assunto já iniciado.

O enfoque das principais novidades, acompanhado, quando importante, do cotejo com o regramento anterior, foi a preocupação deste breve estudo, que não tem a pretensão de exaurir a discussão sobre o tema escolhido, mas sim a de lhe conferir uma abordagem dinâmica e seletiva, servindo de material de atualização e de reflexão.

1. A LEI Nº 11.689/08

A Lei nº 11.689, de 09 de junho de 2008, fez significativas modificações no Código de Processo Penal na parte relativa ao Tribunal do Júri.

O Procedimento Relativo aos Processos da Competência do Tribunal do Júri, tratado no capítulo II do Título I do Livro II do Código de Processo Penal, foi dividido em 16 Seções: I) Da Acusação e da Instrução Preliminar; II) Da Pronúncia, da Impronúncia e da Absolvição Sumária; III) Da Preparação do Processo para Julgamento em Plenário; IV) Do Alistamento dos Jurados; V) Do Desaforamento; VI) Da Organização da Pauta; VII) Do sorteio e da Convocação dos Jurados; VIII) Da Função do Jurado; IX) Da Composição do Tribunal do Júri e da Formação do Conselho de Sentença; X) Da Reunião e das Sessões do Tribunal do Júri; XI) Da Instrução em Plenário; XII) Dos Debates; XIII) Do Questionário e sua Votação; XIV) Da Sentença; XV) Da Ata dos Trabalhos; e XVI) Das Atribuições do Presidente do Tribunal do Júri.

A Seção I (Da Acusação e da Instrução Preliminar, arts. 406 a 412 do CPP), que trata do procedimento da primeira etapa do Tribunal do Júri, denominado pela doutrina de sumário de culpa (*judicium accusationis*), inovou ao estabelecer que o juiz, ao receber a denúncia ou queixa, ordenará a citação do acusado para responder à acusação, por escrito, no prazo de 10 dias (art. 406 do CPP). Na resposta preambular, o acusado poderá arguir preliminares e alegar tudo o que interesse à sua defesa, podendo oferecer documentos e justificações, especificar provas pretendidas e arrolar testemunhas, até o máximo de 08 (oito) (art. 406, § 3º, do CPP), que também é o mesmo número para a acusação (art. 406, § 2º, do CPP).

Na antiga redação do art. 394 do CPP, que cuidava dessa questão prefacial do processo, o juiz recebia a queixa ou a denúncia, designando, desde logo, dia e hora para o interrogatório, ordenando a citação do réu e a notificação do Ministério Público, e se fosse o caso, do querelante ou do assistente, sendo que o oferecimento das alegações escritas e do rol de testemunhas, também no máximo de 08 (oito), ocorria logo após o interrogatório ou no prazo de 03 (três) dias (antiga redação dos arts. 396 e 398 do CPP).

Pelas regras atuais, a não apresentação da resposta no prazo legal fará com que o juiz nomeie defensor para oferecê-la em até 10 dias (art. 408 do CPP). Nesse caso, a inobservância da nomeação de defensor para a apresentação da defesa preliminar implicará nulidade absoluta do processo *ab initio*, conforme assentou o STF em julgamentos de casos semelhantes (HC 87346/MS, HC 87347/MS e HC 93779/SC).

Apresentada a defesa, o juiz ouvirá o Ministério Público ou o querelante sobre as preliminares e os documentos, em 5 (cinco) dias (art. 409 do CPP). Ressalto que a alternatividade disposta pressupõe que a ação penal foi intentada pelo *Parquet* ou pelo querelante, o que não impede o juiz de abrir vista da defesa preliminar para ambos, de forma consecutiva, quando atuarem em conjunto no polo ativo da ação penal.

Após isso, a nova lei estabelece que o juiz determinará a inquirição das testemunhas e a realização das diligências requeridas pelas partes, no prazo máximo de 10 dias (art. 410 do CPP). Saliento que o prazo em referência não é para o juiz ouvir as testemunhas, mas sim para proferir a ordem de inquirição delas, oportunidade na qual designará data mais breve possível para realização da audiência de instrução (art. 5º, inc. LXXVIII, da CF/88). Do mesmo modo, o juiz não poderá ficar mais de 10 dias com o processo concluso para determinar a realização das diligências.

Embora não haja prazo específico para o juiz ouvir as testemunhas, o que existia por ocasião da vigência da antiga redação do art. 401 do CPP (*as testemunhas de acusação serão ouvidas dentro do prazo de 20 (vinte) dias, quando o réu estiver preso, e de 40 (quarenta) dias, quando solto*), todo o procedimento deve ser encerrado no prazo máximo de 90 (noventa) dias (art. 412 do CPP).

Na audiência de instrução, primeiro será ouvido o ofendido, quando possível, depois as testemunhas da acusação e, em seguida, as da defesa, e depois disso, serão feitos os esclarecimentos dos peritos, as acareações e o reconhecimento de pessoas e coisas, nesta ordem, ultimando-se o ato com o interrogatório do acusado e posterior debate (art. 411 do CPP). Em uma única audiência se concentrará toda a prova oral, abandonando-se a sistemática anterior em que havia dias distintos para a realização da audiência de interrogatório, de oitiva das testemunhas de acusação e de oitiva das testemunhas de defesa. Em sendo longa a audiência, esta poderá ser suspensa, a fim de se evitar o desgaste de seus participantes, sendo de todo recomendável que ela prossiga no dia seguinte.

Caso haja necessidade de oitiva de testemunhas mediante carta precatória, deverá o magistrado observar a ordem da inquirição das testemunhas de acusação e defesa. Se a testemunha de acusação for ouvida por meio desse expediente, o juiz, depois de ultimada a oitiva desta testemunha, fará a audiência de instrução, na qual se procederá à ordem que se segue no art. 411 do CPP. Já se for a testemunha de defesa a ser ouvida mediante carta precatória, o juiz designará audiência exclusivamente para a oitiva da testemunha da acusação, que deve se realizar antes da oitiva daquela testemunha, sendo que após a conclusão desses atos, marcará nova audiência na qual se procederá, se for o caso, aos esclarecimentos dos peritos, às acareações e ao reconhecimento de pessoas e coisas e, obrigatoriamente, ao interrogatório do acusado. Se porventura houver necessidade de o réu ser interrogado por carta precatória, tal ato ocorrerá depois de concluída a audiência de instrução no Juízo processante, na qual se colherá as provas orais mencionadas no art. 411 do CPP.

Ressalte-se que, se for possível ouvir o ofendido, este ato deverá preceder, seja por meio de audiência no Juízo processante, seja por meio de carta precatória, a qualquer outro ato de colheita de prova oral, acrescentando-se mais esta etapa, em ordem prioritária de realização, sobre aquelas acima mencionadas.

Recomenda-se, assim, que se expeça carta precatória, quando for o caso, fixando-se prazo para o seu cumprimento, com o escopo de se organizar adequadamente a pauta de audiências.

Com efeito, para atender à *mens legis*, que colima a realização de audiência única, a sistemática de expedição de carta precatória, que implica pluralidade de audiências, salvo se todos os atos forem deprecados para um mesmo juízo, deveria ser abolida em favor da adoção do procedimento de videoconferência, conforme se comentará adiante.

As alegações finais passam a ser orais, que serão sustentadas pela acusação e pela defesa, nesta ordem, com 20 (vinte) minutos para cada uma, prorrogáveis por mais 10 (dez) minutos (art. 411, § 4º, do CPP). Em havendo pluralidade de acusados, o tempo fixado para a acusação e a defesa de cada um deles será individual (art. 411, § 5º, do CPP).

A Seção II (Da Pronúncia, da Impronúncia e da Absolvição Sumária, arts. 413 a 421 do CPP) veicula modificações que norteiam a decisão final do sumário de culpa.

Nela se observa que o juiz pronunciará o acusado, limitando-se a apontar a materialidade do fato e a existência de indícios suficientes de autoria ou de participação com a declaração do dispositivo legal em que julgar incurso o acusado e especificar as circunstâncias qualificadoras e as causas de aumento de pena (art. 413, § 1º, do CPP). A nova lei positivou, o que já se vinha aplicando na prática, que os motivos do convencimento do juiz a respeito da autoria e da participação deverão ser superficiais, pautando-se em probabilidade a partir de elementos indicativos, sendo vedada, na referida decisão de admissibilidade, tendências substanciais de reconhecimento absoluto de autoria ou da participação. Sepulta-se, portanto, a eloquência acusatória.

Com a decisão de pronúncia, o juiz decidirá, motivadamente, a manutenção, a revogação ou a substituição da prisão ou a medida restritiva de liberdade anteriormente decretada, e, em estando o acusado solto, sobre a necessidade da prisão (art. 413, § 3º, do CPP). Já pela regra anterior do art. 408, § 2º, do CPP, os critérios para o juiz deixar de decretar a prisão ou revogá-la consistiam apenas na análise da primariedade do réu e de seus antecedentes. Contudo, mesmo sob a vigência do comando antigo, o entendimento prevalente na jurisprudência era no sentido de que esses elementos deveriam ser tomados como instrutórios e não determinantes para formar a convicção da necessidade da decretação da prisão ou da sua revogação, o que se coaduna com a novel normatização.

Parece que a nova lei, ao tratar da intimação da "decisão de pronúncia" (art. 420 do CPP), encerrou o debate acerca da sua natureza, na medida em que não se referiu a ela como sentença – o que acontecia na legislação anterior (antigo art. 415, do CPP) –, corrigindo uma imprecisão técnica e instilando a ideia de que sua natureza equivale a uma decisão interlocutória, defendida por parte da doutrina, como mista não terminativa, por não findar o processo, mas tão somente uma fase dele, determinando o início de outra.

Quando o juiz não se convencer da materialidade do fato ou da existência de indícios suficientes de autoria ou de participação, ele impronunciará o acusado fundamentadamente (art. 414 do CPP). O dispositivo que disciplinava anteriormente a decisão de impronúncia (antigo art. 409 do CPP) destoava da nova regra apenas no sentido terminológico, pois dizia *julgará improcedente a denúncia ou a queixa*, não havendo distinção quanto aos efeitos da decisão, persistindo a possibilidade de formulação de nova denúncia se houver prova nova, enquanto não extinta a punibilidade, já que o aludido *decisum* não faz coisa julgada material.

A nova legislação (art. 415 do CPP) ampliou as hipóteses de absolvição sumária, que acontecerá quando o juiz fundamentadamente reconhecer: i) a comprovação da inexistência do fato; ii) a comprovação de que o acusado não é o autor ou partícipe do fato; iii) que o fato não constitui infração penal; e iv) demonstrada causa de isenção de pena ou de exclusão de crime. Na norma anterior (art. 411 do CPP), a absolvição sumária era autorizada apenas nos casos de isenção de pena ou de exclusão de crime.

Importante ressaltar que não se enquadra na hipótese de isenção de pena ou de exclusão de crime o caso de inimputabilidade prevista no art. 26 do Código Penal – CP, salvo quando esta for a única tese defensiva (parágrafo único, art. 415, do CPP), ocasião em que a absolvição sumária corresponderá à absolvição imprópria e será aplicada medida de segurança, que tem natureza protetiva.

A sentença de absolvição sumária não se submete mais a reexame necessário, vez que houve revogação tácita do art. 574, II, do CPP, que exigia o recurso de ofício contra a referida sentença nos termos do art. 411 do CPP, o qual não cuida mais desta decisão, passando esta a ser disciplinada pela nova redação do art. 415 do CPP, cujo teor não menciona a exigência do reexame obrigatório.

Contra a sentença de absolvição sumária caberá apelação, recurso que também passa a ser o cabível contra a decisão de impronúncia (art. 416 do CPP). Antes da lei nova, contra estas decisões era cabível o recurso em sentido estrito (antiga redação do art. 581, incs. IV e VI do CPP).

Caso haja indícios de autoria ou de participação de outras pessoas não incluídas na acusação, ao pronunciar ou impronunciar o acusado, o juiz determinará o retorno dos autos ao Ministério Público, por 15 (quinze) dias, aplicável, no que couber o art. 80 do CPP (art. 417 do CPP). Este regramento inova, na medida em que institui prazo e possibilita expressamente a separação de processos, o que não era contemplado pela regra anterior (antigo art. 408, § 5º, do CPP).

O juiz poderá atribuir, ao fato, definição jurídica diversa daquela constante da acusação, ainda que o acusado fique sujeito à pena mais grave (art. 418 do CPP). Se ele se convencer, contrariamente à acusação, da existência de delito diferente dos referidos no § 1º do art. 74 do CPP e não for competente para o julgamento, enviará os autos ao juiz que o seja. A desclassificação não enseja mais ao acusado a reabertura de prazo para a defesa e indicação de testemunhas, como previa a norma antecedente (antigo art. 410 do CPP).

Cumpre dizer que, sob a vigência da lei anterior, em se tratando de crime inafiançável, a intimação da decisão de pronúncia era sempre pessoal ao réu (antigo art. 414 do CPP); caso ele não fosse localizado, o processo e o prazo prescricional ficavam suspensos. Com o advento da novel legislação, quando o réu se encontrar em local incerto e não sabido, poderá ser intimado da decisão de pronúncia por edital, ainda que se cuide de delito inafiançável (parágrafo único do art. 420 do CPP). Com isso, acaba-se com a denominada crise de instância, paralisação anormal do processo.

A Seção III (Da Preparação do Processo para Julgamento em Plenário, arts. 422 a 424 do CPP) disciplina o início da segunda fase do procedimento do Tribunal do Júri, podendo-se dela inferir a novidade relativa à extinção do libelo crime acusatório, da contrariedade ao mesmo, e, como decorrência lógica, de sua leitura em plenário.

Com a supressão desse articulado, considerado desnecessário pela doutrina majoritária, a nova lei acelerou o procedimento, estabelecendo que, ao receber os autos, o presidente do Tribunal do Júri determinará a intimação da acusação e do defensor, para, no prazo de 5 (cinco) dias, apresentarem rol de testemunhas que irão depor em plenário, até o máximo de 5 (cinco), oportunidade em que poderão juntar documentos e requerer diligência (art. 422 do CPP).

Ao deliberar sobre os requerimentos de provas a serem produzidas ou exibidas no plenário do júri, e adotadas as providências devidas, o juiz presidente ordenará as diligências necessárias para sanar qualquer nulidade ou esclarecer fato que interesse ao julgamento da causa e fará relatório sucinto do processo, determinando sua inclusão em pauta da reunião do Tribunal do Júri (art. 423 do CPP).

Eliminado o libelo, para a elaboração dos quesitos, o juiz presidente deverá se basear diretamente na pronúncia e no que foi aventado em plenário.

A Seção IV (Do Alistamento dos Jurados, arts. 425 e 426 do CPP) institui regras para alistamento de jurados, que será feito pelo presidente do Tribunal do Júri, mantendo-se a regra do antigo art. 439 do CPP, de variação do número mínimo e máximo de alistados conforme o número de habitantes da comarca, porém, em novos quantitativos. Serão alistados, anualmente, de 800 (oitocentos) a 1.500 (um mil e quinhentos) jurados nas comarcas de mais de 1.000.000 (um milhão) de habitantes; de 300 (trezentos) a 700 (setecentos), nas comarcas de mais de 100.000 (cem mil) habitantes, e de 80 (oitenta) a 400 (quatrocentos), nas comarcas de menor população (art. 425 do CPP).

A lista geral de jurados poderá ser alterada, de ofício ou mediante reclamação de qualquer do povo ao juiz presidente, o que deve ocorrer até a data de sua publicação definitiva, que deixa de ser na segunda quinzena de dezembro (antigo parágrafo único do art. 439 do CPP), para assumir o dia certo de 10 de novembro (art. 426, § 1º, do CPP).

É de se destacar que aquele que tiver integrado o Conselho de Sentença nos 12 (doze) meses que antecederem à publicação da lista geral fica dela excluído (art. 425, § 4º, do CPP), o que viabiliza a rotatividade dos jurados.

A Seção V (Do Desaforamento, arts. 427 e 428 do CPP) traz uma hipótese nova de desaforamento, a que decorre do comprovado excesso de serviço. Nesse caso, ouvido o juiz presidente, quando a medida não tiver sido por ele solicitada, e a parte contrária, o desaforamento poderá ser determinado para a comarca vizinha que esteja com pauta desobstruída, se o julgamento não puder ser realizado no prazo de 6 (seis) meses, contado do trânsito em julgado da decisão de pronúncia.

Acrescentou-se ainda legitimidade ao assistente de acusação para formular o pedido de desaforamento (art. 427 do CPP).

Tornou-se possível também a suspensão do julgamento pelo júri por decisão do relator, desde que relevantes os motivos alegados para o desaforamento (art. 427, § 2º, do CPP).

A Seção VI (Da Organização da Pauta, arts. 429 a 431 do CPP) fixa a preferência na ordem de julgamentos em favor dos acusados presos, e entre eles, os que estiverem há mais tempo na prisão (art. 429 do CPP). Além disso, estabelece que o assistente de acusação somente será admitido se tiver requerido sua habilitação até 5 (cinco) dias antes da data da sessão na qual pretenda atuar (art. 430 do CPP).

A Seção VII (Do Sorteio e da Convocação dos Jurados, arts. 432 a 435 do CPP) promove alteração quanto ao número de jurados necessários para comparecer à sessão, elevando de 21 (vinte e um) para 25 (vinte e cinco), evitando o chamado "estouro de urna", que gerava o adiamento do julgamento. Permanece a exigência da presença de no mínimo 15 (quinze) jurados para a instalação da sessão, e de 7 (sete) jurados para a composição do conselho de sentença.

A Seção VIII (Da Função do Jurado, arts. 436 a 446 do CPP) preconiza a redução da idade mínima do jurado de 21 (vinte e um) anos para 18 (dezoito) anos (art. 436 do CPP) e institui a prestação de serviço alternativo para o jurado que se recusa a cumprir a obrigação em razão de convicção religiosa, filosófica ou política, ficando suspensos os direitos políticos, enquanto não prestar o serviço substitutivo (art. 438 do CPP).

Esse serviço alternativo, cuja fixação atenderá aos princípios da proporcionalidade e da razoabilidade (art. 438, § 2º, do CPP), consiste no exercício de atividades de caráter administrativo, assistencial, filantrópico ou mesmo produtivo, no Poder Judiciário, na Defensoria Pública, no Ministério Público ou em entidade conveniada para esses fins (art. 438, § 1º, do CPP).

A Seção IX (Da Composição do Tribunal do Júri e da Formação do Conselho de Sentença, arts. 447 a 452 do CPP) mantém as situações de impedimento de jurado que já estavam previstas no antigo art. 462 do CPP, acrescentando a hipótese de impedimento em relação às pessoas que mantenham união estável (art. 448, § 1º, do CPP). Prevê também que não poderá servir o jurado que tiver funcionado em julgamento anterior do mesmo processo, independentemente da causa determinante do julgamento posterior; no caso do concurso de pessoas, houver integrado o Conselho de Sentença que julgou o outro acusado; e tiver manifestado prévia disposição para condenar ou absolver o acusado (art. 449 do CPP).

A Seção X (Da reunião e das sessões do Tribunal do Júri, arts. 453 a 472 do CPP) institui a facultatividade da presença do réu solto na sessão de julgamento, desde que tenha sido devidamente cientificado da ocorrência do julgamento (art. 457 do CPP). Contudo, se o réu solto justificar a sua ausência na audiência a ser realizada, invocando motivo idôneo para tanto, o juiz deverá adiar o ato processual, sob pena de causar prejuízo a sua autodefesa, a ser exercida por ocasião do interrogatório, e comprometer a validade do julgamento.

Nessa seção também se observa a novidade da impossibilidade de dupla recusa dos jurados. A redação anterior do art. 461 do CPP previa que, se houvesse 2 (dois) ou mais réus e se não coincidentes as recusas, dar-se-ia a separação dos julgamentos, prosseguindo-se somente no do réu que houvesse aceitado o jurado, salvo se este, recusado por um réu e aceito por outro, fosse também recusado pela acusação. Pela regra do atual art. 469 do CPP, a cisão de julgamento por esse motivo deixa de existir, já que, se forem 2 (dois) ou mais os acusados, as recusas, se houver, terão de ser feitas por um só defensor, remanescendo a separação dos julgamentos somente se, em razão delas, não for obtido o número mínimo de 7 (sete) jurados para compor o Conselho de Sentença (art. 469, § 1º, do CPP).

A Seção XI (Da Instrução em Plenário, arts. 473 a 475 do CPP) traz significativa alteração no modelo de inquirição de testemunhas, adotando, em substituição ao antigo sistema presidencialista, o sistema da pergunta direta ou da *cross examination*, que consiste na possibilidade de perguntas, por parte da defesa e da acusação, diretamente às testemunhas, sem a necessidade da triangulação com o juiz (art. 473 do CPP). O Ministério Público, o assistente, o querelante e o defensor poderão também formular, diretamente, perguntas ao acusado (art. 474, § 1º, do CPP).

Outra inovação veiculada nessa seção diz respeito à proibição do uso de algemas no acusado durante o período em que permanecer no plenário do júri, salvo se absolutamente necessário à ordem dos trabalhos, à segurança das testemunhas ou à garantia da integridade física dos presentes (art. 474, § 3º, do CPP).

Ao julgar o HC 91952/SP, em 07.08.2008, o STF declarou a insubsistência do veredicto condenatório decretado pelo Tribunal do Júri ao argumento de que implica prejuízo à defesa a manutenção do réu algemado na sessão do julgamento, o que somente se justifica ante a periculosidade do agente ou do risco concreto de fuga, restando consignado no voto do relator, Min. Marco Aurélio, a seguinte consideração:

> ... Manter o acusado em audiência, com algema, sem que demonstrada, ante práticas anteriores, a periculosidade, significa colocar a defesa, antecipadamente, em patamar inferior, não bastasse a situação de todo degradante. O julgamento no Júri é procedido por pessoas leigas, que tiram as mais variadas ilações do quadro verificado. A permanência do réu algemado indica, à primeira visão, cuidar-se de criminoso da mais alta periculosidade, desequilibrando o julgamento a ocorrer, ficando os jurados sugestionados ...

Como se vê, apesar de a nova regra não cominar sanção de nulidade no caso de seu descumprimento, o precedente citado, que é contemporâneo e afinado a ela, sinaliza, na hipótese de condenação, no sentido da insubsistência do julgamento, caso inexista justificativa idônea a partir de elementos concretos da necessidade do uso das algemas durante a sessão.

Impende destacar que a leitura de peças em plenário também foi alvo de alteração, tendo a nova lei autorizado apenas a leitura daquelas que se refiram, exclusivamente, às provas colhidas por carta precatória e às provas cautelares, antecipadas ou não repetíveis (art. 473, § 3º, do CPP), limitação esta que não havia sob a égide da legislação anterior, quando se fazia possível às partes o requerimento da leitura de quantas peças reputassem necessárias.

Da Seção XII (Dos Debates, arts. 476 a 481 do CPP) extrai-se a modificação no tempo dos debates, destinando-se à acusação e à defesa o tempo de uma hora e meia para cada, e de uma hora para a réplica e outro tanto para a tréplica (art. 477 do CPP). Além disso, se verifica que durante os debates as partes não poderão, sob pena de nulidade, fazer referências à decisão de pronúncia, às decisões posteriores que julgaram admissível a acusação ou à determinação do uso de algemas como argumento de autoridade que beneficiem ou prejudiquem o acusado, bem como ao silêncio deste ou à ausência de interrogatório por falta de requerimento, em seu prejuízo (art. 478 do CPP). Essas regras têm por escopo evitar que os jurados sejam influenciados por questões diversas dos fatos debatidos na sessão, afastando-se eventual sugestão que as decisões proferidas até então possam surtir sobre a convicção íntima do jurado, assim como o realce de aspectos comportamentais do acusado durante o processo que lhe possam causar injusto prejuízo.

A Seção XIII (Do Questionário e sua Votação, arts. 482 a 491 do CPP) dá nova roupagem à quesitação, estabelecendo que os quesitos serão redigidos em proposições afirmativas, simples e distintas, de modo que cada um deles possa ser respondido com suficiente clareza e necessária precisão, devendo o juiz presidente levar em consideração os termos da pronúncia ou das decisões posteriores que julgaram admissível a acusação, do interrogatório e das alegações das partes (parágrafo único do art. 482 do CPP).

A nova lei determina que os jurados sejam indagados sobre a materialidade do fato, a autoria ou participação; se o acusado deve ser absolvido; se existe causa de diminuição de pena alegada pela defesa; e se existe circunstância qualificadora ou causa de aumento de pena reconhecidas na pronúncia ou em decisões posteriores que julgaram admissível a acusação (art. 483 do CPP). Confirmada a materialidade do fato e a autoria ou participação, o jurado será indagado expressamente se absolve o acusado.

Note-se que, caso os jurados respondam afirmativamente ao quesito da absolvição, o juiz não necessitará perguntar qual argumento a justificou, por ausência de previsão legal. Partindo do princípio de que este quesito envolve todas as teses defensivas que enseja a absolvição (atipicidade, excludente de ilicitude e de culpabilidade) e que o jurado não aponta qual delas está se baseando para absolver o acusado, haverá uma gama de dificuldades para o órgão acusador apelar, em especial na hipótese de o recurso se fundar no argumento de decisão manifestamente contrária à prova dos autos, porquanto não se conhecerá o motivo da absolvição.

Em se decidindo pela condenação, o julgamento prossegue, devendo ser formulados quesitos sobre causa de diminuição de pena alegada pela defesa e circunstância qualificadora ou causa de aumento de pena, reconhecidas na pronúncia ou em decisões posteriores que julgaram admissível a acusação. Em havendo a desclassificação da infração para outra de competência do juiz singular, será formulado quesito a respeito; e se for sustentada a tese de ocorrência do crime na sua forma tentada ou havendo divergência sobre a tipificação do delito, sendo este da competência do Tribunal do Júri, o juiz formulará quesito acerca dessas questões. Em existindo mais de um crime ou mais de um acusado, os quesitos serão formulados em séries distintas.

Dessa análise, infere-se que as modificações empregadas conferem maior organização e singeleza na estruturação da quesitação, abarcando objetivamente pontos considerados relevantes pelo legislador e facilitando a compreensão e o desenvolvimento coerente das ideias por parte dos jurados, deixando para traz a complexidade havida sobre os quesitos na legislação anterior.

A Seção XIV (Da sentença, arts. 492 e 493), além de consignar a competência do juiz presidente para proferir sentença na hipótese de desclassificação da infração para outra, de competência do juiz singular (já previsto na antiga redação do art. 492, § 2º, do CPP), tem como novidade a previsão de que, se o júri desclassificar a infração para outra de menor potencial ofensivo, o juiz presidente deverá aplicar o disposto nos arts. 69 e seguintes da Lei nº 9.099/95, sendo-lhe, pois, autorizada a adoção dos institutos despenalizadores previstos nesta lei (composição civil e transação penal), encerrando a polêmica em torno ou não da remessa dos autos para o Juizado Especial Criminal. Também estabelece que, na hipótese de desclassificação, o crime conexo que não seja doloso contra a vida seja julgado pelo juiz presidente (art. 492, §§ 1º e 2º, do CPP).

A Seção XV (Da Ata dos Trabalhos, arts. 494 a 496 do CPP), que trata da ata do julgamento, preservou em grande parte as exigências previstas no antigo art. 495 do CPP, inovando quanto à necessidade de se mencionar: as sanções aplicadas aos jurados que deixarem de comparecer à sessão; a presença do querelante e do assistente, se houver, e a do defensor do acusado; as alegações das partes com os respectivos fundamentos; e a publicidade dos atos da instrução plenária e das diligências.

A falta da ata sujeitará o responsável a sanções administrativa e penal, sendo suprimida a multa previamente cominada no antigo art. 496 do CPP.

A Seção XVI (Das Atribuições do Presidente do Tribunal do Júri, art. 497 do CPP), composta apenas pelo art. 497 do CPP, manteve as atribuições anteriores do juiz presidente, acrescentando a este a tarefa de regulamentar, durante os debates, a intervenção de uma das partes, quando a outra estiver com a palavra, podendo conceder até 3 (três) minutos para cada aparte requerido, que serão acrescidos ao tempo desta última.

Por fim, insta comentar que a Lei nº 11.689/08 extinguiu o protesto por novo júri, recurso privativo da defesa, cabível somente quando a sentença condenatória impusesse pena de reclusão por tempo igual ou superior a 20 (vinte) anos, cuja disciplina vinha traçada nos arts. 607 e 608 do CPP, que restaram revogados.

2. A LEI Nº 11.690/08

A Lei nº 11.690, de 09 de junho de 2008, trouxe inovações no tocante à formação do convencimento judicial, às provas ilícitas, à prova pericial, à oitiva do ofendido e das testemunhas, à videoconferência e retirada do acusado da sala de audiências e aos fundamentos para a absolvição do acusado.

O antigo art. 157 do CPP, que dispunha que *o juiz formará sua convicção pela livre apreciação da prova,* passou a corresponder ao art. 155 do CPP, que acrescentou que *o juiz formará sua convicção pela livre apreciação da prova produzida em contraditório judicial, não podendo fundamentar sua decisão exclusivamente nos elementos informativos colhidos na investigação, ressalvadas as provas cautelares, não repetíveis e antecipadas.*

A nova lei estabeleceu que a condenação não pode decorrer apenas das provas colhidas na etapa investigatória, servindo estas apenas para confirmar aquelas produzidas sob o crivo do contraditório judicial. Contudo, ressalvou que a condenação se baseie em provas cautelares, não repetíveis e antecipadas, levadas a efeito em sede de investigação, como, por exemplo, busca e apreensão, interceptação telefônica e quebra de sigilo fiscal e bancário. Saliente-se que, embora produzidas em fase inquisitiva, as provas obtidas por esses procedimentos gozam do contraditório diferido, sendo possível às partes o debate em juízo do que bem entenderem sobre elas, não se cogitando, por esse motivo, de qualquer inconstitucionalidade das ressalvas mencionadas na parte final da nova redação do art. 155 do CPP.

A redação anterior do art. 156 do CPP rezava que *a prova da alegação incumbirá a quem a fizer; mas o juiz poderá, no curso da instrução ou antes de proferir sentença, determinar, de ofício, diligências para dirimir dúvida sobre ponto relevante*. Com a nova lei, o art. 156 do CPP foi desmembrado em dois incisos, um deles mantendo a previsão anterior (inciso II), e o outro, veiculando inovação, na medida em que facultou ao juiz de ofício *ordenar, mesmo antes de iniciada a ação penal, a produção antecipada de provas consideradas urgentes e relevantes, ob-*

servando a necessidade, adequação e proporcionalidade da medida (inciso I). É forçoso reconhecer que, embora confira mais liberdade e oportunidade de ação ao julgador no intuito de se assegurar a obtenção de prova marcada pela urgência e relevância, alcançando, em última análise, elementos em favor do enriquecimento da verdade real, essa novidade caminha na contramão do princípio da inércia e da iniciativa das partes. Contudo, ainda que seja condenada na teoria, essa nova possibilidade de ação atribuída ao juiz encontra valia no campo prático, na medida em que, a partir de sua iniciativa excepcional, preserva resultados importantes para o processo, que poderiam não existir por falta de requerimento ou de tempo hábil para formulá-lo.

O novo art. 157 do CPP, que foi reformulado em parágrafos, preceitua em seu *caput que são inadmissíveis, devendo ser desentranhadas do processo, as provas ilícitas, assim entendidas as obtidas em violação a normas constitucionais ou legais.* Tal regra apenas positivou o que já se entendia como prova ilícita, que é a que viola regra de direito material, e o que se fazia ao se deparar com ela, desentranhá-la dos autos. Não obstante a não referência às provas ilegítimas, que são aquelas obtidas em violação às regras processuais, a existência delas persiste contaminando a validade do ato e daqueles subsequentes que com ele guarde relação.

O § 1º do art. 157 do CPP deixa claro que *são também inadmissíveis as provas derivadas das ilícitas, salvo quando não evidenciado o nexo de causalidade entre umas e outras, ou quando as derivadas puderem ser obtidas por uma fonte independente das primeiras.* Aqui se contemplou a previsão das provas ilícitas por derivação (*fruits of the poisonous tree*), na qual se entende que a prova ilícita contamina por derivação a prova com base nela obtida, ainda que licitamente. Ressalvou-se, contudo, a admissibilidade das provas lícitas derivadas das ilícitas quando não evidenciado o nexo de causalidade entre elas. Na parte final dos dispositivos, prestigiou-se o posicionamento do STF, adotado no julgamento do HC nº 74.599/SP, de relatoria do Min. Ilmar Galvão (DJ 07.02.1997), ao admitir a fonte independente, que é *aquela que por si só, seguindo os trâmites típicos e de praxe, próprios da investigação ou instrução criminal, seria capaz de conduzir ao fato objeto da prova* (§ 2º do art. 157 do CPP).

O § 3º do art. 157 do CPP determina que, uma vez preclusa a decisão que determinou o desentranhamento da prova declarada inadmissível, esta será inutilizada por decisão judicial, facultando-se às partes o acompanhamento do incidente.

O § 4º do art. 157 do CPP, que foi vetado, dizia que *o juiz que conhecer do conteúdo da prova declarada inadmissível não poderá proferir sentença ou acórdão.* Seguem abaixo as razões do veto:

> O objetivo primordial da reforma processual penal consubstanciada, dentre outros, no presente projeto de lei, é imprimir celeridade e simplicidade ao desfecho do processo e assegurar a prestação jurisdicional em condições adequadas. O referido dispositivo vai de encontro a tal movimento, uma vez que pode causar transtornos razoáveis ao andamento processual, ao obrigar que o juiz que fez toda a instrução processual deva ser, eventualmente substituído por um outro que nem sequer conhece o caso. Ademais, quando o processo não mais se encontra em primeira instância, a sua redistribuição não atende necessariamente ao que propõe o dispositivo, eis que mesmo que o magistrado conhecedor da prova inadmissível seja afastado da relatoria da matéria, poderá ter que proferir seu voto em razão da obrigatoriedade da decisão coligada (...).

Outra questão modificada pela lei em comento diz respeito ao regramento da prova pericial. O antigo art. 159 do CPP exigia que dois peritos participassem da elaboração dos exames de corpo de delito e de outras perícias. Com a nova redação do referido dispositivo, bastará um perito oficial, portador de diploma de curso superior, para confeccionar a prova pericial. Na falta de perito oficial, persiste a regra de que o exame será realizado por 2 (duas) pessoas idôneas, portadoras de diploma de curso superior preferencialmente na área específica, dentre as que tiverem habilitação técnica relacionada com a natureza do exame (art. 159, § 1º, do CPP).

A nova lei também inovou ao facultar ao Ministério Público, ao assistente de acusação, ao ofendido, ao querelante e ao acusado a formulação de quesitos e indicação de assistente técnico (art. 159, § 3º do CPP). Embora a novel regra não faça referência a indiciado ou suspeito, é de se entender que isso não impede que estes constituam assistentes técnicos para acompanhar a fase de investigação da persecução criminal, desde que, evidentemente, não atrapalhem os trabalhos levados a efeito na etapa inquisitiva.

Note-se que somente após a admissão pelo juiz e após a conclusão dos exames e elaboração do laudo pelo perito oficial, é que o assistente técnico estará habilitado a atuar (atuação posterior à realização da prova pericial), diferentemente do que ocorre no processo civil, seara na qual ele acompanha a realização da prova pericial, deduzindo quesitos que serão esclarecidos no corpo do laudo (atuação concomitante à realização da prova pericial). Chama atenção que este regramento inserto no art. 159, § 4º, do CPP, faz alusão a "peritos oficiais", o que parece ter decorrido de equívoco, já que no *caput* do artigo não se exige mais de um perito oficial para a elaboração da prova técnica. Com efeito, a melhor interpretação da grade do dispositivo é no sentido de que o plural empregado deve ser observado apenas quando se tratar de peritos não oficiais, nos termos do § 1º do art. 159 do CPP.

A nova lei também permitiu às partes o requerimento da oitiva dos peritos para esclarecerem a prova ou para responderem a quesitos, conferindo a elas ainda a possibilidade de indicar assistentes técnicos que poderão apresentar pareceres em prazo a ser fixado pelo juiz ou ser inquiridos em audiência (art. 159, § 5º, incisos I e II, do CPP).

A Lei nº 11.690/08 conferiu cuidado especial ao ofendido, determinando sua comunicação, através de endereço por ele indicado, ou, caso opte, por meio eletrônico, dos atos processuais relativos ao ingresso e à saída do acusado da prisão, à designação de data para audiência e à sentença e respectivos acórdãos que a mantenham ou modifiquem (art. 201, §§ 2º e 3º, do CPP). Reservou-se ainda espaço separado para o ofendido ficar antes do início da audiência e durante a sua realização (art. 201, § 4º, do CPP). Além disso, ele poderá ser encaminhado pelo juiz para atendimento multidisciplinar, especialmente nas áreas psicossocial, de assistência gratuita e de saúde, a expensas do ofensor ou do Estado (art.201,§ 5º,do CPP).A nova legislação normatizou ainda que o juiz adote as providências necessárias à preservação da intimidade, vida privada, honra e imagem do ofendido, podendo, inclusive, determinar o segredo de justiça em relação aos dados, depoimentos e outras informações constantes dos autos a seu respeito para evitar sua exposição aos meios de comunicação (art. 201, § 6º, do CPP).

Essas novidades têm por propósito revestir o processo penal de mecanismos voltados para o zelo e o respeito à vítima, realçando tratamento digno a esta figura do processo que, diante da assunção pelo Estado da atividade solucionadora do conflito penal em substituição à vingança particular, historicamente passou a ostentar importância acessória, sobretudo na ação penal pública incondicionada.

Quanto à inquirição das testemunhas, modificou-se o modelo, a exemplo do que aconteceu com a alteração feita pela Lei nº 11.689/08, abandonando o sistema presidencialista em favor do sistema da pergunta direta ou da *cross examination*, em que, como já averbado alhures, contempla a formulação de perguntas pelas partes diretamente à testemunha, não admitindo o juiz aquelas que puderem induzir resposta, não tiverem relação com a causa ou importarem na repetição de outra já respondida (art. 212 do CPP). Pela nova regra, depois de tomar o compromisso, se for o caso, das pessoas que serão ouvidas, o juiz passará a palavra às partes, assumindo papel supletivo na inquirição para solucionar pontos não esclarecidos (parágrafo único do art. 212 do CPP).

O art. 217 do CPP recebeu nova redação, na qual se verifica que, *se o juiz verificar que a presença do réu poderá causar humilhação, temor, ou sério constrangimento à testemunha ou ao ofendido, de modo que prejudique a verdade do depoimento, fará a inquirição por videoconferência e, somente na impossibilidade dessa forma, determinará a retirada do réu, prosseguindo na inquirição, com a presença do seu defensor*. É significativa e inédita no âmbito da legislação federal a previsão da videoconferência para a oitiva da testemunha e do ofendido.

Assinale-se que, por consubstanciar uma alternativa de instrução consagrada legalmente, ela também deveria ter sido adotada para atender à finalidade maior das alterações promovidas pela nova lei, que é imprimir maior simplicidade e celeridade no processo penal, o que se poderia alcançar ao se permitir a utilização da videoconferência também para a oitiva da testemunha e do ofendido que residam em comarcas diferentes da do distrito da culpa, evitando-se a expedição de cartas precatórias, que trazem demora e acúmulo de atos e papel no processo. Perdeu o legislador a oportunidade de desburocratizar e agilizar a marcha processual.

Outro aspecto que se deve ressaltar desse novo dispositivo é que, ao contrário do que previa a redação original do art. 217 do CPP, torna-se dispensável qualquer atitude do réu para que se ordene a sua retirada da sala de audiência – agora, também a adoção da videoconferência –, bastando que a sua presença afete o ânimo da testemunha ou do ofendido. Observa-se ainda que este último passou a ser contemplado no referido dispositivo, previsão inexistente na antiga regra do art. 217 do CPP, que restringia a sua alusão à testemunha.

É de se destacar que, com o advento da Lei nº 11.900, de 08 de janeiro de 2009, o sistema de videoconferência também foi autorizado para o interrogatório do réu, que será adotado pelo juiz, excepcionalmente, por decisão fundamentada, de ofício ou a requerimento das partes, desde que a medida seja necessária para: i) prevenir risco à segurança pública, quando exista fundada suspeita de que o preso integre organização criminosa ou de que, por outra razão, possa fugir durante o deslocamento; ii) viabilizar a participação do réu no referido ato processual, quando haja relevante dificuldade para seu comparecimento em juízo, por enfermidade ou outra circunstância pessoal; iii) impedir a influência do réu no ânimo de testemunha ou da vítima, desde que não seja possível colher o depoimento destas por videoconferência; e iv) responder à gravíssima questão de ordem pública (art. 185, § 2º, incisos I a IV, do CPP).

A Lei nº 11.690/08 instituiu novo fundamento para a absolvição do réu, qual seja, *estar provado que o réu não concorreu para a infração penal* (art. 386, inc. IV, do CPP). Como na vigência da legislação anterior não havia fundamento específico que contemplasse essa situação, a absolvição se baseava, a depender do caso concreto, na assertiva de *não existir prova de ter o réu concorrido para a infração penal* (antigo inciso IV do art. 386 do CPP) ou de *não existir prova suficiente para a condenação* (antigo inciso VI do art. 386 do CPP). A absolvição estribada nesse novo fundamento repercute na esfera cível, que fica subordinada ao resultado da ação penal, enquanto que a absolvição baseada nos outros fundamentos mencionados não vincula o juízo cível.

Além dessa novidade e da renumeração dos incisos do art. 386 do CPP, foi acrescentado ao seu antigo inciso V (atual inciso VI) a expressão *ou mesmo se houver fundada dúvida sobre a sua existência*, autorizando-se, a partir de então, a absolvição com fulcro no referido dispositivo, se instalada incerteza relevante sobre a veracidade das circunstâncias que exclua o crime ou isente o réu de pena. Anteriormente, em havendo dúvida sobre essas questões, o réu era absolvido com fulcro no antigo inciso VI do art. 386 do CPP (atual inciso VII), que faz referência à inexistência de prova suficiente para a condenação.

Por fim, a nova lei alterou o inciso II do parágrafo único do art. 386 do CPP, estabelecendo que o juiz, ao prolatar a sentença absolutória, *ordenará a cessação das medidas cautelares e provisoriamente aplicadas*, dando-se maior conformidade constitucional ao dispositivo então vigente, que fazia alusão à *cessação das penas acessórias provisoriamente aplicadas*, já que as restrições provisórias adotadas no decorrer do feito não têm natureza de pena, mas sim cautelar.

3. A LEI Nº 11.719/08

A Lei nº 11.719, de 20 de junho de 2008, introduziu significativas modificações no Código de Processo Penal relativas à suspensão do processo, à *emendatio libelli*, à *mutatio libelli*, aos procedimentos e à indenização cível.

A nova lei acrescentou o parágrafo único ao art. 63 do CPP, possibilitando ao ofendido ou ao seu representante legal ou aos seus herdeiros, sem prejuízo da liquidação para a apuração do dano efetivamente sofrido, à execução, no juízo cível, da sentença condenatória criminal, com trânsito em julgado, da qual deverá constar, segundo o novo inciso IV do art. 387 do CPP, o valor mínimo para reparação dos danos causados pela infração criminal, considerando os prejuízos sofridos pelo ofendido.

Por essas regras, tem-se que a sentença condenatória criminal passa a tratar de assunto relacionado à esfera civil, na medida em que se tornou obrigatório que dela conste o valor mínimo da indenização a ser executado imediatamente no juízo cível, dispensada a prévia etapa de liquidação, que só será adentrada para discutir valores superiores ao que foi fixado que correspondam ao dano efetivamente sofrido pelo ofendido.

O art. 257 do CPP, que trata da atribuição do Ministério Público, foi desdobrado em dois incisos, que na sua conjugação reproduz o seu antigo *caput,* mencionando expressamente que é do Ministério Público a atividade de promover, privativamente, a ação penal pública, na forma do CPP. Ressalte-se que essa modificação não suprimiu a ação penal privada subsidiária da pública, que persiste existindo conforme a regra do art. 29 do CPP, que não foi revogado.

O novo art. 265 do CPP dispõe que *o defensor não poderá abandonar o processo senão por motivo imperioso, comunicando previamente o juiz, sob pena de multa de 10 (dez) a 100 (cem) salários mínimos, sem prejuízo das demais sanções cabíveis.* Diferenciando-se da sua redação anterior, passa-se a exigir expressamente a comunicação prévia ao juiz do motivo imperioso que impede o defensor de prosseguir no patrocínio do feito, o que, na prática, na maioria dos casos, já vinha sendo feito. Ademais, comina em salários mínimos o referencial da multa e enfatiza a possibilidade de outras sanções cabíveis.

Ao contrário do regramento então vigente (antigo parágrafo único do art. 265 do CPP), institui-se a previsão de que *a audiência poderá ser adiada se, por motivo justificado, o defensor não puder comparecer,* nos termos do novo art. 265, § 1°, do CPP. Contudo, o defensor deverá provar o impedimento até a abertura da audiência, e caso não o faça, o juiz não adiará nenhum ato do processo, nomeando defensor substituto, ainda que provisoriamente ou só para o efeito do ato, na forma da novel regra do art. 265, § 2º, do CPP.

Novidade importante diz respeito à alteração do art. 362 do CPP, que, frente à verificação de que o réu se oculta para não ser citado, contempla ineditamente a citação com hora certa no processo penal, em substituição à citação editalícia. Feita a citação e se o acusado não comparecer, o juiz deverá nomear defensor dativo (parágrafo único do art. 362 do CPP).

A redação anterior do art. 363 do CPP referia-se às hipóteses pertinentes à citação. A nova redação, que passa a tratar da constituição do processo, prevê que *o processo terá completada a sua formação quando realizada a citação do acusado.* Os incisos I e II restaram revogados, e foi acrescentado o § 1º que preceitua que *não sendo encontrado o acusado, será procedida a citação por edital.*

O § 2º e seus incisos, e o § 3º do novo art. 363 do CPP foram vetados, bem como o *caput* do art. 366 do CPP. Eis a matéria vetada e os motivos elencados:

> **§§ 2º e 3º do art. 363 e caput do art. 366 do Decreto-Lei nº 3.689, de 3 de outubro de 1941 - Código de Processo Penal, alterados pelo art. 1º do Projeto de Lei:**
>
> Art. 363.
>
> ....
>
> § 2º Não comparecendo o acusado citado por edital, nem constituindo defensor:
>
> I - ficará suspenso o curso do prazo prescricional pelo correspondente ao da prescrição em abstrato do crime objeto da ação (art. 109 do Código Penal); após, recomeçará a fluir aquele;
>
> II - o juiz, a requerimento do Ministério Público ou do querelante ou de ofício, determinará a produção antecipada de provas consideradas urgentes e relevantes, observando a necessidade, adequação e proporcionalidade da medida;

III - o juiz poderá decretar a prisão preventiva do acusado, nos termos do disposto nos arts. 312 e 313 deste Código.

§ 3º As provas referidas no inciso II do § 2º deste artigo serão produzidas com a prévia intimação do Ministério Público, do querelante e do defensor público ou dativo, na falta do primeiro, designado para o ato.

.... (NR)

Art. 366. A citação ainda será feita por edital quando inacessível, por motivo de força maior, o lugar em que estiver o réu.

....

Razões dos vetos

A despeito de todo o caráter benéfico das inovações promovidas pelo Projeto de Lei, se revela imperiosa a indicação do veto do § 2º do art. 363, eis que em seu inciso I há a previsão de suspensão do prazo prescricional quando o acusado citado não comparecer, nem constituir defensor. Entretanto, não há, concomitantemente, a previsão de suspensão do curso do processo, que existe na atual redação do art. 366 do Código de Processo Penal. Permitir a situação na qual ocorra a suspensão do prazo prescricional, mas não a suspensão do andamento do processo, levaria à tramitação do processo à revelia do acusado, contrariando os ensinamentos da melhor doutrina e jurisprudência processual penal brasileira e atacando frontalmente os princípios constitucionais da proporcionalidade, da ampla defesa e do contraditório.

Em virtude da redação do § 3º do referido dispositivo remeter ao texto do § 2º há também que se indicar o veto daquele.

Cumpre observar, outrossim, que se impõe ainda, por interesse público, o veto à redação pretendida para o art. 366, a fim de se assegurar vigência ao comando legal atual, qual seja, a suspensão do processo e do prazo prescricional na hipótese do réu citado por edital que não comparecer e tampouco indicar defensor. Ademais, a nova redação do art. 366 não inovaria substancialmente no ordenamento jurídico pátrio, pois a proposta de citação por edital, quando inacessível, por motivo de força maior, o lugar em que estiver o réu, reproduz o procedimento já previsto no Código de Processo Civil e já extensamente aplicado, por analogia, no Processo Penal pelas cortes nacionais.

Como corolário, chega-se a ilação de que, citado o réu por edital, o processo apenas terá prosseguimento com seu comparecimento, na forma do novo § 4º do art. 363 do CPP, que dispõe: "*comparecendo o acusado citado por edital, em qualquer tempo, o processo observará o disposto nos arts. 394 e seguintes deste Código*".

Com o veto ao novo *caput* do art. 366 do CPP, resta preservada a redação conferida a esse dispositivo pela Lei nº 9.271/96, que prevê a suspensão do processo e do curso do prazo prescricional na hipótese de o acusado citado por edital não comparecer e nem constituir advogado, autorizada a produção antecipada de provas reputadas urgentes e a decretação da prisão preventiva, se for o caso. Anote-se que, embora o § 1º (*as provas antecipadas serão produzidas na presença do Ministério Público e do defensor dativo*) e o § 2º (*comparecendo o acusado, ter-se-á por citado pessoalmente, prosseguindo o processo em seus ulteriores atos*) do art. 366 do CPP tenham sido revogados pela nova lei, providência que guardava coerência com a nova redação do *caput* do aludido dispositivo, pretendida no projeto e que restou vetada, deve-se continuar aplicando, em homenagem ao contraditório e à ampla defesa, a regra então vigente do § 1º, e por uma questão de lógica processual o regramento do § 2º. Por esse raciocínio, a revogação em análise torna-se inócua diante da manutenção da redação do *caput* do art. 366 do CPP, provocada pelo veto presidencial.

Outra inovação diz respeito à *emendatio libelli*, regulada pelo art. 383 do CPP. A nova redação desse dispositivo praticamente manteve a anterior, autorizando o juiz a dar definição jurídica diversa ao fato descrito na denúncia ou queixa. A novidade consiste no acréscimo de parágrafos ao aludido artigo. O § 1º dispôs que *se, em consequência de definição jurídica diversa, houver possibilidade de proposta de suspensão condicional do processo, o juiz procederá de acordo com o disposto na lei*. Por sua vez, o § 2º mencionou que *tratando-se de infração da competência de outro juízo, a este serão encaminhados os autos*. Assim, em sendo o caso de o juiz atribuir nova definição jurídica ao fato contido na peça de acusação e comportando a possibilidade de suspensão condicional do processo, ele deverá aplicar o art. 89 da Lei nº 9.099/

95, abrindo-se, pois, a oportunidade para a proposta de suspensão da ação penal. Isso só não ocorrerá se o juiz reconhecer que se trata de crime de competência de outro juízo, quando então os autos serão remetidos a este, e, se for o caso, lá se oportunizará a proposta de suspensão, conclusão que se extrai da leitura conjugada desses novos dispositivos, na qual a regra de competência deve preponderar, sobretudo quando se tem em conta as consequências do descumprimento das condições da suspensão do processo, dentre elas, a retomada do curso da ação penal, que se deve dar, sem sombra de dúvidas, perante o juízo competente.

A redação original do art. 384 do CPP, disciplinadora da *mutatio libelli*, também sofreu alteração. Por ela, se o juiz reconhecesse a possibilidade de nova definição jurídica em decorrência de circunstância elementar, não contida explícita ou implicitamente na denúncia ou na queixa, sem agravamento da situação anterior, ouviria a defesa no prazo de 8 (oito) dias, que poderia arrolar até 3 (três) testemunhas. Entretanto, se da nova definição jurídica adviesse aplicação de pena mais grave, imprescindível seria o aditamento, com abertura de vista à defesa pelo prazo de 3 (três) dias, a qual poderia arrolar até 3 (três) testemunhas, na forma do que dispunha o então vigente parágrafo único do art. 384 do CPP. Pela nova redação, que excluiu o parágrafo único, uma vez encerrada a instrução, o aditamento será sempre necessário, e deverá ocorrer no prazo de 5 (cinco) dias, reduzindo-se a termo, quando feito oralmente.

Acrescentou-se o § 1º, o qual determina a aplicação do art. 28 do CPP, que prevê a remessa dos autos ao Procurador-Geral de Justiça na hipótese de recusa do aditamento. Já o § 2º ordena a oitiva do defensor do acusado no prazo de 5 (cinco) dias antes de admitido o aditamento e, em sendo este aceito, caberá ao juiz, a requerimento de qualquer das partes, designar dia e hora para continuação da audiência, com inquirição de testemunhas, novo interrogatório do acusado, realização de debates e julgamento. O § 3º autoriza a aplicação das disposições dos §§ 1º e 2º do art. 383 à *mutatio libelli*. Ao seu turno, o § 4º preceitua que, na hipótese de aditamento, cada parte poderá indicar até 3 (três) testemunhas, no prazo de 5 (cinco) dias, ficando o juiz, na sentença, adstrito aos termos do aditamento. Se for rejeitado o aditamento, o processo prosseguirá, como determina o novo § 5º.

Quanto à sentença condenatória, a nova lei atualizou os artigos do Código Penal a que se refere o art. 387, inc. II, do CPP, do qual passa a constar que, ao proferir sentença condenatória, o juiz *mencionará as outras circunstâncias apuradas e tudo o mais que deva ser levado em conta na aplicação da pena, de acordo com o disposto nos arts. 59 e 60 do Decreto-Lei nº 2.848, de 7 de dezembro de 1940 – Código Penal.*

O inciso III, do art. 387, do CPP, que determinava originalmente que o juiz, ao proferir a sentença condenatória, *aplicará as penas, de acordo com essas conclusões, fixando a quantidade das principais e, se for o caso, a duração das acessórias*, teve suprimida sua segunda parte, ficando a regra limitada à expressão *aplicará as penas, de acordo com essas conclusões*. Isso se deve ao fato de que não se fala mais em penas principais e acessórias, mas sim em pena e efeitos da condenação (arts. 91 e 92 do CP).

Relembrando o que já foi comentado antes, o novo inciso IV do art. 387 do CPP determina que o juiz, considerando os prejuízos sofridos pelo ofendido, fixe o valor mínimo para reparação dos danos causados pelo delito, a ser executado no juízo cível.

A lei em comento criou o parágrafo único do art. 387 do CPP, no qual se lê que *o juiz decidirá, fundamentadamente, sobre a manutenção ou, se for o caso, imposição de prisão preventiva ou de outra medida cautelar, sem prejuízo do conhecimento da apelação que vier a ser imposta*. Este novo regramento, coadunado ao entendimento jurisprudencial, se divorcia da verificação da primariedade e dos bons antecedentes como critérios determinantes para decidir o direito de apelar em liberdade (antigo art. 594, revogado pelo art. 3º da lei em referência), e institui o dever do juiz de fundamentar, de acordo com o caso concreto, a manutenção ou a decretação da prisão preventiva, cujos contornos se darão pela análise da necessidade da segregação na forma do art. 312 do CPP.

Também se denota desse dispositivo que o conhecimento da apelação fica desatrelado da questão prisional, entendimento que já havia sido assentado pela jurisprudência do STF e do STJ, tendo este, inclusive, sumulado a matéria (súmula 347/STJ: *O conhecimento de recurso de apelação do réu independe de sua prisão*).

A novel legislação estabeleceu que o procedimento será comum ou especial, desdobrando-se o primeiro em ordinário (aplicável quando tiver por objeto crime cuja sanção máxima cominada for igual ou superior a 4 (quatro) anos de pena privativa de liberdade), sumário (aplicável quando tiver por objeto crime cuja sanção máxima cominada seja inferior a 4 (quatro) anos de pena privativa de liberdade) ou sumaríssimo (aplicável quando se tratar de infrações penais de menor potencial ofensivo) (art. 394, § 1º, incisos I, II e III, do CPP).

O rito comum é a regra, aplicando-se o procedimento especial apenas quando houver previsão legal nesse sentido (art. 394, § 2º, do CPP). A regra do § 3º do art. 394 do CPP esclarece que, nos processos de competência do Tribunal do Júri, o procedimento observará as disposições estabelecidas nos arts. 406 a 497 do CPP. Ao seu turno, o § 4º ordena que as disposições dos arts. 395 a 398 do CPP sejam aplicadas a todos os procedimentos penais de primeiro grau, ainda que não regulados no diploma processual penal. Ressalvou-se que as disposições do procedimento ordinário são aplicadas subsidiariamente aos procedimentos especial, sumário e sumaríssimo (art. 394, § 5 º, do CPP).

As hipóteses de rejeição da denúncia ou queixa deixam de ser reguladas pelo art. 43 do CPP, que restou revogado, passando a estar previstas no art. 395 do CPP, que as elenca da seguinte forma: i) for manifestamente inepta a denúncia ou a queixa; ii) faltar pressuposto processual ou condição para o exercício da ação penal ; ou iii) faltar justa causa para o exercício da ação penal. A primeira e a última consubstanciam hipóteses novas, que não estavam previstas no art. 43 do CPP, no qual se enumerava como causa de rejeição da denúncia ou queixa três situações: i) o fato narrado evidentemente não constituir crime; ii) já estiver extinta a punibilidade, pela prescrição ou outra causa; e iii) for manifesta a ilegitimidade da parte ou faltar condição exigida pela lei para o exercício da ação penal (mantida no inciso II, do art. 395 do CPP, com outra redação). As duas primeiras passaram a ser causa de absolvição sumária (art. 397, incisos III e IV, do CPP), novidade que será vista adiante.

Mantendo-se a nova sistemática inaugurada a partir do novo art. 406 do CPP, com a redação dada pela Lei nº 11.689/08, já estudada acima, a nova redação do art. 396 do CPP, conferida pela Lei nº 11.719/08, estabeleceu que *nos procedimentos ordinário e sumário, oferecida a denúncia ou queixa, o juiz, se não a rejeitar liminarmente, recebê-la-á e ordenará a citação do acusado para responder à acusação, por escrito, no prazo de 10 (dez) dias.* Em se tratando de citação por edital, o prazo para a defesa terá início a contar do comparecimento pessoal do acusado ou do defensor constituído (art. 396, parágrafo único, do CPP).

Com exceção à menção ao número de testemunhas a que se refere o art. 406, § 3º, do CPP, o novo art. 396-A do CPP reproduz a regra do referido dispositivo nos seguintes termos: *na resposta, o acusado poderá arguir preliminares e alegar tudo o que interesse à sua defesa, oferecer documentos e justificações, especificar as provas pretendidas e arrolar testemunhas, qualificando-as e requerendo sua intimação, quando necessário.*

O § 1º do art. 396-A do CPP manda que a exceção seja processada em apartado, nos termos dos arts. 95 a 112 do CPP (mesma redação que foi atribuída ao art. 407 do CPP pela Lei nº 11.689/08, com exceção do plural nele empregado). De sua vez, o § 2º do art. 396-A do CPP diz que, se não for apresentada a resposta no prazo legal, ou se o acusado, citado, não constituir defensor, o juiz nomeará defensor para oferecê-la, concedendo-lhe vista dos autos por 10 (dez) dias (semelhante redação é encontrada no novo art. 408 do CPP).

Inovação relevante foi a introduzida pelo art. 397 do CPP, que prevê, após o cumprimento do disposto no art. 396-A, e parágrafos, do CPP, a possibilidade da absolvição sumária, que ocorrerá quando o juiz constatar: i) a existência manifesta de causa excludente da ilicitude do fato; ii) a existência manifesta de causa excludente da culpabilidade do agente, salvo inimputabilidade; iii) que o fato narrado evidentemente não constitui crime; ou iv) extinta a punibilidade do agente.

Assinale-se que, por constituir um juízo de certeza, a absolvição sumária faz coisa julgada material, enquanto que a rejeição da denúncia, por debruçar-se sobre questões processuais, enseja a formação da coisa julgada formal. Por essa razão, foi acertada a decisão do legislador em enquadrar o reconhecimento de que *o fato narrado evidentemente não constitui crime* e da *extinção da punibilidade do agente* como causas de absolvição sumária, retirando-os do rol de situações que acarretam a rejeição da denúncia ou queixa, conforme figuravam no antigo art. 43 do CPP, porquanto refletem uma análise segura e imutável a respeito do fato da persecução criminal, justificando uma absolvição definitiva. Tanto é assim, que o STF já vinha entendo que se o próprio inquérito policial fosse arquivado sob o fundamento da atipicidade do fato ou da extinção da punibilidade do agente, não seria possível sua reabertura, ainda que fundada em novas provas, tamanha a certeza que se tem sobre essas situações, exigindo-se, diante delas, que o pedido de arquivamento seja objeto de decisão judicial do órgão competente, vocacionada a constituir coisa julgada material (PET nº 3943/MG, julgado em 14.04.08, Rel. Min. Cezar Peluso).

Superada a etapa inicial sem a absolvição sumária, o juiz, ratificando o recebimento da denúncia ou queixa, designará dia e hora para a audiência, intimando o acusado, o seu defensor, o Ministério Público e, se for o caso, o querelante e o assistente (art. 399 do CPP). Se o acusado estiver preso, ele será requisitado para comparecer ao interrogatório, devendo o poder público providenciar sua apresentação (art. 399, § 1º, do CPP).

Com o novo § 2º do art. 399 do CPP (*o juiz que presidiu a instrução deverá proferir a sentença*), adota-se o princípio da identidade física do juiz, até então inexistente no processo penal.

Pelo novo rito ordinário, apenas uma audiência é designada, com prazo máximo de 60 (sessenta) dias, na qual se tomará as declarações do ofendido, procedendo-se, após, à inquirição das testemunhas de acusação e defesa, nesta ordem, ressalvada a hipótese do art. 222 do CPP, que trata da expedição de carta precatória, bem como aos esclarecimentos dos peritos, às acareações e ao reconhecimento de pessoas e coisas, interrogando-se, por fim, o acusado (art. 400 do CPP)[2]. A concentração da prova oral em uma única audiência e a inversão da ordem do interrogatório, que de primeiro ato passa a ser o último na instrução oral, reproduzem a inovação já introduzida pela Lei nº 11.689/08 no procedimento do Tribunal do Júri (art. 411 do CPP).

O mesmo se observa no rito sumário, em que a audiência de instrução e julgamento segue a nova metodologia em comento, ressalvada a diferença de que o indigitado ato processual deve ser realizado no prazo máximo de 30 (trinta) dias (art. 531 do CPP). A acusação e a defesa poderão inquirir até 5 (cinco) testemunhas cada uma (art. 532 do CPP).

Tanto no procedimento ordinário quanto no sumário, as provas deverão ser realizadas numa só audiência, podendo o juiz indeferir as consideradas irrelevantes, impertinentes ou protelatórias, devendo as partes requererem previamente os esclarecimentos dos peritos (art. 400, §§ 1º e 2º, e art. 533, do CPP). Tais providências encontram correspondência com a primeira etapa do procedimento do Tribunal do Júri no art. 411, §§ 1º e 2º, do CPP.

O novo art. 401 do CPP, que diz respeito ao procedimento ordinário, reproduziu a redação do revogado art. 398 do CPP, dispondo que *na instrução poderão ser inquiridas até 8 (oito) testemunhas arroladas pela acusação e 8 (oito) pela defesa.* Nesse número não serão computadas as que não prestem compromisso e as referidas (art. 401, § 1º, do CPP). É autorizada a desistência da oitiva de testemunha arrolada, ressalvado o disposto no art. 209 do CPP, que faculta ao juiz a iniciativa de produzir a prova testemunhal (art. 401, § 2º, do CPP).

Ao término da audiência de instrução do rito ordinário, o Ministério Público, o querelante e o assistente e, a seguir, o acusado poderão requerer diligências cuja necessidade se origine de circunstâncias ou

2 Com relação à expedição de carta precatória, vide comentário a respeito no Título I, na parte que trata da seção I, capítulo II, do Título I do Livro II do Código de Processo Penal.

fatos apurados na instrução (art. 402 do CPP). Caso não haja ou seja indeferido o requerimento, serão oferecidas alegações finais orais por 20 (vinte) minutos, respectivamente, pela acusação e pela defesa, prorrogáveis por mais 10 (dez), proferindo o juiz, a seguir, sentença (art. 403 do CPP). Em havendo pluralidade de réus, o tempo previsto para a defesa de cada um será individual (art. 403, § 1º, do CPP). A falta de previsão, nessa hipótese, de igual tratamento para o Ministério Público, fere o princípio da igualdade das partes, devendo o juiz ponderar, caso haja necessidade e requerimento, sobre a possibilidade de se estender no caso concreto, nos termos em que foi feito para a defesa, o tempo de sustentação do *Parquet*. Também foi conferido ao assistente da acusação, após a manifestação do Ministério Público, o tempo de 10 (dez) minutos para alegações finais, prorrogando-se por igual período o tempo de manifestação da defesa (art. 403, § 2º, do CPP). Com exceção das diligências, essa sistemática também pode ser observada na etapa do sumário de culpa no art. 411, §§ 4º, 5º e 6º, do CPP.

Em substituição às alegações finais orais, o juiz poderá, levando em conta a complexidade do caso ou o número de acusados, conceder às partes o prazo de 5 (cinco) dias sucessivamente para a apresentação de memoriais, devendo, nesse caso, proferir a sentença em 10 dias (art. 403, § 3º, do CPP).

Caso seja determinada diligência reputada imprescindível, de ofício ou a requerimento da parte, a audiência será ultimada sem a apresentação das alegações finais. Após a realização da diligência, as partes terão o prazo sucessivo de 5 (cinco) dias para entregar as alegações finais, por meio de memorial, ficando o juiz incumbido de proferir a sentença no prazo de 10 (dez) dias (art. 404, *caput* e parágrafo único, do CPP).

Será lavrado termo em livro próprio do ocorrido em audiência, assinado pelo juiz e pelas partes, que deverá conter breve resumo do que nela aconteceu de relevante (art. 405 do CPP).

O novo § 1º do art. 405 do CPP manda que, *sempre que possível, o registro dos depoimentos do investigado, indiciado, ofendido e testemunhas será feito pelos meios ou recursos de gravação magnética, estenotipia, digital ou técnica similar, inclusive audiovisual, destinada a obter maior fidelidade das informações.* Um dos propósitos desse dispositivo é garantir a possibilidade de se reproduzirem, de maneira fidedigna, os detalhes dos acontecimentos ocorridos durante a audiência, instruindo melhor o processo para as instâncias superiores, que passam a ter, na medida do possível, acesso aos aspectos sensoriais e comportamentais a respeito dos que foram ouvidos no referido ato processual, até então restrito ao julgador de primeiro grau, coletor da prova oral. Também tem por finalidade, ao se referir ao *investigado* e ao *indiciado*, assegurar o registro, por meio de mecanismo cabal, das declarações levadas a efeito na fase inquisitiva da persecução criminal, comumente retratadas ou negadas em juízo, o que se estende ao ofendido e às testemunhas ouvidas em sede de inquérito policial.

Saliente-se que, no caso de registro por meio audiovisual, as partes receberão cópia do registro original, sendo desnecessária a transcrição (art. 405, § 2º, do CPP).

Na mesma linha procedimental, terminada a audiência de instrução do rito sumário, as alegações finais serão orais, tendo a defesa e a acusação o prazo de 20 (vinte) minutos, prorrogáveis por mais 10 (dez), proferindo o juiz, a seguir, a sentença (art. 534 do CPP). Também se prevê que o tempo previsto para a defesa será individual, se houver mais de um acusado (art. 534, § 1º, do CPP). Confere-se ainda ao assistente do Ministério Público, após a manifestação deste, a possibilidade de se manifestar por 10 (dez) minutos, prorrogando-se por igual período o tempo da defesa (art. 534, § 2º, do CPP).

Sobreleva notar que nesse rito não foi cogitado de as alegações finais e a sentença serem apresentadas por escrito posteriormente à audiência e nem da possibilidade de se requerer diligências necessárias. Contudo, a considerar o contido no art. 394, § 5º, do CPP (*aplicam-se subsidiariamente aos procedimentos especial, sumário e sumaríssimo as disposições do procedimento ordinário*), tais medidas poderão ser adotadas no procedimento sumário, desde que estejam presentes as condições dispostas nos arts. 402 e 403, § 3º, do CPP.

Não se adiará ato algum no rito sumário, salvo quando imprescindível a prova faltante, determinando o juiz a condução coercitiva de quem deva comparecer (art. 535 do CPP). A testemunha presente será inquirida, independentemente da suspensão da audiência, observando-se, todavia, a ordem a que se refere o art. 531 do CPP (art. 536 do CPP). Isto é, se comparecer a testemunha de defesa e a de acusação não, a audiência deve ser suspensa, pois o prosseguimento do ato processual, nesta hipótese, implicaria inversão da ordem das pessoas que devem ser ouvidas, podendo acarretar nulidade. Só não será suspensa se for possível conduzir sob vara a faltosa testemunha de acusação para comparecer naquela oportunidade, o que, na prática, dificilmente se consegue.

Finalmente, o novo art. 538 do CPP dispôs que *nas infrações penais de menor potencial ofensivo, quando o juizado especial criminal encaminhar ao juízo comum as peças existentes para a adoção de outro procedimento, observar-se-á o procedimento sumário.*

CONCLUSÃO

As mudanças processuais tratadas nesta dissertação apontam uma evolução procedimental e uma maior conformação de regras e de institutos com o dinamismo necessário para o alcance da duração razoável do processo, além de recepcionar avanços tecnológicos voltados para otimizar a instrução processual, tudo sem abrir mão dos princípios do devido processo legal, do contraditório e da ampla defesa.

Sem dúvida, as leis nº 11.689/08, nº 11.690/08 e nº 11.719/08 foram criadas para atribuir maior celeridade e simplicidade ao processo penal, conferindo à jurisdição um aspecto mais efetivo na solução do conflito penal, o que se fez à luz dos anseios constitucionais e sob a chancela da sociedade, clamorosa pela agilidade da resposta do Estado àqueles que desafiam suas leis.

Com efeito, a resistência natural de adaptação ao novo jurídico, sobretudo quando se trata de processo penal, em que a novidade, a depender do seu caráter, é vista como supressora de garantias, como é o caso da videoconferência, deve ser superada pela motivação de melhorar a aplicação da lei em favor do bem comum, evoluindo no sentido de se atribuir peso aos benefícios que a inovação trará no campo prático, quando respaldados em valores constitucionais. E é esse viés pragmático que traduz um dos propósitos da *mens legis* em comento, que contempla essencialmente o fortalecimento da efetividade do processo e da facilidade de seu uso como instrumento de pacificação social.

De certo, a disciplina dos contornos da novel legislação ficará a cargo da missão jurisprudencial, que não poderá perder de vista a finalidade da construção de um processo penal mais simples, rápido e justo, tanto para o réu quanto para a sociedade, pois, do contrário, as significativas alterações legislativas, ora estudadas, restarão inócuas. Portanto, é extremamente importante que os juízes e os tribunais, ao interpretarem os novos comandos legais, façam-no em desapego à excessiva formalidade, causadora da mora que acomete o ritmo processual há décadas, apresentando boa vontade jurídica de se conferir efetivamente uma nova roupagem ao processo penal, que sinalizará, como corolário, a ansiedade do Poder Judiciário pela aprovação de projetos de lei, que ainda tramitam no Congresso Nacional, voltados para reafirmar a menor complexidade e a maior celeridade processual penal trazidas por essas novas leis.

REFERÊNCIAS

Leis nº 11.689/08, nº 11.690/08, nº 11.719/08 e nº 11.900/09. Disponível em: <www.planalto.gov.br>.

Citação de acórdãos. Disponível em: <www.stf.jus.br>.

Eficiência persecutória, proteção da inocência e a fixação judicial dos fatos no processo penal

Paulo Mário Canabarro Trois Neto[1]

Resumo: A eficiência persecutória é um bem coletivo constitucional que se expressa, na tarefa de fixação judicial dos fatos, pela obrigação estatal de propiciar um busca da verdade tão ampla quanto possível. Essa exigência de maximização dos meios persecutórios,no entanto,pode colidir com outros princípios de extração constitucional, entre os quais a presunção de inocência. O princípio da presunção de inocência impõe deveres de não-intervenção cuja realização pode afetar o exercício das atividades de obtenção e valoração da prova. A regulação relativa a *quem* provar,*como* provar e *quanto* provar deve orientar-se ao estabelecimento de uma concordância prática entre o dever de eficiência persecutória e o dever de proteção da inocência. Essa concordância prática somente pode ser alcançada mediante uma ponderação de bens, de acordo com os critérios da teoria dos princípios, a fim de que nenhum dos princípios colidentes seja desnecessariamente sacrificado.

1 Juiz Federal Substituto da Vara Federal C/JEF Cível e Crim Adjunto de Cruz Alta.

regulação sobre *como* provar. 2.3 Proteção da inocência e a regulação sobre *quanto* provar. Conclusão. Referências bibliográficas.

Palavras-chave: eficiência. persecução penal. cognoscitivismo. presunção de inocência. proibição de prova. valoração da prova. convencimento. busca da verdade.

INTRODUÇÃO

A aceitabilidade do convencimento judicial e a própria legitimidade do exercício da função jurisdicional dependem do modo como os fatos objeto do processo são estabelecidos em juízo. Neste trabalho, parte-se da suposição de que o adequado exercício da atividade de fixação formal dos fatos está conectado à ideia de uma pretensão de correção, tanto no aspecto jurídico-normativo, quanto no aspecto fático-epistemológico.

Correção normativa e correção epistemológica estão estreitamente conectadas. Em um modelo probatório cognoscitivista, a adoção de critérios epistemológicos aptos a conferir racionalidade à tarefa de admissão, produção e valoração da prova está idealmente permitida ou mesmo ordenada. Contudo, há hipóteses em que a obtenção do conhecimento relativo a um enunciado fático debatido no processo encontra obstáculos formados pela exigência de proteção a outros direitos. Nisso se avulta uma possível colisão entre o dever de eficiência persecutória e a proteção da condição de inocência.

Expor as relações entre o dever de eficiência da justiça penal e o direito à presunção de inocência na fixação judicial dos fatos é o objetivo proposto neste artigo. Para tanto, trataremos, no primeiro capítulo, do dever estatal de prestar uma justiça penal eficiente e do problema da obtenção da verdade no processo penal. No segundo capítulo, estudaremos o princípio da presunção de inocência e a forma como ele interfere na comprovação dos enunciados fáticos sustentados pelas partes no processo.

1. EFICIÊNCIA PERSECUTÓRIA E OBTENÇÃO DA VERDADE NO PROCESSO PENAL

1.1 Fundamentação constitucional do dever de prestar uma justiça penal eficiente

As diversas posições jurídicas que podem ser garantidas no âmbito dos direitos fundamentais determinam e asseguram um *status* jurídico-constitucional[2] de seus titulares em face do Estado. Mas a função dos direitos fundamentais não se resume a uma dimensão subjetiva, pois eles constituem, também, princípios objetivos da ordem constitucional[3]. Como tais, servem de pauta para o legislador e para todas as outras instâncias que estabelecem, interpretam e põem em prática as normas jurídicas.

A expansão dos direitos fundamentais para além do abstencionismo estatal exige do Estado uma atuação ativa. Como detentor do monopólio da força, ele tem a missão não apenas de respeitar os direitos fundamentais (perspectiva negativa), mas também de protegê-los (perspectiva positiva) contra ataques e ameaças de terceiros[4].

O reconhecimento de que boa parte dos perigos que ameaçam os direitos fundamentais provém, na atualidade, dos poderes privados[5] conduz à viabilidade – e, em alguns casos, à exigência – da interven-

---

2 HESSE, Konrad. *Elementos de direito constitucional da República Federal da Alemanha*. Porto Alegre: Livraria do Advogado, 1996, p. 230.

3 "Ao significado dos direitos fundamentais como direitos de defesa subjetivos do particular corresponde seu significado jurídico-objetivo como *determinações de competências negativas* para os poderes estatais. (...) Ao significado dos direitos fundamentais como direitos subjetivos que, por causa de sua atualização, são garantidos, corresponde seu significado jurídico objetivo como *elementos da ordem jurídica total da coletividade*." HESSE, Konrad. *Elementos...*, p. 239-240 (grifos no original). O significado jurídico-objetivo dos direitos fundamentais é mérito da doutrina das garantias institucionais e de institutos formulada por CARL SCHMITT (HESSE, *Elementos...*, p. 229, nota de rodapé 4).

4 FELDENS, Luciano. *Direitos fundamentais e direito penal*, Porto Alegre: Livraria do Advogado, 2008, p. 58-59.

5 "Liberdade humana é posta em perigo não só pelo Estado, mas também por poderes não estatais, que na atualidade podem ficar mais ameaçadores do que as ameaças pelo Estado." HESSE, Konrad. *Elementos...*, p. 278.

ção penal do Estado[6]. Embora a realização da função penal seja, seguramente, um dos meios mais graves de que o Estado dispõe para a proteção de direitos fundamentais, essa intervenção particularmente intensa em posições individuais pode ser justificada pela insuficiência e, em alguns casos, pela completa inexistência de outros instrumentos de proteção a bens constitucionais.

Como o Direito Penal somente pode ser realizado por meio do processo, o Direito Processual Penal também toma parte na tarefa de proteção dos bens jurídicos[7]. Assim, se a lei penal prevê que o agente de uma certa conduta lesiva a um bem jurídico deve ser punido criminalmente, a realização dessa consequência jurídica é um dever estatal cuja existência, em face da força obrigatória do direito e do monopólio do uso legítimo da força, não pode ser posta em dúvida. Nesse sentido, a doutrina de Luís Afonso Heck:

> O Estado de Direito somente pode ser realizado se está assegurado que os delinquentes, nos limites das leis vigentes, serão sentenciados e que uma pena justa lhes será atribuída. O Princípio do Estado de Direito,a obrigação do Estado de proteger a segurança de seus cidadãos, a sua confiança na aptidão funcional das instituições estatais e o tratamento isonômico de todos os inculpados no procedimento criminal exigem, essencialmente, a efetivação do direito de punibilidade estatal.A obrigação constitucional do Estado de garantir uma jurisdição funcionalmente apta abrange, em conformidade com isso,regularmente também a obrigação de assegurar a instauração e a execução do processo penal.[8]

6 FELDENS, Luciano. *Direitos Fundamentais...*, p. 75.

7 Os critérios para aferição da legitimidade do direito penal substantivo, em larga medida, aplicam-se ao direito processual, já que este e aquele guardam, entre si, uma relação de *mútua complementaridade funcional*. Conferir: DIAS, Jorge de Figueiredo. *Direito Processual Penal*. Vol. I. Coimbra: Coimbra Almedina, 1974, p. 28. HASSEMER, Winfried. *Introdução aos fundamentos do direito penal*. Porto Alegre: Sérgio Fabris, 2005, p. 172-173.

8 HECK, Luís Afonso. *O Tribunal Constitucional Federal e o desenvolvimento dos princípios constitucionais*. Porto Alegre: Sérgio Fabris Editor, 1995, p. 196. No mesmo sentido, a lição de Claus Roxin: "Si el Estado prohíbe, por principio, las venganzas privadas y los duelos [...], entonces nace para él, como reverso de una misma moneda, la obligación de velar por la protección de sus ciudadanos y de crear disposiciones que posibiliten una persecución y juzgamiento estatales del

O dever estatal de dar proteção aos direitos fundamentais e às estruturas sociais nas quais eles podem ser exercidos fundamenta, portanto, o ideal de maximização, em favor das instâncias formais de controle penal, dos meios aptos a promover a realização do direito penal. A esse ideal chamamos de princípio da eficiência persecutória[9].

Se a vinculatividade dos direitos fundamentais a todos os poderes estatais e a todos os ramos do ordenamento jurídicos veda, por um lado, que o exercício da atividade persecutória seja *excessivamente interventivo* em direitos fundamentais de defesa, ela também exige, por outro, que a persecução penal seja *suficientemente idônea* à proteção dos mesmos ou de outros direitos fundamentais. A adoção de meios insuficientes à proteção penal de bens jurídicos relevantes ameaçaria os direitos fundamentais tanto quanto a violação direta de posições jurídicas das vítimas pelo próprio Estado.

1.2 A fixação judicial dos fatos em um modelo probatório cognoscitivo

No ideal da eficiência persecutória está contido, entre outros deveres, o de propiciar uma adequada solução do caso penal. A questão relativa ao que se pode entender por uma solução adequada remete à questão dos modelos probatórios sobre cuja base o juiz deve decidir o caso.

---

infractor y que la paz social sea renovada a través de la conclusión definitiva del procedimiento". ROXIN, Claus. *Derecho Procesal penal.* Buenos Aires: Editores del Puerto, 2000, p. 2.

9 Para os fins deste trabalho, entende-se por princípio a espécie normativa que se estrutura como um mandamento ideal (não definitivo), de modo que sua aplicação exige uma atividade de ponderação. Sobre como a aplicação dos princípios difere da aplicação das regras, cite-se a doutrina de ALEXY: "Regras são normas que ordenam, proíbem ou permitem algo definitivamente, ou autorizam a algo definitivamente. Elas contêm um dever definitivo. Quando os seus pressupostos estão cumpridos, produz-se a consequência jurídica. Se não se quer aceitar esta, deve ou declarar-se a regra como inválida e, com isso, despedi-la do ordenamento jurídico, ou, então, inserir-se uma exceção na regra e, nesse sentido, criar uma nova regra. A forma de aplicação das regras é a subsunção. Princípios contêm, pelo contrário, um dever ideal. Eles são mandamentos a serem otimizados. Como tais, eles não contêm um dever definitivo, mas somente um dever *prima facie.* Eles exigem que algo seja realizado em medida tão alta quanto possível relativamente às possibilidades fáticas e jurídicas. [...] Como mandamentos ideais, princípios exigem mais do que é possível realmente. Eles colidem com outros princípios. A forma de aplicação para eles típica é, por isso, a ponderação. Somente a ponderação leva do dever-*prima facie* ideal ao dever real e definitivo." ALEXY, Robert. *Constitucionalismo discursivo.* Porto Alegre: Livraria do Advogado, 2007, p. 37.

Se se acolhe uma concepção irracionalista da decisão judicial, resulta impossível atribuir qualquer significado à prova dos fatos. O mesmo sucede em relação às concepções pelas quais o processo não deveria se orientar à obtenção da verdade, ou não seria idôneo a alcançar esse resultado, e, ainda, àquelas pelas quais a verdade dos fatos seria em todo caso irrelevante[10].

Se se entende, porém, que o discurso jurídico se desenvolve sob o influxo de uma pretensão de correção[11], o fenômeno da prova ganha importância e exige que sua compreensão esteja conectada com esse mesmo ideal. O exercício legítimo do poder jurisdicional pressupõe uma concepção de prova capaz de propiciar uma fundamentação adequada da premissa menor integrante do raciocínio judicial que dará solução ao caso[12], pois a justificação externa das decisões judiciais quanto à matéria fática "não está baseada em outras coisas mais que nas provas a partir das quais se realizam as inferências que conduzem à aceitação de uma hipótese como verdadeira"[13].

A ideia de pretensão de correção do direito contém, em si, a ideia da pretensão de uma reconstrução correta dos fatos relevantes para a decisão judicial. Se se defende que a sentença deve se basear em premissas corretas, a função própria da prova, antes de qualquer *função persuasiva*[14] que ela possa simultaneamente atender, é a de ofe-

---

10 TARUFFO, Michele. *La prueba de los hechos*. Madrid: Editoria Trotta, 2005, p. 80-81.

11 ALEXY, Robert. "A institucionalização da razão". *Constitucionalismo discursivo*. Porto Alegre: Livraria do Advogado, 2007, p. 20-1.

12 Não obstante a insuficiência do mero silogismo para o discurso jurídico, já que a lógica clássica não dá critérios para a seleção e justificação adequada das premissas, é possível que a resolução judicial de um conflito seja representada, sob o aspecto formal, como um silogismo prático que, a partir de uma premissa maior (a norma jurídica aplicável) e uma premissa menor (a premissa fática), conclui com uma norma jurídica singular. Essa premissa fática não é um simples enunciado descritivo de um acontecimento, mas o resultado de uma operação judicial mediante a qual se qualificam fatos, no sentido de determinar que eles constituem um caso concreto do tipo normativo (abstrato) em que vão se subsumir. GASCÓN ABELLÁN, Marina. *Los hechos en el derecho - Bases argumentales de la prueba*. 2. ed. Madri: Marcial Pons, 2004, p. 48.

13 WRÓBLEWSKI, Jerzy. "Justification of legal decisions". *Meaning and Truth in Judicial Decision*. Helsinki: A-TIETO Oy, 1983, p. 64. *Apud* GUZMÁN, Nicolás. "Prohibición de declarar, facultad de abstención y prohibiciones probatórias". *Más Derecho : Revista de Ciencias Jurídicas*. Buenos Aires, n.1, p. 139-164, 2000, p. 146.

14 O entendimento de que a função da prova jurídica seria, sobretudo, retórica (defendido,

recer elementos para a eleição racional da versão dos fatos que se pode definir como verdadeira[15]. Por isso, pode-se dizer que a prova cumpre, sobretudo, uma *função confirmatória*[16] da hipótese fática.

Em um modelo probatório cognoscitivista, ora defendido, a aceitabilidade da afirmação sobre a verdade de um enunciado fático depende, por um lado, da conexão entre o material probatório e a hipótese que se sustenta correta e, por outro, de sua maior capacidade explicativa a respeito de outras hipóteses alternativas[17]. A justificação do conhecimento obtido no processo deve ser construída a partir do conceito de probabilidade, que permite conceber a fixação judicial dos fatos como uma atividade racional, ainda que se trate de uma racionalidade incapaz de oferecer certezas incondicionadas[18].

Que o conhecimento passível de obtenção no processo esteja submetido a limitações, nada diz contra o modelo cognoscitivista. O conceito de verdade (ou enunciado verdadeiro) traduz, em relação ao conceito de prova (ou enunciado provado), um *ideal*[19]. A distinção entre esses dois conceitos é necessária se se quiser dar conta do caráter autorizado, porém falível, da declaração dos fatos na sentença, e

---

dentre outros, por ALESSANDRO GIULIANI), por não ter as características da demonstração matemática ou dedutiva, parte de uma concepção demasiadamente restritiva de racionalidade. Há que reconhecer que "existe uma racionalidade menos rígida e estrita que, apesar disso, segue os cânones de coerência e validez lógica e que, portanto, configura modos de raciocínio controláveis e não redutíveis à mera argumentação persuasiva" (TARUFFO, MICHELE. *La prueba...*, p. 356). Assim, é possível, sob uma tal concepção de racionalidade, erigir modelos probatórios nos quais avulta o significado da prova como um instrumento para o conhecimento racional dos fatos. Sobre o tema, conferir também: GUZMÁN, Nicolás. "Las funciones de la prueba...", 146-149.

15 TARUFFO, Michele. *La prueba...*, p. 86.

16 GUZMÁN, Nicolás. "Las funciones de la prueba...", p. 158. A doutrina utiliza, com maior frequência, a expressão *função demonstrativa*. Como leciona TARUFFO, nesse caso o termo "demonstração" não é utilizado com o significado rigoroso da lógica e da matemática, mas com o significado mais vago que lhe designa o vocabulário comum, no sentido da existência de "elementos ou razões suficientes para assumir uma asserção como fundada". *La prueba...*, p. 441-442.

17 Nesse sentido: FERRAJOLI, Luigi. *Direito e razão – Teoria do garantismo penal.* São Paulo: Editora Revista dos Tribunais, 2004, p. 54.

18 GASCÓN ABELLÁN, Marina. *Los hechos en el derecho...*, p. 49.

19 GASCÓN ABELLÁN, Marina. "Concepciones de la prueba – Observación a propósito de *Algunas consideraciones sobre la relación entre prueba y verdad*, de Michele Taruffo." *Discusiones*, p. 46.

também cumpre um importante papel metodológico, ao pôr de manifesto a necessidade de assegurar que o juízo sobre os fatos se aproxime, na maior medida possível, da verdade[20]. Ainda que a fixação judicial dos fatos esteja sujeita a imperfeições, a verdade é sempre o "norte" que deve orientar o juiz em sua atividade[21].

1.3 Como incide o princípio da busca da verdade na comprovação dos fatos

O princípio da busca da verdade, como expressão do dever de eficiência persecutória, impõe ao Estado a obrigação de empreender todos os meios disponíveis para uma correta solução do caso penal. Por um lado, esse princípio ordena ou permite *prima facie* a adoção de todos os meios que *favoreçam* a que a afirmação judicial relativa à pretensão de validez do enunciado fático objeto do processo (imputação de um crime a alguém) e de outros possíveis enunciados conexos seja justificável sob o maior grau possível de aceitabilidade intersubjetiva; por outro lado, simultaneamente, o princípio da busca da verdade proíbe *prima facie* todas as ações e omissões estatais ou individuais cuja realização *impeça ou embarace* a afirmação judicial sobre a pretensão de validez dos enunciados fáticos de que trata o processo, ou a obtenção dos meios para que a justificação dessa afirmação judicial seja tão aceitável quanto possível.

A sentença penal é um ato estatal que "sempre incide sobre bens jurídicos sumamente sensíveis"[22], daí a necessidade de que ela, tanto para afirmar o dever de punir do Estado quanto para reafirmar o direito de liberdade do réu, esteja baseada em premissas corretas. Com efeito, a jurisprudência do Tribunal Constitucional alemão há muito tempo acentua que o esclarecimento dos delitos é um "encargo essencial de

20 GASCÓN ABELLÁN, Marina. "Concepciones de la prueba...", p. 46-47.

21 WALTER, Gerhard. *Libre Apreciación de la Prueba*. Trad. Tomás Banzhaf. Bogotá, Themis, 1985, p. 71.

22 IBAÑEZ, Perfecto Andrés. *Valoração da prova e sentença penal*. Rio de Janeiro: Lumen Juris, 2006, p. 120.

uma coletividade estatal-jurídica"[23] e que "uma investigação da verdade o mais completa possível no processo penal é uma irrefutável necessidade 'tanto para provar a culpabilidade dos delinquentes como para absolver os inocentes'" [24].

Em um caso penal, o juízo equivocado sobre a matéria de fato tem consequências *ceteris paribus* mais gravosas que em um caso não-penal, tanto para a sociedade como para o indivíduo. Por isso, deve ser reconhecida a singular importância que ganha, no processo penal, o problema da eficácia dos instrumentos de proteção contra o erro no convencimento judicial.

A necessidade de se evitar uma defeituosa fixação judicial dos fatos impõe a consideração do princípio da busca da verdade em várias fases e momentos processuais. Ele incide, primeiramente, na seleção de quais fatos são relevantes para a solução do caso penal. Além do fato principal, todas as circunstâncias cuja afirmação possa fundamentar a refutação e a confirmação do juízo sobre a responsabilidade do acusado ou sobre o grau da reprovação de sua conduta devem ser consideradas relevantes para o juízo. O princípio da busca da verdade repele *prima facie* qualquer limitação do objeto da atividade probatória que não se justifique sob o aspecto epistemológico. Se, no discurso das partes, for sustentada a existência de circunstâncias cuja comprovação seria capaz de interferir no convencimento judicial acerca da hipótese acusatória, deve o juiz permitir a produção de provas a respeito desses fatos secundários. Essa exigência não se resume apenas à concessão de oportunidades para comprovação do álibi e da legítima defesa, conhecidos exemplos de circunstâncias dirimentes, pois abrange também a viabilização da atividade probatória em relação a tudo o que for capaz de infirmar ou corroborar a comprovação de circunstâncias incriminantes, bem como de infirmar ou corroborar a comprovação de circunstâncias dirimentes.

---

23 BVerfGE 77, 65 (76); entre outros. *Apud* HECK, Luís Afonso. *O Tribunal Constitucional...*, p. 195-196.

24 BVerfGE 34, 238 (248 f). *Apud* SCHWABE, Jürgen (compilador). *Cincuenta Años de Jurisprudencia del Tribunal Constitucional Federal Alemán*. Trad. Marcela Anzola Gil. Bogotá: Ediciones Jurídicas Gustavo Ibañez, 2003, p. 23-24.

Em segundo lugar, o princípio da busca da verdade diz respeito ao modo de comprovação dos enunciados fáticos. Todas as fontes e meios de prova cuja utilização possa contribuir para comprovar uma afirmação relevante para a solução do caso penal devem ser *prima facie* admitidas. Isso exige do juiz a maximização do dever de cautela ao indeferir a produção de provas à base de argumentos relativos à antecipação do resultado que se espera obter com uma determinada medida probatória[25]. Se a verdade processual é inevitavelmente uma questão de probabilidade, sempre se poderá granjear o incremento do grau de confirmação de um enunciado fático e, em consequência, sempre se poderá cogitar de uma decisão dotada de um maior grau de aceitabilidade intersubjetiva. Por isso, o dever de eficiência da justiça penal autoriza a formulação de um princípio epistemológico pelo qual qualquer prova relevante é "necessária" e, portanto, deve ser admitida[26].

Em terceiro lugar, o princípio da busca da verdade também atua na valoração da prova. De nada adiantaria o exercício da atividade probatória desenvolvida no curso do processo se, ao final, a sentença judicial pudesse solucionar o caso sem valorar adequadamente as provas colhidas. Esse aspecto da busca da verdade pode se decompor em dois elementos: por um lado, exige que as provas admitidas e produzidas sejam consideradas na *justificação* da decisão que se adote; por outro, exige que essa consideração das provas seja *racional*[27]. Remete-se, com isso, à questão dos critérios para o convencimento judicial e da medida em que essa atividade pode ser considerada "livre".

---

25 A formação do convencimento judicial não se dá em um instante determinado, como se ela pudesse ocorrer à guisa de uma "revelação". A teoria do círculo hermenêutico põe de manifesto que a atividade de compreensão depende da elaboração de um projeto prévio que deve ser constantemente revisado conforme se avança na penetração do sentido (GADAMER, Hans-Georg. *Verdade e método I – Traços fundamentais de uma hermenêutica filosófica.* Petrópolis: Vozes, 2004, p. 356). No curso do procedimento, o juiz vai formando expectativas de sentido cuja correção não pode ser afirmada, em definitivo, antes de exauridas as oportunidades para as partes introduzirem provas e argumentos. Daí a exigência de o julgador, na decisão sobre a admissibilidade das provas, ter em mente a necessidade de constantemente corrigir a autocompreensão que se exerce na compreensão, livrando-a de adaptações inadequadas e de juízos arbitrários ou repentinos (GADAMER, Hans-Georg. *Verdade e método I,* p. 354-355).

26 GASCÓN ABELLÁN, Marina. *Los hechos...*, p. 183.

27 FERRER BELTRÁN, Jordí. "Cómo se valora una prueba". *Iter Criminis Revista de Ciencias Penales,* n. 10, Segunda época, Instituto Nacional de Ciencias Penales, p. 77-96, p. 82.

1.4 Valoração da prova e convencimento judicial

Chamaremos de livre convencimento racional o princípio pelo qual a afirmação judicial dos enunciados fáticos relevantes para a resolução do caso penal deva ser, tanto quanto possível, desprendida de obstáculos epistemológicos. Esse conceito se assenta na ideia de que a fixação formal dos fatos será tanto mais próxima da verdade quanto mais livre de restrições à obtenção do conhecimento for o procedimento cognitivo utilizado para a sua realização. A consecução ótima dessa tarefa judicial, portanto, não deve ocorrer mediante o exercício de uma liberdade subjetiva, que poderia ser confundida com arbítrio ou irracionalismo, mas sim por meio de uma liberdade objetiva[28] cujo fundamento se vincula à pretensão de correção do juízo.

Como expressão da proteção de um bem coletivo de hierarquia constitucional, o princípio do livre convencimento racional exige uma ampliação *prima facie* dos mecanismos de aferição racional da verdade e, simultaneamente, uma proscrição *prima facie* de qualquer entrave a essa aferição racional.

Em um modelo de estabelecimento dos fatos que se funda em uma aproximação tão alta quanto possível da verdade, não há espaço para valorações formais predeterminadas por um juízo superior e prévio ao do próprio julgador, tal como nos sistemas de prova legal[29].

---

28 KNIJNIK, Danilo. "Os *standards* do convencimento judicial: paradigmas para seu eventual controle". *Revista Forense,* Rio de Janeiro, n. 353, p. 33, jan./fev. 2001.

29 No sistema das provas legais procurava-se racionalizar as técnicas de acertamento dos fatos "por meio de um intrincado sistema em que cada prova tinha seu valor previamente determinado, além do que somente a combinação delas, resultando em uma certa quantidade de prova, poderia autorizar a condenação criminal" (GOMES FILHO, Antonio Magalhães. *Direito à prova no processo penal.* São Paulo: Editora Revista dos Tribunais 1997, p. 22). Sobre o sistema inquisitório da prova legal como intento original de "racionalizar' o processo, convém transcrever trecho da lição de HASSEMER: "Certamente a regulamentação legal da prova era conduzida por uma desconfiança saudável contra os penalistas e formuladas, como diríamos hoje, com a boa intenção de 'racionalizar' o processo de produção dos fatos; certamente ela foi, à sua época, uma resposta inteiramente correta contra um direito inseguro, arbitrário e disperso, que produzia espontaneamente violações ao direito. No entanto, a regulamentação legal da prova, de sua parte, causou lesões sistemáticas ao Direito. Ela perdeu de vista os fatores que são eficazes na formação da convicção humana, o papel da pré-compreensão na compreensão, na medida em que, por um lado, eles proibiam ao juiz uma condenação quando ele não tinha ou uma confissão ou duas boas testemunhas, mas, por outro lado, se satisfaziam com uma boa

A valoração antecipada das provas, por meio de normas jurídicas abstratas, vulnera o objetivo de busca da verdade próprio de um modelo cognoscitivista. Se se admite que os meios de prova garantem resultados apenas prováveis, é possível que, em um caso concreto, o grau de probabilidade alcançado por uma determinada prova resulte insuficiente para justificar racionalmente uma decisão, por mais que o legislador lhe haja atribuído um valor específico[30].

Também não se afigura compatível com o modelo cognoscitivista aceitar que a fixação judicial dos fatos ocorra sem a sujeição a critérios ou controles de qualquer tipo, como no sistema da íntima convicção[31]. Se se entende que a avaliação das provas é completamente livre, o convencimento do julgador em nada se afastaria de uma experiência mística ou extática[32], e então não se poderia mais falar de uma atividade racional.

Disso resulta que o livre convencimento racional, embora não admita valorações predeterminadas, não implica uma total refração a regras. Presumem-se compatíveis com ele todas as regras que se fundamentam na manutenção ou no aprimoramento da racionalidade da tarefa de estabelecimento dos fatos. Contudo, deve-se reconhecer que o princípio do livre convencimento racional reclamaria uma boa dose de cautela na imposição de critérios de valoração pela via legislativa, seja pela dificuldade de estabelecimento de um catálogo de regras de avaliação suficientemente amplo para prever as diversas peculiaridades que se podem apresentar nos casos concretos, seja pela possibilidade de um contínuo aperfeiçoamento, especialmente em decorrên-

---

testemunha pela imposição de tortura" (HASSEMER, Winfried. *Introdução...*, p. 166). No mesmo sentido: IBAÑEZ, Perfecto Andrés. *Valoração...*, p. 88-89.

30 GASCÓN ABELLÁN, Marina. *Los hechos en el derecho...*, p. 157-158.

31 No sistema da íntima convicção, há uma propensão a "reduzir a atividade cogniscitiva do juiz a um fenômeno de pura consciência, que se exaure no plano íntimo e imprescrutável da mera subjetividade" (NOBILI, Massimo. *Il principio del libero convincimento del giudice*. Milano: Giuffrè, 1974, p. 7. *Apud* KNIJNIK, "Os *standards...*", p. 31). Embora ainda existam resquícios do sistema da íntima convicção em procedimentos como o do tribunal do júri, por exemplo, pode-se argumentar contrariamente a um tal modelo, mesmo sob o ponto de vista do direito probatório vigente, pois o que importa é a tendência geral do sistema. Nesse sentido: VARELA, Casimiro. *Valoración de la prueba*. 2. ed. Buenos Aires: Astrea, 1999, p. 154.

32 GASCÓN ABELLÁN, Marina. *Los hechos en el derecho...*, p. 159.

cia dos avanços da investigação científica, dos meios de obtenção e afirmação da verdade.

2. O DIREITO À PRESUNÇÃO DE INOCÊNCIA E A SUA INCIDÊNCIA NA TAREFA DE FIXAÇÃO JUDICIAL DOS FATOS

O reconhecimento do caráter inevitavelmente institucionalizado da busca da verdade que se procede no âmbito do procedimento põe de manifesto que outros princípios caros ao ordenamento jurídico podem exigir a criação ou a aplicação de regras que, de algum modo, interfiram na tarefa judicial de valoração das provas. Conforme o tipo de interferência na averiguação correta dos fatos, tais regras podem ser classificadas como regras ou garantias institucionais epistemológicas (se contribuem à averiguação da verdade), regras ou garantias institucionais não-epistemológicas (se ao menos não produzem menoscabo à averiguação da verdade), e regras ou garantias institucionais contraepistemológicas (se dificultam ou entorpecem a averiguação da verdade)[33].

No âmbito do processo penal, essa questão ganha particular importância, porque o conjunto dos direitos de defesa do imputado exige a institucionalização de critérios de estabelecimento dos fatos que propiciem uma especial proteção da liberdade individual. A formação do convencimento do juiz a respeito da imputação de um fato criminoso, portanto, pode ser condicionada por regras contraepistemológicas em medida elevada. Nisso se avulta uma possível tensão entre um bem coletivo (o dever de eficiência persecutória) e um direito individual (a proteção da inocência), que deve ser colocada sob a forma de uma colisão de princípios. A busca da concordância prática entre o ideal de racionalidade da fixação dos fatos e a realização de outros fins juridicamente relevantes exigirá, portanto, soluções de acordo com os critérios próprios da teoria dos princípios[34].

---

33 GASCÓN ABELLÁN, Marina. *Los hechos...*, p. 121-122.

34 De acordo com o modelo dos princípios, as normas constitucionais são mandamentos *prima facie* (não definitivos). As colisões resolvem-se na dimensão do peso, por meio da ponderação,

O art. 5º, LVII, da CF-88, adotando redação inspirada na Constituição italiana[35], dispõe que "ninguém será considerado culpado até o trânsito em julgado de sentença penal condenatória". Desse enunciado extraem-se consequências normativas de natureza material, como as relativas à proibição de antecipar a pena ou à adoção de medidas coercitivas em face do não-culpado, e processual, como as relativas aos critérios que regem a comprovação de um crime.

Para os fins deste trabalho, interessa apenas o aspecto processual presunção de inocência, que diz respeito ao regime de admissão, produção e valoração das provas no processo penal. Seu estudo permitirá identificar o modo como se manifestam as relações entre o direito individual de proteção à condição de inocente, cuja realização fundamenta *omissões* estatais em relação à admissão, produção e valoração da prova, e o dever estatal de proteção penal, cuja realização fundamenta *ações* estatais em matéria de prova.

2.1 Proteção da inocência e a regulação relativa a *quem* cabe o ônus de provar

A primeira expressão do princípio da presunção de inocência, sob o aspecto da comprovação dos enunciados fáticos alegados no processo, diz respeito à regulação normativa sobre o ônus da prova. Deve-se ressaltar que a inexistência de ônus probatório a cargo do réu diz respeito, sobretudo, à questão do ônus objetivo[36], no sentido de de-

considerada a situação concreta. O grande mérito da teoria dos princípios é sua aptidão para impedir um andar vazio dos direitos fundamentais sem conduzir ao entorpecimento. Ela oferece flexibilidade às normas constitucionais e, com isso, uma resposta satisfatória ao problema da vinculatividade, permitindo que a Constituição seja levada a sério sem exigir o impossível. Conferir, a propósito: ALEXY, Robert. "Colisão de direitos fundamentais e realização de direitos fundamentais no estado de direito social". *Constitucionalismo discursivo*, p. 67-69; HECK, Luís Afonso. "O modelo das regras e o modelo dos princípios na colisão de direitos fundamentais". *Revista dos Tribunais*, São Paulo, v. 781, nov. 2000, p. 71-78.

35 De acordo com o art. 27, 2, da Constituição da Itália, "l´imputato non è considerato colpevole sino alla condanna definitiva".

36 O ônus da prova, sob o aspecto objetivo, é uma regra de julgamento, pois "em que pese também servir para as partes, na direção de sua atividade instrutória, sua finalidade-mor é auxiliar o juiz na definição do litígio, resolvendo, assim, o 'estado de incerteza' diante da ausência de prova suficiente para formar seu convencimento" (USTÁRROZ, Daniel. *Prova no processo civil.*

terminar que o acusado não sofrerá as consequências da não-comprovação do fato a ele imputado. Contudo, essa norma de juízo, que estabelece como o magistrado deve solucionar o caso penal se a hipótese acusatória não estiver confirmada, indiretamente enseja uma direção ao comportamento processual das partes. Pode-se dizer, então, que a presunção de inocência também ganha relevância na questão do ônus subjetivo.

A existência de um ônus da prova subjetivo é, apesar disso, bastante contestada[37]. Em nosso entendimento, sua admissão está condicionada à consideração de certos temperamentos impostos pelo modelo cognoscitivo, em especial pelo reconhecimento da relatividade das provas e da estruturação dialogal do processo.

Deveras, é possível que o imputado deixe de exercer qualquer iniciativa probatória em favor da tese da inocência e, ainda assim, obtenha uma absolvição, caso a hipótese sobre a qual se assenta a imputação não esteja suficientemente confirmada pelas provas existentes no processo[38]. Daí a afirmação frequente de que a condenação penal deve ser precedida de uma mínima atividade probatória[39] a cargo do órgão acusador.

Contudo, se a acusação introduz, em favor do enunciado fático veiculado na denúncia, elementos dotados de alto grau de confirmação *prima facie*, cabe à defesa do réu, na dialética do processo, introduzir elementos aptos a enfraquecer a probabilidade da hipótese acusatória. O processo é diálogo, não monólogo. A determinação da força da tese acusatória dá-se não somente pelo "valor intrínseco" que se possa atribuir às provas apresentadas em seu apoio, senão que pelo grau de confirmação definitivo resultante da ponderação dos pesos

---

Porto Alegre: Verbo Jurídico, 2007, p. 48).

37 Sobre as controvérsias doutrinárias acerca do aspecto subjetivo do ônus da prova no processo penal, conferir, por todos: BADARÓ, Gustavo Henrique Righi Ivahy. *O ônus da prova no processo penal*. Editora Revista dos Tribunais, 2003, p. 181-190, 230-235 e 239-241.

38 Nesse sentido, fazendo referência à jurisprudência do Tribunal Constitucional da Espanha: MONTAÑES PARDO, Miguel Angel. *La presunción de inocencia*. Pamplona: Editorial Arazandi, 1999, p. 46.

39 JAÉN VALLEJO, Manuel. "La presunción de inocencia". *Revista de derecho penal y proceso penal*, Buenos Aires, 2004, fasc. 2, p. 356.

relativos das provas de acusação e de defesa. Com efeito, não obstante a atribuição do ônus da prova subjetivo à parte que acusa, a inércia probatória do acusado pode lhe acarretar consequências desfavoráveis, pois ela faz desperdiçar a oportunidade de trazer elementos que enfraqueçam a tese da culpabilidade. É dizer: se as provas incriminantes e corroborantes das incriminantes não tiverem força *prima facie* para determinar a condenação do réu, nenhuma atividade probatória pode ser requerida da defesa; mas se ditas provas tiverem força inicial suficiente para fazê-lo, caberá ao acusado, guiado pelo interesse em sua absolvição, produzir provas dirimentes, infirmantes das incriminantes e, eventualmente, corroborantes das dirimentes[40].

Vê-se, portanto, que a atribuição do ônus da prova à acusação não basta para uma proteção eficaz da inocência, porque não diz sob que condições se deverá entender que a parte acusadora se desincumbe do ônus probatório que lhe cabe. Coloca-se, então, o problema da qualidade e da quantidade das provas necessárias para a comprovação daquilo que é afirmado pela acusação e pela defesa. Se no modelo cognoscitivo a aceitação de um enunciado fático pode-se dar de acordo com graus variados de probabilidade, a proteção da inocência exige regras relativas não apenas sobre *quem* deve sofrer as consequências de não provar, mas também sobre *como* se pode provar e sobre *quanto* se deve provar.

2.2 Proteção da inocência e a regulação sobre *como* provar

A questão relativa a *como se pode provar* refere-se à conformidade dos meios de obtenção das provas à proteção da condição de inocente e de outros aspectos da personalidade do acusado.

Conforme a doutrina e a jurisprudência do Tribunal Europeu de Direitos Humanos, o princípio da presunção de inocência, uma vez

40 Conforme a doutrina de GASCÓN ABELLÁN, pelos procedimentos de confirmação e refutação que levam ao convencimento judicial, *la probabilidad inductiva de una hipótesis suficientemente confirmada disminuye si se demuestra la existencia de otras hipótesis plausibles antagonistas a la misma* (*Los hechos*..., p. 183).

conectado com o princípio do *fair trial* (Convenção Europeia dos Direitos do Homem, art. 6º), fundamenta o reconhecimento do direito à não autoincriminação[41]. De fato, a atribuição do ônus da prova à acusação, associada à liberdade de o acusado autodeterminar-se na condução de sua estratégia defensiva, assegura ao imputado o direito de se negar a produzir ou participar da produção de provas em seu desfavor.

Se, na perspectiva cognoscitivista, o critério que rege a investigação dos fatos é a busca de informação livre e sem restrições, conforme a regra epistemológica pela qual "qualquer elemento que permita aportar informação relevante sobre os fatos que se julgam deve poder usar-se" [42], a realização do dever de eficiência persecutória pode exigir a adoção de medidas que possivelmente afetem a liberdade de participação do acusado em diligências probatórias. O problema desloca-se, então, à questão dos critérios pelos quais se pode comprovar *validamente* um enunciado fático relevante para o processo.

Algumas proibições probatórias fundadas na proteção contra a autoincriminação, em vez de colidir com o princípio da eficiência persecutória, podem favorecer o seu alcance. O exemplo mais claro de regra epistemológica que realiza essa *otimidade-Pareto*[43] é o da inadmissibilidade de confissões obtidas mediante tortura, pois ao mesmo tempo em que visa à proteção da personalidade do acusado, também se justifica para evitar a obtenção de uma verdade distorcida[44].

---

41 No *Caso Funke vs. França* [*Application* 10.828-84, j. 25.02.1993], assinalou-se que é direito de toda pessoa acusada de um crime permanecer em silêncio e não contribuir para uma condenação penal mediante condutas não verbais, como a entrega de documentos incriminatórios para autoridades aduaneiras. Esse entendimento foi reafirmado e expandido no julgamento do *Caso Saunders vs. Reino Unido* [*Application* 19.187-91, j. 17.12.1996], no qual se decretou a invalidade de interrogatórios compulsivos em casos de fraudes fiscais de certa transcendência42. Cite-se, ainda, o conhecido *Caso Murray vs. Reino Unido* [*Application* 18.731-91, j. 08.02.1996], pelo qual o TEDH voltou a ressaltar que o direito à não autoincriminação está abrangido pela cláusula do *fair trial* prevista no art. 6º da Convenção, embora não seja um direito revestido de caráter absoluto.

42 GASCÓN ABELLÁN. *Los hechos...*, p. 128-129.

43 A *otimidade-Pareto* consiste na ideia pela qual uma posição pode ser melhorada sem que nasçam desvantagens para outras ALEXY, Robert. "Direitos fundamentais, ponderação e racionalidade". *Constitucionalismo discursivo*. Porto Alegre: Livraria do Advogado, p. 110.

44 FORNER, J. P. *Discurso sobre la tortura*, p. 182. *Apud* GASCÓN ABELLÁN. *Los hechos...*, p. 131.

Outras proibições probatórias, contudo, pugnam com o objetivo cognoscitivista de averiguação processual da verdade.[45] O problema coloca-se, então, sob a forma de uma colisão entre o dever estatal de maximizar os meios aptos ao esclarecimento da verdade e o direito fundamental do acusado de não contribuir para a própria condenação. A solução da colisão deve ocorrer mediante os critérios da teoria dos princípios e da argumentação jusfundamental, dos quais o mais importante é o teste da proporcionalidade[46].

Tome-se o exemplo da submissão do imputado às investigações corporais, como a identificação genética (exame de DNA). Ainda que nesses casos geralmente se prescinda de uma colaboração ativa do examinando, já que as amostras podem ser coletadas mesmo contra sua vontade, não se pode negar que a imposição da participação do imputado na diligência implica que este seja utilizado, de certa forma, como instrumento para a própria condenação. Há, portanto, uma intervenção no direito de não se autoincriminar, a qual somente poderá ser admitida se as razões para a realização do princípio da busca da verdade, no caso concreto, forem maiores que as razões para a realização do princípio da não autoincriminação. Se, no exame de proporcionalidade da medida, a intervenção no direito individual resultar constitucionalmente justificada, o acusado pode ser obrigado a se submeter à produção da prova. Se, porém, no exame de razões e contrarrazões, a intensidade da intervenção no direito à não autoincriminação for considerada excessiva, o princípio da busca da verdade deverá ceder, e não se poderá obrigar o acusado a participar da produção da prova.

45 GASCÓN ABELLÁN. *Los hechos...*, p. 131-132.

46 Os passos que o aplicador do direito deve observar na tarefa ponderativa podem ser apresentados sob a forma de uma equação que ALEXY denomina de *fórmula peso*. A solução da colisão de princípios leva em conta três pares de fatores. As razões em favor da não intervenção levam em conta o peso abstrato do direito fundamental, a intensidade da intervenção cogitada e o grau de suposição empírica com que se espera que ela ocorra. As razões em favor da intervenção levam em conta, de seu turno, o peso abstrato do princípio para cuja realização ela contribui, a intensidade do prejuízo para a realização de tal princípio, em caso de a intervenção não ser adotada, e o grau de certeza com que a medida interventiva deverá contribuir para essa realização ou para evitar a não realização. Conferir: ALEXY, Robert. "A fórmula peso". *Constitucionalismo discursivo*, p. 131-156.

No tema das proibições probatórias, o direito à não autoincriminação, como expressão do direito à presunção de inocência, frequentemente enfeixa-se com outros direitos individuais de defesa, como os direitos à intimidade, à vida privada, à inviolabilidade do domicílio, ao sigilo das comunicações, à integridade corporal, entre outros. Nesses casos, esses princípios aos quais a proteção da inocência se associa aduzem razões adicionais em favor do reconhecimento de restrições probatórias.

A questão relativa a se toda a proibição de produção de prova necessariamente acarreta a proibição de sua valoração, quando colhida irregularmente, remete ao tormentoso dilema sobre como se deve conceber a estrutura da norma da inadmissibilidade das provas ilicitamente obtidas. No Brasil, a jurisprudência do STF tende a considerar a norma que se extrai do art. 5°, LVI, da CF-88, como um mandamento insuscetível de ponderação[47]. Entendemos, de nossa parte, que a possibilidade de a proibição das provas ilícitas colidir com outros princípios constitucionais, em especial o relativo ao dever de busca da verdade, exige que tal norma seja tratada como um mandamento *prima facie*,

47 Cite-se, a título de exemplo, o precedente relativo ao RE 25.145-GO, rel. Min. Celso de Mello, DJ 03.08.2000 (*in Informativo STF* n. 197): "A norma inscrita no art. 5º, LVI, da Lei Fundamental promulgada em 1988 consagrou, entre nós, com fundamento em autorizado magistério doutrinário (...), o postulado de que a prova obtida por meios ilícitos deve ser repudiada - e repudiada, sempre - pelos juízes e Tribunais, 'por mais relevantes que sejam os fatos por ela apurados, uma vez que se subsume ela ao conceito de inconstitucionalidade...' (...). A *absoluta invalidade* da prova ilícita infirma-lhe, *de modo radical*, a eficácia demonstrativa dos fatos e eventos cuja realidade material ela pretende evidenciar. Trata-se de consequência que deriva, necessariamente, da garantia constitucional que tutela a situação jurídica dos acusados em juízo penal e que *exclui, de modo peremptório*, a possibilidade de uso, em sede processual, da prova - de qualquer prova - cuja ilicitude venha a ser reconhecida pelo Poder Judiciário. (...) Embora a ideia da proporcionalidade possa parecer atraente, deve-se ter em linha de conta os *antecedentes do País*, onde as exceções viram regra desde sua criação (vejam-se, por exemplo, as medidas provisórias). À vista da *trajetória inconsistente do respeito aos direitos individuais* e da *ausência de um sentimento constitucional consolidado*, não é nem conveniente nem oportuno, sequer de *lege ferenda*, enveredar por flexibilizações arriscadas". No mesmo sentido, o julgamento proferido no HC 80.949, rel. Min. Sepúlveda Pertence, DJ 14.12.2001, p. 26 (*in RTJ* n. 180-03, p. 1001): "(...) II. Provas ilícitas: sua inadmissibilidade no processo (CF, art. 5º, LVI): considerações gerais. 2. Da explícita proscrição da prova ilícita, sem distinções quanto ao crime objeto do processo (CF, art. 5º, LVI), resulta a prevalência da garantia nela estabelecida sobre o interesse na busca, a qualquer custo, da verdade real no processo: consequente impertinência de apelar-se ao princípio da proporcionalidade – à luz de teorias estrangeiras inadequadas à ordem constitucional – para sobrepor, à vedação constitucional da admissão da prova ilícita, considerações sobre a gravidade da infração penal objeto da investigação ou da imputação. (...)"

sem prejuízo de que a ela se atribua um peso abstrato *ceteris paribus* mais elevado que o de outros princípios concorrentes na ponderação[48].

2.3 Proteção da inocência e a regulação sobre *quanto* provar

A questão relativa a *quanto se deve provar*, por sua vez, diz respeito aos critérios de suficiência de uma prova ou de um conjunto de provas para que se possa reconhecer o êxito da parte acusadora em se desincumbir do ônus que lhe cabia. Uma vez admitido que a verdade obtida no processo é sempre probabilística, é preciso determinar qual grau de probabilidade deve ser exigido para dar um fato como provado em um determinado tipo de procedimento.

A tarefa judicial consistente em examinar a verdade de uma hipótese fática passível de subsunção a uma norma cujas consequências jurídicas dizem respeito a uma grave intervenção nos direitos fundamentais de uma pessoa (imposição de uma sanção penal) acrescenta um importante aspecto no modelo probatório cognoscitivista: o princípio da presunção de inocência exige que a culpabilidade do acusado seja afirmada apenas diante de um elevadíssimo grau de confirmação da tese acusatória. A regra do ônus da prova objetivo (*in dubio pro reo*) complementa-se, assim, com a institucionalização de critérios sob os quais o juiz deve dar por provada a hipótese acusatória.

O problema do grau de suficiência probatória necessário para afirmar o cumprimento do ônus da prova pela parte onerada põe-se de modo muito claro quando, após a submissão dos enunciados fáticos relevantes para o desfecho do processo aos procedimentos de confirmação e refutação, ainda assim resulte que duas hipóteses incompatíveis entre si estejam de algum modo fundadas. Em casos assim, há quem sugira a utilização judicial de critérios como os da "simplicidade", formulado por Copi, e o da "coerência normativa", de autoria de

48 Sobre sistemas de primazias *prima facie* de princípios constitucionais, ver: ALEXY, Robert. *Concepto y validez del derecho*, p. 207-8. Sobre a primazia *prima facie* dos direitos individuais no processo penal, ver: TROIS NETO, Paulo Mário Canabarro. "O processo penal na teoria dos princípios". *Revista Doutrina* nº 20, 29.10-2007. Colhido em: <www.revistadoutrina.trf4.gov.br>.

Maccormick. O primeiro sustenta que, se duas hipóteses rivais forem prováveis, o juiz deve decidir em favor da hipótese mais simples ou mais "natural"; o segundo, por sua vez, pugna seja adotado o relato mais "crível" da história, de acordo com os princípios explicativos do atuar racional, intencional e motivacional do homem[49].

Embora a simplicidade e a coerência narrativa sejam aspectos importantes da racionalidade do discurso jurídico das partes e do juiz, no processo penal não se pode afirmar a verdade de uma imputação apenas porque a versão acusatória tem a seu favor o argumento da singeleza ou ordinariedade, pois a realização do dever de proteção à condição de inocente impõe que o grau de confirmação e não-refutação da versão sustentada pela acusação seja consideravelmente maior que o grau de confirmação e não-refutação da versão sustentada pela defesa[50]. É dizer, uma certa robusteza probatória deve ser exigida para confirmar a hipótese acusatória, mas não para refutá-la.

No processo penal, a formação do convencimento acerca dos fatos deve ocorrer no âmbito de um modelo de compreensão que dê ao réu da ação penal uma proteção maior que a conferida aos réus de ações não-penais. Com efeito, enquanto no âmbito cível pode-se entender que a "mera preponderância de prova" seja suficiente para autorizar o reconhecimento de que a parte onerada se desincumbiu do seu ônus probatório, no âmbito penal exige-se que o reconhecimento da culpabilidade do imputado ocorra sob um juízo de altíssima probabilidade, nos quais a dúvida sobre o fato criminoso, ou mesmo sobre eventuais circunstâncias excludentes, dirimentes ou eximentes, sempre favoreça o réu.

---

49 GASCÓN ABELLÁN, Marina. *Los hechos...*, p. 221-222.

50 "Téngase en cuenta que la mayor confirmación que cualquier otra hipótesis sobre los mismos hechos es una cuestión de grado. Cosa distinta son las exigencias institucionales que puedan existir en este punto, que pueden imponer requisitos más o menos severos para aceptar una hipótesis. La mayor o menor severidad de estos requisitos dependerá de los objetivos que se persigan y/o de los valores que estén en juego. Es decir, dependerá de la importancia que se dé 'a evitación de los dos tipos de error que pueden cometerse: rechazar la hipótesis que se está contrastando, aunque sea verdadera, y aceptarla, aunque sea falsa'. Así, mientras que en los procesos civiles suele bastar con que el resultado de la prueba sea una probabilidad *preponderante*, en los procesos penales suele exigirse un resultado (probabilístico) *más allá de toda duda razonable*." GASCÓN ABELLÁN, Marina. *Los hechos...*, p. 223 (grifos da autora).

Sob a perspectiva epistemológica, a presunção de inocência possui duas vertentes que interessam ao problema do convencimento judicial. Por um lado, ela exige que a tese fática em que se funda a sentença condenatória preencha certas exigências epistemológicas, e nesse aspecto ela desempenha o papel de uma garantia epistemológica. Por outro, ela dispensa a que a tese fática em que se funda a sentença absolutória preencha as mesmas exigências epistemológicas, e nesse aspecto ela é uma garantia (não-epistemológica) de liberdade[51].

A exigência de um elevado grau de confirmação para que se possa aceitar a verdade do enunciado fático sustentado pelo órgão acusador não afeta o princípio da eficiência persecutória. Eficiência persecutória, no modelo cognoscitivista, diz respeito à otimização dos meios pelos quais o direito penal possa ser corretamente aplicado, não à obtenção de condenações a qualquer custo. No caso de restar alguma *dúvida razoável* sobre a aceitabilidade da hipótese acusatória, não obstante a realização de todas as medidas possíveis para obtenção e afirmação da verdade, o acusado deve ser absolvido, pois a ampliação dos riscos de condenação de inocentes em nada favoreceria a proteção penal dos direitos fundamentais.

CONCLUSÃO

O dever estatal de eficiência persecutória é um bem coletivo constitucional cuja consecução fundamenta a adoção de medidas destinadas a uma proteção penal efetiva. No tema da fixação judicial dos fatos, o ideal de eficiência persecutória manifesta-se, sobretudo, no princípio da busca da verdade.

Inserido em um modelo probatório cognoscitivo, que parte da ideia de que a decisão judicial promove uma pretensão de correção, o princípio da busca da verdade exige a adoção de meios que propiciem uma reconstrução verdadeira dos fatos objeto do processo. No processo penal, estando em jogo a proteção de bens jurídicos indispensá-

51 GASCÓN ABELLÁN, Marina. *Los he*

veis ao exercício dos direitos fundamentais no meio social, de um lado, e a proteção da liberdade individual do imputado, de outro, põe-se de manifesto a necessidade de fazer uso de critérios epistemológicos apropriados para, em uma medida ainda maior que no processo civil, evitar o erro na fixação judicial dos fatos.

Como mandamento a otimizar, contudo, o dever de realização da busca da verdade está sujeito a um cumprimento gradual. Ele pode colidir com outros princípios de estatura constitucional, em especial o direito à presunção de inocência. Na solução das colisões entre eficiência persecutória e proteção da condição de inocente, é tarefa do operador do direito buscar uma concordância prática entre todos os princípios em jogo, evitando sacrifícios desnecessários de um ou outro.

REFERÊNCIAS

ALEXY, Robert. *Constitucionalismo discursivo.* Porto Alegre: Livraria do Advogado, 2007.

ALEXY, Robert. *El concepto y la validez del derecho.* Barcelona: Gedisa, 1997.

BADARÓ, Gustavo Henrique Righi Ivahy. *O ônus da prova no processo penal.* Editora Revista dos Tribunais, 2003.

DIAS, Jorge de Figueiredo. *Direito processual penal.* 1º volume. Coimbra: Coimbra Almedina, 1974.

FELDENS, Luciano. *Direitos fundamentais e direito penal.* Porto Alegre: Livraria do Advogado, 2008.

FERRAJOLI, Luigi. *Direito e razão – Teoria do garantismo penal.* São Paulo: Revista dos Tribunais, 2004.

FERRER BELTRÁN, Jordí. "Cómo se valora una prueba". *Iter Criminiis Revista de Ciencias Penales,* n. 10, Segunda época, Instituto Nacional de Ciencias Penales, p. 77-96.

GADAMER, Hans Georg. *Verdade e método I - Traços fundamentais de uma hermenêutica filosófica.* 6. ed. Trad. Flávio Paulo Meurer. Petrópolis: Vozes, 2004.

GASCÓN ABELLÁN, Marina. "Concepciones de la prueba. Observación a propósito de *Algunas consideraciones sobre la relación entre prueba y verdad,* de Michele Taruffo". *Discusiones – Prueba, conocimiento y verdad.* Ano II, número 3, p. 43-54.

GASCÓN ABELLÁN, Marina. *Los hechos en el derecho – Bases argumentales de la prueba.* 2. ed. Madri: Marcial Pons, 2004.

GOMES FILHO, Antonio Magalhães. *Direito à prova no processo Penal.* São Paulo: Revista dos Tribunais, 1997.

GUZMÁN, Nicolás. "Las funciones de la prueba: perspectivas de una teoría cogniscitivista". *Más Derecho: Revista de Ciências Jurídicas*, p. 145-160.

HECK, Luís Afonso. "O modelo das regras e o modelo dos princípios na colisão de direitos fundamentais". *Revista dos Tribunais.* São Paulo, v. 781, nov. 2000, p. 71-78.

HECK, Luís Afonso. *O Tribunal Constitucional Federal e o desenvolvimento dos princípios constitucionais.* Porto Alegre: SAFE, 1995.

HESSE, Konrad. *Elementos de direito constitucional da República Federal da Alemanha.* Porto Alegre: Livraria do Advogado, 1996.

IBAÑEZ, Perfecto Andrés. *Valoração da prova e sentença penal.* Rio de Janeiro: Lumen Juris, 2006.

JAÉN VALLEJO, Manuel. "La presunción de inocencia". *Revista de derecho penal y proceso penal*, Buenos Aires, fasc. 2, 2004 , p. 355-70.

KNIJNIK, Danilo. "Os *standards* do convencimento judicial: paradigmas para seu eventual controle". *Revista Forense,* Rio de Janeiro, n. 353, p. 15-52, jan./fev. 2001.

MONTAÑES PARDO, Miguel Angel. *La presunción de inocencia.* Pamplona: Editorial Arazandi, 1999.

ROXIN, Claus. *Derecho procesal penal.* Buenos Aires: Editores del Puerto, 2000.

SCHWABE, Jürgen (compilador). *Cincuenta Años de Jurisprudencia del Tribunal Constitucional Federal Alemán.* Trad. Marcela Anzola Gil. Bogotá: Ediciones Jurídicas Gustavo Ibañez, 2003.

TARUFFO, Michele. *La prueba de los hechos.* Madri: Editorial Trotta, 2005.

TROIS NETO, Paulo Mário Canabarro. "O processo penal na teoria dos princípios" *Revista Doutrina* nº 20, 29.10.2007. Colhido em <www.revistadoutrina.trf4.gov.br>.

USTÁRROZ, Daniel. *Prova no processo civil* Porto Alegre: Verbo Jurídico, 2007.

VARELA, Casimiro. *Valoración de la prueba.* 2. ed. Buenos Aires: Astrea, 1999.

WALTER, Gerhard. *Libre apreciación de la prueba.* Trad. Tomás Banzhaf. Bogotá, Themis, 1985.

Crime organizado: meios de prova previstos na Lei nº 9.034/95

Rafael Martins Costa Moreira[1]

Resumo: Diversas são as consequências penais do crime organizado; esta monografia, porém, minudenciará os meios probatórios previstos na Lei nº 9.034/95. O tema suscita discussões, sendo colocada em dúvida a própria existência do crime organizado como categoria autônoma. Outra dificuldade é encontrada para sua conceituação. A positivação do conceito da criminalidade organizada no Direito brasileiro, atualmente, é encontrada na Convenção de Palermo, firmada em dezembro de 2000. Os efeitos do crime organizado no plano penal e processual penal refletem a necessidade de adaptação do Direito Penal à nova realidade forjada pelo fenômeno e a tendência internacional de expansão do direito criminal e flexibilização das garantias penais clássicas. A Lei nº 9.034/95, pois, incorpora essa orientação e apresenta soluções à delinquência organizada, sobretudo no que tange aos meios de prova, quais sejam: a colaboração processual de corréu; infiltração de agentes; ação controlada; violação dos sigilos das comunicações telefônicas, de dados e telegráficas, e violação do sigilo fiscal e financeiro.

---

1 Juiz Federal Substituto da V.JEF Cível e Prev. Caxias do Sul.

Palavras-chave: Crime organizado. Organizações criminosas. Lei nº 9.034/95. Meios de prova.

INTRODUÇÃO

Esta monografia trata dos meios de prova previstos na Lei nº 9.034/95, como consequências da existência do crime organizado.

Antes, porém, necessário saber se, afinal, existe o crime organizado como categoria autônoma. Segundo esclarece Baltazar[2], verifica-se uma polarização entre duas correntes.

O denominado "**discurso do mito**" nega a existência do crime organizado. Seria uma criação ou categoria forjada a partir da tradição e dos casos norte-americano e italiano e imposta aos demais países. Objetiva diminuir as garantias processuais e alargar os poderes da polícia. Cria-se um novo inimigo, para satisfazer a necessidade política e dos meios de comunicação. O argumento da aprovação ou necessidade de endurecimento da legislação penal e de novas técnicas de investigação serviria para granjear votos em uma população acossada por uma sensação de temor e insegurança. Também se vislumbra um componente de controle e segregação de excluídos ou estrangeiros. Esta posição é defendida, dentre outros, por Eugênio Raul Zaffaroni e Cirino dos Santos.

Para outra corrente, chamada "**teoria da conspiração**", o crime organizado, geralmente cometido por estrangeiros, tem amplo campo de atuação por várias atividades criminosas, aufere fantásticos lucros, que são objeto de lavagem de dinheiro, posteriormente reinvestidos em atividades lícitas e ilícitas. Os valores acumulados serviriam também para a cooptação de agentes públicos mediante corrupção ou financiamento de campanhas políticas. Haveria um projeto de alcançar o poder político e comprometer o próprio funcionamento do estado democrático. Assim, o combate à organização criminosa seria uma

2 BALTAZAR JÚNIOR, José Paulo. Crime Organizado. Porto Alegre: TRF - 4ª Região, 2008 (Currículo Permanente. *Caderno de Direito Penal*: módulo 4), p. 07-13.

verdadeira guerra ou cruzada, afigurando-se necessária a atenuação de garantias processuais, modificação das regras tradicionais de imputação e adoção de medidas diferenciadas de investigação. Seria uma manifestação do direito penal do inimigo (Jakobs).

Para Baltazar, o discurso do mito está presente em estudos acadêmicos e consiste em estratégia de defesa. Por outro lado, a exposição do tema na mídia e sua utilização em campanhas e discursos políticos não criam o fenômeno, mas aumentam ou conferem uma dimensão exagerada.

Os fatos, porém, demonstram que o crime organizado existe (centenas de *pentiti* na Itália; assassinato dos juízes italianos antimáfia Falcone e Borselino, mediante utilização de uma tonelada de explosivos colocados na estrada; etc.). No Brasil, não há como negar a organização nos casos de jogo de bicho, tráfico de drogas, de armas, de animais, de pessoas e de madeira, ou ainda no roubo de cargas.

Portanto, apesar das divergências doutrinárias, partimos do reconhecimento da existência do crime organizado para, então, extrairmos as medidas adotadas pela lei para o controle do fenômeno.

Ainda existe certa dificuldade de conceituação do crime organizado, pois o modelo tradicional de ilícito penal era historicamente concentrado em um delito de evento "monossubjetivo", lesivo de bens jurídicos individuais. O crime organizado, ao invés, é por definição crime associativo, que pouco se exterioriza por meio de comportamentos ilícitos, agressivos de interesses supraindividuais e imateriais, emergente de uma organização ramificada e presente no território graças à conivência dos poderes institucionais[3].

1. TUTELA PENAL PELO LEGISLADOR BRASILEIRO

Através da Lei nº 9034/95, que dispõe sobre a "*utilização de meios operacionais para a prevenção e repressão de ações praticadas por orga-*

3 CASTALDO, Andréa R. La criminalidad organizada em Itália: la respuesta normativa y los problemas de la práxis. *Revista Brasileira de Ciências Criminais*. V. 27, jul./set. 1999, p. 19.

nizações criminosas", o legislador procurou tutelar o fenômeno do crime organizado, sem, todavia, conceituá-lo. Também foi abandonada a linha inicial do Projeto nº 3519/89, que estipulava no art. 2º: "*Para efeitos desta lei, considera-se organização criminosa aquela que, por suas características, demonstre a existência de estrutura criminal, operando de forma sistematizada, com atuação regional, nacional e/ou internacional*".

O art. 1º da Lei 9034/95 previa, na redação original: "*Esta lei define e regula meios de prova e procedimentos investigatórios que versarem sobre crime resultante de ações de quadrilha ou bando*".

A insuficiência do critério adotado pelo legislador, ao mesmo tempo ampliativo e restritivo, foi duramente criticada pela doutrina. Restou equiparado o tratamento de quadrilhas que praticam delitos pequenos ou médios a grandes organizações. Por outro lado, esse critério restringiu a aplicação do conceito de crime organizado em relação a determinados casos, nos quais os delitos praticados por pessoas desvinculadas de bandos ou quadrilhas possam configurar-se como crime organizado, comprometendo assim a punibilidade desses indivíduos.

Após, foi editada a Lei 10.217/01, que alterou a redação do art. 1º da Lei 9.034/95, com a introdução da expressão "*organizações ou associações de qualquer tipo*". O dispositivo assim se apresenta: "*Esta lei define e regula os meios de prova e procedimentos investigatórios que versem sobre ilícitos decorrentes de ações praticadas por quadrilha ou bando ou organizações ou associações criminosas de qualquer natureza*".

Porém, o texto legal ainda é insuficiente para sanar o problema conceitual de crime organizado. Apenas esclareceu que não se confunde com quadrilha ou bando. Ainda inovou ao diferenciar organizações e associações, talvez em razão do crime de associação para o tráfico, o que é irrelevante, pois, além de inexistir diferenciação entre os vocábulos para fins jurídico-penais, eles têm o mesmo significado no vernáculo[4].

4 SILVA, Eduardo Araújo da. *Crime Organizado: procedimento probatório*. São Paulo: Atlas, 2003, p. 36-39.

A ONU realizou, em 1994, em Nápoles, uma Conferência Ministerial Mundial sobre Crime Organizado, resultando no início dos trabalhos para a elaboração de uma Convenção sobre Crime Organizado Transnacional, que veio a ser firmada em Palermo, em dezembro de 2000. A **Convenção de Palermo** entrou em vigor no Brasil por força do Decreto Legislativo 231, de 29.05.2003 e do Decreto nº 5015, de 12.03.2004.

Não há óbice à utilização, no Brasil, dos conceitos fornecidos pela Convenção de Palermo, porque já vigente no plano interno (STJ, AP 460/RO, HC 63716/SP; TRF 4ª R., ACr 200470080003559, HC 200704000090457, ACr 200570030002849).

Os conceitos trazidos pelo tratado são os seguintes:

> a) "Grupo criminoso organizado" – grupo estruturado de três ou mais pessoas, existente há algum tempo e atuando concertadamente com o propósito de cometer uma ou mais infrações graves ou enunciadas na presente Convenção, com a intenção de obter, direta ou indiretamente, um benefício econômico ou outro benefício material;
>
> b) "Infração grave" – ato que constitua infração punível com uma pena de privação de liberdade, cujo máximo não seja inferior a quatro anos ou com pena superior;
>
> c) "Grupo estruturado" – grupo formado de maneira não fortuita para a prática imediata de uma infração, ainda que os seus membros não tenham funções formalmente definidas, que não haja continuidade na sua composição e que não disponha de uma estrutura elaborada.

A **Recomendação nº 03, de 30/05/2006**, do **CNJ**, sugere a adoção do conceito de crime organizado estabelecido na Convenção de Palermo. A **Resolução nº 517, de 30/06/2006, do CJF**, incluiu os crimes praticados por organizações criminosas na competência das varas federais criminais especializadas em crimes contra o sistema financeiro nacional e lavagem de dinheiro ou ocultação de bens, direitos e valores, bem como referiu que **deverão ser adotados os conceitos previstos na Convenção de Palermo**.

Para concretizar esses atos normativos, o **TRF 4ª** Região editou a **Resolução nº 42, de 19.07.2006**, para **incluir os crimes praticados por organizações criminosas, independentemente do caráter transnacional** das infrações, na competência das Varas Federais Criminais especializadas para processar e julgar os crimes contra o sistema financeiro nacional e de lavagem ou ocultação de bens, direitos e valores.

Todavia, diante do excessivo incremento de trabalho dessas varas e possível esvaziamento das varas criminais do interior, o **TRF 4ª R. revogou** aquele ato, através da **Resolução nº 18, de 24.04.2007**, conferindo **também às varas federais do interior** competência para conhecer de delitos cometidos por **organizações criminosas**.

De observar que na Inglaterra e na Alemanha não há tipificação do crime organizado, mas apenas conceituação para fins de direito processual e policial. Logo, a solução da Lei nº 9034/95, embora criticada pela doutrina, não é isolada e pode ser conveniente, no sentido de possibilitar maior flexibilidade no âmbito de aplicação das medidas investigativas elencadas[5].

2. CONSEQUÊNCIAS DO CRIME ORGANIZADO NO PLANO PENAL E PROCESSUAL PENAL

Na visão de Jesús-Maria Silva Sánchez,[6] constata-se a existência de três "velocidades" do Direito Penal:

a) Direito Penal de primeira velocidade: trata-se do modelo de Direito Penal liberal-clássico, que se utiliza preferencialmente da pena privativa de liberdade, mas se funda em garantias individuais inarredáveis. Representa o "direito penal da prisão", na qual se devem manter rigidamente os princípios político-criminais clássicos, as regras de imputação e os princípios processuais.

5 BALTAZAR, p. 63.

6 *A expansão do direito penal: aspectos da política criminal nas sociedades pós-industriais*. São Paulo: Revista dos Tribunais, 2002, p. 144-151.

b) Direito Penal de segunda velocidade: cuida-se do modelo que incorpora duas tendências, a saber, a flexibilização proporcional de determinadas garantias penais e processuais aliada à adoção das medidas alternativas à prisão (penas restritivas de direito, pecuniárias, etc.). Em outras palavras, é empregado para os casos em que, por já não se tratar de prisão, senão de penas de privação de direitos ou pecuniárias, aqueles princípios e regras poderiam experimentar uma flexibilização proporcional à menor intensidade da sanção.

c) Direito Penal de terceira velocidade: refere-se a uma concorrência entre as características acima, vale dizer, utiliza-se da pena privativa de liberdade (como o faz o Direito Penal de primeira velocidade), mas permite uma ampla relativização de garantias político-criminais, regras de imputação e critérios processuais (o que ocorre no âmbito do Direito Penal de segunda velocidade). Essa tendência pode ser notada em algumas recentes leis brasileiras, como a Lei dos Crimes Hediondos, Lei nº 8.072, de 1990, que, por exemplo, aumentou consideravelmente a pena de vários delitos, estabeleceu o cumprimento da pena em regime integralmente fechado e suprimiu, ou tentou suprimir, algumas prerrogativas processuais (exemplo: a liberdade provisória), e a Lei do Crime Organizado (Lei nº 9.034, de 1995), entre outras.

Além de contribuir para a expansão do Direito Penal, inaugurando a fase da pós-modernidade político-jurídica, as características singulares da criminalidade organizada contemporânea repercutiram na dogmática penal, pois o clássico processo de tipificação, voltado para condutas individualizadas, mostrou-se insuficiente para tutelar o complexo e variado número de condutas que compõem o crime organizado. Daí porque a tipificação do crime organizado é um desafio do Direito Penal do século XXI. O crescimento e a especialização das organizações criminosas conduziram a uma expansão do Direito Penal, mediante aumento de normas jurídicas para a tutela desse tipo de delinquência, em busca de maior proteção social.[7]

Para a criminalidade organizada, além dos reflexos processuais, novas figuras típicas foram criadas (como a lavagem de dinheiro), ha-

7 SILVA, p. 32-33.

vendo tendência para a definição de "tipos abertos", com ampliação do âmbito de aplicação dos crimes de perigo e redimensionamento do conceito de autoria mediata, na tentativa de abranger o aspecto multifacetado do crime organizado. Os crimes de perigo também permitem a adoção da antecipação da tutela penal, de molde a proteger preventivamente o bem jurídico, antes que seja efetivamente violado.

Das consequências do crime organizado no plano processual, nota-se uma tendência internacional de restrição de certos direitos fundamentais dos investigados e acusados, na busca da maior eficiência penal. Jesús-María Silva Sánchez observa que, ante o fenômeno da criminalidade organizada, impõe-se que algumas garantias processuais sejam "reinterpretadas", mediante reformas antigarantistas, ou "redimensionadas", consoante Román Julio Frondizi e María Gabriela Silvina Daudet. Isso porque a balança deve pender em favor dos interesses do Estado, cujos representantes devem buscar uma reação proporcional à ameaça produzida à sociedade por certas organizações criminosas[8].

A edição da Lei nº 9034/95 e de outras normas que flexibilizam os direitos individuais ampliam a intervenção penal e agravam penas que estão inseridas no chamado direito penal de terceira velocidade.

Conforme Callegari[9], as consequências do crime organizado no plano processual penal e do Direito Penal dependerão da opção entre três grandes tendências de política criminal a ser adotada.

A **política criminal liberal** (corrente pacifista, escola de Frankfurt) entende o direito penal e processual penal como função de garantia do cidadão e limitação do poder do Estado, não lhes cabendo a tarefa nem tendo a eficácia no controle da criminalidade, que teria outras causas e soluções, como fatores econômicos, sociais, educacionais, etc. Critica as reformas penais tendentes à antecipação da criminalização, aumento de crimes de perigo, expansão da

8 SILVA, p. 37-38.

9 CALLEGARI, André Luís; MELIÁ, Manuel Cancio; BARBOSA, Paula Andrea Ramírez. *Crime Organizado: tipicidade - política criminal - investigação e processo*. Porto Alegre: Livraria do Advogado, 2008, p. 11-23.

criminalização, aparelhamento do processo penal e novos meios invasivos de investigação.

Callegari refere que a diferença entre políticas de segurança autoritárias e democráticas radica em que enquanto estas últimas estão orientadas a lograr a confiança dos cidadãos, as políticas de segurança autoritárias estão dirigidas a conseguir a adesão dos cidadãos, utilizando para isso mecanismos populistas cujo objetivo é canalizar em proveito de determinadas pessoas ou partidos políticos sentimentos, medos ou reações sociais. É o discurso do medo.

Escreve o doutrinador que a tendência da política criminal atualmente é no sentido de superar o modelo de garantias penais e processuais penais, adquiridas após anos de muito debate e esforço, e substituí-lo por outro de segurança do cidadão, ou, ao menos, que demonstre esta suposta segurança. David Garland sublinha que os

> processos de modernização que até pouco tempo pareciam bem consolidados neste âmbito, principalmente as tendências de longo prazo à 'racionalização' e à 'civilização', parecem agora começar a sofrer um revés. A reaparição na política oficial de sentimentos punitivos e gestos expressivos que parecem extraordinariamente arcaicos e francamente antimodernos tende a confundir as teorias atuais sobre o castigo e seu desenvolvimento histórico.[10]

Isso se percebe nos discursos políticos, debates sobre segurança pública, aprovação de leis de caráter repressivo com supressão de garantias ou ampliação de condutas típicas, às vezes olvidando o princípio da taxatividade.

Cancio de Meliá[11] assinala que os delitos relacionados com as associações ilícitas estão em momento de franca expansão, em que uma legislação puramente simbólica e impulsos punitivistas se potencializam, desembocando em uma expansão quantitativa e qualitativa do Direito Penal.

10 CALLEGARI, p. 13.

11 *Op. cit.*, p. 26.

Parece claro, como admite Callegari, que em matéria de criminalidade organizada é necessária a adaptação a um problema novo, real e em expansão. De outra parte, as manifestações da criminalidade organizada que acentuam a vivência (sensação) subjetiva de insegurança da população centram-se em aspectos da criminalidade quotidiana. Ao contrário, os delitos mais perigosos e danosos de um ponto de vista coletivo não são percebidos e suscitam uma demanda social de punição menor. Diante desse contexto, medidas penais de supressão de garantias são reclamadas pelas camadas sociais mais altas e pela classe média, fato que é explorado pelos políticos e pela mídia, dando lugar ao que Callegari chama de "populismo punitivo". Ao que parece, as considerações eleitorais primam sobre considerações de efetividade.

Cancio de Meliá[12] assevera que a aplicação de preceitos relacionados ao terrorismo, na Europa, a delitos de organizações criminosas por efeito de contaminação é preocupante.

No ponto, Jesús-María Silva Sánchez leciona que existe uma

> tendência claramente dominante em todas as legislações no sentido da introdução de novos tipos penais, assim como um agravamento dos já existentes, que se pode encaixar no marco geral da restrição, ou a "reinterpretação" das garantias penais clássicas do Direito Penal substantivo e do Direito Processual Penal. Criação de novos "bens jurídico-penais", ampliação dos espaços de riscos jurídico-penalmente relevantes, flexibilização das regras de imputação e relativização dos princípios político-criminais de garantia, não seriam mais do que aspectos dessa tendência geral, à qual cabe referir-se com o termo "expansão".[13]

O perigo da adoção de medidas especiais para apuração do crime organizado reside no abuso do emprego desses instrumentos. Há críticas a esse viés restritivo, ao fundamento de que tal iniciativa excep-

12 *Op. cit.*, p. 30.

13 *Op. cit.*, p. 21.

cional possa desencadear um retrocesso na consagração dos direitos fundamentais.

Porém, ninguém pensa, como disse Elvio Fassoni, que as características da criminalidade organizada autorizam o abandono da cultura da legalidade e da garantia. O que se pretende é adaptar os instrumentos processuais de busca e colheita da prova ao desenvolvimento tecnológico e ao comportamento das organizações criminosas[14]. A supressão das garantias fundamentais, evidentemente, é inadmissível. A relativização dessas garantias, no entanto, é medida que se impõe, para fazer frente ao novo paradigma criminal imposto pelas características da criminalidade organizada.

Na lição de Baltazar, é inegável a existência de uma nova realidade criminal. O direito penal e processual penal tradicional foi pensado para a criminalidade unipessoal e artesanal, não para a delinquência profissional, organizada, pluripessoal. O argumento de perda de conquistas seculares e da tradição da dogmática penal e processual penal não pode ser erigido a uma verdade absoluta. O Direito deve se adaptar ao contexto histórico. O Direito Penal, ao lado de políticas sociais, econômicas, educacionais, etc., também tem de funcionar como fator de controle da criminalidade, e não somente como defesa do réu perante o Estado, de modo que se deve agir contra o crime e, simultaneamente, contra as suas causas[15]. A meu sentir, políticas sociais, de saúde, educacionais etc. têm efeito em longo prazo; a punição é que deve ser adotada em curto prazo.

Os direitos fundamentais não são absolutos nem ilimitados. A inevitável colisão entre os direitos individuais dos acusados e a busca da eficiência penal na tutela da sociedade deve ser resolvida à luz do princípio da proporcionalidade. É mister a busca de um equilíbrio no confronto entre interesses estatais e os direitos individuais. Assim como não se pode cogitar de direitos fundamentais absolutos, igualmente não há como se tolerar o exercício de poderes ilimitados pelo Estado.

14 *Apud* SILVA, p. 48.

15 BALTAZAR, p. 16.

Nesse passo, foram previstos novos instrumentos processuais destinados à apuração dos ilícitos relacionados à delinquência organizada. Algumas dessas medidas foram ou podem ser consideradas inconstitucionais pelo Judiciário, a quem cabe refrear os excessos cometidos pelo legislador no afã do combate ao crime organizado.

A nova lei antidrogas (Lei nº 11.343/06) prevê causa de diminuição para o delito do art. 33 (tráfico ilícito de entorpecentes) no caso de o agente ser primário, de bons antecedentes, não se dedicar às atividades criminosas e não integrar organização criminosa.

O art. 3º da Lei 9034/95 dispôs que, nas hipóteses de acesso a dados, documentos e informações bancárias, financeiras e eleitorais (art. 2º, inc. III), ocorrendo possibilidade de violação de sigilo preservado pela Constituição ou por lei, a diligência será realizada **pessoalmente pelo juiz**, adotado o mais rigoroso segredo de justiça.

A previsão, nesse dispositivo, de um "juiz inquisidor" foi criticada pela doutrina. Conforme Ada Pellegrini Grinover, a criação dessa figura compromete a imparcialidade do juiz, pois de sua atuação imparcial parte para uma atuação investigativa, com risco de adquirir interesse no sucesso das suas diligências. Refere a doutrinadora que tal situação, notadamente no Brasil, em que o juiz que atua na fase investigatória também será o responsável pelo julgamento, afronta o devido processo legal, que consagra o sistema acusatório[16]. No mesmo sentido, Luiz Flávio Gomes[17].

O STF, na trilha da doutrina majoritária, declarou a inconstitucionalidade do art. 3º, *caput*, da Lei nº 9034/95, no que se refere à realização de diligência pessoalmente pelo juiz:

Segundo o Supremo,

> no que se refere aos dados, documentos e informações fiscais e eleitorais, o Tribunal julgou procedente o pedido, por ofensa ao princípio

16. GRINOVER, Ada Pellegrini. Que juiz inquisidor é esse? *Boletim do Instituto Brasileiro de Ciências Criminais*. nº 30, p. 1, jun. 2005.

17 GOMES, Luiz Flávio, CERVINI, Raúl. *Crime organizado. Enfoques criminológico, jurídico (Lei 9.034/95) e político-criminal*. 2. ed. São Paulo: Revista dos Tribunais, 1997, p. 133-155.

> do devido processo legal, por entender que a coleta pessoal de provas desvirtua a função do juiz, de modo a comprometer a imparcialidade deste no exercício da prestação jurisdicional (ADI 1570, Relator(a): Min. MAURÍCIO CORRÊA, Tribunal Pleno, julgado em 12.02.2004, DJ 22-10-2004 PP-00004 EMENTVOL-02169-01 PP-00046 RDDP n.24, 2005, p.137-146 RTJVOL-00192-03 PP-00838, Informativo 336)

Diante do alto poder de intimidação, assim como pela complexidade dos delitos cometidos por meio das organizações criminosas, há uma tendência em admitir a participação a distância do acusado nas audiências de instrução, bem como a colheita de prova testemunhal a distância, por meio de "videoconferência", "audiência telemática" ou teleconferência. A medida, conquanto atenue a ampla defesa, sobretudo o direito e presença, é válida à luz da proporcionalidade.

O novel art. 217 do CPP, com a redação conferida pela Lei nº 11.690/08, estatui que:

> Se o juiz verificar que a presença do réu poderá causar humilhação, temor, ou sério constrangimento à testemunha ou ao ofendido, de modo que prejudique a verdade do depoimento, fará a inquirição por videoconferência e, somente na impossibilidade dessa forma, determinará a retirada do réu, prosseguindo na inquirição, com a presença do seu defensor.

Parcela expressiva da doutrina refuta o interrogatório a distância, sob o argumento de que o mesmo deverá ser sempre pessoal, na presença do juiz (Ada Pellegrini Grinover; Eduardo Araújo da Silva)[18].

O STF já julgou inconstitucional o interrogatório por videoconferência, com fulcro em dois argumentos: limitação ao exercício da ampla defesa (HC 88914, Relator(a): Min. CEZAR PELUSO, Segunda Turma, julgado em 14.08.2007, DJe-117 DIVULG 04.10.2007 PUBLIC 05.10.2007, DJ 05.10.2007 PP-00037 EMENTVOL-02292-02 PP-00393 RT v.97, n.868, 2008, p.505-520) e ausência de lei federal dispondo sobre o assun-

18 SILVA, p. 40-47.

to, já que se trataria de direito processual, de competência legislativa privativa da União, afigurando-se formalmente inconstitucional lei estadual que preveja a medida (HC 90900/SP, rel. orig. Min. Ellen Gracie, rel. p/o acórdão Min. Menezes Direito, j. 30.10.2008, noticiado no informativo 526).

Encampou a mesma tese o STJ, ao argumento de que o *interrogatório realizado por videoconferência, em tempo real, viola o princípio do devido processo legal* (HC 98.422-SP, Rel. Min. Jane Silva (Desembargadora convocada do TJ-MG), j. 20.5.2008, Informativo 356, 6ª T.). No mesmo sentido: STJ, HC 108.457-SP, Rel. Min. Felix Fischer, j. 18.9.2008, Informativo 368; HC 85.894-SP, Rel. Min. Felix Fischer, j. 18.11.2008, Informativo 377.

No entanto, recentemente foi editada a Lei nº 11.900/09, que prevê a possibilidade de realização de interrogatório por videoconferência em algumas hipóteses e excepcionalmente, incluindo o caso em que existir fundada suspeita de que o preso integre organização criminosa. O STF (HC 88914/SP) e o STJ (HC 98.422-SP; HC 85.894-SP) já decidiram que o interrogatório a distância violam a ampla defesa e o contraditório. Em decisão mais recente, o STF apenas considerou inconstitucional a medida porque ausente lei federal a respeito (HC 90900/SP). Resta saber qual orientação prevalecerá nos tribunais superiores, isto é, de inconstitucionalidade material ou formal dos interrogatórios por teleconferência já realizados, o que será decisivo para a manutenção ou não dessa nova legislação no ordenamento jurídico nacional.

No âmbito da execução criminal, a Lei nº 10.792/03, que alterou o art. 52 da Lei nº 7.210/84 (Lei de Execuções Penais), positivou o **regime disciplinar diferenciado**, que poderá ser aplicado, entre outros casos, ao *preso provisório ou o condenado sob o qual recaiam fundadas suspeitas de envolvimento ou participação, a qualquer título, em organizações criminosas, quadrilha ou bando* (§ 2º).

Enfim, interessante referir o Projeto de Lei nº 2057 de 2007, que pretende dispor sobre o processo e julgamento colegiado em primeiro grau de jurisdição de crimes de competência da Justiça Federal praticados por grupos criminosos organizados. O art. 1º estabelece que, em processos ou procedimentos criminais que tenham por objeto crimes praticados por grupos criminosos organizados, o juiz poderá decidir pela formação de colegiado para a prática de qualquer ato processual, incluindo sentença. O § 3º prescreve que o colegiado será formado pelo juiz do processo como relator e por dois outros juízes escolhidos por sorteio eletrônico.

É possível antever outros reflexos processuais decorrentes da criminalidade organizada, como a cooperação internacional, a necessidade de ser decretado segredo de justiça em alguns inquéritos e processos, a questão da delação anônima, o problema de difícil solução concernente à proteção de testemunhas e corréus colaboradores e a inversão do ônus da prova em tema de liberação de bens sequestrados ou apreendidos. Neste trabalho, porém, será realizado um exame mais detido das providências probatórias previstas na Lei nº 9.034/95.

3. MEIOS DE PROVA PARA APURAÇÃO DO CRIME ORGANIZADO

3.1 Colaboração processual

A colaboração processual (cooperação processual, processo cooperativo, *pentitismo*) ocorre quando o acusado, além de confessar seus crimes para as autoridades, evita que outras infrações venham a consumar-se (colaboração preventiva) ou auxilia o Estado em sua atividade de colher provas contra os demais coautores, possibilitando suas prisões (colaboração repressiva)[19].

Segundo registra Baltazar[20], a medida sofre críticas de uma pretensa imoralidade, por estimular a delação, bem assim em relação à sua eficácia, podendo o delator ser morto dentro do sistema penitenciário. Luiz Flávio Gomes também censura o instituto da delação premiada, ao aduzir que tem em sua base algo eticamente reprovável, pois premia a traição e demonstra a ineficiência estatal para investigar e punir os criminosos[21]. Porém,

19 SILVA, p. 77.

20 TRF 4ª Região, Emagis, Boletim Jurídico n. 53, nov. e dez. de 2005, p. 59.

21 *Op. cit.*, p. 164-167.

nada há de amoral ou ilegal no instituto da delação premiada, trazido ao cenário nacional pela Lei nº 9.807/99, pois o mesmo apenas é a efetivação legislativa do entendimento dos Tribunais em relação à aplicabilidade da atenuante prevista no art.65,III, 'd', do Código Penal. (TRF 2ª R.,HC 200302010155542/RJ,Maria Helena Cisne, 1ª.T.,j.6.10.04).

A delação premiada no Direito brasileiro é assim disciplinada:

Lei 8072/90, art. 8º, parágrafo único (crimes hediondos): "O participante e o associado que denunciar à autoridade o bando ou quadrilha, possibilitando seu desmantelamento, terá a pena reduzida de 1 (um) a 2/3 (dois terços)";

Lei 8137/90, art. 16, parágrafo único (crimes contra a ordem tributária, econômica e relações de consumo): em relação aos crimes cometidos em quadrilha ou coautoria, "o coautor ou partícipe que através de confissão espontânea revelar à autoridade policial ou judicial toda a trama delituosa terá sua pena reduzida de um a dois terços";

Lei 9296/96 (introduziu o § 4º no art. 158 do CP, crime de extorsão mediante sequestro): "Se o crime é cometido em concurso, o concorrente que o denunciar à autoridade, facilitando a libertação do sequestrado, terá sua pena reduzida de um a dois terços";

Lei 9087/99 (lei de proteção às testemunhas):

"Art. 13. Poderá o juiz, de ofício ou a requerimento das partes, conceder o perdão judicial e a consequente extinção da punibilidade ao acusado que, sendo primário, tenha colaborado efetiva e voluntariamente com a investigação e o processo criminal, desde que dessa colaboração tenha resultado:

I - a identificação dos demais coautores ou partícipes da ação criminosa;

II - a localização da vítima com a sua integridade física preservada;

III - a recuperação total ou parcial do produto do crime.

Parágrafo único. A concessão do perdão judicial levará em conta a personalidade do beneficiado e a natureza, circunstâncias, gravidade e repercussão social do fato criminoso.

Art. 14. O indiciado ou acusado que colaborar voluntariamente com a investigação policial e o processo criminal na identificação dos demais coautores ou partícipes do crime, na localização da vítima com vida e na recuperação total ou parcial do produto do crime, no caso de condenação, terá pena reduzida de um a dois terços";

Lei 11.343/06, art. 41 (nova lei antidrogas): "O indiciado ou acusado que colaborar voluntariamente com a investigação policial e o processo criminal na identificação dos demais coautores ou partícipes do crime e na recuperação total ou parcial do produto do crime, no caso de condenação, terá pena reduzida de um terço a dois terços".

Especificamente em relação ao crime organizado, o art. 6º da Lei 9034/95 preceitua: *Nos crimes praticados em organização criminosa, a pena será reduzida de um a dois terços, quando a colaboração espontânea do agente levar ao esclarecimento de infrações penais e sua autoria.*

É importante, em todos os casos, a voluntariedade da iniciativa do colaborador, pois não pode ser obrigado a tanto. Ante o alto grau de vulnerabilidade a que fica exposto o delator e o alcance probatório que suas palavras podem atingir, melhor seria a previsão de participação do juiz, mesmo na fase preliminar, inclusive a fim de conferir maior idoneidade para a futura valoração do depoimento em juízo. A cautela é justificada, também, porque a utilização do expediente implicará renúncia ao direito de não autoincriminação e do direito ao silêncio.

Luiz Flávio Gomes, contudo, entende que não basta a voluntariedade, já que reclama a lei espontaneidade, isto é, a iniciativa da prática do ato emana do próprio agente. De qualquer forma, para a espontaneidade não se exige arrependimento, e pouco importa o motivo do ato espontâneo (medo da justiça, vontade de sair logo da cadeia, vontade de incriminar parceiros, etc.)[22].

O segundo requisito é a relevância da colaboração, que reside no nexo de causalidade entre as declarações do sujeito e os resultados positivos para a investigação em curso previstos na lei. Declara-

22 *Op. cit.*, p. 168.

ções sobre fatos periféricos ou de importância secundária, que em nada ou pouco auxiliam na apuração do funcionamento de uma organização criminosa ou na identificação dos seus membros, não autorizam a concessão do benefício.

Um terceiro requisito, disposto no art. 13 da Lei 9807/98, deve ser considerado, por analogia, para fins de cooperação processual: a efetividade da colaboração. Consiste no dever de o investigado auxiliar de forma permanente as autoridades, colocando-se integralmente à sua disposição para a elucidação dos fatos investigados[23].

Mendroni afirma que o espírito da lei é a contraprestação. Voluntariedade não basta, é preciso que seja realmente eficaz. Exige-se correlação de equivalência, com vantagens para ambas as partes. Não se pode conceber o perdão judicial a troco de pequena ou ineficaz colaboração[24].

Importante mencionar que a lei do crime organizado permite o benefício no caso de esclarecimento de **infrações penais e sua autoria**. Logo, deve o agente apontar não só a infração, mas igualmente a sua autoria.

Mendroni entende que a delação premiada também pode ser aplicada se o acusado colaborar com a investigação de outro caso, relacionado com o fato que o envolve. Ele refere, igualmente, que o expediente não é restrito à organização criminosa, mas também incide em caso de quadrilha que pratique crimes graves. Não se admitiria, porém, para crimes de baixa ou média potencialidade lesiva. Depende, de qualquer modo, da análise do caso concreto.

Necessário que haja acordo entre as partes, e não requerimento de apenas uma delas. A discordância terá peso fundamental, pois é o membro do Ministério Público que poderá dizer sobre a eficácia da colaboração[25].

---

23 SILVA, p. 81-83.

24 MENDRONI, Marcelo Batlouni. *Crime Organizado*. 2. ed. São Paulo: Atlas, 2007, p. 41.

25 MENDRONI, p. 39.

Também de forma analógica, deve ser atendido quatro requisitos, disciplinados no art. 13, parágrafo único da Lei 9807/99, quais sejam, a personalidade do colaborador, natureza, circunstâncias, gravidade e repercussão social do fato criminoso sejam compatíveis com a medida[26].

Segundo Eduardo Araújo da Silva, o compromisso de redução da pena vinculará o Juízo quando da sentença condenatória. Trata-se de uma causa de diminuição da pena. Porém, se não presentes os requisitos (falta de espontaneidade, *v.g.*), o juiz pode desconsiderar fundamentadamente. Há quem sugira que a desconsideração fundamentada seja feita quando do recebimento da denúncia[27].

A propósito, julgou o STJ:

> A "delação premiada" prevista no art. 159, § 4º, do Código Penal é de incidência obrigatória quando os autos demonstram que as informações prestadas pelo agente foram eficazes, possibilitando ou facilitando a libertação da vítima. (STJ, HC 35198/SP, Gilson Dipp, 5ª T., 28.9.04).

A delação premiada não se comunica aos corréus em casos de concurso de pessoas (STJ, HC 33833/PE, Rel. Min. Gilson Dipp, 5ª T., un., j. 19.8.04). Em outra formulação, decidiu o STJ: *A minorante da denominada delação premiada, por ser circunstância, e não elementar, é incomunicável e incabível a sua aplicação automática, por extensão, no caso de concurso de pessoas.* (STJ, REsp. 418341/AC, Rel. Min. Félix Fischer, 5ª T., un., j. 8.4.03).

A delação de corréu é meio de prova que deve merecer maior cautela, pois o acusado, a par de não ter compromisso com a verdade, pode receber benefícios em decorrência da confissão. Desse modo, é possível que algum corréu preste falsas informações para obter benefícios penais e processuais. A fim de aferir a validade das declarações do delator, o juiz tem de analisar algumas circunstâncias enumeradas

26 SILVA, p. 84.

27 SILVA, p. 84.

pela doutrina, dentre elas: a) sintonia com as demais provas; b) condições intelectuais do acusado; c) liberdade de manifestação (ausência de constrangimento ou coação); d) confirmação perante o Juiz; e) causas da confissão; f) características pessoais do colaborador; g) homogeneidade e coerência do depoimento[28].

A respeito do valor probatório do *pentitismo*, decidiu o STF que a condenação fundada unicamente em chamada de corréu é inadmissível, devendo ser confortada por outras provas (RHC 84.845/RJ, Rel. Min. Sepúlveda Pertence; HC 84.517/SP, Rel. Min. Sepúlveda Pertence; HC 94034/SP, Rel. Min. Cármen Lúcia, j. 10.6.2008, Informativo 510). De notar que o art. 197 do CPP exige que a confissão seja confrontada com as demais provas do processo.

Outrossim, segundo o STF, entabulado o acordo de delação premiada com outros investigados que não foram denunciados no processo em questão, mas figuram como réus em outro feito, podem estes ser ouvidos como informantes. Afirmou-se que

> em virtude de serem corréus, e não testemunhas em sentido próprio, as quais devem ser estranhas aos fatos objeto do julgamento, eles poderiam ser ouvidos nesta fase da ação penal, na condição de informantes, que é uma "testemunha imprópria", que não presta compromisso.

Demais disso,

> a Lei 9.807/99 condiciona a concessão do perdão, com a consequente extinção da punibilidade, à efetividade da colaboração prestada pelos corréus "delatores". Concluiu-se, assim, ser perfeitamente viável o aproveitamento dos depoimentos dos corréus nesta fase de oitiva de testemunhas de acusação, e não haver qualquer ilegalidade na colheita dos seus depoimentos, sob o crivo do contraditório, na condição de informantes. (STF, AP 470 QO/MG, Rel. Min. Joaquim Barbosa, j. 23.10.2008 Informativo STF 525).

28 SILVA, p. 146.

Na dicção de Luiz Flávio Gomes, a colaboração do agente pode ocorrer em qualquer fase da persecução penal (inquisitiva ou judicial). A lei não estabeleceu nenhum limite temporal; logo, sempre será possível, mesmo após o trânsito em julgado da condenação (hipótese em que se criaria um incidente na vara de execuções penais para a aplicação do benefício)[29].

3.2 Infiltração de agentes da polícia

A infiltração de agentes consiste numa técnica de investigação criminal em que um agente do Estado, mediante prévia autorização judicial, infiltra-se numa organização criminosa, simulando a condição de integrante, para obter informações a respeito do seu funcionamento[30]. Em países como Espanha e Portugal, o agente infiltrado pode ser terceiro estranho aos quadros da polícia, desde que atue sob controle das autoridades. No Brasil, porém, a infiltração não pode ser realizada por particulares não pertencentes aos quadros da polícia, ainda que em colaboração a esta (os chamados "gansos").

Segundo a doutrina, apresenta três características: a) dissimulação; b) engano, para obter a confiança do suspeito; c) interação, pela relação pessoal e direta entre o agente e o autor potencial[31].

Está positivado no art. 2º, inc.V da Lei nº 9034/95 (introduzido pela Lei nº 10.217/01), o qual exige autorização judicial circunstanciada e sigilosa (parágrafo único).

A disposição legal é genérica e não regula um procedimento próprio, nem prevê requisitos e legitimidade para requerer, se o juiz pode determinar de ofício a medida, qual o prazo e se é renovável, se as informações obtidas devem ser relatadas ao Juiz e como se dá a participação do Ministério Público.

29 *Op. cit.*, p. 168.

30 SILVA, p. 86.

31 Juan José López Ortega *apud* SILVA, p. 86.

O art. 53, inc. I, da Lei 11.343/06, também estatui sobre a infiltração de agentes, condicionada à autorização judicial e ouvido o Ministério Público. A lei brasileira se afastou da tendência dos países europeus e dos Estados Unidos, onde a autorização cabe ao Ministério Público.

Eduardo Araújo da Silva recomenda a aplicação analógica dos requisitos previstos na Lei nº 9.296/96 para autorização da interceptação telefônica[32].

O extremo sigilo é necessário para assegurar o sucesso das investigações e preservar a vida e integridade física do agente infiltrado. Conforme sublinha Mendroni, tampouco os advogados podem ter conhecimento da infiltração, pois do contrário estaria fadada ao insucesso, tornando-se inócua ou até mesmo perigosa[33].

De notar que se trata de diligência em andamento, hipótese em que até mesmo ao advogado é vedado o acesso, enquanto a medida não for documentada nos autos, conforme jurisprudência consolidada (STJ: HC 58.377-RJ, Rel. Min. Laurita Vaz, j. 3.6.2008, Informativo 358; STF: HC 90232/AM, rel. Min. Sepúlveda Pertence, j. 18.12.2006, Informativo 453; HC 88190/RJ, rel. Min. Cezar Peluso, j. 29.8.2006, Informativo 438).

A cautela recomenda que o policial infiltrado possa trabalhar com alteração de sua identidade, afigurando-se possível autorização judicial para expedição de carteira de identidade falsa para uso exclusivo na diligência[34].

Por certo que o agente infiltrado deverá depor como testemunha das situações que presenciou.

A lei brasileira é igualmente omissa quanto aos limites de atuação do policial infiltrado. A redação original do Projeto de Lei 3275/00, do qual originou a Lei nº 10.217/01, vedava qualquer coparticipação delituosa, ressalvado o próprio delito do art. 288 do CP, ou em qualquer tipo análogo, ou da mesma espécie, de cuja ação fica excluída a

---

32 SILVA, p. 88-89.

33 MENDRONI, p. 60.

34 MENDRONI, p. 60.

antijuridicidade. Porém, esse dispositivo foi vetado, carecendo a matéria de tratamento legal.

No entanto, é certo que não haverá na conduta do policial tipicidade em relação à quadrilha, associação para o tráfico ou prevaricação, por ausência de dolo, bem assim porquanto estará atuando ele no estrito cumprimento do dever legal. Pela omissão controlada, portanto, ele não responde.

Essa situação diferencia-se quanto à comissão de outros crimes, sendo discutido se o agente pode praticá-los, se agir com a finalidade de obtenção da prova pretendida.

A vedação geral ao cometimento de qualquer delito, como havia no dispositivo vetado, poderia frustrar os objetivos da infiltração. No dizer de Carlos Frederico Coelho Nogueira, a proibição à coparticipação delituosa transformaria o policial infiltrado em figura suspeita para os demais membros da organização, já que ele não poderia tomar parte dos atos de execução dos crimes perpetrados pelo grupo[35].

Na prática norte-americana, admite-se o cometimento de infrações penais pelo agente infiltrado, desde que haja prévia autorização de seu superior; na prática alemã, contrariamente, é vedada a prática de delito pelo infiltrado.

Eduardo Araújo da Silva sustenta que, para a total integração do agente numa organização, a hipótese de praticar alguns crimes não pode ser descartada. Citando Juan Muñoz Sanchez, ao buscar infiltrar-se no mundo da droga, o policial deve acostumar-se ao consumo e ao tráfico para relacionar-se com aqueles que se dedicam a esses crimes; ao buscar relação com uma quadrilha de falsificadores, deverá possuir dinheiro ou documentos falsos e equipamentos destinados à falsificação desses papéis[36].

Como referiu Mendroni, uma vez integrante da organização, mediante autorização judicial prévia, pode-se imaginar a situação em que

35 *Apud* MENDRONI, p. 55.

36 *Op. Cit.*, p. 90.

o agente infiltrado que não coparticipar de alguns delitos, praticando inclusive atos de execução, pode ter sua identidade descoberta pelos criminosos ou levantar suspeitas, frustrando-se o procedimento e até sujeitando-o a risco de vida[37]. A possibilidade de o agente cometer delitos deve ser pautada pela proporcionalidade. Não seria razoável que praticasse condutas mais gravosas que as apuradas.

Evidentemente, se o policial tiver de cometer um delito a fim de proteger sua vida ou integridade física, ou de terceira pessoa, estará agindo em legítima defesa ou sob coação moral irresistível (Mendroni[38]; Nucci[39]), se presentes os requisitos dessas excludentes.

Logo, o agente infiltrado poderá praticar crimes, desde que, diante do caso concreto, não atente contra um direito constitucional sobrevalente. Adota posição contrária à possibilidade de prática de infração penal pelo infiltrado, *v.g.*, Luiz Flávio Gomes[40].

Apesar da omissão legal no Brasil, é prudente que toda a conduta em princípio criminosa, a ser perpetrada pelo policial encoberto, seja comunicada com antecedência ao Juiz, de modo que seja analisada previamente sua conveniência, bem assim para afastar o dolo. Porém, pode suceder que essa providência seja impraticável, caso em que o Juiz deverá analisar posteriormente a proporcionalidade entre a conduta praticada e o objetivo da investigação.

A atividade do agente deve estar limitada à busca dos elementos de prova. Não pode provocar a conduta dos investigados, nem procurar informações desconexas com a apuração, relacionadas apenas à intimidade e vida privada dos suspeitos.

Na prática norte-americana e pelas diretrizes da Procuradoria-Geral, são impostos limites aos agentes infiltrados, estando proibido a eles, *v.g.*, obter benefício pessoal dos crimes que cometerem, oferece-

---

37 *Op. Cit.*, p. 56.

38 *Op. Cit.*, p. 56.

39 NUCCI, Guilherme de Souza. *Leis Penais e Processuais Penais Comentadas*. 3. ed. São Paulo: Revista dos Tribunais, 2008, p. 255.

40 *Crime organizado*, p. 114.

rem e receberem favores sexuais, intimidarem ou ameaçarem os investigados, provocarem o cometimento de crimes por eles, etc.[41]

Não se confunde o agente infiltrado com o agente provocador. Este induz ou incita, deliberadamente, o suspeito à prática do crime, sem fazer parte da organização criminosa, adotando medidas para evitar a consumação do delito. O agente infiltrado limita-se a acompanhar e observar a conduta dos suspeitos, obtendo a confiança destes, para tornar-se um aparente membro do grupo criminoso. Nesse caso, o desígnio criminoso deve surgir no autor livremente. Por certo, é vedado ao policial instigar ou provocar o suspeito à prática do crime, sob pena de configurar flagrante preparado[42].

A conduta do agente infiltrado também se distingue: a) do agente que, de forma esporádica e isolada, oculta sua condição de policial para descobrir delito já cometido; b) daquele que apenas se aproxima dos integrantes de organizações criminosas para deles obter informações sobre seu funcionamento; c) daquele que, de forma passiva, aguarda a prática de um crime, do qual tem prévio conhecimento (flagrante esperado). Essas condutas são válidas, porque ausente instigação do policial.

Mendroni assevera que o agente infiltrado deve manter contato permanente com o delegado e o promotor, a fim de que seja avaliada a necessidade da continuidade da medida. Porém, em determinadas situações, isso será impossível, e então o policial decidirá diante do caso concreto, a fim de evitar que a cessação prematura do acompanhamento ou a demora na consulta acarrete perda de prova[43].

De observar que o agente infiltrado deve ser computado para configuração do crime do art. 288 do CP, ou seja, se o policial se infiltra em uma associação de três pessoas, está configurado o delito, tal como ocorre na quadrilha composta por um menor de 18 anos[44].

---

41 SILVA, p. 91.

42 MENDRONI, p. 60-61; SILVA, p. 91.

43 *Op. cit.*, p. 61-62.

44 NUCCI, p. 254,

3.3 Ação controlada (flagrante retardado ou prorrogado)

Conforme dispõe o art. 2º, inc. II, da Lei 9034/95, é permitida

> a ação controlada, que consiste em retardar a interdição policial do que se supõe ação praticada por organizações criminosas ou a ela vinculado, desde que mantida sob observação e acompanhamento para que a medida legal se concretize no momento mais eficaz do ponto de vista da formação de provas e fornecimento de informações.

O art. 53, inc. II, da Lei 11.343/06 (nova lei antidrogas), também disciplinou o flagrante retardado, ao permitir

> a não atuação policial sobre os portadores de drogas, seus precursores químicos ou outros produtos utilizados em sua produção, que se encontrem no território brasileiro, com a finalidade de identificar e responsabilizar maior número de integrantes de operações de tráfico e distribuição, sem prejuízo da ação penal cabível.

O parágrafo único, porém, estabeleceu que *a autorização será concedida desde que sejam conhecidos o itinerário provável e a identificação dos agentes do delito ou de colaboradores.*

A medida tem como fundamento a constatação de que, em muitos casos, é estrategicamente mais vantajoso retardar a prisão em flagrante, num primeiro momento, de integrantes menos influentes de uma organização, de um número menor, ou quando ainda há poucas provas, para monitorar as ações dos suspeitos e possibilitar a prisão de número maior de delinquentes, obter prova contra superiores hierárquicos na organização criminosa ou angariar mais evidências contra a própria organização.

Parte da doutrina entende que a única hipótese possível de ação controlada seria a organização criminosa, conforme menciona expressamente o inc. II do art. 2º da Lei 9034/97 (Nucci[45]; Luiz Flávio Gomes[46]). Não concordo com esta posição, não só porque também consta na Lei antidrogas, a qual não restringe a medida às organizações criminosas, mas também porquanto, a despeito da previsão legal, o emprego da ação controlada é lícito para qualquer espécie de delito, pois o policial que deixa de efetuar a prisão em flagrante não age com dolo específico de "satisfação de interesse ou sentimento pessoal", e sim para aguardar o melhor momento para surpreender o autor do delito. Não pratica, assim, o crime de prevaricação[47].

A Lei nº 9034/95 **não** condicionou a ação controlada à previa autorização judicial, diversamente da nova lei de tóxicos (Nucci; Paulo César Corrêa Borges; Antônio Scarance Fernandes) [48].

É criticada a omissão da Lei nº 9034/95 em relação ao crivo judicial, o que é relevante, porque o emprego dessa técnica de apuração criminal pode resultar em violação da intimidade, para evitar excessos das autoridades policiais e resguardar a idoneidade da conduta destes contra eventual acusação de prevaricação (Eduardo Araújo da Silva, Antônio Scarance Fernandes)[49].

Mendroni sustenta a essencialidade da concordância do juiz, até mesmo para evitar, *v.g.*, que um mau policial dê guarida ou proteção a um grupo criminoso e, para se eximir de responsabilização penal, venha a alegar a realização de ação controlada *sponte sua*. No caso de ação controlada sem prévia autorização judicial, presumir-se-á, até prova em contrário (ex.: emergência), que o agente policial agiu criminosamente[50].

A diligência encontra limitações na doutrina: é defeso aos policiais excederem o comportamento passivo de acompanhamento e observação e partir para a provocação da prática de delitos, sob pena de

45 *Op. cit.*, p. 252.

46 *Op. cit.*, p. 117.

47 SILVA, p. 91-94.

48 NUCCI, p. 252.

49 SILVA, p. 94.

50 *Op. cit.*, p. 50-51.

se configurar flagrante preparado; também estão proibidos de praticar atos abrigados sob a cláusula da reserva de jurisdição, sem anuência judicial; não poderão retardar suas condutas por tempo indeterminado. Embora a lei não estabeleça limitação temporal para o acompanhamento, sua paralisação deve ocorrer quando já satisfeita a "formação das provas" ou o "fornecimento de informações"[51].

Segundo Nucci, o emprego da ação controlada exige obediência aos princípios da proporcionalidade e razoabilidade:

> Imagine-se que uma organização criminosa resolva exterminar testemunhas. Não poderá o agente policial, que se aproxime da referida organização, protelar a prisão em flagrante, permitindo que várias mortes ocorram, a pretexto de colher mais provas para capturar o maior número possível de envolvidos. Não é razoável, nem proporcional à finalidade da lei. Pode-se tolerar um crime financeiro qualquer, para que outro seja cometido, até que se atinja um montante confiável de provas. Tal situação se desenha proporcional ao retardamento do flagrante e dá o contorno do razoável à atuação do Estado no combate ao crime organizado.[52]

Para Mendroni, necessária a integração entre dois mecanismos: ação controlada e infiltração de agentes. Logo, se a Lei 9034/95 exige autorização judicial para a infiltração, deduz-se que a ação controlada também se sujeita a esse requisito[53].

3.4 Violação do sigilo das comunicações telefônicas, de dados e telegráficas

Embora não se trate de meio de prova voltado exclusivamente para a apuração da criminalidade organizada, o emprego da violação das comunicações é indispensável no controle do crime organizado.

---

51 SILVA, p. 94-95.

52 *Op. cit.*, p. 253.

53 *Op. cit.*, p. 50.

A doutrina classifica os seguintes casos de violação das comunicações telefônicas e ambientais:

a) interceptação telefônica em sentido estrito: captação de conversa telefônica por um terceiro, sem o conhecimento dos interlocutores (grampeamento);

b) escuta telefônica: um terceiro capta a conversa com o consentimento de um dos interlocutores;

c) interceptação ambiental: captação de conversa entre presentes, efetuada por terceiro, no mesmo ambiente em que estão os interlocutores, sem conhecimento por parte deles;

d) escuta ambiental: gravação de conversa entre presentes, por terceiro, com o conhecimento de um interlocutor;

e) gravações clandestinas: pelo próprio interlocutor, ao registrar sua conversa (telefônica ou não), sem o conhecimento da outra parte (gravação telefônica ou ambiental).

O art. 5º, inc. XII, da CF, determina que é inviolável o sigilo da correspondência e das comunicações telegráficas, de dados e das comunicações telefônicas, salvo, no último caso, por ordem judicial, nas hipóteses e na forma que a lei estabelecer para fins de investigação criminal ou instrução processual penal.

Anteriormente à vigência da Lei 9.296/96, o STF entendera que, enquanto a matéria não fosse regulamentada pelo legislador ordinário, deveria ser considerada inconstitucional toda e qualquer prova obtida por meio de interceptação telefônica, ainda que autorizada pela Justiça (HC 69.912-0/RS, DJU 25.04.1994). Isso porque o sigilo das comunicações somente poderia ser quebrado se presentes os requisitos do art. 5º, inc. XII, da CF, entre eles a existência de lei prevendo as hipóteses em que a quebra será permitida. Como não havia nenhuma lei antevendo os casos de violação do sigilo, juiz nenhum poderia autorizá-la. A alegação de que o art. 57, inc. II, "e", da Lei 4.117/62, poderia regulamentar o texto constitucional não vingou. O dispositivo apresentava o seguinte teor:

> Art 57. Não constitui violação de telecomunicação:
>
> (...)
>
> II - O conhecimento dado:
>
> (...)
>
> e) ao juiz competente, mediante requisição ou intimação deste.

Foi considerado pelo STF que essa singela regra não previu nenhuma hipótese de admissibilidade da interceptação, não fixou a forma nem os casos em que poderia ser admitida a interceptação. Logo, prevaleceu o entendimento de que a interceptação telefônica era prova ilícita.

Com a entrada em vigor da Lei 9296/96, que disciplina a interceptação telefônica, essa prova passou a ser admitida mediante as seguintes condições e limitações: a) ordem do juiz competente da ação principal; b) correrá sob segredo de justiça; c) indícios razoáveis da autoria ou participação em infração penal; d) a prova não puder ser feita por outros meios disponíveis; e) o fato investigado constituir infração penal punida com pena de reclusão.

Quanto aos **indícios razoáveis de autoria**, a lei não exige prova cabal, mas notícias indiretas ou conclusões obtidas a partir de outros fatos. Não se pode confundir, porém, indícios suficientes com meras suspeitas sem amparo fático ou elucubrações desvinculadas da realidade[54]. Segundo Vicente Greco Filho, deve haver vinculação de alguém ao fato, e a suspeita apoiada em dados objetivos, sem valorações acerca da pessoa[55]. Demais disso, não se admite começar uma investigação criminal com a interceptação telefônica, a qual somente pode ser empregada após a colheita suficiente de outras provas[56]. Nesse passo, *v.g.*, decidiu o STJ que a denúncia anônima não é suficiente a ensejar a quebra de sigilo telefônico (HC 64.096/PR, Rel. Min. Arnaldo Esteves Lima, j. 27.5.2008, Informativo 357).

---

54 SILVA, p. 97-98.

55 GRECO FILHO, Vicente. *Interceptação telefônica: considerações sobre a Lei nº 9.296, de 24 de julho de 1996*. São Paulo: Saraiva, 1996, p. 18.

56 NUCCI, *op. cit.*, p. 726.

Exige-se, também, a **necessidade** da medida, quando a prova não puder ser feita por outros meios. A interceptação tem cunho **subsidiário**, cabendo ao juiz fazer uma comparação no caso concreto, mediante análise de todas as demais formas aptas a atingir o resultado pretendido. Trata-se de *ultima ratio* probatória.

Contudo, o requisito da **subsidiariedade** é necessário apenas à autorização da medida, mas não condição de validade da prova. É dizer, o juiz analisa a sua necessidade em cognição sumária, determinando a diligência se, naquele momento, parecia ser o único meio disponível de investigação. Os meios que surgirem posteriormente à decisão preliminar não invalidam a interceptação, salvo em caso de ocultação ou grave desinteresse da autoridade pelos outros meios.

Parcela expressiva da doutrina critica a expressão excessivamente ampla da lei, ao permitir a interceptação para quaisquer crimes punidos com reclusão. Há quem discuta a constitucionalidade do dispositivo, porquanto viola a proporcionalidade e a intimidade. A regra é exagerada ao admitir a medida em qualquer delito punido com reclusão, mas restringir em casos que poderia ser necessária, como na contravenção do jogo do bicho, ou em crimes de ameaça ou injúria cometidos por telefone (Nucci[57]; Antônio Magalhães Gomes Filho[58]; Antônio Scarance Magalhães; Vicente Greco Filho[59]). O projeto de lei nº 3514/89 arrola os crimes passíveis de interceptação. De qualquer sorte, segundo a doutrina, o juiz deve-se orientar pelo **princípio da proporcionalidade**, negando a ordem de interceptação se o crime não for especialmente grave[60].

O juiz tem de esclarecer os exatos limites da interceptação, evitando abusos na apuração de fatos desconexos ou relacionados a terceiros estranhos à investigação. E somente será admitida para

57 *Op. cit.*, p.727.

58 *A violação do princípio da proporcionalidade pela Lei n. 9.296/96*. Boletim do Instituto Brasileiro de Ciências Criminais. Edição especial n. 45, p. 14-15, ago. 1996.

59 *Op. cit.*, p. 14-15.

60 SILVA, p. 100; GOMES, Luiz Flávio, CERVINI, Raúl. *Interceptação telefônica: lei 9.296, de 24.07.96*. São Paulo: Revista dos Tribunais, 1997, p. 186-188.

persecução de crimes em andamento[61]. Trata-se de medida *post delictum*, não sendo viável intervenções preventivas e exploratórias (José Maria Paz Rúbio et al.)[62]. Como ensina Luiz Flávio Gomes, a lei se refere a "fato investigado", de modo que não há possibilidade de interceptação de prospecção, isto é, para averiguar se uma determinada pessoa estaria praticando algum crime em sua vida. Só existe interceptação pós-delitual, nunca pré-delitual[63].

Porém, a quebra do sigilo telefônico e telemático, assim como o fiscal e bancário, não está condicionada à prévia instauração de inquérito policial, pois se reveste da natureza de medida cautelar preparatória (STJ, HC 20087/SP, Gilson Dipp, 5ª T., 19.08.03; TRF 3ª R., AC 200061810075960/SP, Suzana Camargo, 5ª T., 03.08.01).

É permitido o encontro fortuito ou casual de provas, isto é, quando a prova de determinada infração penal é obtida a partir da busca regularmente autorizada para a investigação de outro crime[64]. A situação, aliás, é natural em investigação de crime organizado, que não se limita a uma especialidade, ramificando-se para a prática de diversos delitos. Acertadamente, Luiz Flávio Gomes sustenta que a legitimação do encontro fortuito de fatos ou envolvidos exige a existência de conexão ou continência entre o objeto de investigação e o fato constatado[65].

A propósito:

> ESCUTA TELEFÔNICA. TERCEIRO. MP. DILIGÊNCIAS.
>
> Desde que esteja relacionada com o fato criminoso investigado, é lícita a prova de crime diverso obtida mediante a interceptação de ligações telefônicas de terceiro não arrolado na autorização judicial da escuta. (...) Precedentes citados: HC 37.693-SC, DJ 22.11.2004; RHC

---

61 SILVA, p. 101.

62 *Apud* SILVA, p. 100.

63 CERVINI, Raul, GOMES, Luiz Flávio. *Interceptação telefônica: lei 9.296, de 24.07.1996*. São Paulo: Revista dos Tribunais, 1997, p. 184.

64 OLIVEIRA, Eugênio Pacelli de. *Curso de Processo Penal*. 3. ed. Belo Horizonte: Del Rey, 2004, p. 362-364.

65 *Interceptação telefônica*, p. 195.

> 10.974-SP,DJ 18.3.2002; RHC 15.351-RS, DJ 18.10.2004, e HC 27.145-SP,DJ 25.8.2003. (STJ, HC 33.462-DF, Rel. Min. Laurita Vaz, j. 27.9.2005, Informativo 262)

O STF admitiu a validade da interceptação como prova para crime punido com detenção, descoberto por meio das gravações, desde que conexo a crime punido com reclusão objeto da diligência:

> (...) a interceptação teria sido realizada de forma legal e legítima para apuração de crimes puníveis com reclusão. Dessa forma, os elementos probatórios levantados a partir desse procedimento em relação a outros crimes conexos puníveis com detenção poderiam e deveriam ser levados em consideração para fundamentar denúncia quanto a estes, sob pena de se inviabilizar a interceptação telefônica para a investigação de crimes apenados com reclusão quando estes forem conexos com crimes punidos com detenção (...). (HC 83515/RS, rel. Min. Nelson Jobim, j. 16.9.2004, Informativo 361)

Pelo mesmo motivo, é viável a utilização da interceptação telefônica regular contra terceiro, não mencionado no pedido da autoridade policial ou do Ministério Público[66].

Conforme art. 3º, a interceptação poderá ser determinada pelo juiz, **de ofício ou a requerimento**: I - da autoridade policial, na investigação criminal; II - do Ministério Público, na investigação criminal e na instrução processual penal.

A lei apenas refere a possibilidade de requerimento por parte do Ministério Público ou da autoridade policial, focalizando o lado da formação da prova **contra** o acusado. Porém, em homenagem à ampla defesa, deve-se admitir que o **defensor** também tenha idêntica oportunidade de requerer a diligência, até porque, de qualquer sorte, o magistrado pode determinar sua realização de ofício[67].

---

66 NUCCI, p. 732-733.

67 NUCCI, p. 748; GOMES, p. 209.

Nucci sustenta ainda que o **assistente de acusação**, com fulcro no art. 271 do CPP, também pode pleitear diretamente ao juiz a interceptação[68]. Já Vicente Greco Filho[69] e Luiz Flávio Gomes[70] entendem que a diligência deve ser solicitada pelo assistente à autoridade policial ou ao *parquet* que, por sua vez, apresentaria o requerimento ao magistrado.

Também o **querelante** detém o direito de solicitar a diligência ao julgador, pois na condição de titular da ação penal, equipara-se ao Ministério Público[71].

Quanto à necessidade de cientificação do Ministério Público (art. 6º), o STJ pronunciou que:

> Não procede a alegação de nulidade nas interceptações pelo fato de o Ministério Público não ter sido cientificado do deferimento das medidas investigatórias,se sobressai que o *Parquet* acompanhou toda a investigação dos fatos,inclusive a interceptação das comunicações telefônicas dos pacientes, não sendo necessário que fosse formalmente intimado de cada prorrogação das escutas. (RHC 13274/RS, Rel. Min.Gilson Dipp,5ª T.,j.19.8.03).

Nesse sentido, assim decidiu o STF:

> Na linha do art. 6º, *caput*, da L. 9.296/96, a obrigação de cientificar o Ministério Público das diligências efetuadas é prioritariamente da polícia. O argumento da falta de ciência do MP é superado pelo fato de que a denúncia não sugere surpresa, novidade ou desconhecimento do procurador,mas sim envolvimento próximo com as investigações e conhecimento pleno das providências tomadas. (HC 83515/RS, Nelson Jobim,Pleno,j.16.9.04).

68 *Op. cit.*, p. 728.

69 *Op. cit.*, p. 48.

70 *Op. cit.*, p. 209.

71 NUCCI, p. 48; GOMES, p. 209.

A decisão será fundamentada, sob pena de nulidade, indicando também a forma de execução da diligência, que não poderá exceder o prazo de quinze dias, renovável por igual tempo, uma vez comprovada a indispensabilidade do meio de prova (art. 5º).

Caso haja necessidade de renovação da interceptação, deve ser feita antes do limite máximo fixado pelo juiz, sob pena de ocorrer "solução de continuidade" da diligência, o que acarreta a invalidade de eventual interceptação no período não autorizado[72].

Não se exige que a transcrição das conversas seja realizada por peritos, e tampouco a submissão das gravações à prova pericial, pois essa tarefa não reclama conhecimento técnico (STJ, HC 30.545/PR, HC 37.227/SP; TRF 4ª R., AC 200004011274888/PR; AC 2001.71.00.003961-2/RS; TRF 2, AC 200102010312808/RJ).

A lei não limita o número de prorrogações. Logo, se houver necessidade, o juiz poderá prorrogar a interceptação por períodos sucessivos de 15 dias, mesmo porque 30 dias pode ser prazo muito exíguo, mormente em se cuidando de organização criminosa (na doutrina, Ada Pellegrini Grinover; Vicente Greco Filho[73]; Nucci[74]; Eduardo Araújo da Silva[75]; Damásio E. de Jesus; Luiz Flávio Gomes[76]). Essa tese foi encampada pelo STJ (HC 50.193-ES, Nilson Naves, j. 11.04.2006, Informativo 281; HC 40.637-SP, Hélio Quaglia Barbosa, j. 06.09.2005, informativo 259) e pelo STF (HC 84388/SP, Joaquim Barbosa, j. 14.12.2004, informativo 374; HC 83515/RS, rel. Min. Nelson Jobim, 16.09.2004, Informativo 361).

Recentemente, no Inq 2424/RJ, rel. Min. Cezar Peluso, noticiado no Informativo nº 529, o STF reputou

> lícita a prorrogação do prazo para interceptação telefônica, ainda que de modo sucessivo, quando o fato seja complexo e o imponha a sua investigação, o que sucedera na espécie. Frisou-se que o prazo

72 GOMES, p. 218.

73 *Op. cit.*, p. 31.

74 *Op. cit.*, p. 729.

75 *Op. cit.*, p. 101.

76 *Op. cit.*, p. 219.

> máximo de 30 dias para a manutenção da interceptação da comunicação não pode ser injustificadamente alargado, mas pode o magistrado, com outro motivo, e diversa motivação, determinar nova interceptação do mesmo telefone.

Em sentido oposto: Marcos de Moraes Pitombo, Eduardo Luiz Santos Cabette[77], Paulo Napoleão Quezado, Clarisier Cavalcante e Altamiro Lima Filho[78].

Demais disso, a Lei 9.296/96 não exigiu que o pedido de renovação fosse precedido da transcrição completa das conversas já interceptadas, o que poderia tornar inexequível a própria investigação, mas de mero relatório circunstanciado da polícia com a explicação do teor das conversas interceptadas e, no caso de pedido de renovação, da necessidade da continuidade das investigações com a utilização desse procedimento (STF, HC 83515/RS).

Nesse passo, determina o art. 14 da Resolução nº 59, de 09.09.2008, do CNJ, *verbis*:

> Art. 14. Quando da formulação de eventual pedido de prorrogação de prazo pela autoridade competente, deverão ser apresentados os áudios (CD/DVD) com o inteiro teor das comunicações interceptadas, as transcrições das conversas relevantes à apreciação do pedido de prorrogação e o relatório circunstanciado das investigações com seu resultado.

A renovação deve ser precedida de justificativa razoável, afigurando-se nula a interceptação que se estende indefinidamente, por longo período de tempo, como decidiu o STJ recentemente (HC 76.686-PR, Rel. Min. Nilson Naves, j. 09.09.2008, Informativo 367).

O STF, no HC 83983/PR, reputou, com base no § 1º do art. 6º da Lei 9.296/96, indispensável que as escutas telefônicas sejam transcritas, pro-

---

77 *Apud* NUCCI, p. 729.

78 *Apud* GOMES, p. 219.

cedimento este que seria essencial à valia da prova interceptada, por viabilizar o conhecimento da conversação e, com isso, o exercício de direito de defesa pelo acusado, bem como a atuação do Ministério Público (rel. Min. Marco Aurélio, j. 04.12.2007, Informativo 491).

Em outro julgamento, porém, o STF decidiu, ao contrário, que é

> desnecessária a juntada do conteúdo integral das degravações das escutas telefônicas realizadas nos autos do inquérito no qual são investigados os ora Pacientes, pois bastam que se tenham degravados os excertos necessários ao embasamento da denúncia oferecida, não configurando, essa restrição, ofensa ao princípio do devido processo legal (art. 5º, inc. LV, da Constituição da República). (MC em HC nº 91.207/RJ, Red..p/ ac. Min. Carmen Lúcia)

Mais recentemente, o Pleno da Excelsa Corte reafirmou a **desnecessidade da juntada do conteúdo integral das degravações** realizadas nos autos do inquérito, por **bastar que se tenham degravados os excertos necessários ao embasamento da denúncia oferecida**, não configurando, essa restrição, ofensa ao princípio do devido processo legal (CF, art. 5º, LV). Asseverou-se que a transcrição por escrito de todas as gravações geraria uma quantidade tal de papel que tornaria só a sua leitura mais dificultosa do que a análise dos documentos gravados em mídia eletrônica, num trabalho que levaria anos, o que poderia ensejar, inclusive, a prescrição da pretensão punitiva de todos os crimes teóricos (Inq 2424/RJ, rel. Min. Cezar Peluso, j. 19 e 20.11.2008, Informativo 529).

Na mesma linha, para o TRF da 4ª Região:

> Sem consequência processual a exclusão das passagens que não apresentavam nenhuma relevância para as investigações, nas gravações dos diálogos interceptados, desde que o material efetivamente utilizado como prova tenha sido devidamente preservado: fere o senso comum exigir a conservação de registros totalmente despidos de

> qualquer interesse para o processo. (TRF 4, AC 200071040036423/RS, Amir Sarti, 8ª.T., 12.11.01)

Nada impede, de todo modo, que a degravação seja feita no curso da instrução (STJ, HC 16241/SP, José Arnaldo da Fonseca, 5ª. T., j. 02.08.01).

Na minha perspectiva, é desnecessária a transcrição integral das interceptações, pois basta, para o eficiente exercício da ampla defesa e do contraditório, a juntada de degravação dos trechos relevantes para o embasamento da denúncia oferecida, bem assim dos áudios (CD/DVD), estes sim com o inteiro teor das comunicações interceptadas. Com isso, a defesa terá plenas condições de confrontar os excertos transcritos com a conversa gravada.

Esta orientação é a mais adequada à realidade, pois, consoante questionou Nucci:

> Como providenciar a transcrição de horas e horas de conversação? Torna-se um trabalho hercúleo e, por vezes, inútil, até pelo fato de ser mais interessante às partes e ao julgador ouvir efetivamente o diálogo travado pelos interlocutores interceptados. Façamos uma ressalva. Se a defesa impugnar algum trecho, alegando falsidade ou emenda indevida, deve-se submeter à perícia, logo, haverá transcrição.[79]

Não há possibilidade de quebra da comunicação telefônica para fins processuais extrapenais, uma vez que o texto constitucional somente prevê sua relativização *para fins de investigação criminal ou instrução processual penal*.

Todavia, o STF reputou válida a **transferência dos dados** obtidos mediante interceptação telefônica lícita em outro procedimento, ainda que não penal. É dizer, a interceptação telefônica regular, realizada com base em autorização judicial, em inquérito policial ou processo penal, pode ser utilizada em processo administrativo e ação de

---

79 *Op. cit.*, p. 730.

improbidade que verse sobre o mesmo fato (Inq 2424 QO/RJ, rel. Min. Cezar Peluso, j. 25.04.2007, Informativo 464; Inq 2725 QO/SP, rel. Min. Carlos Britto, j. 25.06.2008, Informativo 512).

Na doutrina, defendem esta posição, *e.g.*, Nucci e Antônio Scarance Magalhães[80]. Contra: Vicente Greco Filho[81] e Luiz Flávio Gomes.[82]

A Constituição somente permite a interceptação telefônica para fins de investigação criminal ou, ainda, para efeito de instrução processual penal, afigurando-se inadmissível a medida para efeito de cumprimento de mandado de prisão (STF, Ext 1021/República Francesa, Celso de Mello, Informativo 458).

Consoante interpretação sufragada pelo STF, a proteção constitucional *não distingue o telefone público do particular, ainda que instalado em interior de presídio, pois o bem jurídico protegido é a privacidade das pessoas* (STF, HC 72588/PB, Rel. Min. Maurício Corrêa, Pleno).

A quebra do sigilo das comunicações telefônicas submete-se à cláusula da reserva de jurisdição, de modo que somente pode ser determinada pelo juiz competente. Por esse motivo, é crime a realização de interceptação telefônica sem ordem judicial (art. 10 da Lei nº 9.296/96). Também é crime a prática de algumas empresas de "grampear" seus telefones para controlar seus empregados. Pouco importa quem seja o proprietário da linha, ou se o telefone é público ou privado, pois os titulares do sigilo são os comunicadores, não o dono da linha ou o empregador[83].

A lei exige ordem do juiz competente. Contudo, o fato de a interceptação ter sido autorizada por juízo que posteriormente declinou de sua competência, por si só não invalida a prova judicial e regular em que foram obtidas as informações (STJ, HC 33.176/SP, Rel. Min. José Arnaldo da Fonseca, j. 27.04.2004, Informativo 206). A respeito da competência do juiz, essa regra deve ser interpretada de modo exten-

80 NUCCI, p. 733.

81 *Op. cit.*, p. 39.

82 *Op. cit.*, p. 118-119.

83 GOMES, p. 150.

sivo, sem extremo rigorismo[84]. Vale dizer, se havia *fumus bom iuris* em relação a um determinado órgão jurisdicional, fato superveniente, que altera a competência, não invalida a medida cautelar.[85]

No mesmo sentido, decidiu o STF:

> (...) IV. Interceptação telefônica: exigência de autorização do "juiz competente da ação principal" (L. 9296/96, art. 1º): inteligência. 1. Se se cuida de obter a autorização para a interceptação telefônica no curso de processo penal, não suscita dúvidas a regra de competência do art. 1º da L. 9296/96: só ao juiz da ação penal condenatória - e que dirige toda a instrução -, caberá deferir a medida cautelar incidente. 2. Quando, no entanto, a interceptação telefônica constituir medida cautelar preventiva, ainda no curso das investigações criminais, a mesma norma de competência há de ser entendida e aplicada com temperamentos, para não resultar em absurdos patentes: aí, o ponto de partida à determinação da competência para a ordem judicial de interceptação - não podendo ser o fato imputado, que só a denúncia, eventual e futura, precisará -, haverá de ser o fato suspeitado, objeto dos procedimentos investigatórios em curso. 3. Não induz à ilicitude da prova resultante da interceptação telefônica que a autorização provenha de Juiz Federal - aparentemente competente, à vista do objeto das investigações policiais em curso, ao tempo da decisão - que, posteriormente, se haja declarado incompetente, à vista do andamento delas. (HC 81260/ES, Pleno, Rel. Min. Sepúlveda Pertence, j. 14.11.2001)

O art. 1º da Lei 9296/96 determina que a diligência correrá sob segredo de justiça. Conforme foi suso mencionado, mesmo na hipótese de decretação de sigilo, é possível o acesso do advogado ao inquérito policial ou processo judicial que envolve seu constituinte. Esse acesso, porém, está limitado aos documentos já disponibilizados nos autos. Não é possível, assim, sob pena de ineficácia do meio persecutório, que a defesa tenha acesso à decretação e às vicissitudes da execução de

84 NUCCI, p. 723.

85 GOMES, p. 158-159.

diligências em curso (STJ, HC 58.377-RJ, Rel. Min. Laurita Vaz, j. 03.06.2008, Informativo 358).

Vale lembrar o que dispõe o art. 10 da Lei 9.296/96: *Constitui crime realizar interceptação de comunicações telefônicas, de informática ou telemática, ou quebrar segredo da Justiça, sem autorização judicial ou com objetivos não autorizados em lei.*

A interceptação telefônica ocorrerá em autos apartados (art. 8º), e a apensação somente poderá ser realizada nas fases indicadas no parágrafo único do art. 8º.

A **gravação telefônica** está fora da disciplina da Lei 9296/96 e da restrição do art. 5º, inc. XII da CF[86]. Quanto às gravações clandestinas, o STF considerou, inicialmente, inconstitucional sua realização sem crivo judicial (APn 307-3/DF, Pleno, Ilmar Galvão, DJU 13.10.1995).

Posteriormente, o STF reputou lícita a gravação de conversa telefônica feita por um dos interlocutores, sem ciência do outro, quando há investida criminosa deste último:

> HABEAS CORPUS. PROVA. LICITUDE. GRAVAÇÃO DE TELEFONEMA POR INTERLOCUTOR. É LÍCITA A GRAVAÇÃO DE CONVERSA TELEFÔNICA FEITA POR UM DOS INTERLOCUTORES, OU COM SUA AUTORIZAÇÃO, SEM CIÊNCIA DO OUTRO, QUANDO HÁ INVESTIDA CRIMINOSA DESTE ÚLTIMO. É INCONSISTENTE E FERE O SENSO COMUM FALAR-SE EM VIOLAÇÃO DO DIREITO À PRIVACIDADE QUANDO INTERLOCUTOR GRAVA DIÁLOGO COM SEQUESTRADORES, ESTELIONATÁRIOS OU QUALQUER TIPO DE CHANTAGISTA. ORDEM INDEFERIDA. (HC 75338/RJ, Nelson Jobim, j. 11.03.1998, informativo 102)

Na mesma linha:

> *Habeas corpus*. Utilização de gravação de conversa telefônica feita por terceiro com a autorização de um dos interlocutores sem o co-

86 GOMES, p. 105.

nhecimento do outro quando há, para essa utilização, excludente da antijuridicidade.- Afastada a ilicitude de tal conduta - a de, **por legítima defesa, fazer gravar e divulgar conversa telefônica ainda que não haja o conhecimento do terceiro que está praticando crime** -, é ela, por via de consequência, lícita e, também consequentemente, essa gravação não pode ser tida como prova ilícita, para invocar-se o artigo 5º, LVI, da Constituição com fundamento em que houve violação da intimidade (art. 5º, X, da Carta Magna). 'Habeas corpus' indeferido. (STF, 1ª T., HC 74678/SP, Moreira Alves, j. 10.06.97, DJU 15.08.97) (grifei).

A respeito, leciona Eugênio Pacelli de Oliveira:

> Em algumas hipóteses, a gravação é feita por um dos interlocutores, sem o conhecimento do outro, para o fim de proteção de determinado interesse daquele, quando, dependendo do caso concreto, será apta a excluir a ilicitude. A regra, porém, é a inadmissibilidade das gravações ambientais clandestinas, por violação de direitos de terceiros ou do acusado.
>
> (...)
>
> Então, para que seja válida a revelação da gravação feita por um dos interlocutores, sem o conhecimento do outro, é necessário que esteja presente situação de relevância jurídica a que poderíamos chamar de justa causa.
>
> (...)
>
> ... não se pode inquinar de ilícita a prova obtida pelo interlocutor na defesa de seus direitos, eventualmente em risco, e cuja proteção, potencialmente, poderia ser realizada por uma tal prova.[87]

Porém, a gravação de conversa sem o conhecimento de um dos interlocutores, e na qual se obtenha a confissão da prática de um crime, é inadmissível, pois violado o direito ao silêncio (STF, HC 69.818, Sepúlveda Pertence, DJ 03.11.92; STF, 1ª T., HC 80949/RJ, Sepúlveda Per-

---

87 *Op. cit.*, p. 343-345.

tence, j. 30.10.2001; STJ, HC 57.961-SP, Rel. Min. Felix Fischer, j. 21.6.2007, Informativo 324).

O STF, de outra parte, reconheceu a validade de uma gravação de conversa mantida entre policiais e um preso, na qual este atribuía a responsabilidade pela prática de certo crime a determinada pessoa. O preso, por ter ciência da prática de um crime, teria o dever de sobre ele depor, na condição de testemunha. Não pode alegar direito à intimidade, e tampouco à não autoincriminação, pois não está confessando (STF, HC 69.818; HC 69.204).

Logo, a aceitação da gravação telefônica por um interlocutor, sem o conhecimento do outro, é baseada no princípio da proporcionalidade (STJ, HC 4654/RS; RHC 5944/PR).

No que concerne à execução da interceptação, o art. 6º da Lei 9296/96 assim determina: *Deferido o pedido, a autoridade policial conduzirá os procedimentos de interceptação, dando ciência ao Ministério Público, que poderá acompanhar a sua realização.* Embora aparentemente a literalidade do dispositivo legal indique caber apenas à autoridade policial conduzir a execução da interceptação, é atribuição também do Ministério Público fazê-lo, se dispuser de meios materiais para tanto (Mendroni; Lênio Luiz Streck; Fonseca Mauro Andrade)[88]. Contudo, a discussão a respeito da efetivação da medida pelo *parquet* guarda relação com a possibilidade (ou não) de o órgão ministerial proceder diretamente a investigações, questão que ainda suscita divergências na jurisprudência. Luiz Flávio Gomes defende posição contrária, de que o Ministério Público não pode conduzir as operações de captação das comunicações telefônicas, tarefa de atribuição exclusiva da autoridade policial, ainda que o órgão ministerial esteja procedendo à investigação preliminar[89].

O parágrafo único do art. 1º da Lei nº 9.296/96 estendeu sua aplicação à interceptação do fluxo de comunicações em sistemas de informática e telemática. A telemática *estuda a manipulação e utiliza-*

88 MENDRONI, p. 65.

89 *Op. cit.*, p. 221-222.

ção de informação através do uso combinado do computador e dos meios de comunicação, como ocorre com o modem (José Adércio Leite Sampaio[90]; Nucci[91]). A comunicação de informática concerne à *conversação mantida por meio de computador, como ocorre em sites específicos para a comunicação, desvinculando-se o mecanismo de transmissão de dados da linha telefônica*.

A previsão foi criticada por alguns doutrinadores como Eduardo Araújo da Silva[92] e Vicente Greco Filho[93], os quais defendem a inconstitucionalidade do dispositivo, ao argumento de que a Constituição Federal não admitiu a violação das comunicações em sistemas de informática e telemática, como fez com a interceptação telefônica.

O STF negou medida liminar contra o dispositivo, em ação direta de inconstitucionalidade (ADIn-MC 1.488). O STJ decidiu que a lei autoriza, em sede de persecução criminal e mediante autorização judicial, a interceptação do fluxo de comunicações em sistema de informática e telemática (HC 15026, 6ª T., j. 04.11.02). Também julgou pela licitude da interceptação telemática o TRF da 4ª R. (HC 2007.04.00.038251-1, 8ª T., Paulo Afonso Brum Vaz, D.E. 19.12.2007). Na doutrina, é defendida a constitucionalidade da medida, *e.g.*, por Mendroni, Nucci e Luiz Flávio Gomes, sob o argumento de que inexistem direitos absolutos. Segundo Mendroni, permite-se, mediante autorização do juiz, interceptação de mensagens por correio eletrônico (*e-mail*)[94]. Adequada a afirmação de Nucci, no sentido de que a comunicação estabelecida por meios ligados à informática (computador) e à telemática (misto de computador com meios de comunicação), não deixa de ser uma forma atualizada e moderna de comunicação telefônica[95]. Nessa ótica, escreve Luiz Flávio Gomes:

90 *Apud* Pacelli, p. 351.

91 *Op. cit.*, p. 725.

92 *Op. cit.*, pp. 104-105.

93 *Op. cit.*, pp. 17-18.

94 *Op. cit.*, p. 64.

95 *Op. cit.*, p. 725.

> ... entendemos que o parágrafo único em questão é absolutamente legítimo, inquestionavelmente constitucional. Estão regidas pela Lei 9.296/96 tanto as comunicações telefônicas como as comunicações telemáticas (independentes da telefonia), seja no que pertine à possibilidade de restrição (interceptação mediante autorização judicial fundamentada e proporcionada – art. 1º, parágrafo único), seja no que concerne ao aspecto de 'garantia', de proteção da intimidade e do sigilo dessas comunicações (art. 10), configurando crime qualquer incursão abusiva na intimidade alheia. Pensar de modo diferente significa tratar o comunicador brasileiro como sujeito com menos direitos que os comunicadores dos países europeus, que disciplinaram escorreitamente o assunto (v. CPP português, arts. 187 a 190; CPP italiano, art. 266 etc.).[96]

Caso diverso é a **quebra do sigilo dos dados telefônicos**, i.é, dos registros dos telefonemas originados e recebidos por determinado número ou aparelho (que não se confunde com interceptação do fluxo da comunicação).

Conforme referiu Baltazar[97], sendo a proteção da vida privada um direito disponível, os dados fornecidos pelo usuário da linha telefônica – como número, nome completo e endereço – poderão ser divulgados livremente pela companhia – em lista impressa, na rede mundial de computadores ou por telefone – se houver autorização expressa ou tácita do contratante do serviço. A questão sobre a preservação da vida privada surgirá quando inexistir autorização do usuário para a divulgação dos dados cadastrais, por não ter permitido a sua publicação em lista ou quando se referir a contatos feitos, à relação de chamadas, a horários, à duração, a ligações recebidas e estações de origem, em caso de telefonia celular. Nessas hipóteses, não é permitido à empresa de telefonia a divulgação das informações (STJ, ROHC 8.493/SP, Luiz Vicente Cernicchiaro, 6ª T., DJ 02.08.99).

96 *Op. cit.*, p. 176.

97 TRF 4ª Região, Emagis, Boletim Jurídico n. 53, nov. e dez. de 2005, p. 36.

É inaplicável a tais dados a disciplina das interceptações telefônicas, objeto da Lei nº 9.296/96, que recai sobre as comunicações telefônicas. Nessa linha: STF, MS 23.452/RJ, Celso de Mello, Pleno, DJ 12.05.00. Na doutrina: Luiz Flávio Gomes[98]. Em sentido oposto: Vicente Greco Filho[99]. Como ressaltou Baltazar, não há, outrossim, lei disciplinadora de tal questão, faltante em nosso ordenamento uma lei geral de proteção de dados[100].

Para Pacelli, é exigida autorização judicial para a quebra do sigilo dos dados telefônicos, posto que tais informações se inserem no contexto da intimidade e privacidade do interessado[101]. É a orientação encampada também por Eduardo Araújo da Silva, sob o fundamento de que os registros das ligações telefônicas, embora não estejam compreendidos na tutela das comunicações telefônicas, são resguardados pelo direito à intimidade e à vida privada (CF, art. 5º, inc. X), impondo-se tratamento análogo ao da Lei 9296/96. Para ele, o que não está coberto pelo sigilo são os dados cadastrais (nome, qualificação e endereço do titular da linha), podendo a eles ter acesso o Ministério Público e a polícia[102]. É igualmente a tese esposada por Vicente Greco Filho[103] e Ada Pellegrini Grinover. Luiz Flávio Gomes vai mais longe ao sublinhar que esse sigilo deve ser quebrado não apenas com ordem judicial, mas com apoio em autorização legal, diversa da Lei nº 9.296/96[104].

Sufragando tese oposta, sustenta Mendroni que a obtenção de extratos telefônicos, ou seja, dados externos, registros a respeito dos números discados, data, hora e duração das ligações, dispensa prévia permissão judicial (assim como sucede quanto a dados externos em uma carta, *e.g.*). Por isso, o Ministério Público pode requisitar diretamente o envio dessas informações. A Lei 9296/96 apenas trata da

98 *Op. cit.*, p. 103.

99 *Op. cit.*, p. 06.

100 *Op. cit.*, p. 36-37.

101 *Op. cit.*, p. 352.

102 *Op. cit.*, p. 97.

103 *Op. cit.*, pp. 6-7.

104 *Op. cit.*, p. 104.

interceptação do fluxo de comunicações, não dos registros estáticos e externos[105].

É adequada a manifestação do Min. Sepúlveda Pertence no julgamento do MS nº 23.452/RJ:

> Com relação especificamente à requisição de dados telefônicos – que aqui só se enfrentou de raspão – a minha convicção é a de que o problema há de ser encarado à luz do princípio da proteção constitucional e da intimidade, e não propriamente do inc. XII do art. 5º, que diz respeito ao sigilo das comunicações, em suas diversas modalidades: são desdobramentos que a tecnologia impôs ao multissecular princípio da inviolabilidade da correspondência. O que ali se protege, pois, é a comunicação telemática de dados: a não ser assim, então, todos os dados, todos os apontamentos, todos os fichários antigos e modernos existentes no mundo estariam protegidos por uma reserva que até se pode sustentar absoluta, porque a alusão do final do inc. XII do art. 5º, é restrita às comunicações telefônicas. A meu ver, o absurdo a que levaria conferir quanto a tudo o mais uma reserva absoluta mostra que, naquele inciso, só se cogitou das diversas técnicas de comunicação. E, por isso mesmo, teve-se de resguardar mesmo de intromissão judicial o próprio ato da comunicação, salvo se cuida da comunicação telefônica, única em que a interceptação é necessária, porque não deixa prova de seu conteúdo.

Segundo decidiu o STF:

> O sigilo bancário, o sigilo fiscal e o sigilo telefônico (sigilo este que incide sobre os dados/registros telefônicos e que não se identifica com a inviolabilidade das comunicações telefônicas) - ainda que representem projeções específicas do direito à intimidade, fundado no art. 5º, X, da Carta Política - não se revelam oponíveis, em nosso sistema jurídico, às Comissões Parlamentares de Inquérito, eis que o ato que lhes decreta a quebra traduz natural derivação dos poderes

105 *Op. cit.*, p. 69.

> de investigação que foram conferidos, pela própria Constituição da República, aos órgãos de investigação parlamentar. (Pleno, MS 23.452/RJ, Celso de Mello, j. 16.09.1999, DJU 12.05.2000, p.86)

Portanto, as CPIs têm acesso aos dados/registros telefônicos, independentemente de autorização judicial, mediante decisão fundamentada.

E o STJ entendeu que é possível a quebra do sigilo dos registros telefônicos decretada em processo administrativo, independentemente de anuência judicial:

> (...) A quebra do sigilo dos dados telefônicos contendo os dias, os horários, a duração e o números das linhas chamadas e recebidas, não se submete à disciplina das interceptações telefônicas regidas pela Lei 9.296/96 (que regulamentou o inciso XII do art. 5º da Constituição Federal) e ressalvadas constitucionalmente tão somente na investigação criminal ou instrução processual penal(...). (RMS 17.732/MT, GILSON DIPP, 5ª T., j. 23.08.2005, DJ 19.09.2005, p.353).

No Agravo em Execução Penal nº 2005.70.00.032655-0/PR, Rel. Des. Luiz Fernando Wowk Penteado, o TRF da 4ª R. afirmou que os dados cadastrais, como nome dos assinantes do serviço telefônico e as relações de chamadas feitas e recebidas, seus destinatários, duração e horários de realização, constituem-se em registros públicos de dados cuja autorização pode ser divulgada pelo tomador de serviço, nos termos da Lei 9.472/97, não estando sujeitos ao regime da Lei nº 9.296/96.

Em outro julgado, o STF afirmou que a garantia o art. 5º, inc. XII, da CF, refere-se à comunicação de dados e não aos dados em si mesmos e admitiu a condenação pela prática de crime tributário com apoio em provas obtidas mediante busca e apreensão de documentos e equipamentos de informática em sede de empresa, autorizada judicialmente (RE 418416/SC, Sepúlveda Pertence, j. 10.05.2006, Informativo 426).

Interessante a seguinte passagem de Baltazar:

> Afasta-se aqui a tentativa de fundamentar o sigilo financeiro no inciso XII do art. 5º da CRFB, que trata das comunicações de dados, e não dos dados, que não estão, por si, cobertos por sigilo, mas encontram-se protegidos enquanto objeto de correspondência ou de comunicação. Tanto é assim que se admite a interceptação apenas no caso de comunicação telefônica, em virtude de sua instantaneidade. Como afirmou o Min. Moreira Alves, em voto proferido no julgamento do MS nº 21.729-4: 'as palavras voam, enquanto que os escritos permanecem. Cuida-se de forma de comunicação que não deixa vestígios para sua realização'. Caso se entenda que os dados referidos no inciso XII do art. 5º da CRFB são quaisquer dados, entendidos estes como informações, independentemente de estarem sendo ou não comunicados, todo e qualquer registro de informações em qualquer suporte, como papel, fitas gravadas, disquetes, computadores, estaria coberto por sigilo. Essa solução inviabilizaria, na prática, a prova de qualquer ilícito, administrativo ou penal, bem como as provas no processo civil, de modo que não pode ser esta a interpretação do dispositivo constitucional.[106]

A meu sentir, a quebra dos dados das ligações telefônicas não está sob reserva de jurisdição. O art. 5º, inc. XII, da CF, e a Lei 9296/96 apenas cuidam do conteúdo das comunicações, cuja violação reclama ordem judicial. Quanto aos registros externos, a proteção é relativa. É dizer, não é qualquer pessoa que pode ter acesso a esses dados, evidentemente, em face do direito à privacidade e intimidade. Porém, diante do interesse público prevalente, relacionado à investigação criminal, o Ministério Público e a polícia podem requisitar diretamente à empresa de telefonia a remessa dessas informações. A esses órgãos, porém, incumbe a manutenção do dever de sigilo. Entretanto, em virtude da controvérsia que grassa na doutrina e na jurisprudência, revela-se prudente requerer prévia ordem judicial para a obtenção desses dados, a fim de evitar eventual alegação de nulidade do processo penal.

106 *Op. cit.*, p. 22-23.

O **sigilo da correspondência telegráfica e epistolar** também admite violação, no interesse da justiça, malgrado o art. 5º, inc. XII, da CF, somente preveja a possibilidade de quebra das comunicações telefônicas. Isso porque, segundo o senso comum, não existe direito individual absoluto, ou, como salientou o STF, a cláusula tutelar da inviolabilidade do sigilo epistolar não pode constituir instrumento de salvaguarda de práticas ilícitas (HC 70.814-5, 1ª T., Celso de Mello, j. 01.03.1994, DJU 24.06.1994, p. 16650).

A proteção constitucional se estende apenas ao conteúdo da comunicação (conteúdo de uma carta). Podem ser acessados sem autorização judicial, porém, os dados externos referentes às comunicações, como, *v.g.*, o nome do destinatário e remetente escritos em uma correspondência epistolar e telegráfica, assim como ocorre no que toca aos extratos telefônicos relativos aos dados sobre ligações efetuadas (origem e destino, dia e hora, duração, etc.). Por esse motivo, diga-se de passagem, uma carta aberta não está protegida pelo sigilo da correspondência (STJ, RHC 6719/SP, Fernando Gonçalves, 6ªT., j. 24.11.97)

Outrossim, não configura prova obtida por meio ilícito nem violação ao sigilo de correspondência postal a abertura de encomenda cujo conteúdo seja de expedição, uso ou entrega proibidos, ainda mais quando as encomendas podem ser abertas de ofício pela fiscalização aduaneira (art. 52, I, do Dec. 1.789/96) (TRF 4ª R., HC 2003.04.01.004972-2/RS, Volkmer de Castilho, 8ª T., un., j. 23.4.03, p. 813).

Acerca da diferença entre encomenda e correspondência:

> PENAL. PROCESSUAL. TIGRE DE PELÚCIA CONTENDO COCAÍNA. APREENSÃO DE ENCOMENDA NA AGÊNCIA DOS CORREIOS ANTES DE SER ENTREGUE AO DESTINATÁRIO. AÇÃO PENAL. PROVA ILÍCITA. QUEBRA DE SIGILO DE CORRESPONDÊNCIA. 1. Correspondência, para os fins tutelados pela Constituição da República (art.5º,VII) é toda comunicação de pessoa a pessoa, por meio de carta, através da via postal ou telegráfica. (Lei nº 6.538/78). 2. **A apreensão pelo Juiz competente, na agência dos Correios, de encomenda, na verdade tigre de pelúcia com cocaína, não atenta contra a Constituição**

> **da República, art. 5º, VII. Para os fins dos valores tutelados, encomenda não é correspondência.** (...) (STJ, ROHC nº 10.537/RJ, Rel. Min. Edson Vidigal, 5ª T., un., DJ 02.04.01, p. 311) (grifei).

O art. 2º, inc. IV da Lei 9034/95, por sua vez, autorizou, como meio de prova, *a captação e a interceptação ambiental de sinais eletromagnéticos, óticos ou acústicos, e o seu registro e análise, mediante circunstanciada autorização judicial.*

Para parte da doutrina, o dispositivo é inconstitucional, porque não há permissão da Carta Política relativa à interceptação ambiental[107].

Porém, tendo em conta que inexistem direitos absolutos, nem mesmo o direito à intimidade e privacidade, revela-se legítima a medida, até porque amparada em ordem judicial.

Recentemente, o STF julgou lícita a escuta ambiental, e

> para obtenção de dados por meio dessas formas excepcionais seria apenas necessária circunstanciada autorização judicial. (...) Asseverou-se, ademais, que a escuta ambiental não se sujeita, por motivos óbvios, aos mesmos limites de busca domiciliar, sob pena de frustração da medida, e que, não havendo disposição legal que imponha disciplina diversa, basta a sua legalidade a circunstanciada autorização judicial. (Inq 2424/RJ, rel. Min. Cezar Peluso, j. 19 e 20.11.2008, Informativo 529).

Para Mendroni, deve ser aplicado o mesmo raciocínio das interceptações e gravações telefônicas: é indispensável autorização judicial para a interceptação ambiental (por terceiro, sem conhecimento dos presentes), e dispensável para a gravação ambiental (por um dos interlocutores)[108]. Contudo, há que se recordar que a desnecessidade de anuência judicial para as gravações clandestinas é limitada a alguns casos.

---

107 SILVA, *op. cit.*, p. 104.

108 *Op. cit.*, p. 68.

O dispositivo trata da interceptação ambiental, ou vigilância eletrônica, cujo emprego o legislador pátrio limitou à apuração do crime organizado e aos crimes cometidos por quadrilha ou bando.

A autoridade policial, mediante autorização judicial, poderá instalar aparelhos de gravação de som e imagem em ambientes fechados ou abertos, com a finalidade de gravar os diálogos dos suspeitos (sinais acústicos), filmar as condutas por eles desenvolvidas (sinais ópticos) e registrar sinais emitidos pelos aparelhos de comunicação, como rádio transmissor (sinais eletromagnéticos).

A respeito da interceptação e gravação de imagens, com ou sem captação de áudio, mister distinguir se: a) a diligência ocorrer em área pública ou de acesso ao público, é permitida sua realização independentemente de ordem judicial; b) o fato se der em lugar privado, ou quando uma das partes pede sigilo à outra, exige-se autorização judicial, na forma do art. 2º, inc. IV da Lei 9034/95[109].

Quanto à inviolabilidade do escritório de advocacia, no julgamento do Inq 2424, já referido linhas acima, o STF asseverou que a Constituição Federal, no seu art. 5º, X e XI, garante a inviolabilidade da intimidade e do domicílio dos cidadãos, sendo equiparados a domicílio, para fins dessa inviolabilidade, os escritórios de advocacia, locais não abertos ao público, e onde se exerce profissão (CP, art. 150, § 4º, III), e que o art. 7º, II, da Lei 8.906/94 expressamente assegura ao advogado a inviolabilidade do seu escritório, ou local de trabalho, de seus arquivos e dados, de sua correspondência, e de suas comunicações, inclusive telefônicas ou afins, salvo caso de busca ou apreensão determinada por magistrado e acompanhada de representante da OAB. Entretanto, entendeu-se legítima a conduta de instalação de equipamento de captação acústica e acesso a documentos no ambiente de trabalho do advogado acusado, ainda que a autoridade policial tenha adentrado o local durante o recesso e de madrugada. Retira-se do noticiado no Informativo nº 529 do STF a seguinte passagem:

---

109 NUCCI, p. 253-254.

(...) o relator, de fato, teria autorizado, com base no art. 2º, IV, da Lei 9.034/95, o ingresso sigiloso da autoridade policial no escritório do acusado, para instalação dos referidos equipamentos de captação de sinais acústicos, e, posteriormente, determinara a realização de exploração do local, para registro e análise de sinais ópticos. Observou-se, de início, que tais medidas não poderiam jamais ser realizadas com publicidade alguma, sob pena de intuitiva frustração, o que ocorreria caso fossem praticadas durante o dia, mediante apresentação de mandado judicial. Afirmou-se que a Constituição, no seu art. 5º, X e XI, garante a inviolabilidade da intimidade e do domicílio dos cidadãos, sendo equiparados a domicílio, para fins dessa inviolabilidade, os escritórios de advocacia, locais não abertos ao público, e onde se exerce profissão (CP, art. 150, § 4º, III), e que o art. 7º, II, da Lei 8.906/94 expressamente assegura ao advogado a inviolabilidade do seu escritório, ou local de trabalho, de seus arquivos e dados, de sua correspondência, e de suas comunicações, inclusive telefônicas ou afins, salvo caso de busca ou apreensão determinada por magistrado e acompanhada de representante da OAB. Considerou-se, entretanto, que tal inviolabilidade cederia lugar à tutela constitucional de raiz, instância e alcance superiores quando o próprio advogado seja suspeito da prática de crime concebido e consumado, sobretudo no âmbito do seu escritório, sob pretexto de exercício da profissão. Aduziu-se que o sigilo do advogado não existe para protegê-lo quando cometa crime, mas proteger seu cliente, que tem direito à ampla defesa, não sendo admissível que a inviolabilidade transforme o escritório no único reduto inexpugnável de criminalidade. Enfatizou-se que os interesses e valores jurídicos, que não têm caráter absoluto, representados pela inviolabilidade do domicílio e pelo poder-dever de punir do Estado, devem ser ponderados e conciliados à luz da proporcionalidade quando em conflito prático segundo os princípios da concordância. Não obstante a equiparação legal da oficina de trabalho com o domicílio, julgou-se ser preciso recompor a ratio constitucional e indagar, para efeito de colisão e aplicação do princípio da concordância prática, qual o direito, interesse ou valor jurídico tutelado por essa previsão. Tendo em vista ser tal previsão tendente à tutela da intimidade, da privatividade e da dignidade da pessoa humana, considerou-se ser, no mínimo, duvidosa, a equiparação entre escritório vazio com domicílio

> *stricto sensu*, que pressupõe a presença de pessoas que o habitem. De toda forma, concluiu-se que as medidas determinadas foram de todo lícitas por encontrarem suporte normativo explícito e guardarem precisa justificação lógico-jurídico constitucional, já que a restrição consequente não aniquilou o núcleo do direito fundamental e está, segundo os enunciados em que desdobra o princípio da proporcionalidade, amparada na necessidade da promoção de fins legítimos de ordem pública.Vencidos os Ministros Marco Aurélio,Celso de Mello e Eros Grau,que acolhiam a preliminar,ao fundamento de que a invasão do escritório profissional, que é equiparado à casa, no período noturno estaria em confronto com o previsto no art. 5º, XI, da CF.

Se não foi possível operacionalizar tecnicamente a gravação da conversa telefônica, admite-se que o policial que participou da diligência seja ouvido como testemunha (Eduardo A. Silva; Ada Grinover[110]; Vicente Greco Filho[111]). Em sentido contrário, Nucci sustenta que não tem valia a interceptação realizada sem gravação[112].

Segundo o STJ, *a conversa na "sala de bate-papo" da internet não está amparada pelo sigilo das comunicações, pois acontece em ambiente virtual que é de acesso irrestrito e destinado a conversas informais* (RHC 18.116-SP,Rel. Min. Hélio Quaglia Barbosa, j. 16.02.2006, Informativo 274).

Em outro caso interessante, o TRF da 4ª Região assim se pronunciou:

> A simples verificação dos números das últimas chamadas feitas e recebidas constantes na memória do telefone celular não significa, por si só, violação ao sigilo telefônico desde que a apreensão do aparelho seja legítima.A garantia constitucional da inviolabilidade das

110 SILVA, p. 123-124.

111 *Op. cit.*, p. 33.

112 *Op. cit.*, p. 730.

comunicações telefônicas se refere à vedação de escutas clandestinas, a qual não se configura com a simples checagem dos últimos números registrados na memória do aparelho, ainda que esta seja realizada por outra pessoa que não o proprietário. (AC nº 2002.04.01.029123-1/PR, Rel. Fábio Rosa, 7ª T., DJ 21.05.03).

Quanto à **filmagem**, decidiu o STF que não ofende a garantia constitucional da intimidade a gravação realizada por ocupante de imóvel residencial que instala, em sua própria vaga de garagem, equipamento de filmagem com o objetivo de identificar autor de danos criminosos provocados em seu automóvel. Isso porque a gravação, realizada pelo próprio morador na sua vaga de garagem, não fora com o intuito de promover indevida intrusão na esfera privada da vida pessoal de terceiro, bem assim porquanto o investigado não estava sendo vigiado em sua própria residência ou tendo a sua imagem e intimidade devassadas, pois ele próprio é que ingressara em propriedade alheia com a intenção dolosa de praticar o crime de dano no veículo que lá estava estacionado (HC 84203/RS, rel. Min. Celso de Mello, 19.10.2004).

A seu turno, o TRF da 4ª Região entendeu pela admissibilidade como meio de prova da filmagem realizada pela autoridade policial da atividade de traficantes de entorpecentes, *a qual, durante a instrução processual foi devidamente submetida ao crivo do contraditório* (AC 200271000094342, Élcio Pinheiro de Castro, 8ª T.). O mesmo Tribunal entendeu que: *A filmagem realizada em via pública não viola a intimidade ou o domicílio das partes envolvidas* (AC 200271080060329/RS, 7ª T.).

Importante mencionar que a doutrina e a jurisprudência reconhecem *a possibilidade de utilização, no processo penal, da prova favorável ao acusado, ainda que colhida com infringência a direitos fundamentais seus ou de terceiros*. Vale dizer, é viável a utilização da **prova ilícita *pro reo***, como no caso da pessoa que grava sub-repticiamente sua conversa com terceiro, ou mesmo a conversa entre outras pessoas, para provar sua inocência. Como refere Ada Pellegrini Grinover, trata-se *de aplicação do princípio da proporcionalidade, na ótica do direito de* *defesa, também constitucionalmente assegurado, e de forma prioritária no processo penal, todo informado pelo princípio do favor rei*[113].

3.5 Violação do sigilo fiscal e financeiro

Como já afirmou o STJ: *(...) O sigilo fiscal não se equipara ao sigilo bancário e nem o absorve. (...)* (HC nº 7.618/RS, Rel. Min. Gilson Dipp, 5ª T., DJ 17.02.99, p. 152).

Sigilo bancário consiste na impossibilidade de os bancos ou outras entidades financeiras revelarem as informações que obtiveram nas suas atividades profissionais, salvo quando há justa causa. Previsto no art. 1º da LC 105/01.

Sigilo fiscal, por sua vez, envolve o sigilo sobre as informações patrimoniais e financeiras fornecidas pelo investigado ao Fisco. É regulado pelo art. 198 do CTN.

Segundo entendimento doutrinário e jurisprudencial solidificado, retratado na legislação infraconstitucional, a garantia do sigilo dos dados fiscais e financeiros está resguardada pela Constituição Federal, art. 5º, incs. X e XII, e LC 105/01, art. 1º, configurando crime a quebra do sigilo fora das hipóteses legais, na forma do art. 10 da LC nº 105/01.

Entretanto, Mendroni entende que os dados cadastrais das pessoas não estão sob sigilo, porque são características da exteriorização do indivíduo, e não sua intimidade. O dever de sigilo não abrange, segundo ele, os dados das fichas cadastrais dos clientes, informações sobre o fato de uma pessoa manter ou haver mantido em algum tempo contas correntes e aplicações financeiras de qualquer natureza, as datas de abertura e encerramento das contas, etc. Esses dados podem ser requisitados diretamente pelo *parquet*, sendo importantes para averiguar, *v.g.*, a existência e "contas fantasmas". O que se protege, para o doutrinador, são os extratos e boletos de saldos bancários, que por sua natureza contêm movimentações financeiras. Quanto aos serviços, se-

113 GRINOVER, Ada Pellegrini *et al. As nulidades no processo penal.* 8. ed. São Paulo: Revista dos Tribunais, 2004, p. 161-162.

riam os empréstimos, venda de moeda estrangeira, hipotecas, etc., aos quais também é reservada proteção[114].

De outra parte, está pacificado o entendimento de que não existem direitos absolutos, já que podem ser relativizados diante do caso concreto, quando confrontados com outros valores de substrato constitucional, consubstanciado em última análise no interesse público da descoberta da verdade. O STF já decidiu que: *A quebra do sigilo bancário não afronta o art. 5º, X e XII da CF* (STF, AGINQ. 897-5-DF, Pl., Rel. Min. Francisco Rezek, DJ 24.3.95, RT nº 715, p. 547).

O art. 2º, inc. III, da Lei 9034, prevê o acesso a informações fiscais, bancárias e financeiras.

O art. 1º, § 3º, da LC 105/01, determina hipóteses que não configuram violação do dever de sigilo:

> I - a troca de informações entre instituições financeiras, para fins cadastrais, inclusive por intermédio de centrais de risco, observadas as normas baixadas pelo Conselho Monetário Nacional e pelo Banco Central do Brasil;
>
> II - o fornecimento de informações constantes de cadastro de emitentes de cheques sem provisão de fundos e de devedores inadimplentes, a entidades de proteção ao crédito, observadas as normas baixadas pelo Conselho Monetário Nacional e pelo Banco Central do Brasil;
>
> III - o fornecimento das informações de que trata o § 2º do art. 11 da Lei no 9.311, de 24 de outubro de 1996;
>
> IV - a comunicação, às autoridades competentes, da prática de ilícitos penais ou administrativos, abrangendo o fornecimento de informações sobre operações que envolvam recursos provenientes de qualquer prática criminosa;
>
> V - a revelação de informações sigilosas com o consentimento expresso dos interessados;

114 *Op. cit.*, p. 79-80.

> VI - a prestação de informações nos termos e condições estabelecidos nos artigos 2º,3º,4º,5º,6º,7º e 9º desta Lei Complementar.

O § 4º do art. 1º estatui que a quebra de sigilo poderá ser decretada, quando necessária para apuração de ocorrência de qualquer ilícito, em qualquer fase do inquérito ou do processo judicial, e especialmente nos crimes que arrola, entre eles o praticado por organização criminosa. O rol é exemplificativo. Neste caso, evidentemente que os dados financeiros do investigado podem ser acessados com autorização judicial.

O art. 3º da LC nº 105/01 assim trata a questão:

> Art. 3º Serão prestadas pelo Banco Central do Brasil, pela Comissão de Valores Mobiliários e pelas instituições financeiras as informações ordenadas pelo Poder Judiciário, preservado o seu caráter sigiloso mediante acesso restrito às partes, que delas não poderão servir-se para fins estranhos à lide.
>
> § 1º Dependem de prévia autorização do Poder Judiciário a prestação de informações e o fornecimento de documentos sigilosos solicitados por comissão de inquérito administrativo destinada a apurar responsabilidade de servidor público por infração praticada no exercício de suas atribuições, ou que tenha relação com as atribuições do cargo em que se encontre investido.
>
> § 2º Nas hipóteses do § 1º, o requerimento de quebra de sigilo independe da existência de processo judicial em curso.
>
> § 3º Além dos casos previstos neste artigo o Banco Central do Brasil e a Comissão de Valores Mobiliários fornecerão à Advocacia-Geral da União as informações e os documentos necessários à defesa da União nas ações em que seja parte.

O STF (MS 23.452, Rel. Min. Celso de Mello; MS 23.619 e MS 23.668, Rel. Min. Octavio Gallotti; MS 23.843, Rel. Min. Moreira Alves) entendeu que as CPIs podem decretar a quebra dos sigilos fiscais e financeiros, mediante decisão fundamentada, independentemente de ordem judicial, pois, com base no art. 58, § 3º, da CF, as comissões terão os mesmos poderes de investigação próprios das autoridades judiciais. Esse poder encontra supedâneo no art. 4º da LC 105/01 e também é estendido à CPI estadual (STF, ACO 730/RJ, Joaquim Barbosa, j. 22.09.2004, informativos 362 e 377).

A LC nº 105/01 também conferiu à própria autoridade fazendária o poder de acessar os dados financeiros, desde que haja processo administrativo regularmente instaurado ou procedimento fiscal em curso:

> Art. 6º As autoridades e os agentes fiscais tributários da União, dos Estados, do Distrito Federal e dos Municípios somente poderão examinar documentos, livros e registros de instituições financeiras, inclusive os referentes a contas de depósitos e aplicações financeiras, quando houver processo administrativo instaurado ou procedimento fiscal em curso e tais exames sejam considerados indispensáveis pela autoridade administrativa competente.

A LC 105/01 igualmente autoriza a troca de informações sigilosas entre as instituições financeiras e o BACEN, inclusive sobre contas de depósitos e investimentos (art. 2º, § 1º).

Restou revogado, pois, o art. 38 da Lei nº 4.595/64, que condicionava a violação do sigilo bancário à ordem judicial.

Contudo, a constitucionalidade do art. 6º da LC nº 105/01 é questionada.

Ainda está sob exame no STF a constitucionalidade das disposições legais que autorizam a requisição e a utilização de informações bancárias pela Receita Federal, diretamente às instituições financeiras, para instauração e instrução de processo administrativo fiscal (AC 33 MC/PR, rel. Min. Marco Aurélio, informativos 322, 332 e 335).

Porém, já existe decisão do STF exigindo ordem judicial para o afastamento do sigilo dos dados bancários (RE 461366/DF, rel. Min. Marco Aurélio, j. 03.08.2007, Informativo 474).

Também já se entendeu que a

Lei Complementar 105/2001, que dispôs específica e exaustivamente sobre o sigilo das operações de instituições financeiras, não conferiu ao TCU poderes para determinar a quebra do sigilo bancário de dados constantes do Banco Central do Brasil. (STF, Pleno, MS 22801/DF, rel. Min. Menezes Direito, j. 17.12.2007, Informativo 493).

No STJ, há decisões nos dois sentidos, tanto pela legitimidade de quebra do sigilo bancário pela autoridade fazendária, independentemente de autorização judicial (REsp 792.812/RJ, Rel. Min. Luiz Fux, 1ª T., j. 13.03.2007, DJ 02.04.2007, p. 242; EREsp 726.778/PR, Rel. Min., Castro Meira, 1ª S., j. 14.02.2007, DJ 05.03.2007, p. 255) quanto pela necessidade de crivo judicial (RHC 20.329/PR, 5ª T., j. 04.10.2007, DJ 22.10.2007, p. 312).

O TRF da 4ª R. assim decidiu a questão:

INCIDENTE DE ARGUIÇÃO DE INCONSTITUCIONALIDADE. PARÁGRAFOS 2º e 3º DO ARTS. 11 DA LEI 9.311/96, ARTS. 5º e 6º DA LEI COMPLEMENTAR Nº 105/2001 E ART. 1º DA LEI 10.174/2001, NA PARTE QUE DEU NOVA REDAÇÃO AO PARÁGRAFO 3º DO ART. 11 DA LEI 9.311/96. SIGILO BANCÁRIO. QUEBRA PARA FINS DE INSTRUÇÃO DE PROCEDIMENTO FISCAL. PRINCÍPIO DA RESERVA DE JURISDIÇÃO. AUSÊNCIA DE FUNDAMENTO CONSTITUCIONAL. REJEIÇÃO DO INCIDENTE. 1. **Os arts. 11, §§ 2º e 3º, da Lei nº 9.311/96, e 5º e 6º da Lei Complementar nº 105/2001, ao regularem a quebra do sigilo bancário para fins tributários, não lesaram a tutela do direito à privacidade conferida pela Constituição de 1988.** 2. As normas que versam sobre sigilo bancário devem ser interpretadas levando em conta o conjunto principiológico da Constituição, e dessa diretriz sobressaem duas premissas básicas que devem nortear o intérprete: **é obrigação precípua do Poder Público combater a sonegação, de modo a propiciar o custeio das necessidades financeiras do Estado, e o sistema financeiro deve servir de elemento estruturante da promoção do desenvolvimento do País e dos interesses da coletividade.** Lições na doutrina. 3. O legislador preservou a privacidade do cidadão, instituindo mecanismo cercado de garantias, que apenas **transfere a obrigação de sigilo da instituição bancária para a**

autoridade fiscal. Não é razoável que, sempre que houver a necessidade de acesso à vida financeira das pessoas físicas ou jurídicas por parte da fiscalização tributária, seja a Administração instada a provocar o Judiciário para tanto. Sentindo-se o contribuinte prejudicado com a quebra de seu sigilo, por se apresentar a ação da autoridade arbitrária, pode, então, provocar a tutela jurisdicional. É de se presumir a legitimidade da ação das autoridades constituídas, devendo o contrário ser provado. 4. **Não há vício de inconstitucionalidade nos §§ 2º e 3º do art. 11 da Lei 9.311/96, nos arts. 5º e 6º da Lei Complementar nº 105/2001 e no art. 1º da Lei 10.174/2001, na parte que deu nova redação ao § 3º do art. 11 da Lei 9.311/96.** (TRF 4ª R., INAMS 2005.72.01.000181-9, Corte Especial, Rel. Otávio Roberto Pamplona, D.E. 14.12.2007) (grifei)

Mais recentemente, essa mesma Corte Regional asseverou que é

facultado à Administração Tributária, respeitados os direitos individuais e nos termos da lei, identificar o patrimônio, os rendimentos e as atividades econômicas dos contribuintes (art. 145, § 1º, da CF/88). As instituições financeiras, mediante intimação escrita, são obrigadas a prestar à autoridade administrativa todas as informações que disponham com relação aos bens, negócios ou atividades de terceiros (art. 197, II, do CTN). Também as Leis nºs 8.021/90 e 9.311/96 e a LC 105/01 dispõem sobre o sigilo das operações de instituições financeiras. Ademais, a legislação estabelece o dever das autoridades e agentes fiscais tributários manterem sob sigilo as informações acessadas. O que ocorre é uma transferência da obrigação de sigilo da instituição bancária para a autoridade fiscal (APELREEX 2008.72.00.000415-1, Rel. Des. Federal Carlos Eduardo Thompson Flores Lenz, j. 21.10.2008, Informativo 374).

Evidentemente, é lícito o intercâmbio de informações entre o Fisco e o Ministério Público:

> PENAL. INEXIGIBILIDADE DE CONDUTA DIVERSA. REQUISITOS. DOLO. ANIMUS REM SIBI HABENDI. PRINCÍPIO DA INSIGNIFICÂNCIA. INAPLICABILIDADE. VIOLAÇÃO DE SIGILO BANCÁRIO E FISCAL INOCORRENTE. 1. (...) 4. Não há utilização de provas ilícitas por suposta violação à privacidade, quando o Ministério Público Federal limitou-se a apurar os crimes contra a ordem tributária verificados no âmbito da pessoa jurídica com amparo em "representação fiscal para fins penais" regularmente encaminhada pela Administração, mostrando-se perfeitamente lícito o intercâmbio de informações. (TRF4, ACR 2004.72.05.002354-8, Oitava Turma, Relator Marcelo Malucelli, DJ 02.08.2006)

Em outra formulação:

> em se tratando da apuração de crimes contra a Ordem Tributária (Lei nº 8.137/90) é possível o intercâmbio de informações obtidas a partir da quebra de sigilo entre os órgãos de investigação (PF e Ministério Público) e a Receita Federal, por ser a atuação desta indispensável à comprovação da materialidade de tais delitos (TRF4, 8ª T., MS nº 2002.04.01.029958-8/PR, j. 24.03.03).

O STJ trilhou entendimento no sentido da validade da utilização de informações provenientes da arrecadação da CPMF para a instauração de procedimento administrativo-fiscal objetivando a cobrança de créditos relativos a outros tributos e consequente instauração de ação penal pelo crime tributário, ainda que sem autorização judicial, conforme Lei nº 10.174/2001, que alterou a redação do § 3º do art. 11 da Lei nº 9.311/96.

A Lei Complementar nº 105/2001, ao estabelecer normas gerais sobre sigilo bancário, permitiu que as autoridades administrativas tenham acesso a documentos, livros e registros de instituições financeiras.

Ademais, nos termos do que dispõe o art. 144, § 1º, do CTN, a Lei nº 10.174/2001 e a Lei Complementar nº 105/2001 são normas tributárias de natureza procedimental, de modo que possuem aplicação imediata, alcançando fatos pretéritos (STJ, RHC 19.635/SP, Rel. Min. Félix Fischer, 5ª T., j. 29.08.2007, DJ 05.11.2007, p. 285; HC 31.448/SC, Rel. Min. Arnaldo Esteves Lima, 5ª T., j. 23.08.2007, DJ 01.10.2007, p. 301; RHC 17.689/SP, Rel. Min. Gilson Dipp, 5ª T., j. 13.09.2005, DJ 03.10.2005, p. 287).

A 2ª Turma do STF, recentemente, trilhou a mesma orientação, no julgamento do RE 535478/SC, rel. Min. Ellen Gracie, j. 28.10.2008, Informativo 526.

Em sentido contrário, decidiu a 1ª Turma do TRF da 4ª Região, ao afirmar que

> a retroação da LC 105/2001 é inviável, uma vez que ensejaria violação ao princípio da irretroatividade das leis. Também não é possível a retroação da Lei 10.174/2001 a fatos pretéritos, devendo ser afastada a alegação de que a retroação é permitida pelo § 1º do art. 144 da CTN, que apenas trata de prerrogativas meramente instrumentais não sendo apto a derrogar a garantia constitucional do sigilo bancário. Aos fatos anteriores a janeiro de 2001 não se mostra possível a quebra do sigilo bancário, sem a necessária e anterior autorização judicial. (Rel. Des. Federal Álvaro Eduardo Junqueira, j. 03.12.2008, Informativo 380)

A meu juízo, não é inconstitucional a quebra do sigilo financeiro pela própria Receita Federal para constatação de evasão fiscal e constituição do crédito tributário.

A proibição da remessa de dados bancários ao Fisco sem crivo judicial somente interessa ao sonegador. O contribuinte que não cometeu irregularidade fiscal não tem motivo para impedir o acesso a esses dados pela autoridade fazendária, que deverá, certamente, manter o dever de sigilo perante terceiros.

De outra parte, se o contribuinte tem a obrigação de fazer a declaração de ajuste anual do imposto de renda, onde deverá indicar seus rendimentos, dívidas, patrimônio, contas bancárias e o respectivo valor, afigura-se contraditório exigir ordem judicial para que o Fisco tenha acesso a esses dados com a finalidade de investigar a falta de recolhimento de tributos.

Como já afirmou o TRF da 4ª R., o legislador apenas transfere a obrigação de sigilo da instituição bancária para a autoridade fiscal, não sendo razoável que, sempre que houver a necessidade de acesso à vida financeira das pessoas físicas ou jurídicas por parte da fiscalização tributária, seja a Administração instada a provocar o Judiciário para tanto (APELREEX 2008.72.00.000415-1).

Ademais, a possibilidade do emprego de informações provenientes da arrecadação da CPMF para a instauração de procedimento administrativo-fiscal objetivando a cobrança de créditos relativos a outros tributos já revela uma hipótese de relativização do sigilo bancário.

Enfim, a Carta Política não submete a quebra do sigilo bancário à cláusula da reserva de jurisdição. A necessidade de decisão judicial somente se aplica para os casos previstos no Texto Constitucional, conforme lição de Eugênio Pacelli de Oliveira:

> Pensamos que a exigência constitucional de ordem judicial somente deve ser aplicada àquelas hipóteses ali expressamente previstas. É dizer: somente para a quebra da inviolabilidade de domicílio e das comunicações telefônicas é que haveria o condicionamento expresso do legislador ordinário. Isso se dá, provavelmente, em razão de ser essa a manifestação da intimidade ou da privacidade mais frequentemente atingidas pelas autoridades responsáveis pela persecução.
>
> Nas demais, a lei poderá atribuir a outras autoridades do poder público a flexibilização da intimidade/privacidade, desde que preenchidos os requisitos da indispensabilidade da medida, do sigilo quanto ao procedimento, e da finalidade pública reservada à providência. (...)
>
> Por isso, não vemos inconstitucionalidade na Lei Complementar nº 105, de 10 de janeiro de 2001, que, dispondo sobre o sigilo das operações de instituições financeiras, autoriza as autoridades fazendárias a examinar seus documentos, livros e registros, inclusive os referentes à conta de depósitos e aplicações financeiras, desde que haja proces-

> so administrativo regularmente instaurado ou procedimento fiscal em curso, e que tais exames sejam considerados indispensáveis pela autoridade competente (art. 6º). O resultado dos exames, as informações e os documentos analisados serão conservados em sigilo (art. 6º, parágrafo único).
>
> Do mesmo modo, e aliás, repetindo a legislação anterior (Lei nº 4595/64), a Lei Complementar nº 105/01 autoriza também a troca de informações sigilosas entre as instituições financeiras e o Banco Central, inclusive sobre contas de depósitos e investimentos (art. 2º, § 1º) e a quebra do sigilo bancário quando as informações forem requeridas pelo Poder Legislativo Federal e pelas Comissões Parlamentares de Inquérito (...).[115]

Em outra hipótese, o STF julgou ser

> dispensável a autorização judicial para a quebra do sigilo bancário, haja vista a prerrogativa do BACEN de examinar, em liquidação extrajudicial, a contabilidade, os arquivos, os comentos, os valores e demais elementos das instituições, quantas vezes julgar necessário (Lei 6.024/74, art. 41, § 3º, a). Asseverou-se também haver permissão legal expressa para a autarquia analisar, quando decretada a intervenção da liquidação extrajudicial ou a falência da instituição financeira, a contabilidade e os arquivos de terceiros com os quais a entidade tiver negociado (Lei 6.024/74, art. 41, § 3º, e). (HC 87167/BA, Rel. Min. Gilmar Mendes, j. 29.8.2006, Informativo 438).

No que toca à viabilidade de quebra do sigilo bancário diretamente pelo *parquet*, a LC nº 75/93 assegura aos membros do Ministério Público da União a prerrogativa de requisitar informações e documentos a entidades privadas (art. 8º, IV); ter acesso incondicional a qualquer banco e dados de caráter público ou relativo a serviço de relevância pública (art. 8º, VIII); e estabelece que nenhuma autoridade poderá opor ao Ministério Público a exceção do sigilo (art. 8º, § 2º).

115 *Op. cit.*, p. 353-354.

Todavia, o STF não aceitou a possibilidade de quebra de sigilo bancário diretamente pelo Órgão Ministerial:

> SIGILO BANCÁRIO E MINISTÉRIO PÚBLICO.
>
> O Ministério Público não tem legitimidade para, sem interferência do Poder Judiciário, determinar a quebra do sigilo bancário. Com esse entendimento, a Turma manteve acórdão do TRF da 5ª Região que deferira ordem de habeas corpus em favor do gerente de instituição financeira privada que se negara a atender pedido da Procuradoria da República acerca das movimentações bancárias de determinados clientes. Afastou-se a alegação do recurso extraordinário interposto pelo Ministério Público Federal no sentido de que a solicitação de informações de caráter sigiloso estaria incluída nas funções institucionais do Ministério Público previstas no inciso VIII, do art. 129, da CF ("Art. 129. São funções institucionais do Ministério Público: ...VIII- requisitar diligências investigatórias e a instauração de inquérito policial, indicados os fundamentos jurídicos de suas manifestações processuais;") (RE 215.301-CE. Rel. Min. Carlos Velloso, j. 13.04.99, Informativo 145)

Porém, o STF já se posicionou no sentido de que, em se tratando de informações relativas a desvios de verbas públicas federais, o Ministério Público poderia obter tais informações diretamente da instituição financeira. Portanto, no caso de rastreamento de verbas públicas, pode o Agente Ministerial requisitar os dados às instituições bancárias (MS. nº 21.729-DF, Rel. Min. Marco Aurélio, Pleno, j. 05.10.95, DJU. 19.10.2001, p. 33).

O STJ decidiu que o Ministério Público não detém poder de quebra do sigilo bancário e fiscal, que exige ordem judicial (RHC 20.329/PR, Rel. Min. Jane Silva (Desembargadora Convocada do TJ/MG), 5ª T., j. 04.10.2007, DJ 22.10.2007, p. 312; REsp 633.250/AM, Rel. Min. Laurita Vaz, Rel. p/ Ac. Min. Arnaldo Esteves Lima, 5ª T., j. 21.11.2006, DJ 26.02.2007, p. 632)

Na doutrina, há controvérsias. Sustentam a legitimidade do Ministério Público para quebrar diretamente o sigilo bancário, *v.g.*, Eugênio

Pacelli de Oliveira[116], Luiz Fernando Bellinatti[117], Carlos Alexandre Marques, José Paulo Baltazar Júnior, Walberto Fernandes de Lima, Marcelo Batlouni Mendroni[118].

Em sentido oposto, pela ilegitimidade, porque necessária ordem judicial: Eduardo Araújo da Silva[119], Juarez Tavares, Luiz Flávio Gomes[120].

Comungo do entendimento de que o Ministério Público poderá ter acesso a dados bancários e fiscais, independentemente de ordem judicial, pelos seguintes argumentos: a) quem está em situação regular não terá motivos para se opor à investigação; b) se as CPIs podem quebrar o sigilo bancário, é irrazoável vedar essa possibilidade ao Ministério Público, pois as CPIs, identificando a prática de ilícito penal, deverão informar ao *parquet* para que adote as providências cabíveis; c) a diligência não está sujeita à reserva constitucional da jurisdição; d) se a Receita Federal tem esse acesso, o Ministério Público também deve ter; e) a vedação ao Ministério Público de acesso direto às informações financeiras do investigado configura excesso de zelo, posto que ao *parquet* é transferido o dever de manutenção do sigilo.

Consoante escreveu José Paulo Baltazar Júnior, em resumo, a decisão que apreciar pedido de quebra de sigilo financeiro deverá conter os seguintes requisitos: a) relativa determinação dos fatos objeto da investigação, no mínimo pela menção aos tipos penais supostamente infringidos; b) determinação das pessoas que terão seu sigilo quebrado; c) determinação do período de abrangência dos dados pretendidos; d) indicação, com base empírica, dos indícios de materialidade e autoria do fato, para que se reconheça a causa provável; e) demonstração da necessidade da medida, sua adequação e proporcionalidade em sentido estrito[121].

---

116 *Op. cit.*, p. 355-356.

117 *Apud* SILVA, *op. cit.*, p. 109.

118 *Op. cit.*, p. 86-87.

119 *Op. cit.*, p. 109.

120 *Crime Organizado*, p. 128-129.

121 *Op. cit.*, p. 28.

O juiz deve especificar o alcance da ordem: pessoas atingidas, contas ou aplicações financeiras violadas, quais instituições financeiras e sobre qual período recairá a medida.

O STF manifestou-se pela impossibilidade de devassa indiscriminada do sigilo bancário de pessoas indeterminadas:

> **Quebra de Sigilo Bancário e Contas "CC-5" - 4**
>
> Entendeu-se que, antes de se deferir a quebra do sigilo, nos termos requeridos, dever-se-ia proceder à análise dos elementos já coligidos, notadamente os documentos encaminhados pelo indiciado. **Tendo em conta os limites da razoabilidade e da proporcionalidade, asseverou-se que tal quebra, a alcançar as contas "CC-5", de titularidade diversificada, sem a individualização dos correntistas, seria inadequada, por ausência de justificativa aceitável. Assim, concluiu-se que este ato deveria ficar limitado ao investigado.** Vencidos os Ministros Joaquim Barbosa, Carlos Britto e Celso de Mello que davam provimento ao regimental, ao fundamento de que o fato de o Ministério Público não ter examinado o aludido material não tornaria inexecutável a análise dos dados bancários das contas "CC-5", e de que não haveria devassa da intimidade financeira de terceiros, porquanto existentes indícios concretos da necessidade do fornecimento dos dados pleiteados, sob pena de inviabilidade da persecução penal. (Inq 2206 AgR/DF, Rel. Min. Marco Aurélio, j. 10.11.2006, Informativo 447) (grifei)

Na mesma linha, referiu o STJ que *não é admissível investigar a vida de cidadãos para, a depender da sorte, encontrar algum crime* (HC 59.257-RJ, Rel. Min. Maria Thereza de Assis Moura, julgado em 22.08.2006. INFO/STJ 294).

Igualmente, o TRF 4ª R. definiu que

> a ordem judicial imposta à empresa de telefonia de fornecer dados cadastrais sigilosos de usuários indeterminados por prazo amplo é

inconstitucional, é dizer, a ordem judicial que autoriza a quebra de sigilo de dados deve ser específica, nunca genérica, sob pena de afronta aos direitos e garantias fundamentais, que não admitem flexibilização. (Rel. p/aço. Des. Fed. Paulo Afonso Brum Vaz, j. 04.06.2008, Informativo 354).

Na opinião de Mendroni, não é todo e qualquer crime constante do rol do art. 4º da LC 105/01 que admite a quebra do sigilo bancário. Deve haver correspondência entre o fato delituoso e a medida judicial adotada, isto é, a quebra do sigilo fiscal e financeiro tem de ser útil à investigação.[122]

Os arts. 1º e 5º ampliam as instituições e operações sujeitas a dever de sigilo, incluindo, por exemplo, operações com cartões de crédito.

No que tange ao meio hábil para impugnar decisão que autoriza a quebra do sigilo bancário, a jurisprudência tem admitido o mandado de segurança (STF: HC 75.232-RJ, DJ 24.08.2001; do STJ: RMS 17.346-PR, DJ 18.04.2005; HC 6.412-GO, DJ 13.04.1998, e AgRg no HC 16.049-SC, DJ 13.08.2001; RMS 15.062-MG, Rel. Min. Paulo Medina, j. 20.09.2005, Informativo 261). O STF, contudo, já afirmou que o *habeas corpus* é medida idônea para impugnar decisão judicial que autoriza a quebra de sigilos fiscal e bancário em procedimento criminal, haja vista a possibilidade de estes resultarem em constrangimento à liberdade do investigado (STF, AI 573623 QO/RJ, Rel. Min. Gilmar Mendes, j. 31.10.2006, Informativo 447).

CONCLUSÃO

Tendo em vista a complexidade e o caráter multiforme do crime organizado, verifica-se uma tendência no desenvolvimento de estratégias diferenciadas para regulamentar com mais eficácia a obtenção do meio de prova e o tratamento dispensado aos investigados e acusa-

122 *Op. cit.*, p. 81.

dos. Do mesmo modo, a insuficiência dos instrumentos processuais tradicionais para apuração da criminalidade individualizada determinou a busca de novos métodos de investigação. Outros fatores que revelam como é imperativa a adaptação do aparelho investigatório estatal é a "cultura de supressão da prova", o emprego de equipamentos eletrônicos sofisticados que visam a impedir a ação policial, o alto poder de intimidação e a necessidade de movimentação e "lavagem" dos valores auferidos com o empreendimento delituoso.

Os direitos fundamentais não são absolutos, nem ilimitados. A inevitável colisão entre os direitos individuais dos acusados e a busca da eficiência penal na tutela da sociedade deve ser resolvida à luz do princípio da proporcionalidade.

É mister a busca de um equilíbrio no confronto entre interesses estatais e os direitos individuais. Assim como não se pode cogitar de direitos fundamentais absolutos, igualmente não há como se tolerar o exercício de poderes ilimitados pelo Estado.

A meu ver, o sistema penal deve ser pragmático no combate ao crime. Não se pode olvidar dos princípios constitucionais penais, é verdade, mas também sua eficiência não pode ser afetada por um demasiado formalismo ou "hipergarantismo". O direito penal máximo e o direito penal liberal, sobretudo em sua concepção radical, são danosos à busca da justiça. Como em qualquer âmbito jurídico, o juiz deve procurar o equilíbrio: um direito penal justo.

Nesse passo, foram previstos novos instrumentos processuais destinados à apuração dos ilícitos relacionados à delinquência organizada, tais como: utilização da colaboração processual do corréu, o qual pode receber benefícios processuais, bem assim a assistência e proteção a ele e seus familiares; sistemas de proteção às vítimas e testemunhas; infiltração de agentes policiais em organizações criminosas, simulando a condição de integrante, para obter informações sobre seu funcionamento e sua estrutura; interceptações das comunicações telefônicas e ambientais; quebra dos sigilos financeiro e fiscal.

REFERÊNCIAS

BALTAZAR JÚNIOR, José Paulo. Crime Organizado. Porto Alegre: TRF – 4ª Região, 2008 (Currículo Permanente. *Caderno de Direito Penal*: módulo 4).

BALTAZAR JÚNIOR, José Paulo. Crime organizado e sigilo na investigação criminal. Porto Alegre: TRF – 4ª Região, nov./dez. 2005 (*Boletim Jurídico da Emagis* n. 53).

CALLEGARI, André Luís; MELIÁ, Manuel Cancio; BARBOSA; Paula Andrea Ramírez. *Crime Organizado: tipicidade – política criminal – investigação e processo*. Porto Alegre: Livraria do Advogado, 2008.

CASTALDO, Andréa R. La criminalidad organizada em Itália: la respuesta normativa y los problemas de la práxis. *Revista Brasileira de Ciências Criminais*. V. 27, jul./set. 1999, p. 19.

GOMES, Luiz Flávio; CERVINI, Raúl. *Crime organizado*. Enfoques criminológico, jurídico (Lei 9.034/95) e político-criminal. 2. ed. São Paulo: Revista dos Tribunais, 1997.

GOMES, Luiz Flávio; CERVINI, Raúl. *Interceptação telefônica: lei 9.296, de 24.07.96*. São Paulo: Revista dos Tribunais, 1997.

GOMES FILHO, Antônio Magalhães. A violação do princípio da proporcionalidade pela Lei nº 9.296/96. *Boletim do Instituto Brasileiro de Ciências Criminais*. Edição especial nº 45, p. 14-15, ago. 1996.

GRECO FILHO, Vicente. *Interceptação telefônica: considerações sobre a Lei nº 9.296, de 24 de julho de 1996*. São Paulo: Saraiva, 1996.

GRINOVER, Ada Pellegrini. Que juiz inquisidor é esse? *Boletim do Instituto Brasileiro de Ciências Criminais*, n. 30, p. 1, jun. 2005.

GRINOVER, Ada Pellegrini; FERNANDES, Antônio Scarance; GOMES FILHO, Antônio Magalhães. *As nulidades no processo penal*. 8. ed. São Paulo: Revista dos Tribunais, 2004.

MENDRONI, Marcelo Batlouni. *Crime Organizado*. 2. ed. São Paulo: Atlas, 2007.

NUCCI, Guilherme de Souza. *Leis Penais e Processuais Penais Comentadas*. 3. ed. São Paulo: Revista dos Tribunais, 2008.

OLIVEIRA, Eugênio Pacelli de. *Curso de Processo Penal*. 3. ed. Belo Horizonte: Del Rey, 2004.

SILVA, Eduardo Araújo da. *Crime Organizado: procedimento probatório*. São Paulo: Atlas, 2003.

SILVA SÁNCHEZ, Jesús-Maria. *A expansão do direito penal: aspectos da política criminal nas sociedades pós-industriais*. São Paulo: Revista dos Tribunais, 2002.

Aspectos práticos e jurídicos acerca das recentes técnicas de gravação de audiências criminais

Fabio Nunes De Martino*

Introdução

Com o presente texto, busca-se uma abordagem teórica e prática a respeito das recentes técnicas de gravação de áudio e de áudio e vídeo que, inclusive, já vêm sendo utilizadas por boa parte das varas criminais da Justiça Federal da Quarta Região.

Trata-se de relevante inovação tecnológica que está colocada à disposição dos magistrados com o intuito de aperfeiçoar a colheita de depoimentos ao longo da instrução criminal.

---

* Juiz Federal Substituto da Vara Federal Criminal de Londrina.

Ademais, é tecnologia já utilizada na prática forense há anos, embora o diploma legal tratando especificamente sobre o assunto somente tenha entrado em vigor no mês de agosto de 2008.

A partir da edição da Lei nº 11.719/08, se mostra necessário discutir inúmeros aspectos práticos e estruturais para a segura implementação e disseminação desse tipo de tecnologia para todos os juízos criminais.

Com base nisso, esse trabalho analisará aspectos jurídicos relacionados às técnicas de gravação das audiências criminais, inclusive enfatizando aspectos constitucionais e legais vinculados à utilização dessa nova ferramenta de trabalho dos magistrados.

Também será tratada a relevante questão acerca da necessidade ou não de degravação das audiências gravadas ou filmadas, com destaque aos argumentos que certamente serão enfrentados pelos operadores do direito para utilizar um ou outro ponto de vista.

Enfim, o objetivo desse trabalho é fazer com que o leitor tenha a exata noção dos diversos aspectos relacionados a esse tipo de ferramenta que, a partir do ano de 2008, deverá ser utilizada pela imensa maioria dos juízes criminais brasileiros.

1 Legislação

Dispõe o artigo 405 do Código de Processo Penal, com a redação alterada pela lei nº 11.719/08:

> Art.405. Do ocorrido em audiência será lavrado termo em livro próprio, assinado pelo juiz e pelas partes, contendo breve resumo dos fatos relevantes nela ocorridos.
>
> § 1º Sempre que possível, o registro dos depoimentos do investigado, indiciado, ofendido e testemunhas será feito pelos meios ou recursos de gravação magnética, estenotipia, digital ou técnica similar, inclusive audiovisual, destinada a obter maior fidelidade das informações.

> § 2º No caso de registro por meio audiovisual, será encaminhado às partes cópia do registro original, sem necessidade de transcrição." (NR)

Antes mesmo da inovação legislativa, diversos magistrados já realizavam audiências gravadas, com respaldo em atos normativos dos próprios tribunais.

Na Quarta Região, baseavam-se os juízes precipuamente nos seguintes dispositivos do Provimento nº 2, de 01 de junho de 2005:

> Art. 277. O registro das audiências observará os procedimentos dispostos nesta subseção, podendo ser audiovisual.
>
> § 3º. As intimações para as audiências devem esclarecer qual o sistema que será adotado para o registro dos depoimentos.
>
> Art. 278. Antes de iniciados os trabalhos, se for o caso, o Magistrado orientará as partes a respeito do registro audiovisual dos interrogatórios ou depoimentos, colhendo desde logo o consentimento das partes quanto à utilização desse sistema.
>
> Parágrafo único. Caso a oposição à adoção do sistema seja baseada em eventual desconhecimento sobre a sua forma e confiabilidade, o Magistrado deverá procurar esclarecer às partes.
>
> Art. 279. A ata das audiências conterá os seguintes dados:
>
> (...)
>
> IX - anuência das partes à utilização do registro audiovisual, se for o caso;
>
> X - advertência acerca da vedação de divulgação não autorizada dos registros audiovisuais a pessoas estranhas ao processo, se for o caso;
>
> XI – intimação das partes do prazo para transcrição dos depoimentos e para impugnação, se for o caso; (...)

Art. 280.

§ 5º. Mediante homologação do Juiz Federal, poderá ser dispensada a transcrição dos depoimentos que não tenham auxiliado no esclarecimento dos fatos.

Art. 282. As declarações colhidas mediante utilização do sistema de gravação audiovisual devem ser registradas, de forma padronizada e seqüencial, em mídia compatível com a preservação e a consulta dos dados, bem como protegida de qualquer alteração.

§ 2º. É facultado às partes requerer, a qualquer momento, que a Secretaria do Juízo faça cópia dos registros de audiências, apresentando o material ou mídia indispensável junto com o requerimento, salvo na hipótese de beneficiário de assistência judiciária gratuita.

§ 3º. A Secretaria manterá equipamento à disposição das partes que possibilite assistir ao conteúdo dos registros audiovisuais.

Art. 283. Na hipótese prevista no artigo 217 do CPP, ou quando for necessária a preservação da intimidade, da honra e da imagem do depoente, o Juiz procederá ao registro de suas declarações pela via tradicional ou por gravação digital apenas em áudio, sem registro visual.

2 Aspectos práticos

2.1 Estrutura da justiça

Antes de mais nada, para a efetiva implementação das audiências gravadas, será necessário o respectivo aparelhamento das varas criminais, pois a gravação das audiências depende de aparelhagem específica como, por exemplo, equipamento de armazenamento do áudio, software específico, microfones para o magistrado e para as partes, câmera de vídeo (para o caso de registro audiovisual), mídia para a distribuição para as partes hipossuficientes, entre outros.

Ademais, é de conhecimento geral que inúmeras varas criminais espalhadas pelo Brasil não possuem nem mesmo instalações físicas adequadas, sendo certo que, em muitos casos, a salutar inovação legal ficará no vazio até que as justiças se estruturem a contento.

2.2 Necessidade de treinamento de magistrados e servidores

Outra preocupação que se deve ter reside na necessidade de treinamento de magistrados e servidores, pois a utilização correta da tecnologia de gravação de audiências poderá, a princípio, trazer algumas dificuldades para aqueles que operam com o direito.

Na parte técnica, é fundamental que os setores de tecnologia dos tribunais obtenham os melhores programas e equipamentos para a gravação e filmagem das audiências, sem que o resultado do trabalho dificulte o posterior entendimento do teor do ato gravado pelas partes e pelo magistrado.

Também será importante que os servidores responsáveis pelas audiências sejam devidamente treinados para que utilizem corretamente os aparelhos de gravação e filmagem (ex: posição ideal da câmera, posição dos microfones, regulagem do software da gravação de forma que o áudio fique claro, etc.).

Nesse sentido, pode ser citado recente julgado onde foi deferido *habeas corpus* determinando a renovação de interrogatório cuja gravação saiu defeituosa:

> PROCESSO PENAL. HABEAS CORPUS, INTERROGATÓRIO DE CO-RÉU. CPP, ART. 188. FALHA NA GRAVAÇÃO. RENOVAÇÃO DO ATO. – A nova redação dada ao artigo 188 do CPP pela Lei nº 10.792/03 conferiu ao interrogatório judicial uma nova feição, merecendo destaque a oportunidade oferecida pelo legislador de participação das partes neste que é um dos atos mais importantes do processo penal. Não se trata mais de ato privativo do juiz, tendo implicações sérias na absolvição

> ou condenação dos co-réus. Desse modo, verificada falha na gravação do interrogatório de um dos acusados, não constando no termo de transcrição, por conseguinte, as perguntas que lhe foram formuladas pelos defensores dos demais réus, é de rigor a renovação da inquirição, não apenas para assegurar o direito de defesa, mas, principalmente, a fim de evitar futuras alegações de nulidade da ação penal. (TRF4, HC 2005.04.01.013109-5, Oitava Turma, Relator Paulo Afonso Brum Vaz, DJ 25.05.2005) (grifou-se)

Por fim, será necessário que os próprios magistrados façam uma reflexão sobre sua participação, pois, com a gravação da audiência, não será mais necessário que o magistrado reduza a termo os depoimentos prestados, assim como não há mais necessidade de consignar em ata eventuais protestos ocorridos ao longo da inquirição, já que tanto o teor dos depoimentos como a íntegra de eventuais protestos estarão devidamente gravados ou filmados pelos meios tecnológicos.

Também deverá o magistrado, como responsável pela condução do ato, primar pela ordem dos trabalhos, evitando que as partes falem de forma simultânea, bem como diligenciando para que as partes se identifiquem antes de fazerem as perguntas, sob pena de trazer sérias dificuldades no momento da transcrição do ato.

Por outro lado, os magistrados deverão readequar as pautas de audiência, pois a prática demonstra que as audiências gravadas são concluídas em tempo muito inferior àquelas feitas da forma tradicional, possibilitando o enxugamento da pauta e conseqüente prestação jurisdicional mais célere.

2.3 Degravação das audiências

A questão referente à degravação das audiências certamente será um dos pontos mais discutidos na prática forense diante da inovação legislativa.

As controvérsias serão vistas de forma detida no item nº 4 deste trabalho, sendo certo que, antes disso, é fundamental que o presente aborde questões práticas a respeito das citadas degravações.

Inicialmente, verifica-se que a degravação das audiências se mostra extremamente trabalhosa, chegando, em alguns casos, a vincular um mesmo servidor por dias, dependendo da demora da audiência e da qualidade do áudio captado.

Também deve ser considerado que esse tipo de trabalho, por ser repetitivo e exigir do servidor responsável extrema atenção, poderá, ao longo dos anos, gerar sérios problemas funcionais aos servidores da justiça.

Assim, para evitar todos esses problemas referentes à falta de servidores, bem como à colocação da saúde destes em risco, existem algumas soluções práticas que podem ser utilizadas pelo magistrado, como a utilização de estagiários ou, especialmente, a utilização de empresa terceirizada para realizar o trabalho de degravação.

No Paraná, cita-se a adoção da iniciativa através da celebração do contrato nº 16/08 com a empresa BDT Planejamento e Comunicação Ltda., que realizou trabalho de degravação de audiências e teve resultados extremamente positivos, embora o número de horas contratado tenha ficado muito aquém do necessário aos juízos beneficiados.

Quanto à utilização de estagiários, embora não haja qualquer vedação legal, fica evidente que tal solução não resolverá o problema das varas criminais com mais audiências, especialmente pelo fato de não existirem estagiários em número suficiente para suprir a demanda de degravações, além de que os mesmos não poderiam se dedicar em tempo integral às atividades, dada a necessidade de dedicarem parte do tempo de estágio a atividades de caráter pedagógico.

Portanto, não se deve esquecer que os estagiários estão na justiça para aprender e, embora possam aprender muito assistindo e degravando audiências criminais, não podem ser designados exclusivamente para executar tarefas próprias de servidores que tenham vínculo funcional com a justiça.

No que diz respeito à contratação de empresas terceirizadas, existe alguma controvérsia quanto a essa solução.

Por um lado, pode-se salientar que os magistrados mais conservadores acreditam que a delegação da degravação das audiências para empresas terceirizadas seria ilegal, pois estaria ocorrendo verdadeira delegação de serviço *próprio de secretaria*, que deveria ser exercido no âmbito interno do Poder Judiciário.

Outros magistrados, no entanto, atentos à necessidade de mudanças nos paradigmas, admitem a utilização de empresas contratadas para a degravação de audiências criminais, defendendo a inexistência de qualquer delegação de serviços, pois a empresa apenas degrava aquilo que foi colhido por magistrado no curso da audiência e, havendo qualquer sorte de impugnação pelas partes, será perfeitamente possível trazê-la diretamente ao magistrado.

Nesse ponto, adota-se a segunda posição, pois a utilização de empresa terceirizada não traz ao processo qualquer ilegalidade, por falta de prejuízo, até porque a realização da audiência criminal, em princípio, é pública.

Deve ser esclarecido, ainda, que a escolha pela utilização ou não de empresa terceirizada para a degravação da audiência cabe exclusivamente ao magistrado responsável pelo processo, sendo questão jurisdicional e não meramente administrativa.

Dessa forma, não poderia um tribunal, ou qualquer instância do Poder Judiciário, proibir a utilização desse tipo de recurso pelo magistrado no caso concreto mediante provimento administrativo.

Por outro lado, sendo o magistrado responsável pelo processo e pelo seu conteúdo, deve tomar alguns cuidados quando for utilizar a empresa terceirizada.

A primeira cautela a ser adotada seria a realização de uma prévia triagem daqueles processos cujas audiências não deveriam ser encaminhadas para uma empresa terceirizada efetuar a degravação por questões de sigilo.

A título de exemplo, podem ser citadas audiências relacionadas a crimes sexuais, a menores, a delitos em que haja comoção pública ou informações sigilosas, entre outros.

Assim, caberá ao magistrado, caso a caso, identificar aqueles processos em que é possível a utilização da empresa terceirizada e aqueles processos que devem ser degravados no âmbito da própria secretaria por servidor de confiança.

Acredita-se que o magistrado deve se pautar pelos mesmos critérios que utilizaria para autorizar ou não que terceiros assistam a uma audiência criminal, partindo-se sempre do pressuposto de que, em regra, os processos são públicos.

Outra cautela que deve ser adotada pelo magistrado responsável pelo processo reside em evitar a utilização dessas empresas para a degravação de audiências de processos com réus presos, pois, nesses casos, por existirem prazos exíguos, é mais segura a utilização da própria secretaria da vara.

Por fim, uma terceira cautela que deve ser adotada consiste na designação de um servidor para conferir o trabalho feito pela empresa terceirizada, o que certamente trará maior segurança para o ato e tomará pouco tempo do servidor, já que todo o trabalho de digitação do ato já estará realizado.

2.4 Armazenamento das mídias

Outro aspecto de extrema relevância e que parece estar esquecido pelo operadores do direito consiste da iminente necessidade de criação de tecnologia para o seguro armazenamento das mídias.

É cediço que um processo criminal pode demorar anos e até décadas em alguns casos.

Também deve ser levada em consideração a possibilidade de ajuizamento de revisão criminal a qualquer tempo, o que, em tese, poderia *reabrir* um processo que já estivesse julgado há anos.

Por outro lado, é de conhecimento público que as mídias utilizadas para gravação de áudio ou de áudio e vídeo possuem um prazo variável de validade do conteúdo daquilo que está gravado, seja em fita-cassete, CD, DVD ou outro meio qualquer.

Assim, a título de exemplo, uma audiência filmada e não degravada realizada na primeira instância poderá ser reapreciada por um dos tribunais superiores anos depois e, nesse momento, qualquer falha de mídia poderia acarretar a nulidade do processo, gerando uma imensa insegurança jurídica.

Também deve-se ter cautela acerca de subtrações das mídias pelas partes interessadas ou mesmo o extravio no âmbito da própria justiça.

Talvez a solução para todas as incertezas relacionadas a essas tecnologias deveria partir do setor de informática dos tribunais, para que fosse feito um estudo sobre as formas de armazenagens totalmente seguras no sistema de informática dos tribunais, inclusive no que toca a cópias de segurança.

Saliente-se que a lei já está em vigor, sendo certo que tais medidas devem de imediato ser tomadas pelos tribunais brasileiros de forma que se evite a ocorrência de futuras nulidades nos processos.

3 Aspectos Jurídicos

3.1 Compatibilidade com os princípios constitucionais

Parece inequívoco que a possibilidade de realização de audiências criminais gravadas ou filmadas não viola princípios constitucionais, estando por outro lado em plena sintonia com os princípios da eficiência (art. 37 da Constituição da República) e da duração razoável do processo (art. 5º, LXXVIII, da Carta Magna).

A despeito disso, há três questões que poderiam suscitar alguma dúvida em relação a esse tema.

Primeiramente, antes da alteração legislativa processada pelo art. 405 do Código de Processo Penal, com a redação dada pela lei nº 11.719/08, inúmeras varas criminais já se utilizavam das audiências gravadas, mesmo sem a existência de dispositivo legal autorizador.

Nesse contexto, poderiam as defesas alegar violação ao devido processo legal (art. 5º, LIV, da Constituição Federal), pois os juízes estariam se valendo de procedimento não previsto em lei.

Não há qualquer violação constitucional na realização da audiência gravada, mesmo em período anterior à vigência da lei nº 11.719/08.

Um primeiro ponto a ser argumentado consiste na existência de previsão normativa por parte dos tribunais, autorizando a utilização desse tipo de tecnologia, conforme já ressaltado no item 1 do presente trabalho.

Um segundo argumento a ser utilizado reside no fato de que a realização de audiência gravada ou filmada não altera em nada o devido processo legal, que continua o mesmo.

Na realidade, o que se altera com a utilização dessas tecnologias é basicamente a forma com que os depoimentos e interrogatórios passaram a ser realizados, não havendo qualquer alteração na ordem processual ou na forma com que os depoimentos foram colhidos.

Por fim, o terceiro argumento favorável às audiências gravadas consiste no fato de que, ao invés de diminuir a defesa do acusado, a colheita de depoimentos e interrogatórios se valendo dessa técnica aumenta a fidelidade com que as provas passaram a ser colhidas no processo penal, possibilitando justamente o contrário, ou seja, uma melhor defesa do réu no processo.

Por outro lado, há uma segunda questão que poderia suscitar alegação de inconstitucionalidade, e seria a não participação das partes na degravação do que foi dito em audiência.

Nesse ponto, poderia ser alegada violação aos princípios do contraditório e da ampla defesa, por não terem as partes participação na degravação da audiência e possibilidade de impugnar eventuais equívocos por parte do servidor que degravou o ato.

Essa questão é facilmente resolvida com a abertura de prazo para que as partes façam eventuais impugnações ao conteúdo da audiência degravada.

Nesse sentido, já previa o provimento nº 2 do TRF da 4ª Região:

> Art. 284. As partes poderão, justificadamente e a qualquer momento, requerer a transcrição total ou parcial de declarações registradas audiovisualmente, quando tal for necessário para a compreensão dos fatos ou pela complexidade da causa, a critério do Juiz.
>
> § 1º. Quando houver transcrição dos registros audiovisuais, esta deverá se dar em 5 (cinco) dias úteis após a realização da audiência, sendo oportunizada a impugnação pelas partes no prazo deferido pelo Juiz, o qual não poderá ultrapassar 10 (dez) dias da data da juntada da transcrição.
>
> § 2º. Havendo impugnação do teor da transcrição, o Juiz apreciará o pedido, determinando, caso procedente a insurgência, a imediata correção, reabrindo prazo às partes e lavrando termo a respeito do conteúdo observado.

Por fim, um terceiro ponto que poderia gerar alegação de incompatibilidade com preceitos constitucionais consiste na hipótese prevista pela nova redação do art 405 do Código de Processo Penal, que autoriza a realização de audiência filmada sem necessidade da respectiva degravação.

Aqui, poderia ser alegada afronta ao princípio constitucional da ampla defesa, pois a parte não teria acesso a degravação do que ocorreu na audiência.

Mais uma vez, parece inexistir qualquer afronta constitucional pelo mencionado artigo, já que o mesmo garante a ampla defesa no momento em que o magistrado fornece a cópia do áudio para as partes (art. 405, § 2º do Código de Processo Penal).

Assim, as partes terão garantido amplo acesso àquilo que foi dito durante a audiência criminal, podendo, inclusive, degravar aquilo que seja de interesse, não existindo qualquer resquício de inconstitucionalidade no dispositivo legal.

Em caso similar, já decidiu o egrégio TRF da 4ª Região:

> PENAL. TRÁFICO INTERNACIONAL DE ENTORPECENTES. ASSOCIAÇÃO PARA O TRÁFICO. ARTS. 33, CAPUT, E 35, CAPUT, DA LEI Nº 11.343/06. REGISTRO FONOGRÁFICO DE AUDIÊNCIA. REDUÇÃO A TERMO. DESNECESSIDADE. COMPETÊNCIA. JUSTIÇA FEDERAL. AUTORIA. MATERIALIDADE. COMPROVADAS. CONFISSÃO JUDICIAL. DOLO. PENAS. REDUÇÃO. 1. A teor do §4º do artigo 277 da Consolidação Normativa da Corregedoria-Geral da Justiça Federal da 4ª Região (Provimento nº 02/05), no caso de utilização de registro fonográfico de audiência, é facultada ao julgador a transcrição total ou parcial do material gravado. Não há exigência, pois, de que a gravação fonográfica seja reduzida a termo. Sem prova de que a ausência de degravação dos interrogatórios dos acusados acarretou gravame à defesa, não se declara nulidade do processo penal. (TRF4, ACR 2007.70.05.002966-3, Oitava Turma, Relator Paulo Afonso Brum Vaz, DE 07.01.2009) (grifou-se)

3.2 Compatibilidade com a legislação

A inovação legal trazida pelo teor do artigo 405 do Código de Processo Penal certamente está relacionada com outras mudanças referentes à instrução criminal que foram incluídas na ampla reforma do processo penal ocorrida no mês de agosto de 2008 (Leis nº 11.689/2008, 11.690/2008 e 11.719/2008).

Inicialmente, importa salientar a previsão no sentido de que as audiências criminais, em regra, serão unas, ou seja, em uma mesma audiência ocorrerão todos os atos processuais orais, como a oitiva de vítimas, peritos, informantes, testemunhas, o interrogatório dos réus e, finalmente, as alegações finais orais.

Tamanha concentração de atos certamente fará com que os juízes criminais enfrentem audiências muito mais longas e trabalhosas, sendo certo que a utilização de meios de gravação e filmagem dos atos certamente possibilitará uma maior otimização do trabalho da justiça.

Por outro lado, a reforma processual também previu a figura da identidade física do juiz (art. 399 § 2º do Código de Processo Penal).

Ora, diante das novas técnicas de gravação e filmagem de audiências, se mostra extremamente relevante que o juiz presidente da instrução seja o mesmo que vai proferir a sentença final.

Tal conclusão decorre do constatação de que o magistrado que participou de toda a colheita do material probatório seja o mais apto a decidir acerca daquela questão, podendo, inclusive, sentenciar em audiência no caso de processos dotados de maior simplicidade.

Além disso, nota-se que a nova legislação em nada inovou quando determinou a lavratura do termo de audiência em livro próprio, nos seguintes termos:

> Art.405. Do ocorrido em audiência será lavrado termo em livro próprio, assinado pelo juiz e pelas partes, contendo breve resumo dos fatos relevantes nela ocorridos.

Na realidade, o termo de audiência (também chamado de ata ou assentada), sempre foi utilizado pelos magistrados na prática forense, tendo a função de consignar os principais pontos ocorridos no curso da audiência.

Com relação à menção legal de *lavrar o termo em livro próprio*, como dito na redação do artigo, tal norma não deve ser interpretada como se estivesse determinando a criação de uma burocracia extra aos juízos, qual seja, a de criar um livro com a função de consignar tudo o que ocorreu nas audiências.

Na era da informática, tal interpretação é inadmissível, ainda mais pelo fato de que alguns tribunais já possuem o registro informatizados de todos os atos, inclusive das atas de audiência.

Mais adiante, o § 1º do artigo 405 dispõe da seguinte forma:

> § 1º **Sempre que possível**, o registro dos depoimentos do investigado, indiciado, ofendido e testemunhas será feito pelos meios ou recursos de gravação magnética, estenotipia, digital ou técnica similar, inclusive audiovisual, destinada a obter maior fidelidade das informações.

Observa-se a prioridade que o legislador pretendeu conferir às audiências gravadas ou filmadas em desfavor das audiências tradicionalmente feitas, em que o juiz reduz a termo tudo aquilo que é dito pelas partes.

Tal constatação se dá através de mera leitura do texto legal, quando dali se extrai o termo *sempre que possível.*

Assim, por força legal, o magistrado, sempre que tiver a sua disposição os meios tecnológicos, deverá proceder à audiência gravada ou filmada.

O texto legal, mais adiante, elenca, de forma não taxativa, diversas técnicas de captação daquilo que ocorreu na audiência criminal, incluindo a gravação magnética, a digital, a técnica da estenoptia e a gravação audiovisual.

Verifica-se claramente que se trata de rol meramente exemplificativo, já que o legislador autoriza a utilização de técnica similar àquelas elencadas.

Por fim, a lei traz ainda o objetivo legal para a utilização das audiências gravadas ou filmadas: *assegurar a maior fidelidade das informações*.

Mais uma vez, atuou bem o legislador, na medida em que expressamente define a finalidade da realização das audiências gravadas, evitando que magistrados deturpem aquilo que o réu ou as testemunhas tenham dito.

O parágrafo segundo do mesmo artigo certamente trará alguns debates no meio jurídico, estando dessa forma redigido:

§ 2º no caso de registro por meio audiovisual, será encaminhado às partes cópia do registro original,sem necessidade de transcrição.

Nesse ponto, vê-se que o legislador expressamente ressalvou a desnecessidade de se fazer a transcrição para o caso de audiências registradas por meio audiovisual (filmadas).

A primeira dúvida que surge é a seguinte: será obrigatória a transcrição das audiências registradas por outros meios, como, por exemplo, as gravadas por meio digital?

Por previsão expressa de lei, poderá se concluir que o juízo será obrigado a transcrever o que foi dito em audiência em hipóteses como essa.

Nesse sentido, se deu a conclusão nº 8 do workshop promovido pela Emagis do TRF da 4ª Região nos dias 18 e 19 de agosto de 2008:"A dispensa legal de transcrição compreende apenas a gravação de voz e imagem, não abrangendo a gravação apenas de áudio".

Tal conclusão parece ser simplista do ponto de vista jurídico, tendo em vista que o intérprete não deve simplesmente seguir o mandamento legal, sem questionar o seu conteúdo.

Na realidade, não parecem existir motivos idôneos para diferenciar a hipótese de audiência registrada em meio audiovisual daquela registrada apenas em áudio.

Em ambos os casos, a integralidade daquilo que foi dito em audiência está resguardada, não existindo motivação jurídica para tratar situações praticamente equivalentes de forma distinta.

Assim, não haveria qualquer óbice à determinação, por parte do magistrado, de que não seja realizada a transcrição, tanto no caso de audiências registradas em meio audiovisual, como naquelas registradas apenas por áudio.

Nessa linha, existe inclusive permissão expressa no âmbito da Justiça Federal da Quarta Região:

§ 4º. Quando não for conveniente o registro audiovisual, o Magistrado poderá optar por proceder à redução a termo ou proceder à gravação de áudio, determinando a transcrição total ou parcial do material gravado.

3.3. Das vantagens da audiência gravada

A realização de audiências criminais gravadas, seja por meio audiovisual, ou por áudio apenas, demonstra na atividade prática inúmeras vantagens em relação àquelas audiências em que o magistrado reduz a termo o que é dito por réus e testemunhas.

3.3.1. Garantia da fidelidade da prova

Inicialmente, pode ser elencada como principal vantagem desse tipo de procedimento a garantia da colheita fiel da prova, no caso de testemunha, ou da defesa pessoal, no caso de interrogatório.

A forma de colheita em que o magistrado reduz a termo aquilo que é dito pelas partes está longe do ideal, já que se mostra praticamente impossível ao juiz se manter fiel a tudo o que réus e testemunhas disseram no curso de um processo criminal.

Muitas vezes o magistrado, mesmo sem intenção, acaba retirando a espontaneidade dos depoimentos, bastando para isso, por exemplo, que não reduza a termo erros crassos de português eventualmente cometidos pelo réu no curso do seu interrogatório.

Tal conduta certamente poderá prejudicar o réu no momento da sentença, pois aqueles erros de português seriam um elemento objetivo que permitiria ao magistrado aferir o suposto conhecimento do acusado acerca do delito pelo qual estivesse sendo acusado.

Outro vício que seguramente acomete inúmeros magistrados consiste em *traduzir para o vocabulário jurídico* aquilo que o réu ou a testemunha dizem, fazendo com que ocorram equívocos pontuais em relação à expressão dita pelo réu ou pela testemunha, gerando-se o risco, inclusive, de uma equivocada sentença condenatória.

No mesmo sentido, é válido citar os ensinamentos de Andrey Borges de Mendonça quando refere que "o intuito expresso do legislador, ao admitir referidas técnicas modernas, é obter maior fidelidade das informações, evitando-se que o "filtro" natural feito pelo magistrado, ao ditar as declarações, venha a prejudicar a busca da verdade real".[1]

Em casos pontuais, a realização de audiências gravadas ou filmadas pode auxiliar imensamente o magistrado no momento em que for proferir a sentença, já que, ao analisar a prova através do áudio ou vídeo, poderá relembrar detalhes que poderão ser relevantes na análise de mérito.

Por exemplo, poderá identificar eventual nervosismo de testemunhas, contradições de réus e testemunhas, além de poder captar todas as emoções que não foram eventualmente percebidas no dia da audiência.

Outra vantagem que poderá ser obtida com a captação do áudio e/ou vídeo das audiências consiste na possibilidade de ficarem consignadas as perguntas do juiz e das partes, o que, em regra, não ocorre nas audiências reduzidas a termo, quando somente fica consignada a resposta do réu ou das testemunhas.

Essa característica é fundamental para que, no momento da sentença, o magistrado possa identificar eventuais tentativas de induzir a resposta por parte das partes e até do mesmo do próprio magistrado.

3.3.2 Aperfeiçoamento do princípio do contraditório e da ampla defesa

Os princípios do contraditório e da ampla defesa certamente ficam mais resguardados na medida em todos os atos ocorridos em audiência sejam gravados ou filmados.

1 **Nova reforma do Código de Processo Penal: comentada artigo por artigo.** São Paulo: Método, 2008, p. 302.

Note-se que, com a utilização dessa nova técnica, fica garantido que eventuais protestos feitos pelas partes a respeito de eventos que ocorram durante a audiência sejam captados na íntegra.

Tal garantia se mostra muito importante, pois evita que o magistrado deixe de consignar os protestos feitos em audiência ou então que altere os seus exatos termos.

3.3.3 Melhora da qualidade da prova para os tribunais

Uma das críticas feitas pela doutrina com relação ao princípio do duplo grau de jurisdição consiste no fato de o tribunal dar a última palavra naquele processo mesmo sem ter participado da colheita direta da prova que é feita pelo magistrado em 1º grau de jurisdição.

Com a realização das audiências criminais gravadas, certamente esse argumento perderia força, pois o tribunal, ao analisar o recurso, passa a ter em mãos tudo aquilo que foi captado ao longo da instrução criminal, o que certamente aumenta a qualidade da análise da prova colhida em primeiro grau.

3.3.4 Aumento da segurança do ato para as partes e para o juiz

Uma das grandes vantagens verificadas na prática ora em questão consiste no significativo aumento da segurança do ato, tanto para as partes como para o juiz.

Na realidade, a partir do momento em que o áudio e/ou o vídeo estão sendo captados, todos aqueles que participam de uma audiência passam a controlar seus atos, já que tudo o que for dito será instantaneamente captado.

Assim, na ótica do juiz, o fato de a audiência ser gravada lhe garante segurança contra ataques infundados por parte de alguma das partes, já que tudo o que foi produzido naquele ato está devidamente armazenado.

Já na ótica das partes, a gravação da audiência garante que o magistrado não atuará com abuso de autoridade na condução da audiência.

Na prática forense, existem incontáveis casos de cometimento de delitos durante audiências, sendo certo que a gravação da audiência certamente inibirá maiores excessos por parte dos atores processuais, além de, quando ficar configurado o excesso, possibilitar que a autoridade responsável tenha possibilidade de punir com base naquilo que de fato ocorreu na ocasião.

3.3.5 Otimização do tempo para o juiz, para as partes e para as testemunhas

A realização de audiências gravadas é feita de forma muito mais célere do que as audiências em que o juiz reduz a termo tudo aquilo que dizem réus e testemunhas.

Com a utilização desse método, é possível que o magistrado marque mais audiências para um mesmo dia e conseqüentemente os processos da vara terão uma tramitação mais célere, em obediência à norma constitucional do art. 5º LXXVIII da CF (razoável duração do processo).

Nesse sentido, são precisas as palavras de Pedro Henrique Demercian, citando Carlos Rafael Santos Júnior:

> Por outro lado, nos tempos modernos, com avanço sensível da informática e de outros métodos de coleta da palavra falada, tais como gravação fita magnética e a estenotipia computadorizada, as audiências se desenvolvem com maior fluidez e, com isso, os depoimentos e provas ganham em qualidade e precisão.
>
> *Estudos de direito processual penal.* Porto Alegre: Livraria do advogado, 1995, p. 126-129, cap. 6, traz à colação a experiência do Rio Grande do sul, ponderando que, na Comarca de Porto Alegre, o uso dos sistemas de estenotipia e gravação de depoimentos – já implantados desde o

ano de 1991, tanto para a fase de instrução, como no plenário do júri – tem gerado excelentes resultados, representando, de fato, uma efetiva melhora da qualidade da prova e ganho de tempo.[2]

E, ainda, completa o autor:

> Finalmente, a coleta da prova testemunhal por sistemas mais modernos de estenotipia computadorizada ou acústico-magnéticos; a elaboração adequada das atas e termos de audiência, consignando-se, tão-somente, os atos essenciais; a substituição de longos arrazoados escritos pela transmissão oral das teses (que deverão ser consignadas na ata apenas nos seus pontos principais) são instrumentos formais que seriam responsáveis pela economia de preciosos minutos diários, que, somados, significariam dias de trabalho de magistrados, promotores de Justiça e advogados, agilizando a prestação jurisdicional e permitindo a realização diária de um número maior de audiências, o que também resultaria num imediato prestígio da Justiça Criminal.[3]

Também deve ser salientado que, em processos mais complexos, seja na matéria ou no tamanho, a realização das audiências gravadas agiliza imensamente a prestação jurisdicional.

3.3.6 Consonância com as recentes mudanças no processo penal

A nova redação do art. 405 do Código de Processo Penal parece ter sido elaborada com uma finalidade instrumental, objetivando possibilitar a adoção prática do novo procedimento alterado pelas recentes normas (Leis nº 11.690/2008 e 11.719/08).

Inicialmente, a previsão da audiência una, onde serão colhidos inúmeros depoimentos em um mesmo dia, exige que cada uma das inquirições seja realizada de forma mais célere, para possibilitar que o magistrado termine a instrução naquela mesma data.

---

2 **A oralidade no processo penal brasileiro.** São Paulo: Atlas, 1999, p. 43.

3 *Idem*, p. 113.

Ademais, a previsão de alegações finais orais está vinculada à existência de um sistema de captação de áudio ou de vídeo, pois seria inviável que o magistrado tivesse que reduzir a termo tudo aquilo que fosse falado pelas partes.

Assim, o processo penal célere e oral que está previsto nessa recente reforma só terá eficácia caso a norma do art. 405 do Código de Processo Penal, que prioriza a realização de audiências gravadas, seja observada pelos tribunais brasileiros.

Por fim, a reforma processual também modificou a sistemática das perguntas feitas pelas partes para as testemunhas, nos seguintes termos:

> Art.212. **As perguntas serão formuladas pelas partes diretamente à testemunha** não admitindo o juiz aquelas que puderem induzir a resposta, não tiverem relação com a causa ou importarem na repetição de outra já respondida.
>
> Parágrafo único. Sobre os pontos não esclarecidos, o **juiz poderá complementar a inquirição. (grifou-se)**

A respeito da referida inovação, parece possível se inclinar a dois posicionamentos distintos a respeito da inovação legal.

O primeiro poderia entender que a nova redação do art. 212 do Código de Processo Penal trouxe como única modificação a possibilidade de as partes fazerem perguntas diretamente para as testemunhas, mantendo-se a ordem de praxe para o questionamento das testemunhas.

A propósito, a manifestação do jurista Guilherme de Souza Nucci:

> Tal inovação, entretanto, não altera o sistema inicial de inquirição, vale dizer, quem começa a ouvir a testemunha é o juiz, como de praxe e agindo como presidente dos trabalhos e da colheita da prova. Nada se alterou nesse sentido. A nova redação dada ao art. 212 manteve o

> básico. Se antes dizia-se que "as perguntas das partes serão requeridas ao juiz, que as formulará à testemunha", agora se diz que "as perguntas serão formuladas pelas partes diretamente à testemunha(...)". Nota-se, pois, que absolutamente nenhuma modificação foi introduzida no tradicional método de inquirição, iniciado sempre pelo magistrado. Porém, quanto às perguntas das partes (denominadas reperguntas na prática forense) em lugar de passarem pela intermediação do juiz, serão dirigidas diretamente às testemunhas.[4]

Assim, não se admitiria que a nova redação legal tenha retirado a iniciativa das perguntas dos juízes, ao fundamento de que a redação anterior do art. 212 do Código de Processo Penal da mesma forma nada falava a respeito de quem deveria fazer as perguntas inicialmente para as testemunhas e, na prática, sempre foram os juizes que iniciaram a inquirição.

Um outro posicionamento poderia interpretar que a modificação legislativa, além de permitir as perguntas diretas pelas partes, também colocou o magistrado numa posição subsidiária na inquirição das testemunhas, só devendo complementar a inquirição que é de iniciativa das partes.

Esse segundo ponto de vista, que parece ser mais técnico, tem fundamento tanto na literal interpretação do artigo 212 e seu parágrafo único, como na busca por um juiz mais imparcial, conferindo às partes o ônus de comprovarem aquilo que alegam.

No workshop promovido pela Emagis do TRF da 4ª Região nos dias 18 e 19 de agosto de 2008, se concluiu nesse sentido:

> A redação do artigo 212 do CPP confere às partes a prerrogativa de primeiro formular perguntas às testemunhas, podendo o juiz intervir a qualquer momento, perguntando, esclarecendo ou indeferindo-as. Na ausência ou deficiência de perguntas das partes, é dado ao juiz formulá-las de forma complementar e subsidiária.

---

4 **Código de Processo Penal Comentado.** 8ª edição rev., atual. e ampl. 2ª tir. São Paulo: Editora Revista dos Tribunais, 2008, p. 480.

Essa nova forma de inquirição de testemunhas de acusação e de defesa, defendida por essa segunda posição, acaba exigindo que o magistrado faça a audiência gravada, pois, ao conferir as partes a iniciativa das perguntas, fica praticamente inviável que o juiz a todo momento interrompa a inquirição para reduzir o que está sendo respondido a termo.

Assim, mais uma vez, parece que o art. 405 do Código de Processo Penal foi concebido como instrumento para possibilitar a aplicação das mudanças legais no dia-a-dia da justiça criminal.

4 Degravação

O objetivo desse tópico é discriminar objetivamente os principais argumentos utilizados para fundamentar as teses antagônicas que defendem a necessidade ou a desnecessidade de transcrição das audiências criminais captadas por meio de áudio ou por meio audiovisual.

Já foi visto no tópico 3.2 as diferentes interpretações que podem ser dadas acerca da abrangência do texto legal inserto no art. 405 § 2º do Código de Processo Penal, pois o legislador expressamente exigiu apenas que as audiências captadas por áudio fosse transcritas.

Não obstante, diversas interpretações podem ser dadas ao referido dispositivo legal, indo desde as mais conservadoras, que exigem a transcrição para audiências filmadas ou gravadas, passando pelos defensores da interpretação literal, que exigem a degravação apenas para as hipóteses de captação por áudio, indo até os mais liberais, que defendem a desnecessidade de o magistrado determinar a transcrição de audiências gravadas por áudio ou por áudio e vídeo.

O objetivo desse tópico é listar objetivamente os argumentos cabíveis à defesa da necessidade de transcrição, bem como os argumentos à desnecessidade da transcrição do ato.

4.1 Da necessidade de degravação

Ao se entender pela necessidade de se determinar a transcrição dos depoimentos colhidos através da captação de áudio e de áudio e vídeo, inicialmente, se sustentaria a garantia de dois princípios jurídicos: a ampla defesa e a segurança jurídica.

A não transcrição do ato, de acordo com esse ponto de vista, traria séria mácula ao princípio constitucional da ampla defesa, na medida em que a defesa técnica do réu não teria elementos documentados para compor a tese defensiva.

No caso do interrogatório, sendo meio de defesa, seria imprescindível o seu fácil acesso por parte do magistrado e da defesa técnica, sendo certo que tal prova, caso fosse colhida por meio audiovisual, acabaria sendo solenemente ignorada no momento da elaboração da sentença.

Por outro lado, poderia estar sendo criada uma dificuldade para a defesa demonstrar as provas obtidas através das testemunhas e do próprio interrogatório, especialmente para aqueles réus que tenham sido defendidos por advogados dativos que não tenham tanto compromisso com a causa, ou por advogados que não tenham conhecimento de informática.

Com relação ao princípio da segurança jurídica, caberia ponderar sobre o risco da prova não transcrita se perder futuramente por conta de problemas tecnológicos, como no caso de vírus no sistema de informática do tribunal, ou por equívoco da secretaria ou das partes, o que poderia gerar sérios transtornos para o término da instrução processual.

Por fim, a não transcrição do ato poderia criar sérias dificuldades práticas na análise da prova por parte do magistrado, do tribunal e das partes.

Quanto ao magistrado, poderiam surgir sérias dificuldades no momento da elaboração da sentença, pois haveria que se adaptar a uma nova realidade, na medida em que deixaria de analisar a prova documentada nos autos do processo para analisar a prova através das mídias produzidas.

Dessa forma, em muitos casos, especialmente naqueles mais complexos ou com muitos réus, a adoção da audiência gravada, sem a respectiva transcrição, poderia sobrecarregar o magistrado no momento da elaboração da sentença, já que teria que ouvir todo o material e com base nessas informações formaria a sua convicção.

Esse mesmo problema poderia afetar os desembargadores e ministros de tribunais superiores, cujo tempo é escasso, e teriam que perder mais tempo ouvindo ou assistindo as audiências realizadas no primeiro grau de jurisdição.

Com relação aos desembargadores e ministros, o problema se agrava na medida em que não participaram da instrução como os magistrados de primeiro grau.

O Ministério Público também poderia ser afetado em razão dos depoimentos não estarem documentados nos autos em pelo menos dois casos.

Primeiramente, naquela hipótese em as alegações finais não forem apresentadas em audiência, poderia surgir a necessidade de um membro que não tenha participado da audiência ter que se manifestar em alegações finais no exíguo prazo de 5 dias, o que poderia trazer prejuízo para a acusação.

Por outro lado, a não documentação do ato dificultaria a atuação de promotores e procuradores que, por muitas vezes, teriam que oficiar em processo do qual não tenham conhecimento nenhum.

Com relação à defesa, além das hipóteses de defensores dativos e de defensores que não estejam acostumados com a informática, o principal prejuízo prático consistiria na dificuldade de fazer citação, no momento das alegações finais, ou em sede recursal, de trechos dos depoimentos prestados ao longo da instrução, já que não poderia ser feita menção ao número da folha como sempre foi feito.

Os tribunais, embora ainda não tenham analisado exaustivamente a matéria, já dão evidências de que vão se posicionar pela necessidade da transcrição do ato como regra:

> PENAL.PROCESSUAL PENAL.HABEAS CORPUS.1.EXCESSO DE PRAZO E FALTA DE FUNDAMENTAÇÃO PARA A PRISÃO PREVENTIVA. SUPERVENIÊNCIA DE SENTENÇA PENAL CONDENATÓRIA QUE COLOCA O PACIENTE EM LIBERDADE.PEDIDO PREJUDICADO.2.INCOMPETÊNCIA DO JUÍZO.INEXISTÊNCIA.CONEXÃO NÃO DEMONSTRADA.MATÉRIA NÃO ENFRENTADA PELO TRIBUNAL A QUO.3.ÁUDIO DE INTERCEPTAÇÃO TELEFÔNICA EMPRESTADO DE OUTRO INQUÉRITO POLICIAL.ILEGALIDADE.INOCORRÊNCIA.MEDIDA DETERMINADA FUNDAMENTADAMENTE PELA AUTORIDADE POLICIAL.TERMINAL TELEFÔNICO JÁ MONITORADO.TRANSFERÊNCIA DE ÁUDIOS. POSSIBILIDADE.4.PORTARIA QUE INSTITUI GRAVAÇÃO DAS AUDIÊNCIAS EM SUBSTITUIÇÃO DO SISTEMA DE ESTENOTIPIA. ILEGALIDADE.INOCORRÊNCIA.AUSÊNCIA DE PREJUÍZO.5.WRIT PREJUDICADO EM PARTE E DENEGADO QUANTO AO MAIS.
>
> 4.Não há qualquer ilegalidade em Portaria que substitui o sistema de estenotipia por gravação fonográfica, se é viabilizada a transcrição da mesma forma e ainda se assegura a conferência do conteúdo pelas partes.
>
> 5.Writ prejudicado em parte,e denegado quanto ao mais.
>
> (STJ,HC 55.051/GO,Rel.Ministra Maria Thereza de Assis Moura,Sexta Turma,j.29.11.2007,DJ 17.12.2007 p.346) (grifou-se)

> PROCESSUAL PENAL.CORREIÇÃO PARCIAL.ART.171 DO RITRF/4ªR. INTERROGATÓRIOS E TESTEMUNHOS TOMADOS SOB O MÉTODO AUDIOVISUAL. PEDIDO DE TRANSCRIÇÃO. REDUÇÃO A TERMO. INDEFERIMENTO.ERROR IN PROCEDENDO.ART.216 DO CPP.PROVIMENTO 02/2005 DA CORREGEDORIA-GERAL DA JUSTIÇA FEDERAL DA 4ª REGIÃO.
>
> 1.A decisão vergastada implicou a inversão tumultuária dos atos processuais e não comporta recurso,sendo cabível a correição parcial,

com fulcro no art. 171 do RITRF/4ªR. **2.** O caso trazido à baila na presente Correição Parcial, não diz respeito, propriamente dito, à utilização do método audiovisual na ouvida de interrogatórios ou testemunhos, mas sim, quanto ao indeferimento do pedido de formalizar por escrito o que foi dito pelo interrogado ou pelo depoente. **3.** O Provimento 02/2005, da Corregedoria-Geral da Justiça Federal da 4ª Região prevê a redução a termo de declarações registradas audiovisualmente, a critério do Juízo. **4.** Entretanto, mesmo que o Provimento contenha comando discricionário para o Juiz autorizar ou não, o pedido de transcrição, deve-se fazer uma leitura do mesmo levando em consideração os princípios constitucionais que regem o Processo Penal Brasileiro, quais sejam, da ampla defesa e do devido processo legal. (TRF4, Correição Parcial 2005.04.01.057792-9/RS, Sétima Turma, Relator Tadaaqui Hirose, DJU 17.05.2006)

4.2 Da desnecessidade de degravação

O principal argumento favorável à tese de que se mostra desnecessário efetuar a transcrição das audiências criminais consistiria no próprio texto legal, que é expresso ao definir a desnecessidade de transcrição para o caso de audiência filmada.

Já foi reportado nesse trabalho as diversas interpretações que poderiam ser dadas à hipótese de audiência que tenha apenas o áudio captado.

Seria possível defender, ainda, que não haveria qualquer afronta ao princípio da ampla defesa, já que a própria lei prevê que as partes terão acesso à respectiva mídia com o integral conteúdo da audiência.

Além disso, a alegação de dificuldade de fazer citações por parte da defesa, da acusação ou do magistrado não poderia prevalecer, na medida em que, ao invés de as partes e o juiz mencionarem o número da folha e transcreverem o texto de interesse, poderiam mencionar o respectivo tempo da audiência, efetuando a transcrição cabível.

Apenas haveria uma modificação das citações relativas às provas colhidas ao longo da instrução processual, sem qualquer prejuízo para as partes.

Também poderia ser observado que, com a adoção da audiência una, em regra, as alegações finais seriam apresentadas no mesmo dia, quando partes e magistrado estariam com todas as informações necessárias para apresentarem suas manifestações.

Com relação ao magistrado, não haveria qualquer risco de dificuldade no acesso à prova, especialmente pelo fato de a reforma do Código de Processo Penal adotar expressamente o princípio da identidade física do juiz, o que, em outras palavras, garante que o mesmo magistrado que conduziu a instrução processual seja o responsável pela elaboração da sentença.

No que diz respeito aos tribunais, a princípio, poderia existir um temor de que levem mais tempo para decidir quando a instrução for colhida através de gravação de áudio/vídeo.

Esse temor não parece ter qualquer fundamento científico, pois o tempo em que ministros e desembargadores perdiam lendo extensos depoimentos seria agora utilizado para que ouçam as mídias contendo a colheita da prova, devendo ocorrer apenas uma modificação na forma de trabalho, até porque o processo como um todo está em fase de transição para o procedimento eletrônico, inclusive o processo penal.

Por outro lado, por mais que os desembargadores e ministros possam vir a gastar mais tempo na análise probatória, não se pode negar que o ganho com a qualidade da prova seria muito maior e estaria de acordo com os basilares princípios constitucionais pátrios.

A análise direta da prova por parte dos tribunais possibilitaria dos colegiados uma visão muito mais completa da prova colhida e dos acusados que estão sendo julgados, possibilitando, conseqüentemente, uma decisão mais justa, sem qualquer tipo de vício.

Conclusão

As inovações legislativas oriundas da recente reforma do Código de Processo Penal são extremamente positivas, especialmente pelo fato de possibilitarem a instrumentalização do processo penal, tornando-o mais célere, com ênfase na oralidade.

Não obstante, muitos doutrinadores criticarão a lei em razão da ausência de uma completa regulamentação acerca da gravação das audiências criminais, o que por certo poderá gerar incertezas na aplicação da lei.

De fato, não parece juridicamente possível que a legislação processual consiga exaurir todas as hipóteses relativas ao tema, devendo a legislação ser aplicada paulatinamente pelos operadores do direito.

Ressalte-se que mudanças efetivas no processo penal dependerão especialmente da razoabilidade dos tribunais brasileiros, que deverão buscar a correta interpretação da legislação que, sinteticamente, busca um aumento na qualidade da coleta da prova e conseqüentemente uma maior participação dos tribunais na apreciação da prova colhida no primeiro grau.

No que diz respeito à gravação das audiências (em áudio ou em áudio e vídeo), conclui-se que não existe qualquer inconstitucionalidade ou ilegalidade que possa viciar a colheita probatória.

Verifica-se a existência de inúmeras vantagens com a gravação das audiências, tais como: uma maior fidelidade da prova, garante uma maior qualidade da prova analisada pelo tribunal, está de acordo com o princípio constitucional da razoável duração do processo e serve como instrumento para a efetivação de um novo modelo de instrução do processo penal.

Além de todas essas vantagens na realização das audiências gravadas, parece que o legislador pretendeu ir mais além, ao prever, no texto do §1° do art. 405 do Código de Processo Penal, que as audiências serão gravadas "sempre que possível".

A partir das vantagens elencadas, bem como com base no evidente intuito do legislador, não é absurdo sustentar que a realização de audiências gravadas (quando possível) passou a ser um direito do réu e não apenas uma faculdade do magistrado.

No que diz respeito à necessidade ou não de degravação das audiências, nos parece que o magistrado acima de tudo deverá primar pelo bom senso e pela utilização razoável dos meios que estão a seu dispor.

Inicialmente, é preciso que observar que a lei processual expressamente autorizou que as audiências captadas por meio audiovisual não sejam degravadas ou transcritas pelo magistrados.

Embora a lei não tenha dispensado a degravação para as audiências gravadas em áudio apenas, resta claro que o magistrado também está dispensado de degravar essas audiências, pois não há fundamento jurídico para um tratamento distinto em relação às audiências filmadas.

Assim, embora o magistrado esteja dispensado pela lei de determinar a transcrição dos atos, isso não quer dizer que deva agir dessa forma em todos os casos.

Quando estiver diante de causas simples (ex: crime de moeda falsa, contrabando), o magistrado não precisa determinar a degravação do áudio captado durante a audiência.

Tal conclusão decorre da constatação de que, nesses processos mais simples, mesmo que eventualmente a sentença não seja proferida ao final da audiência, o acesso ao conteúdo do áudio será bem facilitado em relação a todos os operadores do direito (defesa, Ministério Público, Juiz e Desembargadores).

Já em causas com maior complexidade (ex: crimes contra o sistema financeiro), a melhor solução é fazer a audiência gravada e posteriormente determinar a degravação do ato.

Nessas hipóteses, ficaria muito difícil para os operadores do direito terem acesso a inúmeras horas de áudio extremamente complexo, sendo certo que a degravação das oitivas certamente facilitará a participação de todas as partes e principalmente a elaboração da sentença por parte do magistrado.

Observe-se que todas as vantagens da realização da audiência gravada permanecem intactas (fidelidade e qualidade da prova, razoável duração do processo, entre outras), tendo o magistrado ainda a segurança de ter os depoimentos devidamente transcritos, dos quais poderá se valer quando da elaboração da sentença.

Um outro ponto que deve ser observado consiste na necessidade de o magistrado tomar todas as cautelas possíveis para evitar a decretação de nulidades no processo.

Como a matéria é recente, os operadores do direito e alguns magistrados e desembargadores certamente possuem inúmeras ressalvas em relação à implementação de um processo penal voltado para a oralidade.

Assim, em um primeiro momento, enquanto os tribunais ainda não fixaram posições acerca das audiências gravadas, é interessante que o magistrado, como via de regra, determine a transcrição das audiências com maior complexidade, para evitar que anos depois o processo seja anulado em decorrência de uma interpretação diferente de algum tribunal pátrio.

Por fim, é de se concluir que a abordagem do tema no presente texto buscou apenas elencar aspectos principais acerca das recentes inovações no processo penal, citando observações iniciais sobre as referidas mudanças.

Acredita-se que essas mudanças sejam apenas o início de uma verdadeira revolução no processo penal, que deverá passar a ter um aspecto eminentemente oral, sem contar que a colheita de depoimentos gravados parece ser o embrião para um novo modelo de processo penal informatizado, assim como já ocorre nos juizados especiais federais.

REFERÊNCIAS

Demercian, Pedro Henrique. **A oralidade no processo penal brasileiro.** São Paulo: Atlas, 1999.

Mendonça, Andrey Borges de. **Nova reforma do Código de Processo Penal: comentada artigo por artigo.** São Paulo: Método, 2008.

Nucci, Guilherme de Souza. **Código de Processo Penal Comentado.** 8ª edição rev., atual. e ampl. 2ª tir. São Paulo: Editora Revista dos Tribunais, 2008.

A prova testemunhal na reforma processual penal brasileira: leituras preliminares à luz do devido processo legal

Simone Barbisan Fortes*

Resumo: O artigo aborda as recentes modificações operadas no Processo Penal brasileiro pelas Leis n. 11.690/2008, n. 11.719/2008 e n. 11.900/2009, no âmbito da produção da prova testemunhal, à luz da premissa teórica do devido processo legal, próprio do Estado Democrático de Direito. A partir dessa imersão constitucionalista, analisa as repercussões pragmáticas das inovações, tocantes ao modo de produção da prova, como a ordem de oitiva, cartas precatórias e rogatórias e videoconferência.

Palavras-chave: 1. Direito processual constitucional; 2. Processo penal; 3. Devido processo legal; 4. Sistema acusatório; 5. Reforma processual; 6. Sistema probatório; 7. Prova testemunhal.

* Juíza Federal da 3ª VF e JEF Crim. de Santa Maria, Professora Universitária, Mestre em Direito, Doutoranda em Ciências Sociais.

Introdução

A teoria geral do processo tem passado, ao longo das últimas décadas, por reformulações profundas que, em boa medida, são resultado do desenvolvimento do Estado Democrático de Direito, aos auspícios de um constitucionalismo profundamente ancorado nos valores dos direitos humanos.

Essa perspectiva axiológica, no Brasil, revela-se fecunda a partir dos desdobramentos processuais oriundos da Constituição Federal de 1988, como resultado jurídico culminante de um processo de redemocratização do país. A partir de seus diretivos, no âmbito do que passou a ser denominado *direito processual constitucional,* clama-se por uma (re)leitura dos institutos processuais sob essa nova luz, reforçando-se, para além da perspectiva meramente procedimental, o imbricamento substantivo com o valor *justiça social.*

Sob essa ótica, coloca-se em xeque, também (e talvez especialmente) o Direito Processual Penal, cuja regência é infraconstitucionalmente ditada pelo Código de Processo Penal (CPP), veiculado pelo Decreto-lei n. 3.689/1941, expressando orientações de cunho profundamente autoritário. Gestado em plena ditadura Vargas (1937-1945), o Código Processual Penal ostentava viés inquisitorial, afastando-se parcialmente do chamado sistema acusatório, próprio dos Estados Democráticos de Direito.

Um dos desafios, portanto, que se pôs à teoria do processo, com o advento da Constituição Federal de 1988 e a crescente força do constitucionalismo, foi justamente o de promover a leitura do Direito Processual Penal conforme a ordem constitucional. Nesse sentido, a doutrina debruçou-se com vigor sobre os procedimentos previstos no vetusto Código, tendo também a jurisprudência emprestado-lhe conotações mais democráticas. Nada obstante, do ponto de vista pragmático, tais incursões resultaram frutos ainda tímidos e insuficientes, clamando-se por uma revisão no próprio texto legal.

Tendo optado por reformar topicamente o sistema, o Poder Legislativo brasileiro fez aprovar, ao longo do ano de 2008, com seguimento em 2009, uma série de leis revisoras, algumas das quais modificaram profundamente o sistema probatório penal e, especificamente, os mecanismos de produção de prova testemunhal. Vieram a lume, nessa temática, as Leis n. 11.690, de 9.6.2008 (DOU de 10.6.2008), n. 11.719, de 20.6.2008 (DOU de 23.6.2008) e n. 11.900, de 8.1.2009 (DOU de 9.1.2009).

Ainda que seja criticável a opção por reformas pontuais, dada especialmente a perda de *sistematicidade*, forçoso reconhecer que as modificações, no campo probatório, expressaram uma tentativa de adequação do processo penal brasileiro aos ditames do *devido processo legal constitucional*, bem como de migração para um processo mais próximo do *acusatório*, parecendo indicar, assim, a adoção dos valores do Estado Democrático de Direito preconizado pela Constituição Federal de 1988.

Nessa perspectiva, o presente artigo visa a analisar, em linha inicial, as modificações operadas, à luz do *devido processo legal*, identificando sua pertinência e alinhamento teórico ao *direito processual constitucional*, bem como abordar algumas de suas possíveis repercussões pragmáticas.

1 O Processo Penal sob os influxos do Processo Constitucional

O Direito Processual, desde o seu nascedouro, passou por diferentes configurações até assumir aquela que ostenta contemporaneamente, sempre espelhando as opções políticas e valores ligados ao tipo de Estado, orientando-o em suas relações com os indivíduos, consoante as particularidades histórico-geográficas[1].

Especialmente no âmbito do processo penal, em linhas bastante simplistas pode-se afirmar que, enquanto ao Estado autoritário ligou-se uma configuração que adotava como vetor relevante a liberdade discricionária do julgador (exercida em favor do poder oficial), ao Estado

1 Nessa linha, FERNANDES, Antônio Scarance. **Processo Penal Constitucional.** 5 ed. São Paulo: RT, 2007, p. 18-19; DINAMARCO, Cândido Rangel. **A instrumentalidade do processo.** 7 ed. São Paulo: Malheiros, 1999, p. 30-33;

liberal associou-se uma visão que opunha o interesse do indivíduo ao do Estado, valorizando-se o direito de defesa e garantias individuais e ao Estado Social alinhou-se uma dimensão comunitária[2].

Nessa evolução, o liberalismo fixou as bases para um Estado Constitucional, como ente organizado a partir de um estatuto jurídico que dá sustentação e legitima o exercício do poder por seus governantes (proteção à liberdade do indivíduo), como verdadeiro Estado de Direito, que posteriormente assumiu a forma de Estado Social (finalidade constituída pelo bem social) e, contemporaneamente, o que tem sido indicado como Estado Democrático de Direito ou Estado Social e Democrático de Direito[3], pautado pelos valores da socialidade e da dignidade da pessoa humana, "conceito que exprime a limitação e vinculação jurídica do Estado com vista à garantia dos direitos fundamentais do homem e à promoção das condições do livre e autônomo desenvolvimento da personalidade individual"[4].

No Estado Democrático de Direito, portanto, a Constituição assume papel fundamental, orientada à concretização dos direitos fundamentais do homem, em sua dignidade, e constitui instrumento jurídico que deve pautar, permanentemente, o direito processual. Se até meados do século passado o processo era considerado simples procedimento, meio para o exercício dos direitos materiais, posteriormente assumindo autonomia científica, todavia sem postura crítica e sem conotações deontológicas, por certo hodiernamente está-se diante do que tem sido denominada sua *fase instrumentalista*, que em adequação à nova orientação constitucional leva em conta os resultados de sua atuação, de modo que não constitui apenas instrumento técnico, mas sobretudo *ético*[5], sob os auspícios do valor *justiça social*. Como pontua Cândido Rangel Dinamarco:

---

2 Cf. DIAS, Jorge de Figueiredo. **Direito processual penal.** Coimbra: Coimbra, 1974, v. 1, p. 58-69.

3 Cf. MACEDO, Elaine Harzheim. **Jurisdição e Processo**: crítica histórica e perspectivas para o terceiro milênio. Porto Alegre: Livraria do Advogado, 2005, p. 126-131.

4 NOVAIS, Jorge Reis. **Contributo para uma teoria do Estado de direito:** do Estado de direito liberal ao Estado social democrático de direito. Coimbra: Gráfica de Coimbra, 1987, p. 233.

5 Cf. CINTRA, Antonio Carlos de Araújo; GRINOVER, Ada Pellegrini; DINAMARCO, Cândido Rangel. **Teoria Geral do Processo.** 10 ed. São Paulo: Malheiros, 1994, p. 42-44 e 79.

> No contexto da sensibilidade do sistema processual aos influxos e mutações da ordem constitucional é que se situam as propostas e as 'ondas' renovatórias do processo, pois é natural que o instrumento se altere e adapte às mutantes necessidades da variação dos objetivos substanciais a perseguir. (...) Quando se dá a ruptura revolucionária da ordem constitucional, sendo radial e brusca a mudança de rumos políticos, toda a ordem jurídica tende a mostrar-se desde logo manifestamente imprestável e também a reforma das instituições processuais faz-se urgente e indispensável[6].

Aos influxos da Constituição sobre os institutos processuais tem-se emprestado a denominação *processo constitucional*, ou *direito processual constitucional*, expressando a agregação de valores supremos na sua condução, ou, em outros termos, definindo a dimensão constitucional do processo. O processo constitucional funda, assim, "a condensação metodológica dos princípios gerais do processo"[7], bem como da estruturação da efetivação processual dos direitos e garantias constitucionais, com o escopo de "assegurar a conformação dos institutos do direito processual e o seu funcionamento aos princípios que descendem da própria ordem constitucional"[8].

No Brasil, a ordem constitucional de 1988 adotou, textualmente, o modelo de Estado Democrático de Direito, ao qual subjaz, como já mencionado, o valor maior da justiça social. Como decorrência, na medida em que a própria Constituição configura o direito processual não mais como simples conjunto de regras acessórias para aplicação do direito material, mas como instrumento público de realização da justiça, dita princípios fundamentais que configuram a base da teoria geral do processo e, também de seus ramos especializados, como o direito processual penal. Impõe-se, assim, a imersão dos mecanismos processuais em sua principiologia, especialmente orientada pelo *devido processo legal*.

6 DINAMARCO, Cândido Rangel. Op. cit., p. 33-34.

7 CINTRA, Antonio Carlos de Araújo; GRINOVER, Ada Pellegrini; DINAMARCO, Cândido Rangel. Op. cit., p. 79.

8 DINAMARCO, Cândido Rangel. Op. cit.., p. 25.

1.1 O devido processo legal penal-constitucional

Devido processo legal constitui expressão derivada da inglesa "*due process of law*", que significa direito genérico ao trinômio "vida-liberdade-propriedade". O *due process* assume duas vertentes, uma *material* (*substancial*), cláusula elástica que garante a mais ampla proteção aos direitos fundamentais dos cidadãos, ligada aos limites do poder governamental, e outra *processual* ("*procedural due process*"). A conjugação das duas dimensões tem sido preconizada pela doutrina estrangeira[9] e, também, mais recentemente, pela brasileira, de modo que, "sob essa nova ótica, a observância da garantia exige que as normas advenham de um processo legislativo de elaboração previamente definido e 'não sejam desarrazoadas, portanto intrinsecamente injustas'"[10].

Ainda que bastante discutível o reducionismo, para os estreitos limites do presente estudo importa ressaltar a dimensão processual, segundo a qual se atrelam ao princípio do devido processo legal as seguintes garantias: a) acesso ao Judiciário (incluindo direito a um defensor); b) juiz imparcial e independente; c) participação no processo, mediante contraditório, com produção de defesa, apresentação de provas em juízo e manifestação sobre as mesmas; d) direito a uma decisão fundamentada[11].

Textualmente, o princípio é referido no art. 5º, LIV da Constituição Federal, segundo o qual "ninguém será privado da liberdade ou de seus bens sem o devido processo legal". A cláusula pode ser considerada um meta-princípio, do qual derivam uma série de outras garantias processuais ou princípios, dentre os quais pontuam-se o de duração razoável do processo (art. 5º, LXXVIII), o da isonomia processual (art. 5º, *caput*, c/c art. 5º, LV) e o do contraditório e ampla defesa (art. 5º, LV).

---

9 Cf. NERY JR., Nelso. Op. cit., p. 63, 65 e 69.

10 FERNANDES, Scarence. Op. cit., p. 47.

11 Nessa linha, *v.g.* CINTRA, Antonio Carlos de Araújo; GRINOVER, Ada Pellegrini; DINAMARCO, Cândido Rangel. Op. cit.; NERY JR., Nelson. **Princípios do Processo Civil na Constituição Federal.** 8 ed. São Paulo: RT, 2004.

A premissa processual pode ser verificada, ainda, na Declaração Universal dos Direitos Humanos, adotada pela Resolução 217 A (III) da Assembléia Geral das Nações Unidas, em 10/12/2948, ao apontar, em seu art. X, que toda a pessoa tem direito, em plena igualdade, a uma audiência justa e pública por parte de um tribunal independente e imparcial, para decidir sobre seus direitos, deveres ou fundamentos de acusação criminal contra si formulada.

Também a Convenção Americana de Direitos Humanos, conhecida como Pacto de San Jose da Costa Rica, internalizada pelo Decreto n. 678/92 remete ao devido processo legal, ao dispor, em seu art. 8º, acerca das garantias judiciais, dentre elas as de que toda pessoa terá o direito de ser ouvida, com as devidas garantias e dentro de um prazo razoável, por um juiz ou Tribunal competente, independente e imparcial, estabelecido anteriormente por lei, na apuração de qualquer acusação penal formulada contra ela (1), de concessão ao acusado do tempo e dos meios necessários à preparação de sua defesa (5), de direito ao acusado de defender-se pessoalmente ou de ser assistido por um defensor de sua escolha (6) e o direito da defesa de inquirir as testemunhas presentes no Tribunal e de obter o comparecimento, como testemunhas ou peritos, de outras pessoas que possam lançar luz sobre os fatos.

No âmbito do direito processual penal, o princípio em cotejo produziu significativos avanços, que podem ser analisados à luz dos sistemas processuais penais reconhecidos pela doutrina, denominados *acusatório* e *inquisitório*. A conceituação de ambos os sistemas vem sendo feita em duas frentes, a primeira considerando as suas várias notas distintivas, e a segunda que toma seu elemento primordial[12].

Para os limites deste estudo, toma-se a conceituação fornecida por Julio Maier, para quem o elemento central da distinção estaria no papel desenvolvido por cada ator processual, no exercício das funções de acusar, defender e julgar, especialmente em sua conjugação ou separação. Para o autor, o sistema acusatório pode ser assim descrito:

---

12 Cf. DEZEM, Guilherme Madeira. **Da prova penal:** tipo processual, provas típicas e atípicas. Campinas, SP: Millennium, 2008, p. 139.

> La caracteristica fundamental del enjuiciamiento acusatório reside en la división de los poderes ejercidos en el processo,por un lado,el acusador,quien persigue penalmente y ejerc el poder requirente,por el outro,el imputado,quien puede resistir la imputación,ejerciendo el derecho de defenderse,y,finalmente,el tribunal,que tiene en sus manos el poder de decidir.Todos estos poderes se vinculam y condicionam unos a otros: su principio fundamental , que da nombre al sistema, se afirma en la exigencia de que la acutación de un tribual para decidir el pleito y los limites de su decisión estan condicionados al reclamo (acción) de un acusador y AL contenido de esse reclamo (*Nemo iudex sine actore y ne procedat iudex ex officion*) y,por outra parte,a la posssibilidad de resistencia del imputado frente a la imputación que se le atribuye.[13]

Portanto,o sistema *acusatório* é aquele em que,fundamentalmente, há separação entre as funções de acusar, defender e julgar, exercida por atores diversos[14]. Em contrapartida, o sistema *inquisitório* "o órgão judicante tem preponderância tal que nele se concentram as funções de acusar, julgar e defender, que caracterizam o processo"[15].

Há, ainda, autores para os quais o elemento fulcral seria dado no âmbito da iniciativa probatória, como Fauzi Hassan Chukr, que, remetendo à Miranda Coutinho e Figueiredo Dias, afirma que "o eixo distintivo entre o modelo acusatório de processo e o inquisitivo se dá na 'gestão' da prova"[16]. Nessa perspectiva, o sistema inquisitório seria caracterizado como aquele em que a gestão da prova é dada essencialmente ao magistrado[17].

Outrossim, da distinção basilar exsurgem, como conseqüência, outras notas características de cada um dos sistemas, que por alguns

---

13 MAIER, Julio B. J. **Derecho procesal penal**: fundamentos. 2 ed. Buenos Aieres: Editores Del Puerto, 2004, p. 444.

14 Nesse sentido, GRINOVER, Ada Pelegrini.

15 MARQUES, José Frederico. **Elementos de Direito Processual Penal.** Vol. I. Campinas, SP: Bookseller,1997, p. 70.

16 CHOUKR, Fauzi Hassan. **Código de Processo Penal:** comentários consolidados e crítica jurisprudencial. Rio de Janeiro: Lumen Juris, 2005, p. 283.

17 Cf. COUTINHO, Miranda, *apud* CHOUKR, Fauzi Hassan. Op. cit., p. 283.

autores são inclusive tomadas elas próprias como elementos de distinção. Assim é que no sistema acusatório, a verificação do delito é atribuída à iniciativa das partes contrapostas, excluindo-se a iniciativa do juiz na aquisição da prova, presumindo-se a inocência e mantendo-se a liberdade do acusado como regra, bem como garantindo-se a publicidade como forma de controle[18].

Sob a perspectiva dos sistemas processuais penais, o princípio do devido processo legal encontra-se, pois, alinhado com o *acusatório*, típico de Estados Democráticos de Direito que se norteiam pela proteção aos direitos humanos. Tal é, inclusive, a linha principiológica contida no Projeto de Código Processual Penal-Tipo para Ibero América[19], que contempla, dentre outras premissas, as de que o julgamento das causas penais será feito por juízes imparciais e independentes dos poderes do Estado, apenas sujeitos à lei (art. 2º) e da inviolabilidade da defesa no procedimento (art. 5º). Segundo Ada Pellegrini Grinover:

> (...) o novo modelo acusatório ibero-americano importa, fundamentalmente, em uma instrução processual penal informada pelos seguintes corolários: a) os elementos informativos colhidos na fase investigativa, prévia ao processo, servem exclusivamente para a formação da *opinio delicti* do acusador, a ser aferida pelo juiz, não podendo ingressar nos autos e ser valorados como provas (salvo se se tratar de provas antecipadas, de natureza cautelar, que serão submetidas ao contraditório posterior); b) o exercício da jurisdição depende de acusação formulada por órgão ou pessoa diversa do juiz (o que corresponde ao aforismo romano *Nemo in iudicio tradetur sine accusatione*); c) todo o processo há de desenvolver-se em contraditório, perante o juiz natural.[20]

---

18 Cf. DEZEM, Guilherme Madeira. Op. cit., p. 139.

19 Apresentado em 1988 nas XI Jornadas Ibero-americanas de Direito Processual, no Rio de Janeiro.

20 GRINOVER, Ada Pellegrini. **A instrução processual penal em Ibero-America.** Trabalho apresentado ao "Congresso Internacional de Culturas e Sistemas Jurídicos Comparados", México, México, fevereiro de 2002, p. 5.

2 A reforma no processo penal brasileiro sob o prisma constitucional

O processo penal brasileiro,sob o lume do direito processual constitucional, também deve estar alinhado ao *sistema acusatório*, permanentemente orientado pelo *devido processo legal.* Nessa linha, segundo Afrânio Silva Jardim:

> O devido processo legal está vinculado diretamente à depuração do sistema acusatório,mormente quando conjugado com a regra do art. 129, I do novo texto constitucional, bem como com as demais normas que sistematizam e asseguram a independência do Poder Judiciário, em prol de sua imparcialidade e neutralidade na prestação jurisdicional e aquelas outras que, igualmente, tutelam a autonomia e independência funcional dos órgãos do Ministério Público.[21]

Ocorre que o processo penal, no Brasil, tem sua regência dada pelo Código de Processo Penal (CPP), contido no Decreto-Lei n. Decreto-lei n. 3.689/1941, expressando orientações de cunho profundamente autoritário, ligados ao período histórico denominado *Estado Novo.* Gestado em plena ditadura Vargas (1937-1945), o Código Processual Penal, que com seu viés inquisitorial chegou quase incólume ao século XIX,"trouxe consigo, até por questões históricas, o ranço de um regime totalitário e contaminado pelo fascismo"[22], afastando-se, ainda que parcialmente, do chamado sistema acusatório, próprio dos Estados Democráticos de Direito.

O fato de ter perdurado por tanto tempo sem significativas alterações colaborou para que se desenvolvesse uma "cultura inquisitiva", nas palavras de Fauzi Hassan Choukr, que ainda se mantém, a despeito do advento da Constituição Federal de 1988. Ainda que submetido à leitura da doutrina e a filtragens da jurisprudência, o processo penal brasileiro carecia de uma maior imersão constitucional, para que pu-

---

21 JARDIM, Afrânio. **Direito Processual Penal**. 10 ed. Rio de Janeiro: Forense, 2001, p. 318.

22 MOREIRA, Rômulo de Andrade. **A reforma do Código de Processo Penal.** JusPodium. Disponível em: <www.juspodivm.com.br/artigos/artigos_373.html > Acesso em: 15 jan 2009.

desse estar orientado à nova ordem e, de forma mais adequada, ilustrasse um verdadeiro sistema acusatório.

Diante dessa premissa, certamente a melhor opção seria pela edição de um novo diploma processual, que se desvinculasse completamente da cultura que se formou sobre o atual. Todavia, não foi essa a opção do legislador brasileiro, que seguiu o rumo das reformas pontuais.

As reformas tópicas iniciaram-se no ano de 2008, ao longo do qual foram aprovadas uma série de leis revisoras, com continuidade em 2009. Vieram a lume, assim, as Leis n. 11.689, de 9.6.2008 (DOU de 10.6.2008), n. 11.690, de 9.6.2008 (DOU de 10.6.2008), n. 11.719, de 20.6.2008 (DOU de 23.6.2008) e n. 11.900, de 8.1.2009 (DOU de 9.1.2009).

Ainda que se possa criticar a falta de sistematicidade da opção por reformas fragmentadas que, como pontua Fauzi Hassan Choukr, dificultará a compreensão global do sistema acusatório, bem como "a formação de um arcabouço cultural condizente com os primados democráticos"[23], não se pode deixar de reconhecer que as modificações, no campo probatório, expressaram uma tentativa de adequação do processo penal brasileiro aos ditames do *devido processo legal constitucional*, bem como de migração para um processo mais próximo do *acusatório*, parecendo indicar, assim, a adoção dos valores do Estado Democrático de Direito preconizado pela Constituição Federal de 1988.

Veja-se, a título ilustrativo, a alteração que a Lei 11.690/08 promoveu no art. 155 do CPP, ao determinar textualmente que o juiz formará sua convicção pela livre apreciação da prova *judicial*, sendo-lhe vedado utilizar como fundamento de decisão elementos informativos colhidos na investigação (salvo provas cautelares), obviamente em nome do *princípio do contraditório*, desdobramento do *devido processo legal*.

O Brasil, assim, colocou-se ao lado de outros países da América Latina que, paulatinamente, ao passarem por movimentos de redemocratização, propõem-se a revisar seu direito processual penal

23 CHOUKR, Fauzi Hassan. **A reforma do processo penal brasileiro.** Disponível em: < www.cejamericas.org/doc/documentos/fauzi-hassan%20.pdf> Acesso em: 10 jan 2009.

para adequá-lo às premissas axiológicas do Estado Democrático de Direito. Nas palavras de Julio Maier:

> El Derecho procesal penal de los países latinoamericanos, observado como conjunto,ingresó,a partir de la década del'80,en un período de reformas totales,que,para el lector europeo,puede compararse con la transformación que sufrió el Derecho procesal penal de Europa continental durante el siglo XIX. No se trata, así, de modificaciones parciales a un sistema ya adquirido y vigente,sino,por lo contrario,de una modificación del sistema según otra concepción del proceso penal. Descrito sintéticamente, se puede decir que este proceso de reformas consiste en derogar los códigos antiguos, todavía tributarios de los últimos ejemplos de la Inquisición – recibida con la conquista y la colonización del continente -,para sancionar,en más o en menos, leyes procesales penales conformes al Estado de Derecho, con la aspiración de recibir en ellas la elaboración cumplida en la materia durante el siglo XX.[24]

Portanto, mesmo que tardiamente, e ainda que o fazendo de forma tópica, a reforma procesual penal brasileira reflete as modificações no sistema político, como se "a redemocratização impulsionasse o sistema processual do tipo inquisitivo para o sistema acusatório"[25]. E ainda que se possa afirmar que não se obrará revolução cultural imediata, que permita ao operador jurídico compreender a exata dimensão do processo penal acusatório, por certo que a partir dos novos diplomas, ainda quer paulatinamente, deve ir-se construindo uma cultura processual mais democrática.

3 Prova testemunhal e devido processo legal

Como é consabido, o termo prova é polissêmico, "designando aspectos diversos do vasto campo de operações do intelecto na busca

24 MAIER, Julio B. J.; STRUENSEE, Eberhard. **Las Reformas Procesales Penales en América Latina**. Buenos Aires: Ad-Hoc, 2000, p. 17.

25 MOREIRA, Rômulo de Andrade. Op. cit.

da comunicação do conhecimento verdadeiro"[26]. Para efeitos deste breve estudo, importa delimitar, pois, algumas de suas acepções.

A expressão "prova testemunhal", aqui, empresta-se o sentido de *meio de prova,* ao lado de outros "instrumentos ou atividades por intermédio dos quais os dados probatórios (elementos de prova) são introduzidos e fixados no processo (produção de prova)", constituindo "canais de informação de que se serve o juiz"[27]. Por seu intermédio, busca-se aclarar o objeto da prova, quer seja ele o fato cuja veracidade deseja-se demonstrar[28], quer seja a confirmação da afirmação que é feita sobre o fato[29].

Tal meio de prova é produzido judicialmente segundo um procedimento probatório, o qual tem em vista, nesse campo específico, refletir o *devido processo legal.* Na lição de Antônio Magalhães Gomes Filho,

> O *método probatório judicial* constitui, na verdade, um conjunto de regras mais amplo,cuja função garantidora dos direitos das partes e da própria legitimação da jurisdição implica limitações ao *objeto* da prova, aos *meios* através das quais os dados probatórios são introduzidos no processo,além de estabelecer os *procedimentos* adequados às operações relacionadas à colheita do material probatório,ou mesmo, em certas situações, o *valor* da prova obtida[30].

---

26 BADARÓ, Gustavo Henrique Righi Ivahy. **Prova**. Porto Alegre: TRF - 4ª Região, 2008 (Currículo Permanente. Caderno de Direito Penal: módulo 4), p. 8.

27 GOMES FILHO, Antônio Magalhães. **Notas sobre a terminologia da prova (reflexos no processo penal brasileiro).** In: YARSHELL, Flavio Luiz; MORAES, Maurício Zanoide de (orgs.). Estudos em homenagem à Professora Ada Pellegrini Grinover. São Paulo: DPJ, 2005, p. 305.

28 Na linha preconizada por Guilherme Nucci, Julio Fabbrini Mirabete, José Frederico Marques, Fernando da Costa Tourinho Filho, dentre outros, cf. DEZEM, Guilherme Madeira. Op. cit, p. 86.

29 Na linha defendida por Gomes Filho, Marina Gascón Abellán e Guilherme Dezem Madeira, cf. DEZEM, Guilherme Madeira. Op. cit., p. 85.

30 GOMES FILHO, Antônio Magalhães. **Direito à prova no processo penal**. São Paulo: RT, 1997, p. 91.

Como indicam Aury Lopes Jr. e Cristina Carla Di Gesu, o processo penal busca, através de seu ritual, desenvolver uma "atividade recognitiva dirigida ao julgador", buscando convencê-lo, de modo que a prova (ou os meios de prova) tem uma "função persuasiva (...) no intuito de obter a captura psíquica do juiz"[31].

Sob esse prisma, seria ingenuidade falar-se em "verdade processual" ou "verdade real", cuja busca teria como única "'realidade' a de fundar um sistema acusatório"[32]. Os meios de prova, na medida em que sua produção esteja orientada pelo *devido processo legal*, em um *sistema acusatório*, não visariam à produção da verdade, mas sim à legitimação do resultado pelo procedimento:

> No processo acusatório, a "verdade" dos fatos não é elemento fundamente do sistema. O poder do julgador não se legitima pela verdade, tendo em vista que o poder contido na sentença é validado pela versão mais convincente sobre o fato, seja a da acusação ou a da defesa. O que importa é o convencimento do julgado. Para reduzir a esfera de arbitrariedade ou substancialismo, a prova que ingressa nos autos deve respeitar o due process of law, aportando ao feito de forma lícita e legítima. Parte-se, portanto, do abandono da idéia de verdade como escopo do processo, devido a seu excesso epistêmico, não esquecendo a lição magistral de Carnelutti de que a verdade está no todo, não na parte; e o todo é demais para nós ("la verità è nel tutto, non nella parte; e il tutto à troppo per noi")[33].

Por outro lado, importa sinalar que o devido processo legal contempla um *direito à prova*, que, relacionado ao contraditório, demanda tanto a igualdade nas oportunidades para sua produção, ou direito de proposição, como a igualdade "de possibilidade de participar dos atos

31 LOPES JR., Aury; DI GESU, Cristina Carla. Falsas memórias e prova testemunhal no processo penal: em busca da redução de danos. **Revista de Estudos Criminais**, n. 25, p. 59-115, Sapucaia do Sul, RS, Nota Dez, p. 59-60.

32 LOPES JR., Aury; DI GESU, Cristina Carla. Op. cit

33 LOPES JR., Aury; DI GESU, Cristina Carla. Op. cit, p. 59-60.

probatórios de pronunciar-se sobre os seus resultados"[34], ou direito sobre o meio de prova, de participação nos atos de produção da prova[35].

3.1 A audiência no sistema acusatório

A prova testemunhal, enquanto instrumento para inserir dados probatórios no processo, é nele produzida em audiência, que deve submeter-se a um rito processual conforme o *devido processo legal*, no sistema acusatório.

De acordo com João Gualberto Garcez Ramos, a audiência no sistema acusatório caracteriza-se pelos elementos *publicidade, contraditório, oralidade, imediação e concentração*[36].

Para a análise proposta neste artigo, salienta em importância o contraditório, característica dinâmica mais relevante da audiência processual penal acusatória, como "contraditoriedade de seus atos", com "garantia de absoluta igualdade, ou paridade de armas, entre cada uma das partes" [37]. O contraditório deve ser pleno e efetivo, propiciando meios para que as partes tenham reais condições de reação[38].

Também merece destaque a concentração, mecanismo que prima pela realização conjunta da instrução e julgamento, como excepcional instrumento de agilização ou de celeridade. Todavia, como lembra Ramos, tal concentração, tanto na origem do sistema acusatório como contemporaneamente, é dependente da conveniência de cada caso, da urgência em decidir ou outros motivos subalternos[39].

De outra feita, sob a ótica da atividade administrativa desenvolvida em audiência, enquanto no processo inquisitório o juiz opera exclu-

---

34 MOREIRA, Barbosa. **A garantia do contraditório na atividade de instrução.** Temas de direito processual. 3ª série. São Paulo: Saraiva, 1984, p. 67.

35 Cf. GOMES FILHO, Magalhães. Op. cit., p. 85-89.

36 RAMOS, João Gualberto Garcez. **Audiência no processo penal.** Porto Alegre: TRF – 4ª Região, 2008 (Currículo Permanente. Caderno de Direito Penal: módulo 4), p. 72-76.

37 RAMOS, João Gualberto Garcez. Op. cit., p. 72-73.

38 Cf. FERNANDES, Antonio Scarance.Op. cit., p.63

39 RAMOS, João Gualberto Garcez. Op. cit., p. 76.

sivamente em função de sua própria atividade instrutória, no sistema acusatório dá-se justamente o contrário:

> (...) avulta a experiência de uma atividade propriamente administrativa do juiz,embora,no conjunto,esse mesmo juiz perca poderes.
>
> Por uma razão muito simples: afastado da produção da prova,o juiz adquire mais tempo para dirigir,efetivamente,os trabalhos do julgamento e nesse sentido apuram-se seus sentidos.Ainda que não o queira,sua posição privilegiada,aliada à subtração de parte de seus poderes,confere-lhe a condição concreta e mental de árbitro do conflito.
>
> Sua função passa a ser, rigorosamente, a de velar pela correção e justeza das atividades instrutória e crítica das partes.Em outras palavras,de velar pelo efetivo equilíbrio da relação processual[40].

Dito de outra forma, no sistema acusatório, em nome da legitimação pelo procedimento, o processo, nas palavras de Franco Cordero[41], é pura operação técnica, um modelo ideologicamente neutro que reconhece somente o valor do *fair play*[42]. E as regras do jogo importam, na produção da prova testemunhal, em uma audiência pública, preferencialmente concentrada, com ampla participação das partes (orientada sob o pálio do contraditório), tendo o Juiz como observador e árbitro, a quem se dirige a atividade recognitiva, buscando seu convencimento.

4 A prova testemunhal na reforma processual

As reformas pontuais efetivadas no processo penal brasileiro, ao que tudo indica em nome de sua imersão constitucional e aproximação com um efetivo sistema acusatório, tocaram de forma substancial no sistema probatório penal e, mais especificamente, nos mecanismos de produção de prova testemunhal.

---

40 RAMOS, João Gualberto Garcez. Op. cit., p. 113.

41 CORDERO, Franco. **Procedura penale.** Milão: Giuffrè, 1991, p. 100-101.

42 Em tradução literal, apropriada ao sentido que aqui se quer emprestar, *jogo limpo.*

A respeito, foram editadas as Leis n. 11.690, de 9.6.2008 (DOU de 10.6.2008), n. 11.719, de 20.6.2008 (DOU de 23.6.2008) e n. 11.900, de 8.1.2009 (DOU de 9.1.2009).

4.1 Algumas modificações pragmáticas e sua adequação constitucional

Os novos diplomas legais que alteraram o Código de Processo Penal trouxeram significativas alterações no modo de produção da prova testemunhal, dentre as quais podem ser elencadas:

- a inversão na colheita da prova oral, com previsão de oitiva das testemunhas de acusação, seguida das de defesa e, por fim, do(s) interrogatório(s), em ato unificado;

- a reformulação na sistemática de realização da audiência, com formulação de quesitos diretamente pelas partes, reservando-se a parte final do ato para perguntas efetivadas pelo Juiz;

- oitiva de testemunhas residentes fora da sede do Juízo natural, em território nacional, por videoconferência, em substituição à carta precatória;

- oitiva de testemunhas localizadas em território estrangeiro por carta rogatória, mediante justificação da necessidade do ato e com prazo para retorno;

- disciplina específica de colheita de prova testemunhal por videoconferência.

As modificações serão brevemente analisadas, agrupadas consoante seus focos de atuação.

4.1.1 Ordem de produção da prova oral

Como indicado anteriormente, a alteração no CPP promoveu uma inversão na ordem que anteriormente produzia-se a prova oral, bem como a modificação significativa do próprio ato da audiência. Se, no passado, tomava-se em primeiro lugar o interrogatório do réu, pautando-se novas datas para audiências de oitiva de testemunhas de acusação e de defesa, com a superveniência da Lei 11.719/2008, a audiência passou a ser ato uno, que se ouvirá, primeiramente, o ofendido, seguido das testemunhas de acusação, de defesa e, por fim, efetivando-se o interrogatório.

Tal é o que consta, textualmente, na nova redação do art. 400 do CPP:

> Art. 400. Na audiência de instrução e julgamento, a ser realizada no prazo máximo de 60 (sessenta) dias, proceder-se-á à tomada de declarações do ofendido, à inquirição das testemunhas arroladas pela acusação e pela defesa, nesta ordem, ressalvado o disposto no art. 222 deste Código, bem como aos esclarecimentos dos peritos, às acareações e ao reconhecimento de pessoas e coisas, interrogando-se, em seguida, o acusado.
>
> § 1o As provas serão produzidas numa só audiência, podendo o juiz indeferir as consideradas irrelevantes, impertinentes ou protelatórias.
>
> (...)

Ambas as alterações alinham-se ao *devido processo legal* preconizado na Constituição Federal.

A previsão de produção probatória em uma única audiência prima pela *oralidade, imediação e concentração,* características do *sistema acusatório*, cuja adoção, como se disse acima, está em consonância com o Estado Democrático de Direito.

Nessa linha, por um lado, a concentração tornará a apreciação judicial sobre as alegações das partes mais próxima e efetiva, dada a imediação e oralidade. Por outro, a inovação tende a tornar superável (ou minimizar) o problema prático do distanciamento entre os fatos e a colheita da prova em Juízo (com a conseqüente perda de memórias), na medida em que a primeira providência, recebida a denúncia e não tendo sido efetivada absolvição sumária, será a oitiva das testemunhas, em um momento único, o que também poderá propiciar a agilização da prestação jurisdicional.

Do ponto de vista pragmático, porém, é preciso reconhecer que, em certas circunstâncias, diante de casos mais complexos e com número expressivo de testemunhas e réus a serem ouvidos, a audiência, embora conceitualmente una, deverá ser desdobrada, circunstância que não lhe macula a constitucionalidade[43].

Também a inversão na ordem das oitivas estabelece uma maior aproximação com o *sistema acusatório*. A modificação efetivou-se, especialmente, em nome da óbvia constatação de que o interrogatório é, mais do que meio de prova, meio de defesa, em que o réu tem a oportunidade de apresentar suas razões e manifestações sobre a prova já produzida, sob a orientação do princípio do contraditório.

Recorde-se que o contraditório significa, no processo penal, no âmbito probatório, possibilidade plena e efetiva de análise e manifestação aquilo que for produzido no processo, de sorte que resta claro que ao réu o mesmo só seria garantido mediante a possibilidade de participação após a produção da prova testemunhal (podendo, pois, exercer seu direito de defesa pessoal de forma adequada).

Antes mesmo da inovação, considerando-se a condição de meio de defesa do interrogatório, já se admitia a produção do interrogatório a qualquer tempo, em adequação ao princípio do contraditório, *v.g.*:

> HABEAS CORPUS. PROCESSUAL PENAL. AUSÊNCIA DO INTERROGATÓRIO DO ACUSADO. MEIO DE PROVA E MEIO DE DEFESA. POSSIBILIDADE DE REALIZAÇÃO ATÉ O TRÂNSITO EM JULGADO. RÉU. INTIMAÇÃO DA SENTENÇA CONDENATÓRIA. RENÚNCIA AO DIREITO DE RECORRER. DEFESA TÉCNICA. ANUÊNCIA. CONSTRANGIMENTO ILEGAL INOCORRENTE. ORDEM DENEGADA. 1. <u>O interrogatório do réu constitui, além de um meio de prova, o momento processual oportuno para que o acusado forneça a sua versão sobre os fatos criminosos que lhe são imputados</u>. 2. "O acusado, que for preso, ou comparecer, espontaneamente ou em virtude de intimação, perante a autoridade judiciária, no curso do processo penal, será qualificado e interrogado." (artigo 185 do Código de Processo Penal). 3. <u>O interrogatório deve ser</u>

43 Nesse sentido, veja-se a lição de RAMOS, João Gualberto Garcez. Op. cit., p. 76.

> realizado, sempre que possível, até o trânsito em julgado, sob pena de, em estando presente o réu, declarar-se a nulidade do processo. 4. Regularmente intimados da sentença condenatória o réu e seu defensor, não há falar em nulidade do processo por ausência de interrogatório na hipótese de o acusado expressamente consignar seu desejo de não apelar e a defesa técnica que o representa não demonstrar inconformismo com a edição do decreto condenatório, requerendo, tão-somente, a concessão dos benefícios da suspensão condicional da pena, o que restou, na espécie, deferido. 5. Ordem denegada. (STJ - HC 14668 - SP - 6ª T.- Rel. Min. Hamilton Carvalhido - DJU 24.09.2001, p. 348) (sem grifo no original).

Nas palavras de Rômulo de Andrade Moreira, a nova lei fortalece a ideia do interrogatório como autêntico e importante meio de defesa, constituindo momento relevante ao exercício da auto-defesa "a ocasião em que o acusado poderá fornecer ao juiz sua versão pessoal sobre os fatos", de modo que "sua colheita após a prova permitirá, sem dúvida, um exercício mais completo do direito de defesa"[44] [45].

A ordem de inquirição das testemunhas, no Juízo natural, deverá ser observada de forma rigorosa, sob pena de violação ao contraditório, e conseqüente nulidade do ato. Nada obstante, em duas situações ela não está submetida a tal rigorismo. A inversão pode ser feita nos casos de expedição de carta precatória (dado que a instrução criminal não se suspende), conforme previsão textual do art. 222 do CPP, em

44 MOREIRA, Rômulo de Andrade. **A Reforma do Código de Processo Penal – Procedimentos.** Editora Magister. Disponível em: <http://www.editoramagister.com/doutrina_imprimir.php?id=246> Acesso em: 20 jan 2009, p. 9.

45 Nada obstante, José Carlos Teixeira Giorgis enuncia algumas perplexidades com a nova sistemática que, segundo ele, atendeu a pregões insistentes da literatura jurídica: "O interrogatório é forma de autoidefesa, mas também meio e fonte de prova [...] Entendidos reclamam que o modelo anterior não era discriminatório: colocado no vestíbulo do rito o interrogatório era a primeira versão que impregnava a convicção do magistrado: e a estratégia defensiva tinha um plano de vôo desenhado que podia adequar-se com o movimento das brisas, mesmo por que outro depoimento podia ser pedido a qualquer tempo." Além disso, algumas questões se colocariam, "por exemplo, a realização do ato no estabelecimento prisional", bem como "ao interrogatório por precatória" (GIORGIS, José Carlos Teixeira. **Alterações no Código de Processo Penal: Interrogatório Póstumo e as Reformas Processuais.** Editora Magister. Disponível em: <http://www.editoramagister.com/doutrina_imprimir.php?id=257> Acesso em: 10 jan 2009, p. 4.

sua nova redação, bem como naqueles de produção antecipada de prova, disciplinados pelo art. 225 do CPP[46]. Dada a excepcionalidade de tais situações, devem ser admitidas, especialmente porque legalmente definidas (portanto, em consonância com as regras do jogo, dentro da perspectiva do *fair play* anteriormente mencionado). A título ilustrativo, veja-se que o Supremo Tribunal Federal admite a constitucionalidade da produção antecipada de prova, em matéria penal, desde que caracterizados os requisitos legais:

> EMENTA Habeas corpus. Processual penal. Produção antecipada de provas. Art. 366 do CPP. Fundamentação. Constrangimento ilegal não-caracterizado. 1. Cabe ao Juiz da causa decidir sobre a necessidade da produção antecipada da prova testemunhal, podendo utilizar-se dessa faculdade quando a situação dos autos assim recomendar, como no caso em apreço, especialmente por tratar-se de ato que decorre do poder geral de cautela do Magistrado (art. 366 do CPP). 2. Habeas corpus denegado. (STF, HC 93157/SP, 1ª Turma, Relator Min. RICARDO LEWANDOWSKI, Relator(a) p/ acórdão Min. MENEZES DIREITO, j. em 23/09/2008, DJ de 14/11/2008).

Em suma, com o advento da Lei 10.719/08, ter-se-á a produção da prova testemunhal preferencialmente concentrada em uma audiência a realizar-se perante o Juiz natural (excetuada a hipótese de precatória), com ampla participação das partes e orientada sob o pálio do contraditório, permitindo-se, assim, à defesa, tanto técnica como pessoal, manifestar-se de forma efetiva, em reais condições de contraposição à acusação formulada. Com isso, avança-se significativamente em prol de um processo penal mais democrático.

46 Nesse sentido: MOREIRA, Rômulo de Andrade. Op. cit, p. 9; DEZEM, Guilherme Madeira. Op. cit., p. 245.

4.1.2 *Direct e cross examination*

A reforma também pontuou, de forma contundente, o juiz como destinatário da prova, cuja produção deve ter seu ônus distribuído entre os contendores. Isso foi feito por intermédio de duas alterações significativas:

- em primeiro lugar, a referência a que as partes devem iniciar os questionamentos, a partir daquela que arrolou a testemunha, perguntado o juiz ao final, se ainda houver necessidade de maiores esclarecimentos.

- em segundo lugar, com a determinação de que sejam feitas, em audiência, perguntas diretas, implicando o abandono da velha técnica de reperguntas.

Adotou-se, portanto, a mecânica de *direct* e *cross examination*, do sistema anglo-saxão, segundo a qual as partes devem inquirir diretamente as testemunhas que tenham arrolado (*direct examination*) ou que tenham sido arroladas pela parte adversa (*cross examination*)[47], sem intermediação do Juiz.

Tal é o que constou na nova redação do art. 212 do CPP, conferida pela Lei 11.690/2008:

> Art. 212. As perguntas serão formuladas pelas partes diretamente à testemunha, não admitindo o juiz aquelas que puderem induzir a resposta, não tiverem relação com a causa ou importarem na repetição de outra já respondida.
>
> Parágrafo único. Sobre os pontos não esclarecidos, o juiz poderá complementar a inquirição.

Recorde-se que, na perspectiva do *processo acusatório*, a legitimidade do procedimento resulta da obediência às regras do jogo em que, como resultado da produção probatória, deve conduzir ao con-

47 Cf. DEZEM, Guilherme Madeira. Op. cit., p. 241.

vencimento do magistrado sobre as alegações feitas por cada uma das partes, à luz do debate contraditório.

O Juiz, portanto, deve ser o destinatário das provas, que em verdade pertencem às partes que, com elas, tentam produzir o convencimento judicial acerca da veracidade de suas afirmações. Nesse sentido, a alteração caracteriza o domínio probatório como domínio dos diretamente interessados, as partes, valorizando também a oralidade – como comunicação direta com a testemunha.

Quanto ao fim da técnica de reperguntas, avançou-se de forma salutar, evitando-se maior perda do conteúdo comunicativo pela intermediação de mais um comunicante, o Juiz, com o que se enfatiza a oralidade, como referido anteriormente. A prática das perguntas diretas já vinha sendo paulatinamente adotada por parcela da magistratura, sendo que o Supremo Tribunal Federal admitia que não implicava em nulidade do ato:

> EMENTA:"Habeas corpus".– (...)- A jurisprudência desta Corte (assim, exemplificando,o RHC 49.086,e os HC's 69.372,74.330 e 76.226) é no sentido de que a não-formulação de reperguntas às testemunhas não ocasiona a nulidade do processo penal. (...) "Habeas corpus" indeferido. (STF,HC 80958/PE, 1ª Turma, Relator Min. MOREIRA ALVES, j. em 18/12/2001, DJ de 12-04-2002, p.53)

No que tange à ordem de formulação dos questionamentos, resta evidente que foi modificada, sem implicar, contudo, perda do poder de condução da audiência pelo magistrado. Significa dizer que incumbe à parte que arrolou à testemunha iniciar sua quesitação, de forma direta, seguida pela parte adversa, cabendo ao magistrado, de um lado, interferir no curso do ato, com o fito de esclarecer eventuais pontos de dúvida que resultem da formulação direta de perguntas pelas partes e indeferir as que forem impertinentes, bem como formular, ao final, quesitos complementares (se ainda houver esclarecimento a ser prestado). Dessa forma, as partes explorarão o conteúdo das declarações das testemunhas, e o juiz promoverá o equilíbrio da discussão contraditória, velando pelo *fair play*, de forma legítima e democrática.

Como noticia Guilherme Madeira Dezem, sobre o novo dispositivo, além da interpretação acima preconizada, tem sido emprestada outra, qual seja a de que não houve alteração da posição do magistrado como primeiro sujeito do processo a colher a prova, de modo que "o juiz pergunta em primeiro lugar e , após, as partes reperguntam podendo o magistrado esclarecer dúvidas decorrentes das perguntas", ou seja, "o parágrafo apenas quis deixar claro que o magistrado poderá intervir no depoimento quando colhido por outro sujeito do processo"[48]. Nada obstante, afigura-se que tal posição, como defende o autor, não é a mais adequada, pois, de um lado, sua aplicação não importaria alteração em relação ao sistema anterior, bem como porque com ela fica prejudicada a dimensão do *sistema acusatório* que confere ao Juiz a posição de destinatário da prova, e às partes seu domínio para gerar o convencimento judicial.

Ocorre que no sistema acusatório, como lembra João Gualberto Garcez Ramos[49], o juiz perde poderes, na perspectiva da produção probatória, devendo assumir maior função propriamente administrativa, dirigindo os trabalhos, a fim de velar pela correção e justeza da atividade instrutória, mantendo assim o equilíbrio da relação processual penal.

E, nesse sentido, o mecanismo de produção da prova testemunhal em juízo importa, para adequação às regras do jogo de um processo penal democrático, em uma audiência com ampla participação das partes, em contraditório, portanto formulado diretamente e em primeiro plano suas perguntas, tendo o Juiz como observador e árbitro, ao qual destina-se a atividade recognitiva.

48 DEZEM, Guilherme Madeira. Op. cit., p. 241.

49 RAMOS, João Gualberto Garcez. Op. cit., p. 113.

4.1.3 Prova testemunhal por carta precatória e rogatória

Não obstante a regra seja, em nome da oralidade e imediação, a colheita da prova testemunhal pelo Juiz natural, perante o qual corre o feito penal, excepcionalmente põe-se a necessidade de oitiva de testemunhas que não residem na sede do Juízo, para cuja oitiva dois tradicionais mecanismos são utilizados: a carta precatória e a carta rogatória. Ambos foram objeto de alteração pela reforma processual penal.

No âmbito das cartas precatórias, estava projetada uma primeira alteração, que tornaria seu retorno ao Juízo de origem imprescindível ao julgamento do feito. O projeto que resultou na Lei 11.900/2009 propunha a alteração dos §§ 1º e 2º do art. 222, conferindo-lhes a seguinte redação:

> Art. 222. (...)
>
> § 1º A carta precatória deve ser devolvida antes da realização da audiência única de instrução e julgamento de que tratam os arts. 400, 411 e 531 deste Código. Todavia, não sendo devolvida a tempo, a realização da referida audiência não será suspensa, salvo mediante requerimento de uma das partes comprovando prejuízo.
>
> § 2º A todo tempo, a precatória, uma vez devolvida, será juntada aos autos.

Todavia, os dispositivos foram vetados pelo Presidente da República, tendo constado na Mensagem de Veto n. 03, de 08/01/2009 que "a redação proposta pelo Projeto de Lei cria novo incidente processual representado pelo requerimento de suspensão da audiência única de instrução e julgamento, o que poderá ensejar maior morosidade processual", bem como que sua exclusão não importaria violação aos princípios do contraditório e ampla defesa porque, se realmente imprescindível a diligência, nada impediria ao Juiz que adiasse os atos processuais no seu aguardo.

O veto encontra-se em consonância com as leituras que os Tribunais já emprestavam à previsão dos §§ 1º e 2º do art. 222 do CPP, nas redações mantidas, segundo os quais "a expedição da carta precatória não suspenderá a instrução criminal", de modo que, "findo o prazo marcado, poderá realizar-se o julgamento", no sentido de que tal disciplina encontra adequação ao sistema constitucional, evitando a perenização dos feitos, como se vê, *v.g.*, no seguinte julgado:

> EMENTA: PENAL. PROCESSUAL PENAL. HABEAS CORPUS. ENCERRAMENTO DA INSTRUÇÃO CRIMINAL SEM RETORNO DE CARTA PRECATÓRIA. POSSIBILIDADE. FASE DO ARTIGO 499 DO CPP. REQUERIMENTO DE EXPEDIÇÃO DE OFÍCIOS. INDEFERIMENTO. CERCEAMENTO DE DEFESA. INOCORRÊNCIA. 1. À luz do disposto no artigo 222, parágrafo 1º, do Código de Processo Penal, prossegue o feito criminal, inclusive com a prolação de sentença, após aguardado o retorno das precatórias expedidas com razoável prazo útil de cumprimento. 2. Trata-se de razoável limitação legal ao direito de prova das partes, que não pode ser provocador da perenização dos feitos criminais. 3. Embora cabível a realização de diligências na fase do artigo 499 do CPP, compete ao juiz da causa a análise da necessidade e conveniência dessa nova prova, que deve ser decorrência daquelas colhidas durante a regular instrução, pelo que o indeferimento fundamentado de diligências não configura diretamente cerceamento ao direito de defesa. 4. Tendo a parte pleno acesso à prova requerida - certidões de reclamações trabalhistas e dos cartórios de protestos e de imóveis -, compete-lhe diretamente buscar tal prova, sendo desnecessária a intervenção do Poder Judiciário para esse fim. (TRF4, HC 2006.04.00.031733-2, Sétima Turma, Relator Néfi Cordeiro, D.E. 17/01/2007)

Efetivamente, o direito à prova deve ser garantido na medida de sua necessidade em cotejo com a perspectiva de duração razoável do processo, princípio constitucional do processo brasileiro, adequado ao devido processo legal também nos normativos internacionais protetivos dos direitos humanos, portanto limitado em consonância com os preceitos legais. E, nesse caso, a limitação ao exercício do direito de prova, pela via da carta precatória, tem como parâmetro justamente o prazo razoável que deve ser conferido para seu cumprimento, com o que se promove sua ponderação em face da celeridade processual.

Por outro lado, a Lei 11.900/08 inovou, no âmbito da mecânica destinada à oitiva de testemunhas residentes fora da jurisdição do juiz onde se processa a ação, pela inserção de um § 3º no art. 222, permitindo que, em tais situações, em substituição à expedição de carta precatória, seja a mesma ouvida por videoconferência. O ponto será objeto de análise no tópico seguinte.

A oitiva de testemunhas residentes no exterior, no processo penal, efetivada pela via de carta rogatória, também foi objeto de alteração pela Lei 11.900/2009, que inseriu no CPP o art. 222-A:

> Art.222-A. As cartas rogatórias só serão expedidas se demonstrada previamente a sua imprescindibilidade, arcando a parte requerente com os custos de envio.
>
> Parágrafo único. Aplica-se às cartas rogatórias o disposto nos §§ 1o e 2o do art.222 deste Código.

Dois pontos merecem destaque. De um lado, a necessidade, agora textual, de demonstração de imprescindibilidade da oitiva da testemunha requerida, como condição à expedição da carta rogatória; de outro, a expressa remissão à aplicação da disciplina da carta precatória, segundo a qual sua expedição não promove a suspensão do feito.

A demonstração da imprescindibilidade da prova já vinha sendo admitida pela jurisprudência, inclusive do Supremo Tribunal Federal, dada a onerosidade e reflexos de morosidade em sua expedição:

> EMENTA: AÇÃO PENAL. Prova. Inquirição de testemunhas residentes do exterior. Expedição de rogatória. Indeferimento. Admissibilidade. Pessoas que, segundo documentos dos autos, não conhecem os fatos objeto da prova requerida. Admissão na empresa depois da prática

> hipotética dos delitos pelo sócio gerente. Fundamentação suficiente e convincente. Exercício regular do poder de direção processual. HC denegado. Diligência requerida pela defesa pode ser indeferida pelo juízo do processo criminal, desde que com fundamentação convincente sobre a impertinência da prova. (STF, HC 83417/PR, 2ª Turma, Relator Min. CEZAR PELUSO, j. em 23/10/2007, DJ de 19-12-2007, p.074).

> Agravo regimental. Ação penal originária. Oitiva de testemunhas estrangeiras. Requisição de processos administrativos ao BACEN. Promotor natural. Delegação do Procurador-Geral da República. Segredo de Justiça. 1. Todas as diligências inúteis e meramente protelatórias, incluídas a oitiva de testemunhas não relevantes e a requisição de processos administrativos junto ao BACEN, devem ser indeferidas, sendo certo que, no caso dos autos, não conseguiu o agravante demonstrar, concretamente, a importância das referidas diligências para a sua defesa. (...) 4. Agravo regimental desprovido. (STJ - AgRg na APn .237/DF C.Esp.- Rel. Min. Carlos Alberto Menezes Direito,- DJU 01.12.2003, p.254)

> EMENTA: PENAL. PROCESSO PENAL. INÉPCIA DA INICIAL. CERCEAMENTO DE DEFESA. PROVA TESTEMUNHAL. OITIVA POR CARTA ROGATÓRIA. ACAREAÇÃO. ARTIGO 19 DA LEI 7.492/86. MATERIALIDADE E AUTORIA. CONSUMAÇÃO E EXISTÊNCIA DE PREJUÍZO PARA A ENTIDADE FINANCEIRA. (...). 2. O exame da conveniência ou necessidade do emprego de determinado meio probatório compete ao prudente arbítrio do magistrado. Dessa forma, não configura cerceamento de defesa a negativa de expedição de quatro cartas rogatórias, a quatro países diferentes, quando a parte interessada, instada a se manifestar a respeito da importância da prova, silencia, deixando sem qualquer fundamento o emprego de um instrumento probatório dispendioso e moroso. (...). (TRF4, ACR 2004.04.01.019862-8, Oitava Turma, Relator Luiz Fernando Wowk Penteado, D.E. 15/08/2007)

A comprovação da pertinência de produção da prova testemunhal via carta rogatória, em uma perspectiva está conforme o exercício do poder de direção processual que cabe ao magistrado, bem como, de outro, está em adequação ao sopesamento de certos meios de prova, especialmente onerosos à duração razoável do processo, em face de sua real necessidade. Dito de outra forma, está em conformidade com o *devido processo legal* o exercício de uma espécie de filtro probatório, cabendo ao magistrado verificar, em nome da boa condução do processo e sempre no fito de manter o equilíbrio da relação processual entre as partes, primeiramente se há elementos de relevância a serem provados com a prova pretendida, bem como se, em existindo, quais seriam os meios mais adequados para sua aferição (ou, dito de outro modo, quais os meios mais econômicos e céleres para obtenção da informação pretendida). Viável, nessa perspectiva, o indeferimento de carta precatória, sempre que não comprovado, pelo interessado, que a testemunha residente no exterior possa prestar informações relevantes ao deslinde do feito ou, ainda que pudesse prestá-las, quando existir a possibilidade de que tais informações sejam obtidas independentemente de sua oitiva.

De outro norte, importa pontuar que o novo art. 222-A do CPP faz remissão expressa aos §§ 1º e 2º do art. 222 do mesmo diploma, significando dizer que a expedição de carta rogatória não suspende a tramitação do processo crime e, em esgotado o prazo (que, gize-se, deve ser razoável) para seu cumprimento, pode ser proferido julgamento, sem que com isso esteja-se a ferir o *devido processo legal*. Remete-se, no ponto, às considerações tecidas acima acerca da carta precatória, especialmente lembrando que tal limitação põe-se a partir da ponderação entre o direito à prova e a duração razoável do processo, também um valor constitucional.

Em linha final, deve-ser reconhecer, também aqui, que as alterações encontram-se em conformidade com o *devido processo*, efetivando-se a adequação da disciplina legal à leitura que já vinha sendo emprestada a ela, sob o prisma constitucional, pelos tribunais.

4.1.4 Videoconferência

Inovação significativa, também preocupação e objeto das reformas processuais penais, diz respeito à possibilidade de utilização de videoconferência no âmbito do processo penal.

O debate acerca da videoconferência não é novo, sobre ele estando instaurada polêmica desde pelo menos uma década, especialmente enfrentado no âmbito do interrogatório. Nessa perspectiva, a doutrina majoritária opunha-se à tal possibilidade, enquanto que, na jurisprudência prevalecia, de forma incipiente, orientação admitindo-a (*v.g.* STJ, RHC n. 6.272/SP, 5ª Turma, Relator Min. Felix Fischer, DJ de 05/05/1997)[50]. O debate, nesse campo, acabou sendo objeto de análise pelo Supremo Tribunal Federal que, no julgamento do HC n. 88914/SP, em 14/08/2007, acabou entendendo por sua inconstitucionalidade. Nele, registrou o Ministro Cezar Peluzo, seu relator, como principal fundamento a ausência de contato direto do réu com o magistrado, ferindo-se, assim, seu direito à estar diante do Juiz, para manifestar suas razões e defesa:

> Para atender-se à exigência constitucional de amplitude, a defesa deve poder exercitar-se na conjugação da autodefesa e da defesa técnica. (...)
>
> E, em essência, a autodefesa consubstancia-se nos direitos de audiência e de presença ou participação: (...)
>
> O direito de ser ouvido pelo magistrado que o julgará constitui conseqüência linear do direito à informação acerca da acusação. Concretiza-se no interrogatório, que é, por excelência, o momento em que o acusado exerce a autodefesa (...)
>
> A perda do contato pessoal com os partícipes do processo torna, em termos de humanidade, asséptico o ambiente dos tribunais, fazendo mecânica e insensível a atividade judiciária. (...)
>
> Mais do que modo de ver e ouvir, o interrogatório é evento afetivo, no sentido radical da expressão. (...)[51]

Não obstante, o ponto que ora está sob foco diz respeito à colheita de prova testemunhal por videoconferência, que foi objeto de disci-

50 Cf. BADARÓ, Gustavo Henrique Righi Ivahy. Op. cit., p. 27.

51 STF, HC n. 88914/SP, 2ª Turma, Rel. Ministro Cezar Peluzo, j. em 14/08/2007.

plina por duas das leis reformadoras do processo penal, quais sejam a Lei n. 11.690/2008 e a Lei 11.900/2009.

A Lei n. 11.690/08 alterou a redação do art. 217, dispondo:

> Art. 217. Se o juiz verificar que a presença do réu poderá causar humilhação, temor, ou sério constrangimento à testemunha ou ao ofendido, de modo que prejudique a verdade do depoimento, fará a inquirição por videoconferência e, somente na impossibilidade dessa forma, determinará a retirada do réu, prosseguindo na inquirição, com a presença do seu defensor.
>
> Parágrafo único. A adoção de qualquer das medidas previstas no caput deste artigo deverá constar do termo, assim como os motivos que a determinaram.

Enfocando situação excepcional, e tendo como norte a priorização da garantia constitucional do exercício pleno do direito de defesa, também entendido como auto-defesa, a modificação permitiu que, em havendo possibilidade de constrangimento à testemunha, pela presença do réu, possa ela ser ouvida por videoconferência, que possa ser por ele acompanhada. Somente diante da impossibilidade da videoconferência é que deve ser o réu retirado da sala.

Veja-se que o legislador valorizou, sobremaneira, a videoconferência como mecanismo apto a colaborar na produção de prova, sendo inclusive preferencial à colheita direta do testemunho, em nome da preservação do contraditório e do direito de defesa. Em outros termos, a inovação deve ser lida como o reconhecimento, pela legislação, de que o modo de produção da prova em Juízo deve respeitar, sobretudo, a principiologia constitucional, devendo sempre prevalecer o mecanismo pragmático (oitiva direta ou por videoconferência) que possa melhor adequar-se ao *devido processo constitucional*.

Em seguimento, veio a Lei 11.900/2009, que, alterando o art. 222, nele inserindo um § 3º, tratou da videoconferência como legítimo mecanismo para produção de prova em Juízo, para além da excepcionalidade:

> Art. 222. A testemunha que morar fora da jurisdição do juiz será inquirida pelo juiz do lugar de sua residência, expedindo-se, para esse fim, carta precatória, com prazo razoável, intimadas as partes.
>
> (...)
>
> § 3º Na hipótese prevista no caput deste artigo, a oitiva de testemunha poderá ser realizada por meio de videoconferência ou outro recurso tecnológico de transmissão de sons e imagens em tempo real, permitida a presença do defensor e podendo ser realizada, inclusive, durante a realização da audiência de instrução e julgamento. (Incluído pela Lei nº 11.900, de 2009)

Tal disciplina tem conotação histórica, representando um marco na evolução do processo penal, sob a perspectiva tecnológica. Como lembrava Fauzi Choukr, as críticas feitas ao Código de Processo Penal, além de seu descompasso com a Constituição, passavam também por seu sucateamento técnico[52]. Com as reformas, especialmente a efetivada pela Lei 11.900/09, adota-se uma clara opção pela abertura do processo penal às inovações tecnológicas, já adotadas em diversos outro países, como Estados Unidos e Itália[53].

A possibilidade instaurada pela Lei 11.900/09 não se mostra inconstitucional, mas, pelo contrário, está perfeitamente adequada ao *devido processo*. Nessa perspectiva, deve-se gizar que o julgamento efetivado pelo STF no HC n. 88914/SP não alcança a hipótese em comento, dado que seu ponto fulcral diz respeito ao *direito do réu* de se ver em face do Juiz, para exercício pleno do direito de defesa, situação de que aqui não se trata. De outro norte, importa também reconhecer, ao contrário do que afirmado no julgado, que o sistema de videoconferência

52 CHOUKR, Fauzi Hassan. *Op. cit*, p.

53 Cf. GOMES, Luiz Flávio. **Videoconferência: Lei nº 11.900, de 08.01.2009.** Editora Magister. Disponível em <http://www.editoramagister.com/doutrina_imprimir.php?id=372> Acesso em: 25 jan 2009.

constitui, sim, uma nova forma de contato direto e pessoal[54], pois, tal qual afirmado pela Ministra Ellen Gracie Northfleet, ao abordar o interrogatório por videoconferência, não há diminuição da possibilidade de "se verificarem as características relativas à personalidade, condição sócio-econômica, estado psíquico"[55], ou seja, as inferências que faria o magistrado do contato direto.

Assim como já fora admitida a oitiva de testemunhas residentes fora da sede do Juízo diretamente por este, desde que mediante comparecimento espontâneo (*v.g.* STJ - HC 40.877/MS - 5ª T. - Rel. Min. Felix Fischer - DJU 30.05.2005, p. 401), a inovação permite em verdade uma maior proximidade com a prova e a valorização do princípio da oralidade.

Como indica Guilherme Madeira Dezem, o princípio da oralidade "é formado por outros quatro princípios: i) princípio da imediação; ii) princípio da concentração dos atos processuais; iii) identidade física do juiz; iv) irrecorribilidade das decisões interlocutórias" [56].

Considerando que a oralidade é premissa da audiência acusatória, evidentemente que a oitiva da testemunha pelo próprio Juiz Natural, condutor da causa, contempla também os princípios da imediação, da concentração dos atos processuais e da identidade física do Juiz[57].

Há, por certo, opiniões em sentido contrário, como pondera Gustavo Badaró: "Outro problema diz respeito à oitiva de testemunha. Inetrpretando-se estritamente os princípios processuais, a prova testemunhal deve ser produzida na presença das partes e do juiz natural, instituindo-se um verdadeiro contraditório, com o contato direto do juiz com as provas, em respeito à imediação. Nada disto estaria presente, pelo menos nos moldes tradicionais que se interpretam tais princípios, na oitiva das testemunhas por videoconferência."

---

54 Nesse sentido, vide GOMES, Luiz Flávio. Op. cit., p. 1.

55 NOTHFLEET, Ellen Gracie *apud* GOMES, Luiz Flavio. Op. cit., p. 1.

56 DEZEM, Guilherme Madeira. Op. cit., p. 93.

57 BADARÓ, Gustavo Henrique Righi Ivahy. Op. c

Nada obstante, como já expresso acima, as opções legislativas são indicativas de uma nova leitura sobre a temática, representando a abertura do sistema processual penal às inovações tecnológicas, incluindo as novas formas de comunicação virtual, em que se sobrevalorizam os princípios sobre os procedimentos. Em outras palavras, o julgamento ideal, na perspectiva do *devido processo* em um *sistema acusatório*, deve ser efetivado pelo Juiz Natural, ao qual se destina a prova formada para seu convencimento, de sorte que devem ser priorizados os mecanismos de produção probatória que se façam diante dele, e não por intermediários (como é o caso das cartas precatórias e rogatórias), em que há um maior distanciamento entre testemunha e magistrado.

Certamente, portanto, nesse ponto evoluiu-se em muito, sobre as efetivas dimensões principiológicas do processo acusatório, bem como suas reais possibilidades, em face dos avanços tecnológicos.

Conclusão

O processo penal brasileiro padecia, até pouco tempo, de significativa incompatibilidade com os parâmetros ditados pela Constituição Federal de 1988, que preconiza princípios adequados ao Estado Democrático de Direito.

Oriundo de um período autoritário da história brasileira, o Estado Novo (ditadura de Getúlio Vargas), o Código de Processo Penal, de um lado, continha dispositivos que o afastavam do sistema acusatório, e, de outro, estava fechado à inovações tecnológicas que pudessem melhor adaptá-lo à principiologia constitucional.

Nada obstante os debates doutrinários e releituras judiciais sobre seus comandos, na tentativa de adaptá-lo ao *devido processo legal* democrático, certamente seus longos anos de aplicação geraram uma cultura parcialmente afastada do sistema de processo acusatório ideal, cuja superação somente passaria por reformulação do texto legal.

Por certo que a melhor alternativa, para promover uma verdadeira revolução processual, passaria pelo advento de um novo diploma processual penal, todavia a opção brasileira caminhou no sentido de revisão do CPP, mediante reformas tópicas.

Ainda que criticável a opção pelas reformas tópicas da legislação processual penal brasileira, por sua ausência de sistematicidade e de quebra de um paradigma, sem efetivar verdadeira revolução cultural, deve-se reconhecer a preocupação dos novos diplomas em promover a imersão da legislação processual nos princípios constitucionais, o que se verificou especialmente no âmbito das alterações tocantes à prova testemunhal e seus mecanismos de produção. Nesse sentido, certamente a partir das alterações legislativas, ainda quer paulatinamente, deve ir-se construindo uma cultura processual mais democrática.

Em nome do *devido processo legal,* em sua ampla dimensão que contempla uma série de outros princípios, em especial o do contraditório, e assim alinhando-se ao sistema de *processo penal acusatório*, as reformas apontaram para um novo processo em que o Juiz coloca-se como efetivo árbitro, destinatário da prova, que deve ser convencido pelo manejo de argumentos e provas das partes, em real contraditório, aos auspícios do *fair play.*

Nessa linha é que se promoveu a inversão da colheita da prova oral, com a oitiva primeiramente das testemunhas de acusação, defesa e, por fim, o interrogatório, especialmente valorizando-se a *autodefesa* e, por óbvio, o princípio do contraditório. Também em nome de um contraditório pleno, adotou-se o mecanismo de *direct* e *cross examination*, atribuindo-se às partes o manejo da prova que lhes pertence, e ao Juiz a tarefa de mediar sua produção. Por fim, promoveu-se uma adequação da sistemática de oitiva de testemunhas residentes fora do Juízo (por carta precatória ou rogatória) aos princípios constitucionais, valorizando-se a colheita da prova pelo Juízo natural (videoconferência), bem como a duração razoável do processo como valor a ser sopesado.

Também deve ser ressaltado que a reforma indicou, claramente, uma abertura do processo penal brasileiro às inovações tecnológicas, especialmente no plano das novas formas de comunicação virtual, optando pela sobrevalorização dos princípios atinentes a um processo democrático em detrimento de procedimentos vetustos e contraproducentes.

A uma primeira leitura, portanto, a nova disciplina da prova testemunhal avançou significativamente rumo a um processo penal adequado, em uma perspectiva axiológica, às premissas do Estado Democrático de Direito adotado pela Constituição Federal de 1988. Terá ela papel significativo no processo de imersão do direito processual penal na principiologia constitucional, conferindo-lhe feição alinhada ao sistema de processo penal acusatório.

Evidentemente, até mesmo por ter sido feita de forma tópica, a reforma processual penal ainda clama por maiores debates e análises, que ofertarão, para o futuro, leituras mais adequadas para as Leis n. 11.690/08, n. 11.719/08 e n. 11.900/09. A grande virtude desse debate, aberto ao círculo de intérpretes da Constituição, é que dele exsurgirá, paulatinamente, uma cultura processual penal constitucional e democrática.

REFERÊNCIAS

BADARÓ, Gustavo Henrique Righi Ivahy. **Prova.** Porto Alegre: TRF – 4ª Região, 2008, (Currículo Permanente. Caderno de Direito Penal: módulo 4)

CHOUKR, Fauzi Hassan. **A reforma do processo penal brasileiro.** Disponível em: < www.cejamericas.org/doc/documentos/fauzi-hassan%20.pdf> Acesso em: 10 jan 2009.

CHOUKR, Fauzi Hassan. **Código de Processo Penal:** comentários consolidados e crítica jurisprudencial. Rio de Janeiro: Lumen Juris, 2005.

CINTRA, Antonio Carlos de Araújo; GRINOVER, Ada Pellegrini; DINAMARCO, Cândido Rangel. **Teoria Geral do Processo.** 10 ed. São Paulo: Malheiros, 1994.

CORDERO, Franco. **Procedura penale.** Milão: Giuffrè, 1991.

DEZEM, Guilherme Madeira. **Da prova penal:** tipo processual, provas típicas e atípicas. Campinas, SP: Millennium.

DIAS, Jorge de Figueiredo. **Direito processual penal.** V. 1. Coimbra: Coimbra, 1974.

DINAMARCO, Cândido Rangel. **A instrumentalidade do processo.** 7 ed. São Paulo: Malheiros, 1999.

FERNANDES, Antônio Scarance. **Processo Penal Constitucional.** 5 ed. São Paulo: RT, 2007.

GIORGIS, José Carlos Teixeira. **Alterações no Código de Processo Penal: Interrogatório Póstumo e as Reformas Processuais**. Editora Magister. Disponível em: <http://www.editoramagister.com/doutrina_imprimir.php?id=257> Acesso em: 10 jan 2009.

GOMES FILHO, Antônio Magalhães. **Direito à prova no processo penal.** São Paulo: RT, 1997.

GOMES FILHO, Antônio Magalhães. **Notas sobre a terminologia da prova (reflexos no processo penal brasileiro).** In: YARSHELL, Flavio Luiz; MORAES, Maurício Zanoide de (orgs.). Estudos em homenagem à Professora Ada Pellegrini Grinover. São Paulo: DPJ, 2005.

GOMES, Luiz Flávio. **Videoconferência: Lei nº 11.900, de 08.01.2009.** Editora Magister. Disponível em <http://www.editoramagister.com/doutrina_imprimir.php?id=372> Acesso em: 25 jan 2009.

GRINOVER, Ada Pellegrini. **A instrução processual penal em Ibero-America.** Trabalho apresentado ao "Congresso Internacional de Culturas e Sistemas Jurídicos Comparados", México, México, fevereiro de 2002.

JARDIM, Afrânio. **Direito Processual Penal**. 10 ed. Rio de Janeiro: Forense, 2001.

LOPES JR., Aury; DI GESU, Cristina Carla. Falsas memórias e prova testemunhal no processo penal: em busca da redução de danos. **Revista de Estudos Criminais,** n. 25, p. 59-115, Sapucaia do Sul, RS, Nota Dez.

MACEDO, Elaine Harzheim. **Jurisdição e Processo**: crítica histórica e perspectivas para o terceiro milênio. Porto Alegre: Livraria do Advogado, 2005.

MAIER, Julio B. J.; STRUENSEE, Eberhard. **Las Reformas Procesales Penales en América Latina**. Buenos Aires: Ad-Hoc, 2000.

MAIER, Julio B. J. **Derecho procesal penal**: fundamentos. 2 ed. Buenos Aieres: Editores Del Puerto, 2004.

MARQUES, José Frederico. **Elementos de Direito Processual Penal.** Vol. I. Campinas, SP: Bookseller, 1997.

MOREIRA, Rômulo de Andrade. **A reforma do Código de Processo Penal.** JusPodium. Disponível em: <www.juspodivm.com.br/artigos/artigos_373.html > Acesso em: 15 jan 2009.

MOREIRA, Barbosa. **A garantia do contraditório na atividade de instrução**. Temas de direito processual. 3ª série. São Paulo: Saraiva, 1984.

MOREIRA, Rômulo de Andrade. **A Reforma do Código de Processo Penal – Procedimentos.** Editora Magister. Disponível em: <http://www.editoramagister.com/doutrina_imprimir.php?id=246> Acesso em: 20 jan 2009.

NERY JR., Nelson. **Princípios do Processo Civil na Constituição Federal.** 8 ed. São Paulo: RT, 2004.

NOVAIS, Jorge Reis. **Contributo para uma teoria do Estado de direito:** do Estado de direito liberal ao Estado social democrático de direito. Coimbra: Gráfica de Coimbra, 1987.

RAMOS, João Gualberto Garcez. **Audiência no processo penal.** Porto Alegre: TRF – 4ª Região, 2008 (Currículo Permanente. Caderno de Direito Penal: módulo 4).

REALE, Giovanni; ANTISERI, Dario. **História da filosofia.** 2.ed. São Paulo: Paulinas, 1990, 3. v.

Propostas para um estudo das prisões preventivas extraprocedimentais

Marcelo Cardozo da Silva[1]

Súmario: Introdução. 1 Breve histórico da prisão preventiva. 2 Dos elementos de cautelaridade da prisão preventiva. 3 Prisões preventivas endoprocedimentais e prisões preventivas extraprocedimentais. 3.1 As prisões preventivas endo-procedimentais. 3.2 As prisões preventivas extraprocedimentais. 4 A possível cautelaridade das prisões preventivas extraprocedimentais. Conclusão. Referências.

Introdução

Os institutos jurídicos nascem em determinados quadrantes temporais, cujos desnudamentos históricos, muitas vezes, são fundamentais para a compreensão de suas reais extensões.

Nisso não vai, contudo, o reconhecimento de um fatalismo histórico que irá marcar, para sempre, os exatos e imutáveis contornos do instituto jurídico.

Acontece que o desenrolar dos séculos, freqüentemente, acaba por manter apenas na superfície as feições do instituto, alterando-se, contudo, significativamente, a forma como os contemporâneos passam a encarar seus fundamentos, suas finalidades. É como se estivesse diante de um prédio histórico reformado, em que apenas a fachada é antiga, sendo seu interior repleto das mais atuais tecnologias.

---

1 O autor é juiz federal, tendo atuado em Foz do Iguaçu/PR, Porto Alegre/RS e Caxias do Sul/RS, jurisdicionando, hoje, na 1ª Vara Federal e Juizado Especial Federal Criminal de Criciúma/SC. É graduado e mestre em Direito pela Universidade Federal do Rio Grande do Sul (UFRGS). Foi professor da Universidade do Extremo Sul de Santa Catarina (UNESC), assim como da Escola Superior da Magistratura Federal do Rio Grande do Sul (ESMAFE/RS) e da Escola Superior do Ministério Público do Rio Grande do Sul (ESMP). Também foi Delegado da Polícia Federal.

Assim se passou com diversos institutos jurídicos, com especial destaque com a prisão preventiva, que constitui objeto de análise deste artigo.

Tratar de estudar o instituto jurídico da prisão preventiva, que vem sendo empregado ao longo de muitos séculos, traz específicos desafios, difíceis de serem transpostos. Não se trata de simplesmente ver o *antigo*, reinterpretando-o à luz das normas atuais na busca de sentidos consentâneos com a realidade jurídica, fática e científica vigentes. Também é preciso enfrentar assertivas já ultrapassadas, que continuam sendo repetidas, talvez por nada se questionar e se preferir repetir e transcrever lições do passado, quiçá então muito oportunas, mas de pouco, ou nenhuma, adequação com as exigências do sistema normativo atual.

No presente artigo, apreciarei o instituto da prisão preventiva, inicialmente, a partir de sua evolução histórica no direito brasileiro, destacando as recentes alterações substancias de rotas tomadas pouco mais de uma década antes da Constituição de 1988, rotas estas que até hoje estão moldando tal instituto de maneira significativa, cujas feições definitivas se encontram longe de completa visualização, porque ainda em gestação. O caminho histórico teve de ser trilhado para bem demonstrar que a prisão preventiva cada vez mais tem acentuada a sua feição cautelar.

Apreciarei, então, em breves linhas, os atuais *elementos de cautelaridade* (o *periculum in mora*), apresentando alguns de seus conceitos empregados, que serão, a seguir, sistematizados de modo a demonstrar as absolutamente distintas espécies de prisões preventivas que decorrem de tais *elementos de cautelaridade*, quais sejam, as prisões preventivas endoprocedimentais e extraprocedimentais, estas últimas altamente criticadas pela doutrina e de difícil manejo pela jurisprudência.

Ao final, propõe-se, sucintamente, a possibilidade de construção de um novo modelo de cautelaridade para as prisões preventivas extraprocedimentais, de modo a justificá-las no regime constitucional vigente.

1 Breve histórico da prisão preventiva

A experiência jurídica brasileira passa, no tempo colonial, evidentemente, pela aplicação do direito português então vigente.

Na legislação colonial, por regra, ninguém seria preso sem culpa formada[2] e sem mandado emanado por juiz, apresentando-se, contudo, as seguintes exceções: a hipótese de flagrante delito e a hipótese de crime apenado com morte natural ou civil. Todavia, as exceções submetiam-se, por seu turno, a restrições: dever-se-ia formar a culpa *dentro de oito dias*, pois que, se assim não se procedesse, o réu deveria ser imediatamente solto[3].

Distante dessas duas hipóteses, o réu somente poderia ser preso preventivamente depois de pronunciado. Havia três tipos de pronúncia: 1) a pronúncia ordinária, nos casos em que o réu se livrava solto; 2) a pronúncia especial, nos crimes em que era possível que o réu se livrasse *seguro* (mediante fiança); 3) a pronúncia de *réo capiendo*, que tomava corpo nos crimes mais graves, devendo a prisão assim continuar até o julgamento[4].

---

2 Conforme João Mendes de Almeida Júnior, a formação da culpa consistia em uma série de atos preliminares da acusação, intitulado *sumário da culpa*, que culminava com uma sentença de pronúncia ou não-pronúncia, a partir da qual se abria a fase plenária em que se exerceria o direito de defesa. Consoante Pimenta Bueno, "formação da culpa é o processo preliminar ou série de atos determinados pela lei, por meio dos quais o juiz competente examina e comprova a existência do crime, reconhece seus elementos, esclarece suas circunstâncias, e colige as provas de quem seja seu autor e cúmplices, quando haja; e, consequentemente, detém os indiciados debaixo de fiança ou prisão, nos termos da lei, até que se decida da acusação" (*Apud* ALMEIDA JÚNIOR, João Mendes de. *O processo Criminal Brasileiro*, 4ª edição, vol. II, Rio de Janeiro: Ed. Livraria Freitas Bastos S.A., 1959, p. 205).

3 Nesse sentido, Joaquim José Caetano Pereira e Sousa (*Primeiras Linhas sobre o Processo Criminal*, Of. Patr. de Francisco Luiz Ameno, 1785, Lisboa), dizia que: "Regularmente o Réu não pode ser preso sem ordem do Magistrado, nem antes de culpa formada, exceto: 1º quando é achado em flagrante delito; 2º quando o crime provado merece pena de morte natural ou civil. Sobre este ponto, vejam-se a Lei de 6 de dezembro de 1612, § 14, o Alvará de 19 de outubro de 1754, § 1º. O dito Alvará de 19 de outubro de 1754 estendeu este procedimento aos casos de devassa, em que cabe pena de açoites ou de degredo maior que o de seis anos para o Brasil. Nestes casos, deve-se formar culpa ao réu dentro do prefixo termo de oito dias (dito Alvará de 5 de março de 1790, § 1º). Note-se que o § 14 da Lei de 6 de dezembro de 1612 se explica pela palavra *poder*, que não denota necessidade e que a sua execução deve restringir-se a crimes mais graves e aplicar-se prudentemente". *Apud* ALMEIDA JÚNIOR, João Mendes de. *O processo Criminal Brasileiro*, 4ª edição, vol. I, Rio de Janeiro: Ed. Livraria Freitas Bastos S.A., 1959).

4 Ver, nesse sentido, ALMEIDA JÚNIOR, João Mendes de. Op. cit., vol. I)

Quando da proclamação da independência em 1822, veio a lume a Constituição de 1824, que, nos parágrafos 8º e 10, disciplinava que:

> Ninguém poderá ser preso sem culpa formada, exceto nos casos declarados na lei; e estes, dentro de vinte a quatro horas, contadas da entrada da prisão,sendo em cidades,vilas ou outras povoações próximas aos lugares da residência do juiz, e nos lugares remotos dentro de um prazo razoável,que a lei marcará,atenta a extensão do território, o Juiz,por uma Nota por ele assinada,fará constar ao Réu o motivo da prisão,os nomes de seus acusadores,e os das testemunhas,havendo-as.
>
> A exceção do flagrante delito,a prisão não pode ser executada senão por ordem escrita da autoridade legítima. Se esta for arbitrária, o juiz que a deu e quem a tiver requerido serão punidos com as penas da lei.

Por sua vez, o Código de Processo de 1832, em seu artigo 175, dispunha que, além da hipótese de flagrante delito:

> Poderão também ser presos sem culpa formada os que forem indiciados em crimes em que não tem lugar fiança; porém, nestes e em todos os mais casos,à exceção dos de flagrante delito,a prisão não pode ser executada senão por ordem escrita da autoridade legítima.

Na prática, a suposta prática de crime em que não tinha lugar fiança autorizaria, segundo a conveniência judicial, a decretação da prisão preventiva. Essa disposição em si, ao longo dos anos de sua aplicação, já se mostrou insuficiente para a sua época, uma vez que bastava, para a realização da prisão preventiva, a mera conjectura de que o acusado cometera um crime "em que não tem lugar fiança"; nessa linha, foram as críticas do Deputado Figueira de Melo no âmbito da discussão do projeto do Deputado Saião Lobato de 1861 (que intentava instituir um auto especial e prévio para bem aquilatar a qualificação jurídica do fato imputável, com todas as razões justificadoras da prisão):

> São conhecidos os abusos que resultam da atribuição que, pelo art. 175 do Código de Processo Criminal, têm as autoridades de proceder antes de culpa formada nos crimes inafiançáveis, porque geralmente entendem, para satisfazer alheias exigências, ou suas infundadas apreensões, que o indiciado criminoso cometera crime inafiançável e assim o conservam detido até que o processo informatório se conclua[5].

Noutro projeto, agora de 1869, José de Alencar também buscava dar à prisão preventiva maiores rigores de aplicação, assim propondo:

> Só é permitida a prisão preventiva por veemente presunção de crime inafiançável, quando essa presunção for estabelecida pela declaração de duas testemunhas que jurem de ciência própria, ou pelo auto de corpo de delito,e quando concorrerem as duas circunstâncias de ser o indiciado pessoa não abonada, sem residência permanente no lugar e de não haver decorrido o prazo de três anos de perpetração do crime.Poderá,todavia,a autoridade,quando se trate de crime muito grave, exigir do indiciado caução ou fiança, no caso de existir contra ele presunção veemente[6].

Somente em 1870, a Câmara dos Deputados, retornando aos termos de projeto de 1861, organizou novo projeto, que culminou na Lei 2.033, de 20 de setembro de 1871, que assim dispunha no artigo 13, parágrafos 2º, 3º e 4º:

> § 2º À excepção de flagrante delicto,a prisão antes da culpa formada só pôde ter lugar nos crimes inafiançaveis, por mandado escripto do Juiz competente para a formação da culpa ou à sua requisição; neste

5 *Apud* ALMEIDA JÚNIOR, João Mendes de. Op. cit., vol. I, p. 329.

6 *Apud* ALMEIDA JÚNIOR, João Mendes de. Ob. cit., vol. I, p. 329-330.

> caso precederá ao mandado ou à requisição declaração de duas testemunhas, que jurem de sciencia propria, ou prova documental de que resultem vehementes indicios contra o culpado ou declaração deste confessando o crime.
>
> § 3º A falta, porém, do mandado da autoridade formadora da culpa, na occasião, não inhibirá a autoridade policial ou Juiz de Paz de ordenar a prisão do culpado de crime inafiançavel, quando encontrado, se para isso houverem de qualquer modo recebido requisição da autoridade competente, ou se fôr notoria a expedição de ordem regular para a captura; devendo, porém, immediatamente ser levado o preso à presença da competente autoridade judiciaria para delle dispôr. E assim tambem fica salva a disposição do art. 181...
>
> § 4º Não terá lugar a prisão preventiva do culpado, se houver decorrido um anno depois da data do crime.

Assim, a prisão preventiva passou a exigir especiais contornos de formalização e de prévia instrução para sua decretação, autorizada nos casos de crimes inafiançáveis, sem, contudo, haver na legislação quaisquer referências a requisitos de cautelaridade (*periculum in mora*). Regulamentando esse dispositivo, o artigo 29 do Decreto 4.824, de 22 de novembro de 1871, assim disciplinava que se procedessem aos pedidos de prisão preventiva:

> Ainda antes de iniciado o procedimento da formação da culpa ou de quaisquer diligências do inquérito policial, o Promotor Público, ou quem suas vezes fizer, e a parte queixosa, poderão requerer, e a autoridade policial representar, acerca da necessidade ou conveniência da prisão preventiva do réu indiciado em crime inafiançável, apoiando-se em provas, de que resulte veementes indícios de culpabilidade, ... a autoridade judiciária, competente para a formação da culpa, reconhecendo a procedência dos indícios contra o argüido culpado, e a conveniência de sua prisão, por despacho nos autos a ordenará, ou expedindo mandado escrito, ou requisitando por comunicação telegráfica, por aviso geral na imprensa, ou por qualquer outro modo que faça certa a requisição.

Sem prejuízo, tal Regulamento também autorizava a que o Juiz, de ofício, decretasse a prisão preventiva do réu:

> Independentemente de requerimento da parte acusadora ou representação da autoridade policial, poderá do mesmo modo o juiz formador da culpa, julgando necessário ou conveniente, ordenar ou requisitar, antes da pronúncia, a prisão do réu de crime inafiançável, se tiver coligido ou lhe for presente aquela prova de que resultem veementes indícios da culpabilidade do dito réu.

Por sua vez, ainda acerca da prévia existência de elementos de prova que autorizassem concluir-se pela presença de crime inafiançável, o Aviso nº 438, de 29 de outubro de 1877, dizia que:

> ... a prova essencial para essa representação não depende da formação do inquérito, conquanto se possa dele extrair, em próprio original, por certidão, ou por cópia, conforme a urgência do caso, qualquer prova necessária para ser apreciada pelo juiz, que deverá em todo o caso proceder ao autuamento e decidir como for justo e em tempo de evitar o mau êxito da diligência; devolvendo à autoridade policial, a fim de ser junto ao inquérito, o documento que em original tenha sido extraído.

Com a República, a Constituição de 1891, no artigo 72, parágrafos 13 e 14, disciplinou que:

> À exceção do flagrante delito, a prisão não poderá executar-se, senão depois de pronúncia do indiciado, salvo os casos determinados em lei, e mediante ordem escrita da autoridade competente.
>
> Ninguém poderá ser conservado em prisão sem culpa formada, salvas as exceções especificadas em lei, nem levado à prisão, ou nela detido, se prestar fiança idônea, nos casos em que a lei a admitir.

Embora o regime republicano, ainda se mantiveram em vigência as normas atinentes à prisão preventiva, em especial aquelas veiculadas no artigo 13 da Lei 2.033, de 1871[7]. E, interpretando essa legislação, o Supremo Tribunal Federal, em Acórdão de 4 de maio de 1892, teve a oportunidade de decidir que:

> Não basta, para considerar-se legal a prisão sem culpa formada, que das provas especificadas no art. 13, § 2º, da Lei n. 2.033, de 1871, resultem veementes indícios de ter o culpado cometido um delito qualquer: é demais preciso que a autoridade tenha obtido tal conhecimento do crime, que a habilite a discriminar-lhe a natureza e gravidade, em ordem a poder com segurança decidir preliminarmente se é ou não afiançável. Está neste caso o crime que pode ser provado pelo corpo de delito direto; mas, nem sempre estão nesse caso aqueles que dependem de outras diligências e pesquisas, que só no sumário da culpa se podem fazer, inquirindo-se testemunhas, acerca da sua existência e circunstâncias e do delinqüente[8].

Após, pelo artigo 27, parágrafo 1º, I e II, Decreto 2.110, de 30 de setembro de 1909, ampliou-se o espaço para a decretação da prisão

7 Galdino Siqueira dizia que: "Sob o influxo das ideias da Revolução Francesa, a Constituição do Império procurou acautelar a liberdade individual, estatuindo sobre os casos de sua restricção (art. 179, §§ 9 e 10), e o Cod. do Processo Criminal, art. 175, reiterado no art. 114 do Reg. Nº 120 de 1842, deixou consignado que podiam ser presos sem culpa formada os indiciados em crimes inafiançáveis, porém nestes e em todos os mais casos, à exceção dos de flagrante delito, a prisão não podia ser executada senão por ordem escripta da autoridade legítima. Para coibir os abusos e arbitrariedades que se cometiam e que não podia refrear o dispositivo legal, por vago, procurou-se determinar precisamente os casos de restrição da prisão preventiva, antes da culpa formada, e sua formula precisa. Provendo a respeito, a Lei nº 2033 de 20 de setembro de 1871, art. 13, §§ 2º, 3º e 4º e Decr. nº 4824 de 22 de novembro do mesmo ano, art. 29 dispõem que ainda antes de iniciado o procedimento da formação da culpa ou de quaesquer diligencias do inquérito policial, o promotor público, ou que suas vezes fizer, e a parte queixosa poderão requerer, e a autoridade policial representar acerca da necessidade ou conveniência da prisão preventiva do réo indiciado em crime inafiançável, apoiando-se em prova de que resultem veementes indícios de culpabilidades, ou seja confissão do mesmo réo ou documento ou declaração de duas testemunhas; e, feito o respectivo autoamento, a autoridade judiciária competente para a formação da culpa, reconhecendo a procedência dos indícios contra o argüido culpado, e a conveniência de sua prisão, por despacho nos autos a ordenará, o expedindo mandado escripto, ou requisitando por comunicação telegraphica, por aviso geral na imprensa, ou por qualquer outro modo que faça certa a requisição" (Curso de Processo Criminal, 2ª ed., São Paulo: Livraria Magalhães, 1930, 132-133).

8 *Apud* ALMEIDA JÚNIOR, João Mendes de. Ob. cit., vol. I, p. 345.

preventiva; outrossim, revogou-se a limitação temporal para a sua decretação, que dependeria, sob esse aspecto, exclusivamente da não-ocorrência de prescrição:

> Art.27.A prisão preventiva é autorizada de acordo com a legislação vigente.
>
> § 1º. Nos crimes afiançáveis quando se apurar no processo que o indiciado:
>
> I - é vagabundo,sem profissão lícita e domicílio certo;
>
> II - já cumpriu pena de prisão por efeito de sentença proferida por tribunal competente.
>
> § 2º Nos crimes inafiançáveis, enquanto não prescreverem, qualquer que seja a época em que se verifiquem indícios veementes de autoria ou cumplicidade, revogado o § 4º do art. 29 do Decr. 4.824 de 29 de novembro do mesmo ano.

Nessa mesma linha, aliás, caminhou o Decreto 4.780, de 27 de dezembro de 1923, que estabelecia penas para os crimes de peculato, moeda falsa, falsificação de documentos:

> Art.31.A prisão preventiva é autorizada de accôrdo com a legislação vigente:
>
> § 1º Nos crimes afiançaveis quando se apurar no processo que o indiciado:
>
> a) é vagabundo sem profissão licita e domicilio certo;
>
> b) já cumpriu pena do prisão por effeito de sentença proferida por tribunal competente.
>
> § 2º Nos crimes inafiançaveis, emquanto não prescreverem, qualquer que seja a época em que se verifiquem indicios vehementes de autoria ou cumplicidade, revogados, o § 4º do art. 13, da lei n. 2.033, de 20 de setembro de 1871, e o § 3º do art. 29 do decreto n. 4.824, de 29 de novembro do mesmo anno.

Destaque-se, contudo, que a Constituição de 1891, por interpretação conferida ao artigo 34, "23º" [9], conferia aos Estados competência para legislar sobre *processo*, do que resultou foram editados, em níveis estaduais, códigos de processo penal. Assim, o Estado do Rio Grande do Sul, no artigo 194 de seu Código de Processo Criminal, assim estabeleceu a prisão preventiva:

> Art. 194. A ordem de prisão preventiva deve ser expedida: a) no caso de homicídio ou lesão pessoal gravíssima, salvo se estes fatos são justificáveis ou cometidos casualmente; b) nos atentados à propriedade, quando as penas excedam de quatro anos de prisão celular; c) se o indiciado, durante a formação da culpa, pratica novo delito, ameaça a parte ofendida ou tenta corromper ou intimidar as testemunhas.

Contudo, segundo Romeu Pires de Campos Barros, a legislação gaúcha sobre a prisão preventiva foi tida por inválida, "tendo o Supremo Tribunal Federal declarado inconstitucionais as disposições desse Código, que não se conciliassem com a legislação federal, no assunto das restrições à liberdade individual" [10].

Dessa maneira, antes da pronúncia, a prisão preventiva operava-se nos crimes que não eram suscetíveis de fiança (excepcionando-se, como visto, os casos do artigo 27, parágrafo 1º, I e II, do Decreto 2.110, de 30 de setembro de 1909, e do artigo 31 do Decreto 4.780, de 27 de dezembro de 1923).

Bem se constata, portanto, que, até então, não havia, como no Código de Processo Penal de 1941 vindouro, disposições acerca dos elementos de cautelaridade (*periculum in mora*) que autorizariam a segregação (*conveniência da instrução penal, aplicação da lei penal, ordem pública, v.g.*).

---

9 Disciplinava essa norma constitucional que: "Art 34 - Compete privativamente ao Congresso Nacional: ... 23º) legislar sobre o direito civil, comercial e criminal da República e o processual da Justiça Federal".

10 *Processo Penal Cautelar*, Rio de Janeiro: Forense, 1982, p. 176.

De toda forma, os autores de então discutiam acerca dos fundamentos do instituto, embora, na prática, o cometimento de crime em que não tinha lugar a fiança *de per si* já permitia a decretação da prisão, sendo essa a prática no mais das vezes corrente.

Exemplos de fundamentos para o instituto, de modo a não se autorizar a medida tão-somente na impossibilidade de concessão de fiança, são colhidos em diversos autores representativos do período, tais como João Mendes de Almeida Júnior (1920) e Galdino Siqueira (1930).

João Mendes de Almeida Júnior, ex-Ministro do Supremo Tribunal Federal, analisando Faustin Helie, Ortolan, Carrara, Garrofalo e Carelli, Lucchini e Francisco Fernandes, acaba por concluir que:

> todas essas teorias reconhecem a necessidade da prisão preventiva; os próprios ORTOLAN e CARRARA, que mais se mostram avessos à medida, não se animam a afirmar a conveniência da sua eliminação. Os abusos e a imprevidência das administrações não constituem razão para abolir-se a medida da prisão preventiva, mas incentivos para restringir os seus casos, tanto quanto possível, aos crimes mais graves e para regular a prudência do arbítrio do juiz em fórmula precisa[11].

E, apreciando o pensamento de tais autores, cita múltiplos fundamentos para a prisão preventiva; por exemplo, com Garofalo e Carelli, refere a fundada suspeita de fuga, a fundada suspeita da destruição dos sinais e vestígios do crime, o suborno ou peita de testemunhas; pertencer o indiciado a uma classe perigosa; grave perturbação da ordem pública; gravidade do crime. Segundo se constata, acaba por aderir, parcialmente, ao pensamento do doutrinador português Francisco Fernandes, cujas lições assim foram sintetizadas por ele:

> ... 1º) a prisão preventiva, durante o *período da instrução*, deve ser *obrigatória* em todos os crimes puníveis com penas privativas da liber-

11 ALMEIDA JÚNIOR, João Mendes de. Op. cit., vol. I, p. 352.

> dade pessoal, sempre que os indiciados tenham sido ou presos em flagrante delito, ou confessado o delito, ou sejam reincidentes; 2º) a prisão preventiva deve ser *facultativa ao juiz*, quando, não se verificando estes requisitos, houver suspeita de fuga, sendo que esta se presume: a) quando o delito é punível com alguma das penas maiores da escala penal; b) quando o indiciado não tem domicílio; c) quando é estrangeiro e há motivo sério para recear que se não apresente em juízo, quando devidamente citado; 3º) a prisão preventiva deve ser *facultativa* ao juiz também no caso de tentativa de suborno e testemunhas, peritos ou cúmplices, receio de destruição e vestígios do crime ou de outros modos impedir a ação da justiça, perigo de repetição do crime consumado ou efetivação do ameaçado ou tentado; 4º) nestes últimos casos e em todos aqueles em que a pena é correicional, podem os réus livrar-se sob caução o fiança...

Já Galdino Siqueira, citando Faustin Helie (fato então comum nos manuais de processo penal da época), dizia que:

> Advindo assim da necessidade de acautelar a administração da justiça, a prisão preventiva (que melhor se denominaria – detenção ou custódia, como a denominava o Cód. Do Processo Criminal) se manifesta, como bem nota FAUSTIN HELIE, como medida de segurança, como garantia da execução da pena e como meio de instrução. Como medida de segurança, a prisão preventiva tem por fim evitar que o delinqüente commetta novos crimes, e mesmo evitar que seja victima da vindicta do offendido. Como garantia da execução da pena, ella tem por fim evitar que o delinqüente fuja à pena que merece e às reparações civis. Como meio de instrucção, ella tem por fim evitar que delinqüente faça desapparecer os vestígios do crime, que suborne testemunhas, que se concerte com os cúmplices para o plano de evitar a descoberta da verdade. A indicação desses fins especiaes vem mostrar que se trata de uma medida relativa, e por isso não necessária em todos os casos, para todos os delinqüentes e em todo e qualquer momento da instrucção processual."[12]

12 Op. cit., p. 129.

Em 1942, sob inspiração do Código de Processo Penal italiano, de 19 de outubro de 1930, veio a lume o Código de Processo Penal até hoje em vigor, que, inicialmente, previa a prisão preventiva *obrigatória*, nos seguintes termos em seu artigo 312:

> Art. 312. A prisão preventiva será decretada nos crimes a que for cominada pena de reclusão por tempo, no máximo, igual ou superior a dez anos.

Também o Código de Processo Penal trouxe as específicas hipóteses autorizadoras da prisão preventiva – os elementos de cautelaridade (*garantia da ordem pública, conveniência da instrução criminal ou para assegurar a aplicação da lei penal*), em seu artigo 313, que também estabelecia os crimes com relação aos quais a medida restava cabível:

> Art. 313. A prisão preventiva poderá ser decretada como garantia da ordem pública, por conveniência da instrução criminal ou para assegurar a aplicação da lei penal:
>
> I – nos crimes inafiançáveis, não compreendidos no artigo anterior;
>
> II – nos crimes afiançáveis, quando se apurar no processo que o indiciado é vadio ou quando, havendo dúvida sobre sua identidade, não fornecer ou indicar elementos suficientes para esclarecê-la;
>
> III – nos crimes dolosos, embora afiançáveis, quando o réu tiver sido condenado por crime da mesma natureza, em sentença transitada em julgado.

Somente 26 anos após, a redação original dos artigos 312 e 313 foi alterada (por força da Lei 5.349, de 3 de novembro de 1967), extinguindo-se a hipótese de prisão preventiva *obrigatória*:

> Art. 312. A prisão preventiva poderá ser decretada como garantia da ordem pública, por conveniência da instrução criminal ou para asse-

> gurar a aplicação da lei penal, quando houver prova da existência do crime e indícios suficientes da autoria.
>
> Art 313. A prisão preventiva poderá ser decretada:
>
> I – nos crimes inafiançáveis;
>
> II – nos crimes afiançáveis, quando se apurar no processo que o indiciado é vadio ou quando, havendo dúvida sobre a sua identidade, não fornecer ou indicar elementos suficientes para esclarecê-la;
>
> III – nos crimes dolosos, embora afiançáveis, quando o réu tiver sido condenado por crime da mesma natureza, em sentença transitada em julgado.

Deixando o critério da afiançabilidade, ou não, da infração, a Lei 6.416, de 24 de maio de 1977, autorizou a prisão preventiva, incondicionalmente, também nos crimes dolosos afiançáveis, exigindo, tão-somente, que estes fossem punidos com reclusão; para os casos de crimes punidos com detenção, a medida apenas seria empregada nas hipóteses previstas nos incisos II e III do artigo 313. Eis a nova redação do artigo 313 do Código de Processo Penal:

> Art. 313. Em qualquer das circunstâncias, previstas no artigo anterior, será admitida a decretação da prisão preventiva nos crimes dolosos:
>
> I – punidos com reclusão;
>
> II – punidos com detenção, quando se apurar que o indiciado é vadio ou, havendo dúvida sobre a sua identidade, não fornecer ou não indicar elementos para esclarecê-la;
>
> III – se o réu tiver sido condenado por outro crime doloso, em sentença transitada em julgado, ressalvado o disposto no parágrafo único do art. 46 do Código Penal.

Ademais, a Lei 6.416/77 trouxe significativa alteração, de grande impacto em todo o sistema normativo, ao inserir um parágrafo único ao artigo 310 do Código de Processo Penal, que assim passou a vigorar:

> Art. 310. Quando o juiz verificar pelo auto de prisão em flagrante que o agente praticou o fato, nas condições do art. 19, I, II e III, do Código Penal, poderá, depois de ouvir o Ministério Público, conceder ao réu liberdade provisória, mediante termo de comparecimento a todos os atos do processo, sob pena de revogação.
>
> Parágrafo único. Igual procedimento será adotado quando o juiz verificar, pelo auto de prisão em flagrante, a inocorrência de qualquer das hipóteses que autorizam a prisão preventiva (arts. 311 e 312).

Com as alterações de 1977, operou-se uma importante mudança no sistema normativo da prisão preventiva, que, então, pode-se dizer que, de fato, guinou para um sistema de tutela cautelar.

Primeiro, porque se deixou a tradição do direito brasileiro que autorizava a prisão preventiva apenas nos crimes em que não tinha lugar a fiança. Os crimes inafiançáveis, por regra, carregavam uma forte presunção de necessidade da medida de segregação, como se pode ver, claramente, no período anterior ao Código de Processo Penal de 1941, em que, na legislação federal, nem mesmo havia referências a elementos de cautelaridade (*ordem pública, conveniência da instrução penal ou garantia da aplicação da lei penal*). Na prática, independentemente do que apregoado pela doutrina, então influenciada pela doutrina italiana, bastava para a sua decretação que o crime fosse inafiançável, ainda mais porque não havia parâmetros de cautelaridade disciplinados, resumindo-se, a necessidade da prisão, à "conveniência e ao prudente arbítrio" do juiz, que, desde sempre, eram criticados.

Segundo, porque desvinculou a impossibilidade da concessão da fiança de qualquer presunção de necessidade de prisão. Ao contrário, da necessidade da prisão é que decorria, agora, independentemente da pena cominada, a impossibilidade da concessão de fiança (artigo 324, IV, do Código de Processo Penal). A necessidade da prisão é que passou a desempenhar papel central no sistema normativo da fiança. Tanto isso é verdade que, se antes da Lei 6.416/77, a prisão em flagrante, nos crimes não sujeitos à fiança, submetia, por regra, o indiciado à segregação por todo o processo, a partir de então a manutenção da prisão imprescindiria da presença de todos os elementos da prisão preventiva (em especial, aqueles referentes à cautelaridade), sob pena da concessão da liberdade provisória.

Assim, deixava a prisão preventiva de, em um primeiro plano, fundar-se, para sua decretação, nas meras presumidas decorrências do cometimento de um crime não-sujeito à fiança (tradição de séculos do direito brasileiro), para compatibilizar-se com a doutrina que, já antes do Código de Processo Penal (e que lhe influenciou significativamente), há tempos centrava nos elementos de cautelaridade o fundamento do instituto, que deveriam restar demonstrados caso a caso.

Houve, na verdade, uma revolução do paradigma interpretativo.

Isso porque os elementos de cautelaridade, se agora postos na ordem do dia, já se faziam presentes desde a edição do Código, em 1941. É que, em 1977, retirou-se do requisito da impossibilidade de fiança (e das presunções de necessidade decorrentes) o papel preponderante que exercia, passando a vir como elemento de primeiro plano, então, a própria análise concreta da necessidade da segregação, que deveria restar estampada na *garantia da ordem pública, na conveniência da instrução penal* e *na garantia da aplicação da lei penal*. Mudou-se muito sem que houvesse qualquer inserção da necessidade de observância dos elementos de cautelaridade: ao tornar irrelevante, para a decretação da prisão preventiva, a impossibilidade de fiança, fortaleceu-se a prisão preventiva justamente em seus requisitos intrínsecos de cautelaridade.

Em 1986, a Lei 7.492, de 16 de junho de 1986, que dispôs sobre os crimes contra o sistema financeiro nacional, trouxe novo elemento de cautelaridade em seu artigo 30, qual seja, a decretação da prisão preventiva *em razão da magnitude da lesão causada*:

> Art. 30. Sem prejuízo do disposto no art. 312 do Código de Processo Penal, aprovado pelo Decreto-lei nº 3.689, de 3 de outubro de 1941, a prisão preventiva do acusado da prática de crime previsto nesta lei poderá ser decretada em razão da magnitude da lesão causada.

Em 1994, pela Lei 8.884, de 11 de novembro de 1994, que dispôs sobre a prevenção e a repressão às infrações contra a ordem econômica, inseriu-se, no artigo 311 do CPP, mais um elemento de cautelaridade, consubstanciado na *garantia da ordem econômica*.

E, finalmente, pela Lei 11.340/2006, autorizou-se a prisão preventiva, independentemente de se tratar de crime apenado com detenção, nas hipóteses que envolverem "violência doméstica e familiar contra a mulher, nos termos da lei específica, para garantir a execução das medidas protetivas de urgência", inserindo-se, então, o inciso IV ao artigo 312 do CPP.

Hoje, os elementos de cautelaridade da prisão preventiva é que ocupam, acertadamente, a ordem do dia, especialmente aqueles referentes à *ordem pública, à ordem econômica e à magnitude da lesão causada*, cujos bens jurídicos tutelados dificultam, sobremaneira, a análise sobre suas naturezas cautelares.

2 Dos elementos de cautelaridade da prisão preventiva

A prisão preventiva apresenta, como visto, atualmente, no artigo 312 do Código de Processo Penal e no artigo 30 da Lei 7.492/86, pelo menos em tese, cinco elementos de cautelaridade, que consubstanciariam o *periculum in mora* justificador da medida: *a conveniência da instrução penal, a garantia da aplicação da lei penal, a garantia da ordem pública, a garantia da ordem econômica e a magnitude da lesão causada nos crimes contra o sistema financeiro nacional.*

A *conveniência da instrução penal* e a *garantia da aplicação da lei penal* têm sido menos problemáticas de aplicação, especialmente porque, como será visto mais adiante, perfazem hipóteses tipicamente *cautelares* de prisão preventiva, já que visam a garantir o desenvolvimento do processo e a eventual execução de uma sentença penal condenatória, surgindo suas razões de ser, pois, das necessidades do procedimento.

Na *conveniência da instrução penal*, há um problema no fluxo da persecução penal, cujos rumos, ilicitamente, são ou buscam ser alterados por atos de responsabilidade do réu, todos realizados com o intuito de inviabilizar a possível resposta estatal condenatória de aplicação do direito penal. Há, nesses casos, um sério problema sobre a produção da prova, que busca ser deturpada, ou sobre o próprio funcionamento do aparato estatal de persecução. Os exemplos apresentados pela jurisprudência e pela doutrina são variados: tentativa ou destruição de provas (HC 86.175, 2ª Turma, Rel. Min. Eros Grau, DJU de 10.11.2006, p. 65), tentativa ou suborno de testemunhas, peritos e funcionários da justiça, falsificação de provas, ameaças ou violências a testemunhas ou a outros réus, a funcionários da justiça.

Na *garantia da aplicação da lei penal*, há a constatação de que, ao final, a pena eventualmente a ser imposta não será cumprida em face da fuga do réu (HC 85.248/RS, 1ª Turma, Rel. Min. Carlos Britto, DJU de 15.06.2007, p. 24). Nas palavras de Romeu Pires de Barros:

> ...a prisão preventiva para assegurar a aplicação da lei penal é a que tem encontrado maior acolhida na doutrina, sendo que alguns doutrinadores sustentam que essa é a principal finalidade da medida.. Assim, o perigo de fuga do indiciado ou acusado justifica a imposição da cautela, evitando que se torne ilusória a condenação proferida no processo principal[13].

Nesses casos, a própria perspectiva do êxito do procedimento resta abalada, já que de pouco valerá o seu desfecho se não será possível a aplicação da sanção. A possibilidade real da aplicação do preceito secundário da norma penal incriminadora (móvel da própria atividade persecutória) precisa manter-se incólume durante todo o procedimento, que deve ter o condão de fazer concreta a pretensão punitiva estatal. A fuga representa desvinculação do réu com o processo e sinalização de não-submissão à eventual pena imposta, o que deve ser

---

13 Op. cit., p. 201.

rechaçado, sob pena de inviabilização da própria razão de ser do procedimento.

No que concerne ao fundamento da *ordem pública*, o Min. Gilmar Mendes, no HC 89.238-8/SP, DJ de 14.09.2007, 2ª Turma, em seu voto, buscou resumir o estado da jurisprudência do STF, nos seguintes termos:

> Com relação ao tema da garantia da ordem pública, faço menção à manifestação já conhecida desta Segunda Turma em meu voto proferido no HC 88.537/BA e recentemente sistematizado nos HC's 89.090/GO e 89.525/GO acerca da conformação jurisprudencial do requisito dessa garantia. Nesses julgados, pude asseverar que o referido requisito legal envolve, em linhas gerais e sem qualquer pretensão de exaurir todas as possibilidades normativas de sua aplicação judicial, as seguintes circunstâncias principais:
>
> i) a necessidade de resguardar a integridade física ou psíquica do paciente ou de terceiros;
>
> ii) o objetivo de impedir a reiteração das práticas criminosas, desde que lastreado em elementos concretos expostos fundamentadamente no decreto de custódia cautelar; e
>
> iii) para assegurar a credibilidade das instituições públicas, em especial do poder judiciário, no sentido da adoção tempestiva de medidas adequadas, eficazes e fundamentadas quanto à visibilidade e transparência da implementação de políticas públicas de persecução penal.

Embora a referência à necessidade de "resguardar a integridade física e psíquica" do réu como fundamento para a prisão preventiva com base na ordem pública, essa construção, desde há muito, submete-se a consistentes críticas; dentre muitos, como Basileu Garcia, Costa Manso defendia que:

> Advirta-se, porém, que se o criminoso é que é ameaçado por represálias, por parte da vítima, da família desta, ou de elementos populares, não se justifica a prisão. O que a autoridade neste caso deve fazer, é

> garanti-lo contra qualquer violência, e não tirar-lhe a liberdade a pretexto de favorecê-lo[14].

Também nessa linha argumentativa, assim já me manifestei:

> ... não se precisa prender alguém para que se lhe proteja contra a "exasperação do povo", bastando que os órgãos de segurança pública cumpram suas funções constitucionalmente previstas (artigo 144 da CF). Não tem sentido restringir-se a liberdade de locomoção de alguém com o fito de proteger-lhe; se assim se operasse, inverter-se-ia o funcionamento dos institutos de controle social. Distante de qualquer medida constritiva de liberdade, cabe ao Estado lançar mão dos instrumentos adequados para proteger o investigado/imputado/réu, cumprindo suas funções policiais preventivas de modo a enfrentar a situação de risco, restringindo a "exasperação do povo" aos padrões de licitude[15].

No que concerne à "garantia da credibilidade das instituições" como componente do conceito de ordem pública, pode-se, claramente, constatar a existência de vacilação jurisprudencial no STF. Em precedente significativo do Plenário (HC 80.717/SP, DJ de 05.03.2004), que teve como relatora a Min. Ellen Gracie Northfleet, o STF, mesmo que por maioria, teve a oportunidade de asseverar que "a necessidade de se resguardar a ordem pública revela-se em conseqüência dos graves prejuízos causados à credibilidade das instituições públicas". Contudo, há, no próprio STF, diversos precedentes que afastaram o elemento *credibilidade das instituições* como autorizador para a decretação da prisão preventiva com fundamento na ordem pública (v.g. HC 84.662/BA, Rel. Min. Eros Grau, 1ª Turma, DJ de 22.10.2004; HC 86.175/SP, Rel. Min. Eros Grau, 2ª Turma, DJ de 10.11.2006; HC 80.719-4/SP, Min. Rel. Celso de Mello, DJ de 28.09.2001; HC 84.662, 1ª Turma, Rel. Min. Eros Grau).

---

14 O Processo na Segunda Instância, São Paulo, 1932, p. 617. *Apud*, BARROS, Romeu Pires de, op. cit., p. 198.

15 SILVA, Marcelo Cardozo da. *Da prisão em flagrante na Constituição*, Porto Alegre: Ed. Verbo Jurídico, 2007, p. 72, nota 160.

Já a reiteração delitiva, a que tudo indica, de fato tem sido o fundamento empregado com maior sucesso como cabível no requisito *ordem pública*; dentre outros (HC 86.175, 2ª Turma, Rel. Min. Eros Grau, DJU de 10.11.2006, p. 65; HC 85.248/RS, 1ª Turma, Rel. Min. Carlos Britto, DJU de 15.06.2007, p. 24), confiram-se os seguintes julgados:

> EMENTA: HABEAS CORPUS. PROCESSUAL PENAL. PRISÃO PREVENTIVA. GARANTIA DA ORDEM PÚBLICA E DA APLICAÇÃO DA LEI PENAL. FUNDAMENTOS IDÔNEOS. 1. Demonstrada, no decreto de prisão cautelar, a real possibilidade de reiteração na prática do crime de tráfico de entorpecentes, resulta idôneo o fundamento da prisão preventiva do paciente para assegurar a ordem pública. 2. Igualmente idôneo, à consideração de que o paciente ficou foragido durante 5 (cinco) anos, o fundamento da segregação cautelar para garantia da aplicação da lei penal. Ordem denegada. (HC 89.993/MT, 2ª Turma, Rel. Min. Eros Grau, DJU de 09.02.2007, p. 53).

> EMENTA: HABEAS CORPUS. CRIME DE ROUBO. ALEGAÇÃO DE AUSÊNCIA DE FUNDAMENTAÇÃO IDÔNEA PARA A PRISÃO PREVENTIVA. GRAVIDADE DO DELITO. OFENSA À ORDEM PÚBLICA. O Supremo Tribunal Federal já firmou entendimento de que a mera citação do art. 312 do CPP não é suficiente para configurar a ameaça à ordem pública. Exige-se, para tanto, a indicação de elementos empíricos que levem à conclusão da necessidade da custódia cautelar. In casu, fundamenta-se a prisão preventiva na necessidade de preservação da ordem pública ante o risco de cometimento de mais delitos. Isto a partir de informações de que o paciente integra quadrilha voltada à prática de crimes da mesma natureza, de maneira reiterada em diversas localidades, utilizando-se dessa atividade como estilo e meio de vida. Habeas corpus indeferido. (HC 88.114/PB, 1ª Turma, Rel. Min. Carlos Britto, DJU de 03.10.2006, p. 482)

Por seu turno, a gravidade abstrata do delito tem sido repetidamente rechaçada como hábil a justificar a prisão preventiva com base na ordem pública (HC 87.031/PA, Rel. Min. Cezar Peluso, 1ª Turma; HC

76.730, 2ª Turma, Rel. Min. Carlos Velloso; HC 79.392, 1ª Turma, Rel. Min. Sepúlveda Pertence); observe-se, por exemplo, a manifestação do Min. Sepúlveda Pertence no HC 80.717/SP, DJ de 05.03.2004, no qual resumia o posicionamento do Tribunal:

> ... na generalidade dos casos – não obstante, episódicas vacilações pendulares –, o Tribunal tem dado prevalência a tais preocupações constitucionais e repelido a prisão preventiva fundada em motivos alheios aos imperativos cautelares que a podem legitimar: é ver, por exemplo, a recusa, como fundamento da preventiva, do apelo exclusivo à gravidade do fato, definido ou não como crime hediondo (v.g., HC 69.950, Rezek, RTJ 128/147; HC 68.631, Pertence, RTJ 137/287; HC 76.730, Gallotti, 01.03.98, HC 79.204, Pertence, 01.06.99; HC 79.392, Pertence, 31.08.99)...

Trata-se de posicionamento já firme no Tribunal; cuide-se, nesse sentido, do voto liminar proferido pelo Min. Gilmar Mendes no HC 90.370/SP, DJ de 30.11.2007:

> A jurisprudência do Supremo Tribunal Federal tem se orientado no sentido de que 'a gravidade do crime e os antecedentes imputados ao paciente não são aptos a justificar, por si sós, sua prisão preventiva' (HC 86.142, Rel. Min. Cármen Lúcia, DJ 07.12.2006). Na mesma linha, confiram-se, ainda, os seguintes precedentes: HC 86.234, redator p/ acórdão Min. Cezar Peluso, DJ 29.09.2006; HC 84.087, rel. Min. Joaquim Barbosa, DJ 06.08.2004; HC 86.684, rel. Min. Eros Grau, DJ 17.02.2006; HC 83.782, rel. Min. Sepúlveda Pertence, DJ 25.02.2005; e HC 84.687, rel. Min. Celso de Mello, DJ 27.10.2006)

Tampouco o acautelamento do meio social, o clamor público e o abalo social do delito têm sido aceitos como fundamento (HC 91.616-3/RS, Rel. Min. Carlos Britto, DJ de 07.12.2007; HC 71.289, 1ª Turma, Rel. Min. Ilmar Galvão; HC 78.425, 2ª Turma, Rel. Min. Néri da Silveira; HC

79.781, 1ª Turma, Rel. Min. Sepúlveda Pertence); dentre muitos, confira-se, por exemplo, o HC 80.719/SP, Rel. Min. Celso de Mello, DJ de 28.09.2001:

> ...
>
> O clamor público, ainda que se trate de crime hediondo, não constitui fator de legitimação da privação cautelar da liberdade.
>
> - O estado de comoção social e de eventual indignação popular, motivado pela repercussão da prática da infração penal, não pode justificar, só por si, a decretação da prisão cautelar do suposto autor do comportamento delituoso, sob pena de completa aniquilação do postulado fundamental da liberdade.
>
> O clamor público – precisamente por não constituir causa legal de justificação da prisão processual (CPP, art.. 312) – não se qualifica como fator de legitimação da privação cautelar da liberdade do indiciado ou do réu, não sendo lícito pretender-se, nessa matéria, por incabível, a aplicação analógica do que se contém no art. 323, V, do CPP, que concerne, exclusivamente, ao tema da fiança criminal. Precedentes.

Acerca do requisito *magnitude da lesão causada*, a jurisprudência do STF parece caminhar no sentido de que este se encontraria abarcado no requisito *ordem pública*, sendo dele espécie; nessa linha, o Min. Sepúlveda Pertence, no HC 80.717/SP, afirmou, acerca do art. 30 da Lei 7.492/86, afastando a interpretação de que nele constaria um novo elemento de cautelaridade, que:

> ... o texto legal admite outra leitura: a de que a "magnitude da lesão causada" só poderá alicerçar a prisão processual quando, em decorrência dela, se concretize um dos motivos tradicionais da prisão preventiva – a conveniência da instrução criminal, a segurança da aplicação da lei penal e a garantia da ordem pública, previstos no art. 312 do Código, ao qual a L. 5.349/67 aditou o da "garantia da ordem econômica"

E, como restou consignado na Ementa do HC 80.717/SP, DJ de 05.03.2004, que teve como relatora a Min. Ellen Gracie Northfleet, o STF:

> 4.Verificados os pressupostos estabelecidos pela norma processual penal (CPP,art.312),coadjuvando-os ao disposto no art.30 da Lei n. 7.492/86,que reforça os motivos de decretação da prisão preventiva em razão da magnitude da lesão causada, não há falar em revogação da medida acautelatória.

Amalgama-se também com o requisito da *ordem pública*, como sua subespécie, segundo se pode inferir da jurisprudência do STF, o requisito da *ordem econômica*, que, também, parece juntar-se, por vezes, ao requisito *magnitude da lesão causada*, como bem se pode observar, por exemplo, no voto do Min. Gilmar Mendes no HC 85.615-2/RJ, DJ de 03.03.06:

> A ordem econômica (item "ii"),por sua vez,também já foi objeto de discussão no Plenário desta Corte como requisito da prisão preventiva. No julgamento do HC nº 80.717-SP (relatora para o acórdão a Min. Ellen Gracie,DJ de 05.03.2004),o Tribunal estabeleceu que o fundamento da ordem econômica deveria se revestir de requisitos similares aos da garantia da ordem pública.
>
> Tal precedente firmou entendimento no sentido de que a garantia da ordem econômica funda-se não somente na magnitude da lesão causada, mas também na necessidade de se resguardar a credibilidade das instituições públicas, como apontou o voto vencedor da eminente Min. Ellen Gracie:
>
> "[...] Que a lesão aos cofres públicos ocorreu nem o paciente contesta.Que seu vulto seja elevado,tampouco.Estão presentes fortes indícios que o apontam como um dos possíveis responsáveis pelo desvio.Aí estão,sem sofisma, os requisitos postos pelo art.312 do Código de Processo Penal que o magistrado associa,coadjuvando-os,aos dispostos pelo art. 30 da Lei n. 7.492/86.

> [...] Isso significa que a magnitude da lesão não é razão autônoma para decretação da prisão preventiva, mas que essa dimensão deve ser considerada, quando presentes os pressupostos que a autorizam (HC nº 80.717-SP - relatora para o acórdão a Min. Ellen Gracie, DJ de 05.03.2004).

Feitas essas breves exposições, propõe-se uma possível sistematização dos elementos de cautelaridade, de modo a demonstrar as absolutamente distintas espécies de prisões preventivas que decorrem deles, quais sejam, as prisões preventivas endoprocedimentais e extraprocedimentais.

3 Prisões preventivas endoprocedimentais e prisões preventivas extraprocedimentais

3.1 As prisões preventivas endoprocedimentais

A *conveniência da instrução penal* e a garantia da *aplicação da lei penal* são elementos destacados pelo legislador que perfazem indicadores de riscos que podem inviabilizar a persecução penal, consubstanciando aspectos do princípio[16] da persecução penal.

A persecução penal constitui-se em um bem coletivo constitucional[17], de caráter coletivo e não-distributivo, veiculado por intermédio de

16 Os princípios constituem-se em normas que comandam que aquilo que enunciam seja realizado na maior medida possível, conforme as possibilidades fáticas e jurídicas concretas. Em outras palavras, os princípios dependem, para sua aplicação, da situação fática concreta enfrentada, bem como da ponderação com as demais normas relevantes. Quando dois princípios entram em situação de colisão, a solução desta não se dá pelo reconhecimento da invalidade de um deles, mas, sim, pela ponderação que se realizará, cedendo um princípio em face do outro. Com efeito, dadas determinadas condições, um princípio precede ao outro. Se os conflitos entre as regras superam-se no terreno da validade, os conflitos entre os princípios superam-se, sem se declarar a invalidade de nenhum deles, mediante a ponderação. A solução da colisão funda-se em um estabelecimento de uma relação de precedência condicionada às circunstâncias do caso (ALEXY, Robert. *Teoría de los derechos fundamentales*, tradução de Ernesto Garzón Valdez, Madrid: Centro de Estudios Constitucionales, 1997).

17 À diferença de um direito fundamental, os bens coletivos são fática ou juridicamente não-distributivos. Nas palavras de Alexy, "un bien es un bien colectivo de una clase de individuos cuando conceptualmente, fáctica o jurídicamente, es imposible dividirlo en partes y otorgárselas

um princípio derivado do sistema constitucional e que é concretizado, de forma minuciosa, especialmente, nas normas de processo penal. A persecução penal corresponde à atividade que é desenvolvida pelo Estado com vistas a que seja aplicado o direito penal no caso concreto.

Consoante já pude expor:

> No direito brasileiro, o princípio da persecução penal tem a potencialidade de restringir a liberdade de locomoção em casos em que esta seja medida imprescindível para a garantia do desenvolvimento do processo e de eventual execução de uma sentença penal condenatória. Assim, por exemplo, a prisão preventiva decretada para, nos casos de fuga do imputado, assegurar a aplicação do direito penal, é exemplo de restrição à liberdade de locomoção decorrente do princípio constitucional da persecução penal, que, nesses casos, justifica a tomada da medida em face da imprescindibilidade de garantir o desenvolvimento do processo e a eventual execução de sentença condenatória. Outro exemplo de restrição à liberdade de locomoção havida em favor da proteção da persecução penal opera-se naqueles casos em que há severa obstrução à instrução penal gerada pelo imputado, que se dá, por exemplo, quando este ameaça testemunhas, tendo a *prisão* por finalidade garantir o desenvolvimento do processo nesses casos[18].

Em verdade, quando a restrição à liberdade de locomoção opera-se em meio a uma relação de precedência condicionada que tem como princípio preponderante a persecução penal, a *prisão* conseqüente deterá, necessariamente, *natureza estritamente cautelar*, uma vez que a

---

a los individuos. Cuando tal es el caso, el bien tiene un carácter no-distributivo. Los bienes colectivos son bienes no-distributivos" (*Concepto e validez del derecho*, El Concepto y la Validez del Derecho, 2ª. ed., Barcelona: Gedisa Editorial, 1997, p. 187). Os bens coletivos, assim como os direitos fundamentais, são juridicamente vinculantes, sendo veiculados por intermédio de princípios e de regras. Quando veiculados por intermédio de princípios, os bens coletivos encontram-se ordenados *prima facie*, sujeitando-se ao preceito da proporcionalidade na eventual colisão que venham a ter com outros princípios, tais como aqueles que veiculam direitos fundamentais. Quando veiculados por intermédio de regras, estabelecem mandados, proibições e permissões *definitivos*.

18 SILVA, Marcelo Cardozo da Silva. Ob. cit., p. 69, nota 149.

persecução penal apenas cuida da aplicação do direito penal no caso concreto, vale dizer, das condições fáticas e jurídicas imprescindíveis para o desenvolvimento do processo e para a eventual execução de uma sentença condenatória.

Em outras palavras, as razões de ser das prisões preventivas fundadas na *conveniência da instrução penal* e na *aplicação da penal* encontram-se exclusivamente nas necessidades do procedimento, seja no aspecto atinente à viabilidade de alcançar seu êxito, seja no aspecto atinente à viabilidade da aplicação da eventual sanção a ser imposta no processo de execução penal.

Essas prisões, endoprocessuais porque no procedimento encontram sua sustentação, são de mais fácil tratamento jurídico, uma vez que *estritamente cautelares*. Com efeito, as restrições que geram à liberdade de locomoção situam-se na relação de causalidade do atuar do indiciado/réu e os danos, atuais ou potenciais, conseqüentes sobre o procedimento ou sobre a futura aplicação da sanção penal.

3.2 As prisões preventivas extraprocedimentais

É crítica corrente na doutrina que, ao restringir-se a liberdade de locomoção com base na proteção da ordem pública (ou da ordem econômica ou da integridade do sistema financeiro nacional), exceder-se-ia a natureza cautelar estritamente procedimental da prisão preventiva (de garantia do desenvolvimento do processo e de eventual execução de uma sentença penal condenatória), que assumiria feição de medida destinada à prevenção geral e especial.

É verdade que os fundamentos da ordem pública, da ordem econômica e da integridade do sistema financeiro nacional permitem a decretação de prisões preventivas que não tenham por desiderato acautelar o próprio procedimento em que são determinadas.

Com efeito, nesses casos, o procedimento, em si, nada está a sofrer, mesmo que potencialmente, não apresentando, os fundamentos da segregação, nenhum caráter de instrumentalidade para com o procedimento, instrumentalidade esta que é tida pela doutrina como nota essencial das prisões estritamente cautelares; nas palavras de Romeu Pires de Barros:

> ... é pela instrumentalidade que ressalta a mais importante característica da medida cautelar que não tem um fim em si mesma, mas sim em relação a uma outra providência cuja finalidade é a composição definitiva da lide.O que se procura é evitar que a demora da prolação da sentença definitiva,possa causar prejuízo.A instrumentalidade reside em suma em ser a medida cautelar destinada a tutela do processo e não do direito que se pretende tutelar,através desse mesmo processo principal[19].

Em linha bastante próxima, Odone Sanguiné, por seu turno, apreciando as prisões cautelares no direito espanhol, assevera serem-lhes ínsitas a *instrumentalidade*, assim expondo:

> la prisión provisional no constituye un fin en sí mismo,pues su adopción depende de la concurrencia de una posible imputación; su finalidad no es otra que asegurar un proceso penal en curso,es decir,garantizar la persona del imputado en la tramitación del proceso y en el eficaz desarrollo de la ejecución...[20].

De fato, a prisão estritamente cautelar, tal qual construída pela doutrina:

> constitui-se em instrumento destinado a proteger o desenvolvimento do processo e a eventual futura aplicação do preceito secundário da norma penal incriminadora,almejando,ao final,garantir a eventual execução de uma sentença penal condenatória.Trata-se de medida

19 Op. cit., p 45.

20 SANGUNÉ, Odone. *Prisión Provisional y Derechos Fundamentales,* Valencia: Tirant lo Blanch, 2003, p. 96.

assegurativa que prospectiva, na proteção atual que realiza, seja possível a aplicação, em sentido amplo, do direito penal, não podendo ser aplicada com qualquer finalidade sancionatória[21].

Não por outra razão que tais hipóteses de restrição à liberdade de locomoção a título extraprocedimental (seus fundamentos estão fora do procedimento) são severamente criticadas pela doutrina.

Expondo o pensamento de Winfried Hassemer, Muñoz Conde afirma que:

> la prisión preventiva en ningún caso puede perseguir metas preventivas, generales o especiales, propias de la pena que pueda imponerse en su día. El restablecimiento del Orden jurídico violado, o de la confianza y la seguridad ciudadana; la prevención de futuros delitos o de la reincidencia; la eliminación de la alarma social; la ejemplaridad o la intimidación general, etc., son fines mas o menos discutibles, pero que en todo caso sólo pueden perseguirse con la pena que se imponga un su día (si se impone), no con la prisión provisional. En pocas palabras: la prisión provisional nunca puede ser una 'pena a cuenta', y mucho menos 'una pena anticipada'[22].

Nessa esteira, também analisando o direito espanhol, Odone Sanguiné assevera que:

> La LECr, a través de circunstancias tales como la 'gravedad de la pena', la 'alarma social' y la 'frecuencia con la que se cometan hechos análogos', ha introducido, respectivamente, la *función de prevención general* para apaciguar y frenar la agresividad, inseguridad y frustración colectivas, que garantice *la seguridad y el orden sociales* y la función de *prevención especial* de manera que en la realidad práctica la prisión

21 SILVA, Marcelo Cardozo da. Op. cit, p. 66-67.

22 MUÑOZ CONDE, Francisco, Cuestiones teóricas y problemas prácticos de la prisión provisional, in "Prisión Provisional, Detención Preventiva y Derechos Fundamentales. Cuenca: Ediciones de la Universidad de Castilla-La Mancha, 1997, p. 225-226.

> provisional llega a transformarse en una pena anticipada o en una medida de seguridad oculta o encubierta (aunque con una naturaleza aparente de medida cautelar) en detrimento de la libertad personal, *convirtiéndose dicha seguridad en un derecho supraconstitucional con unas exigencias que desbordan los límites constitucionales*.Además,la función de *ejemplaridad* y de *evitar la reiteración delictiva*, también se orientan en orden a calmar la intranquilidad ciudadana, de modo que *atiende a la función de prevención general o especial*. Funciones estas, todas, *propias de la pena y que se apoyan en la idea de seguridad o en la cláusula del orden público*, pero en un sentido antagónico con el modelo del Estado social y democrático de Derecho[23].

Também Roxin apenas admite seja uma prisão cautelar decretada com a finalidade de assegurar a presença do imputado, para garantir uma adequada averiguação dos fatos, para assegurar a execução da pena, negando-lhe a possibilidade de servir para qualquer outra finalidade[24].

E, concordando com Hassemer e Roxin, afirma Muñoz Conde que:

> La decidida opción a favor de su carácter puramente cautelar,en la que no pueden tener cabida la alarma social, ni la frecuencia de comisión del delito en la jurisdicción del juez que acuerda la medida, ni mucho menos finalidades de ejemplaridad o prevención del delito, es la única forma de hacerla compatible con los derechos fundamentales... En el fondo de la prisión provisional late la eterna tensión dialéctica que domina todo proceso penal entre la eficacia en la lucha contra la criminalidad y el respecto a los derechos fundamentales,pues,como dice HASSEMER,'con el instrumento de la prisión provisional se va a intervenir lo mas temprana y contundentemente posible en una crisis que no tiene nada que ver con el proceso penal, sino con la criminalidad y con la reacción popular a la criminalidad'[25].

23 Op. cit, p. 107-108.

24 ROXIN, Claus. *Derecho Procesal Penal,* Buenos Aires: Editores del Puerto, 2000, p. 257.

25 Op. cit., p. 229-230.

Essa discussão, ademais, não passou despercebida pelo Min. Sepúlveda Pertence, no HC 80.717/SSP, ao tratar da *ordem pública*:

> ... dos três grupos de finalidade tradicionalmente atribuídas e reputadas legítimas à prisão preventiva – explicitadas no art.312 do nosso C.Pr.Penal –,a cerrada objeção de Illuminati,à luz da presunção constitucional de inocência, a todas aquela que tenham funções de prevenção geral ou especial – que, entre nós – como na Itália, desde Carrara –,tem sido cobertas pela invocação à "garantia à ordem pública".
>
> No Brasil,há décadas,bem antes da Constituição,essa foi também a postura pioneira do saudoso Romeu Pires de Campos Barros, à base da inexistência da cautelaridade da prisão processual movida por preocupação de prevenção especial com relação ao acusado: inexistência,notava,já evidenciada por José Frederico Marques e hoje retomada pelo jovem João Gualberto Garcez Ramos que,no entanto, a entende justificável, não como antecipação da pena, mas a título de "medida judicial de polícia".

Assim, ou são indevidas as prisões preventivas extraprocedimentais, porque não estritamente cautelares, ou será necessário que se estabeleça um novo padrão de *cautelaridade*, hábil a justificar a adoção dessas medidas. É isso a que me proponho, em brevíssimas considerações, agora, debater.

4 A possível *cautelaridade* das prisões preventivas extraprocedimentais

Se se reduzir o processo penal à sua exclusiva realidade procedimental, não haverá como defender serem *cautelares* as prisões *extraprocedimentais*.

Não há dúvida de que observar o processo penal a partir dessa dimensão essencialmente procedimental, nele se buscando encerrar toda a lide, foi extremamente importante na solidificação do Estado Democrático de Direito, especialmente porque se enfatizou sobremaneira os direitos das partes no procedimento, dos quais se destacam os direitos de defesa. Em outras palavras, foi uma conquista.

Trata-se de uma vitória do pensamento liberal, limitando o debate às questões do crime específico que se está a investigar ou a acusar, refutando-se o debate da *defesa social*, dentre outros, que, no mais das vezes, com base em critérios de *periculosidade*, desprezavam os direitos de defesa em prol de um quase determinismo, descaracterizando o réu enquanto sujeito de direito, tornando-o objeto da pretensão punitiva, a quem chamava de *delinqüente*.

A concepção liberal, contudo, acabou por caracterizar o processo como uma mera relação jurídica estabelecida entre as partes e o Estado-juiz, de aí extraindo conclusões de que as razões e os fundamentos do processo apenas se assentavam nas suas próprias necessidades. Todo o processo penal, modernamente, desenvolveu-se nesse ambiente, com destaque a teoria do processo cautelar.

Isolaram-se, com isso, do processo, discussões externas ao próprio fato delitivo, tolhendo-se o debate sobre as repercussões do fato delitivo sobre outros direitos fundamentais ou bens coletivos constitucionais *fora* do procedimento mas igualmente atingidos pelo crime; vale dizer, o processo penal desprendeu-se, *juridicamente*, de suas funções de estabilização e de tranqüilização do meio social, erguendo fortes muros dentro dos quais o debate passou a centrar-se, exclusivamente, no fato criminoso isolado das conseqüências outras que causara no meio social.

Todavia, essa compreensão *jurídica* estritamente procedimental acaba por obnubilar as complexas funções que o processo criminal cumpre na proteção de direitos fundamentais e de bens coletivos constitucionais outros que não aqueles que se encontram em debate no procedimento.

Com efeito, o processo penal almeja não somente servir de meio para impor a sanção (garantindo, evidentemente, um pleno exercício da defesa), mas também isolar/diminuir os efeitos do suposto fato típico, possibilitando, à sociedade, segurança, estabilizando e fazendo esperada a presunção de mútuo e futuro respeito a direitos fundamentais e bens coletivos constitucionais.

É verdade que o processo desenvolve barreiras do caso com a realidade circundante: só que faz isso não apenas para promover um corte da matéria objeto de debate, equacionando-o, mas também para diminuir as relações de interferência decorrentes do fato ilícito sobre outros direitos fundamentais e bens coletivos constitucionais, pacificando, por conseqüência, o meio social.

A expectativa da reprimenda e de punição por meio do processo penal, em qualquer sociedade, é garantidora de paz no meio social. Sem essa expectativa, há sério perigo de um ciclo multiplicativo de violações a normas penais.

Dessa maneira, é preciso reequilibrar, no plano normativo-jurídico, a discussão acerca das funções internas e externas do processo, concedendo-se a devida atenção, por conseqüência, também, às finalidades de pacificação social decorrentes da relação jurídica processual-penal. Com efeito, há se estudar também os efeitos jurídicos da relação jurídica processual penal sobre outros direitos fundamentais e bens coletivos constitucionais afetados pela conduta ilícita.

É claro que isso traz à tona diversos problemas, já sentidos em diversas experiências históricas (com o nazismo, a ordem pública a ser defendida era aquela do próprio nazismo, que pregava grave aniquilamento do ser humano em favor de sua ideologia totalitária). Só que, ao contrário do que já vivenciado, as funções externas do processo devem ser desenvolvidas a partir da Constituição de 1988, cuja viga mestra é a proteção de direitos fundamentais.

Em outras palavras, as funções externas do processo a serem tuteladas cautelarmente (ordem pública, por exemplo) devem apresentar um conteúdo *normativo* coadunado com a proteção de direitos fundamentais e bens coletivos constitucionais.

Nessa esteira, há a experiência do Conselho de Estado Francês, que, na conhecida decisão de 27 de outubro de 1995 (*Commune de Morsang-sur-Orge – Rec. Lebon*), considerou que "le respect de la dignité de la personne humaine devait être regardé comme une composante de l'ordre public" (o respeito à dignidade da pessoa humana devia ser compreendida como componente da ordem pública), deixando-se de lado uma concepção estrita até então levada a efeito naquele país, que tinha a ordem pública como conceito conectado às "notions de sécurité, de tranquillité et de salubrité publique" (noções de segurança, tranqüilidade e salubridade pública)[26].

Assim, é possível o desenvolvimento de uma nova compreensão alargada, porque agora normativa, da ordem pública; uma compreensão que não precise de alterações materiais (sensíveis na realidade) à segurança, tranqüilidade e salubridade. Uma compreensão que traga como componente da ordem pública a proteção de direitos fundamentais e de bens coletivos constitucionais, que, mesmo que se encontrem *fora* do procedimento, porque seriamente violados pelo fato ilícito, imprescindem de tutela cautelar.

O conceito de ordem pública, com efeito, poderia ser desenvolvido, por exemplo, a partir de uma consideração essencialmente relacional. A *ordem* seria, precisamente, o estado em que se encontram, *no espaço público*, esses direitos fundamentais e bens coletivos constitucionais antes da interferência da conduta ilícita.

É preciso destacar, aqui, o papel cumprido pelas normas penais incriminadoras: a proteção de direitos fundamentais e bens coletivos constitucionais. Tal qual já tivemos oportunidade de afirmar:

> Trazendo, as normas penais incriminadoras, a potencialidade da restrição do direito fundamental à liberdade de locomoção (artigo 5º, inciso XV, da CF), é condição primeira de validade delas, por conseguinte, que tenham como seu objeto e como sua finalidade a defesa de direitos fundamentais e de bens coletivos constitucionais. Assim, há necessidade, para que haja a restrição, de que, argumentativamente, reste demonstrada a relação de precisão protetiva mantida entre a

26 Informações colhida do sítio http://www.conseil-etat.fr/ce/jurisp/index_ju_la47.shtml, acessado em 25.03.2008.

norma penal incriminadora e o direito fundamental/bem coletivo constitucional a que visa proteger, que pode se encontrar expresso, ou não, em um específico enunciado normativo[27-28].

Quando se está a falar de abalo à ordem pública não se está a falar da violação específica ao direito fundamental ou bem coletivo constitucional protegido pela norma penal incriminadora: está-se a falar dos efeitos que essa violação (e conseqüente atingimento do direito fundamental ou bem coletivo constitucional) gerou sobre outros direitos fundamentais e bens coletivos constitucionais *fora* do processo.

Todo o crime, se crime é, provoca um abalo à ordem pública. Só que o procedimento da persecução penal, em si, já coloca, digamos, paredes que visam a evitar o prosseguimento das *ondas de choque* a direitos fundamentais e bens coletivos constitucionais outros, garantindo a ordem pública. Por regra, assim, o próprio procedimento de persecução (em sentido amplo) já permite a recomposição do estado relacional originário entre os direitos fundamentais e bens coletivos constitucionais.

Haverá casos, contudo, em que esse abalo não poderá ser contido pelas *paredes* do procedimento, extravasando-as. Por exemplo, pode

27 Op. cit., p. 56-57.

28 Nessa mesma linha, expõe Jorge Figueiredo Dias que: "se ... a função do direito penal de tutela subsidiária de bens jurídico-penais revela-se jurídico-constitucionalmente credenciada em qualquer autêntico regime democrático e pluralista, então tal deve ter como conseqüência inafastável a de que toda a norma incriminatória na base da qual não seja susceptível de se divisar um bem jurídico-penal claramente definido é nula, por materialmente inconstitucional, e como tal deve ser declarada pelos tribunais constitucionais ou pelos tribunais ordinários aos quais compita aferir da constitucionalidade das leis ordinárias" (DIAS, Jorge Figueiredo, *Questões Fundamentais do Direito Penal Revisitadas*, Ed. Revista dos Tribunais, 1999, p. 77).

29 Consoante pude expor em trabalho anterior: "Dá-se o nome de *preceito da proporcionalidade* a um conjunto de critérios (quais sejam, *adequação, necessidade* e *proporcionalidade em sentido estrito*) empregado para a averiguação da constitucionalidade de restrições operadas sobre um direito fundamental em favor de outro direito fundamental ou em favor de um bem coletivo constitucional, quando veiculados por intermédio de normas de tipo princípio, pelo Estado. Com efeito, do ponto de vista técnico-jurídico, o preceito da proporcionalidade30 é o meio destinado a superar eventual colisão existente entre normas de tipo princípio, vale dizer, destinado a estruturar a aplicação de princípios colidentes; perfaz um conjunto de critérios utilizado para a verificação de se determinada atuação/omissão estatal, que gerou restrição a determinado direito fundamental veiculado por intermédio de um princípio, não foi excessiva, arbitrária, desproporcional" (SILVA, Marcelo Cardozo da Silva da. *Dos princípios e das regras*, Revista da Ajuris, nº 106: Porto Alegre, 2007, p. 13

haver um caso em que uma pessoa resolva matar, pelo "divertimento", em uma escola infantil, 30 crianças, alcançando êxito. Não há procedimento capaz de reter, integralmente, o abalo à ordem pública (aos múltiplos direitos fundamentais e bens coletivos constitucionais outros que estão fora do procedimento e que, igualmente, também foram abalados pela gravíssima conduta).

Nesses casos, há se identificar os direitos fundamentais e bens coletivos constitucionais afetados, aplicando-se o preceito da proporcionalidade (e suas máximas da *adequação, necessidade* e *proporcionalidade em sentido estrito*)29, concluindo-se, argumentativamente, que o abalo a tais direitos fundamentais e bens coletivos constitucionais outros (cujas funções de cautela devem ser exercidas pelo procedimento) justificam a prisão preventiva do autor do ilícito penal.

Destaque-se, na conjectura, que não se está a tratar da *gravidade em abstrato* do delito perpetrado; está-se a tratar da afetação *concreta* de direitos fundamentais e bens coletivos constitucionais, cuja tutela apenas se pode realizar de maneira *cautelar* pela prisão preventiva, cumprindo, assim, o processo, a contento, suas funções externas de tutela da *ordem pública*, agora dotada de um viés normativo. Por evidente, destaque-se que a justificação da segregação passará por um escrutínio severo durante a aplicação do preceito da proporcionalidade, somente se legitimando a restrição à liberdade de locomoção excepcionalmente.

Também a reiteração delitiva pode vir a melhor ser equacionada a partir de uma compreensão normativa da ordem pública, tutelando-se de futuras violações, constatadas a partir de um juízo de prognose fundado em dados empíricos, direitos fundamentais e bens jurídicos constitucionais outros protegidos pelas normas penais incriminadoras, para tanto empregando-se, mais uma vez, o preceito da proporcionalidade, que permite o controle intersubjetivo da argumentação. A reiteração delitiva como fundamento para a prisão preventiva põe em relevo, em verdade, a necessária concepção normativa de ordem pública, consistente, pois, em um *estado* em que se encontram direitos fundamentais e bens coletivos constitucionais antes de qualquer abalo e que carecem de proteção *cautelar* a ser cumprida, externamente, também pelo procedimento.

Conclusão

Na tradição brasileira, os elementos de cautelaridade (como a *conveniência da instrução penal, a garantia da aplicação da lei penal, a garantia da ordem pública*) passaram a, concretamente, desempenhar função de *fundamentalidade* da prisão preventiva com a Lei 6.416/77, que guinou o sistema normativo da prisão preventiva para um sistema de tutela cautelar.

Isso porque desvinculou a impossibilidade da concessão da fiança de qualquer presunção de necessidade de prisão. Ao contrário, da necessidade da prisão é que decorria, com a Lei 6.416/77, agora, independentemente da pena cominada, a impossibilidade da concessão de fiança (artigo 324, IV, do Código de Processo Penal). A necessidade da prisão é que passou, portanto, a desempenhar papel central no sistema normativo da fiança.

As prisões preventivas fundadas na *garantia da ordem pública, na garantia da ordem econômica e na magnitude da lesão causada nos crimes contra o sistema financeiro nacional* apresentam feição extraprocedimental, já que não visam a tutelar as necessidades do procedimento.

Todavia, sob pena de simplesmente se enveredar para a invalidade das prisões preventivas extraprocedimentais, é necessária, argumen-tativamente, a reconstrução das funções externas do processo penal, expondo a necessidade de tutela cautelar dessas funções externas.

Daí, também é necessário que se parta para uma abordagem normativa dos fundamentos das prisões preventivas extraprocedimentais. Assim se poderá operar, por exemplo, com uma concepção normativa de ordem pública consubstanciada em um *estado* em que se encontram direitos fundamentais e bens coletivos constitucionais antes de qualquer abalo e que imprescindem de proteção *cautelar* em casos de gravíssimas violações decorrentes do crime. Identificados os específicos direitos fundamentais e bens coletivos constitucionais atingidos (que não, evidentemente, os tutelados pela norma penal incriminadora), será pela aplicação do preceito da proporcionalidade (e suas máximas parciais *adequação, necessidade* e *proporcionalidade em sentido estrito*) que se aferirá a possibilidade da decretação da prisão preventiva no caso concreto.

REFERÊNCIAS

ALEXY, Robert. *El Concepto y la Validez del Derecho*, tradução de Jorge M. Seña, 2ª ed., Barcelona: Gedisa Editorial, 1997.

______. *Teoría de los derechos fundamentales*, tradução de Ernesto Garzón Valdez, Madrid: Centro de Estudios Constitucionales, 1997.

ALMEIDA JÚNIOR, João Mendes de. *O processo Criminal Brasileiro*, 4ª edição, Rio de Janeiro: Ed. Livraria Freitas Bastos S.A., 1959.

BARROS, Romeu Pires de Campos. Processo Penal Cautelar, Rio de Janeiro: Forense, 1982.

DIAS, Jorge Figueiredo, *Questões Fundamentais do Direito Penal Revisitadas*, Ed. Revista dos Tribunais, 1999.

MUÑOZ CONDE, Francisco, Cuestiones teóricas y problemas prácticos de la prisión provisional, in "Prisión Provisional, Detención Preventiva y Derechos Fundamentales, Cuenca: Ediciones de la Universidad de Castilla-La Mancha, 1997.

ROXIN, Claus. Derecho Procesal Penal, Buenos Aires: Editores del Puerto, 2000.

SANGUNÉ, Odone. *Prisión Provisional y Derechos Fundamentales*, Valencia: Tirant lo Blanch, 2003.

SILVA, Marcelo Cardozo da. *Da prisão em flagrante na Constituição*, Porto Alegre: Ed.Verbo Jurídico, 2007.

________. *Dos princípios e das regras*, Revista da Ajuris, nº 106, Porto Alegre, 2007, p. 133-134.

SIQUEIRA, Galdino. Curso de Processo Criminal, 2ª ed., São Paulo: Livraria Magalhães, 1930.

A cautelaridade da prisão preventiva decretada para a garantia da ordem pública

Alexandre Moreira Gauté*

Resumo: Essa pequena monografia tem o escopo de investigar o conceito de ordem pública utilizado como fundamento para a decretação de uma prisão preventiva. Tendo em linha de conta, por um lado, a fluidez da expressão ordem pública, bem como a crítica doutrinária quanto à suposta ausência de cautelaridade dessa espécie de prisão processual, e, por outro, o fato de que essa prisão é reconhecida como constitucional pelo Supremo Tribunal Federal, desde que atendidos determinados requisitos, busca-se verificar a existência de lastro teórico capaz de afastar a indigitada crítica feita pela doutrina. Nesse contexto, são fundamentais a construção de um conceito mais seguro de ordem pública e a compreensão do que sejam as prisões preventivas endoprocedimentais e extraprocedimentais.

Palavras-chaves: Prisão preventiva. Ordem pública. Cautelaridade. Constitucionalidade.

---

* Juiz Federal Substituto da 2ª Vara do JEF Previdenciário de Curitiba.

Introdução

O ordenamento jurídico brasileiro admite, de modo excepcional, a prisão provisória de uma pessoa, ou seja, admite que uma pessoa seja levada à prisão, ou nela mantida, antes do trânsito em julgado de uma sentença penal condenatória. Embora sejam bem conhecidas as previsões legais relativas às hipóteses em que alguém pode ser preso, ou mantido preso, sem ter sido definitivamente condenado pela autoridade judiciária competente, a doutrina não é pacífica sobre as espécies de prisão provisória existentes entre nós, haja vista a premissa de que toda prisão provisória deve ser, por definição, uma prisão cuja natureza jurídica é cautelar.

Diversamente do que ocorre na prisão-pena, aquela que é decretada por força de uma sentença penal condenatória irrecorrível, há cinco hipóteses, no âmbito do direito processual penal brasileiro[1], em que uma pessoa pode ser presa a despeito de ainda não ter sido condenada por decisão judicial definitiva: prisão temporária, prisão em flagrante delito, prisão preventiva, prisão decorrente de sentença de pronúncia (rito do júri) e prisão oriunda de sentença penal condenatória ainda passível de recurso. Como parte da doutrina não reconhece elementos de cautelaridade em todas essas cinco espécies de prisão, essa mesma corrente doutrinária não admite que todas elas sejam classificadas como prisões provisórias, tendo em conta a natureza jurídica cautelar que lhes é inerente.

Não obstante a prisão preventiva, decretada por conveniência da instrução criminal ou para assegurar a aplicação da lei penal, seja reconhecidamente uma prisão provisória por excelência, eis que ostenta nítida natureza cautelar[2], o mesmo não ocorre quando essa prisão é determinada com o escopo de garantir a ordem pública ou a ordem econômica. Aliás, o Supremo Tribunal Federal tem entendido que a

1 Fora do processo penal há ainda outras hipóteses de prisão, tais como a prisão do devedor de alimentos, a prisão para fins de expulsão e de extradição (Lei 6.815/80, arts. 69 e 81) e a prisão nos casos de transgressão militar ou crime propriamente militar (Lei 6.880/80).

2 Pelo menos desde as alterações promovidas pela Lei 5.349/67 nos arts. 312 e 313 do CPP.

garantia da ordem econômica seria uma subespécie da garantia da ordem pública.

Evidencia-se, em face dessa forte corrente doutrinária, a dificuldade na correta identificação dos requisitos que ensejam a decretação de uma prisão preventiva que visa à **garantia da ordem pública** (CPP, art. 312). O problema reside principalmente na definição de ordem pública e na alegada ausência de cautelaridade da prisão preventiva decretada com tal objetivo. Sustenta-se que o procedimento em si (inquérito policial ou processo penal) não estaria sob qualquer ameaça nas situações que comumente ensejam a decretação da prisão preventiva para a garantia da ordem pública, o que afastaria qualquer natureza cautelar dessa espécie de prisão.

Embora haja situações clássicas para a definição de ordem pública no contexto em tela, comumente dadas como exemplos nos manuais de processo penal, há outras em que a doutrina e a jurisprudência ainda divergem significativamente, o que acaba produzindo, eventualmente, casos de decretações e revogações de prisões preventivas, por órgãos judiciais diversos, de uma mesma pessoa, seja em face de um inquérito policial ou de um processo penal já em curso, com repercussão negativa na mídia e, em consequência, na sociedade.

Por outro lado, é imperiosa a verificação da existência ou não de cautelaridade na prisão preventiva decretada para a garantida da ordem pública, pois a ausência de cautelaridade acaba por conduzir à inconstitucionalidade dessa espécie de prisão preventiva.

1 A prisão preventiva

Essa espécie de prisão é regulada pelo Capítulo III do Título IX do Código de Processo Penal, cujos artigos 311 e 312 assim dispõem:

> Art. 311. Em qualquer fase do inquérito policial ou da instrução criminal, caberá a prisão preventiva decretada pelo juiz, de ofício, a reque-

> rimento do Ministério Público, ou do querelante, ou mediante representação da autoridade policial.
>
> Art. 312. A prisão preventiva poderá ser decretada como garantia da ordem pública, da ordem econômica, por conveniência da instrução criminal, ou para assegurar a aplicação da lei penal, quando houver prova da existência do crime e indício suficiente de autoria.

Como se vê, a decretação da prisão preventiva exige a presença do *fumus comissi delicti* (prova da existência do crime e indício suficiente de autoria) e do *periculum libertatis*, revelado este mediante a ocorrência de pelo menos uma das seguintes condições: a garantia da ordem pública, a garantia da ordem econômica, a conveniência da instrução criminal ou o asseguramento da aplicação da lei penal. É dizer, a prisão preventiva somente pode ser decretada, desde que atendidas também as disposições dos artigos 313 e 314 do CPP, se estiverem presentes necessariamente a prova da existência do crime, os indícios suficientes de autoria e, ao menos, um dos elementos de cautelaridade[3] arrolados pelo artigo 312 do CPP ou pela legislação extravagante, como é o caso da norma contida no artigo 30 da Lei 7.492/86, que veio a autorizar a decretação da prisão preventiva por conta da "magnitude da lesão causada" ao sistema financeiro nacional, *verbis*:

> Sem prejuízo do disposto no art. 312 do Código de Processo Penal, aprovado pelo Decreto-lei nº 3.689, de 3 de outubro de 1941, a prisão preventiva do acusado da prática de crime previsto nesta lei poderá ser decretada em razão da magnitude da lesão causada (VETADO).

A propósito, recentemente o artigo 42 da Lei 11.340/2006 trouxe mais um elemento de cautelaridade hábil a autorizar a decretação da prisão preventiva, ao inserir o inciso IV no artigo 313 do CPP ("Em qualquer das circunstâncias, previstas no artigo anterior, será admitida a decretação da prisão preventiva nos crimes dolosos:"), cuja redação é

---

3 Abstraindo-se, por enquanto, a crítica doutrinária quanto à ausência de cautelaridade na prisão preventiva decretada para garantir a ordem pública ou a ordem econômica.

a que segue: "se o crime envolver violência doméstica e familiar contra a mulher, nos termos da lei específica, para garantir a execução das medidas protetivas de urgência". Desse modo, autorizou-se a decretação da prisão preventiva mesmo no caso de o crime, envolvendo "violência doméstica e familiar contra a mulher", ser apenado com detenção.

No que tange às hipóteses reveladoras do *periculum libertatis*, a conveniência da instrução criminal e o asseguramento da aplicação da lei penal, precisamente por preverem situações que visam à garantia de que o processo penal (ou o inquérito policial) tenha curso regular, bem como a que uma eventual sentença condenatória possa ser executada, são os elementos de cautelaridade cujo reconhecimento pela jurisprudência, no caso concreto, tem sido mais tranquilo e uniforme, refletindo o que ocorre na doutrina.

Tratando-se de tema relativamente pacífico, traz-se à colação, por todas, a lição de Paulo Rangel[4] (grifos no original):

> Por *conveniência da instrução criminal*: devemos inicialmente dizer que a instrução criminal não é conveniente, mas, sim, necessária, pois, diante dos princípios da verdade processual, do contraditório e do devido processo legal, a instrução criminal é imprescindível para que se possa assegurar ao acusado todos os meios constitucionais de defesa, demonstrando existir um verdadeiro Estado Democrático de Direito. Assim, decreta-se a prisão do autor do fato se, em liberdade, ameaçar as testemunhas, tentar subornar o perito que irá subscrever o laudo, ameaçar o juiz ou o promotor de justiça que funciona no processo, subtrair documentos imprescindíveis à comprovação do injusto penal etc. Neste caso, a custódia cautelar justifica-se com o escopo de se garantir um processo justo, livre de contaminação probatória e seguro para que o juiz forme, *honesta e lealmente, sua convicção* (cf. item VII da Exposição de Motivos do CPP).
>
> [...]

4 RANGEL, Paulo. **Direito Processual Penal.** 12. ed. Rio de Janeiro: Lumen Juris, 2007, p. 613/614.

> *Assegurar a aplicação da lei penal*: a prisão preventiva deverá ser decretada quando houver provas seguras de que o acusado, em liberdade, irá se desfazer (ou está se desfazendo) de seus bens de raiz, ou seja, tentando livrar-se de seu patrimônio com escopo de evitar o ressarcimento dos prejuízos causados pela prática do crime. Ou ainda, se há comprovação de que se encontra em lugar incerto e não sabido com a intenção de se subtrair à aplicação da lei, pois, uma vez em fuga, não se submeterá ao império da Justiça.
>
> A fuga não pode ser presunção judicial, mas sim fruto de elementos nos autos do processo que demonstrem, cabalmente, que o acusado deseja se subtrair à ação da justiça. O simples poder econômico do réu não pode autorizar o juiz a decretar sua prisão preventiva. Mister se faz que haja informações, nos autos, de que pretende fugir para impedir o império da lei. No mesmo sentido, o simples fato do réu encontrar-se desempregado não pode autorizar sua prisão com base no inciso II do art.323 do CPP, como se desemprego fosse sinônimo de vadiagem, situação essa que, por si só, é fruto da incompetência estatal de criar frentes novas de trabalho.

Os seguintes recentes julgados do Supremo Tribunal Federal bem ilustram o entendimento jurisprudencial sobre o tema (grifei):

> *HABEAS CORPUS*. PROCESSUAL PENAL. PRISÃO PREVENTIVA. AMEAÇA A TESTEMUNHAS. CONVENIÊNCIA DA INSTRUÇÃO CRIMINAL. CONDIÇÕES PESSOAIS FAVORÁVEIS. 1. Abstraída a assertiva atinente à hediondez do delito, considerada inidônea por esta Corte para decretação da prisão cautelar, **há, no caso, fundamentação concreta — ameaça a testemunhas — amparando a prisão preventiva por conveniência da instrução criminal.** 2. Condições pessoais favoráveis como primariedade, bons antecedentes, residência e trabalho fixos não impedem a prisão preventiva quando presentes os requisitos do artigo 312 do Código de Processo Penal. Precedentes. Ordem indeferida.
>
> (HC 95601, 2ª Turma, Relator Ministro Eros Grau, DJe 18/12/2008)

> DIREITO PROCESSUAL PENAL. PRISÃO PREVENTIVA. PRESSUPOSTOS E CONDIÇÕES. DECISÃO FUNDAMENTADA. CONVENIÊNCIA DA INSTRUÇÃO CRIMINAL E APLICAÇÃO DA LEI PENAL. PROCEDIMENTO ESPECIAL. TRIBUNAL DO JÚRI. OITIVA DE TESTEMUNHAS. CONSELHO DE SENTENÇA. 1. *Habeas corpus* visando a cassação do decreto de prisão preventiva. 2. Decreto de prisão preventiva, sua reiteração na sentença de pronúncia e decisões que indeferiram os requerimentos de revogação da prisão processual se basearam em fatos concretos observados pela juíza de direito na instrução processual. 3. Fundamentação idônea à manutenção da prisão processual do paciente. Inexistência de violação ao art. 93, IX, da Constituição da República. 4. **Justa causa para o decreto de prisão quando se aponta, de maneira concreta e individualizada, o risco que o réu apresenta à instrução criminal, como exatamente ocorreu no caso em tela.** 5. No procedimento das ações penais de competência do tribunal do júri, existe a possibilidade de produção de prova oral durante a sessão de julgamento pelo corpo dos jurados. 6. **Decreto da prisão preventiva fundamentado na conveniência da instrução criminal - devido ao comportamento do paciente de dificultar a instrução processual com ameaças dirigidas a algumas testemunhas - e na necessidade de se assegurar a aplicação da lei penal - o paciente não foi mais localizado desde o decreto de prisão preventiva.** 7. Circunstância de o paciente ser primário e ter bons antecedentes não se mostra obstáculo ao decreto de prisão preventiva, desde que presentes os pressupostos e condições previstas no art. 312, do CPP. 8. Ordem denegada.
>
> (HC 91407, 2ª Turma, Relatora Ministra Ellen Gracie, DJe 26/06/2008)

A situação não é a mesma quando se cuida da prisão preventiva decretada para a **garantia da ordem pública**, até porque se trata de conceito cuja definição é imprecisa e sobre o qual o legislador processual penal não deu nenhuma palavra. O mesmo se diga dos elementos de cautelaridade **garantida da ordem econômica** e **magnitude da lesão causada**. Com efeito, segundo Marcelo Cardozo da Silva[5], esses

5 SILVA, Marcelo Cardozo da. **Prisão em flagrante e prisão preventiva.** Porto Alegre: TRF - 4ª Região, 2008 (Currículo Permanente. Caderno de Direito Penal: módulo 4).

elementos têm sido encarados pelo Supremo Tribunal Federal como subespécies da condição relativa à garantia da ordem pública, tal como assentado no julgamento dos *Habeas Corpus* 80.717/SP e 85.615/RJ.

Centra-se o estudo, então, no conceito de ordem pública como um dos requisitos para a decretação da prisão preventiva, bem como na demonstração da existência de cautelaridade nessa espécie de prisão preventiva.

2 A garantia da ordem pública: conceito

Para o desiderato em tela deve-se buscar o conceito de ordem pública evidentemente no contexto do direito processual penal, ou seja, não têm grande serventia aqui as lições hauridas, por exemplo, do direito internacional privado. Paulo Rangel trata do conceito de ordem pública nos seguintes termos[6] (grifos no original):

> Por *ordem pública*, deve-se entender a paz e a tranqüilidade social, que deve existir no seio da comunidade, com todas as pessoas vivendo em perfeita harmonia, sem que haja qualquer comportamento divorciado do *modus vivendi* em sociedade. Assim, se o indiciado ou o acusado em liberdade continuar a praticar ilícitos penais, haverá perturbação da ordem pública, e a medida extrema é necessária se estiverem presentes os demais requisitos legais.
>
> O clamor público, no sentido da comunidade local revoltar-se contra o acusado e querer linchá-lo, não pode autorizar sua prisão preventiva. O Estado tem o dever de garantir a integridade física e mental do autor do fato-crime. Segregar, cautelarmente, o indivíduo, a fim de assegurar sua integridade física, é transferir para o cerceamento de sua liberdade de locomoção a responsabilidade do Estado de manter a ordem e a paz no seio da sociedade, reconhecendo a incompetência dos poderes constituídos de atingir os fins sociais a que se destinam.

6 Ob. cit., p. 613.

O eminente jurista Tourinho Filho assim se posicionou sobre o que se deve entender por ordem pública[7] (sem negrito no original):

> *Ordem pública* é expressão de conceito indeterminado. Normalmente, entende-se por *ordem pública* a paz, a tranqüilidade no meio social. Assim, se o indiciado ou réu estiver cometendo novas infrações penais, sem que se consiga surpreendê-lo em estado de flagrância; se estiver fazendo apologia ao crime, ou incitando ao crime, ou se reunindo em quadrilha ou bando, haverá perturbação da ordem pública. **Mas isso é que é importante: outras situações podem traduzi-la, tamanha a vaguidade da expressão.** E aí a medida extrema fica ao sabor da maior ou menor sensibilidade do Magistrado, de ideias preconcebidas a respeito de pessoas, de suas concepções religiosas, sociais, morais, políticas, que o fazem guardar tendências que o orientam inconscientemente em suas decisões. O eminente Desembargador Amilton Bueno de Carvalho, um dos pontos altos do Eg. Tribunal de Justiça do Rio Grande do Sul (*rectius*: da nossa Magistratura), analisando-a, observou com extrema propriedade: "Ordem pública é um requisito legal amplo, aberto e carente de sólidos critérios de constatação, *facilmente enquadrável em qualquer situação*" (voto vencedor no Recurso em Sentido Estrito n. 70006880447, 5ª Câm. Do TJ do Rio Grande do Sul, j. em 29-10-2003).
>
> "Ordem pública" é fundamento geralmente invocável, sob diversos pretextos, para se decretar a preventiva, fazendo-se total abstração de que esta é uma coação cautelar e, sem cautelaridade, não se admite, à luz da Constituição, prisão provisória.
>
> "Comoção social", "perigosidade do réu", "crime perverso", "insensibilidade moral", "os espalhafatos da mídia", "reiteradas divulgações pela rádio ou televisão", "credibilidade da Justiça", "idiossincrasia do Juiz por este ou aquele crime", tudo, absolutamente tudo, ajusta-se à expressão genérica "ordem pública". E como sabe o Juiz que a ordem pública está perturbada, a não ser pelo noticiário? Os jornais, sempre que ocorre um crime, o noticiam. E não é pelo fato de a notícia ser

7 TOURINHO FILHO, Fernando da Costa. **Manual de Processo Penal.** 6. ed. São Paulo: Saraiva, 2004, p. 596/600.

mais ou menos extensa que pode caracterizar a "perturbação da ordem pública", sob pena de essa circunstância ficar a critério da mídia... Na maior parte das vezes, é o próprio Juiz ou o órgão do Ministério Público que, como verdadeiros "sismógrafos", mensuram e valoram a conduta criminosa proclamando a necessidade de"garantir a ordem pública", sem nenhum, absolutamente nenhum, elemento de fato,tudo ao sabor de preconceitos e da maior ou menor sensibilidade desses operadores da Justiça.E a prisão preventiva,nesses casos, não passará de uma execução sumária. Decisão dessa natureza é eminentemente bastarda, malferindo a Constituição da República. O réu é condenado antes de ser julgado.E se for absolvido? Ainda que haja alguma indenização,o anátema cruel da prisão injusta ficará indelével para ele, sua família e o círculo da sua amizade.

[...] **Assim,no nosso entendimento,ordem pública,ordem econômica, magnitude da lesão são circunstâncias que estão a mais de cem léguas dos fins do processo, e,por isso mesmo,a prisão com fundamento numa dessas circunstâncias, sobre não ser medida cautelar,fere o princípio da inocência,que proíbe toda e qualquer antecipação da pena e, na hipótese, haveria, tão-somente,uma antecipação do castigo.**

Em outra sede, afirmou o mesmo autor[8] (grifei):

Segundo De Plácido e Silva, entende-se por ordem pública a situação e o estado de legalidade normal em que as autoridades exercem suas precípuas atribuições e os cidadãos as respeitam e acatam, sem constrangimento ou protesto (*Vocabulário jurídico*,Rio de Janeiro,Forense, v.3,p.1101).Ordem pública é a paz,a tranqüilidade no meio social. Assim,se o indiciado ou réu estiver cometendo novas infrações penais,ou se ele já vinha cometendo outras,sem que a Polícia lograsse prendê-lo em flagrante;se estiver fazendo apologia de crime,ou incitando ao crime,ou se reunido em quadrilha ou bando,haverá perturbação da ordem pública.O que passar daí será mero pretexto,e não fundamento legal. [...]

8 TOURINHO FILHO, Fernando da Costa. **Código de Processo Penal Comentado.** 6. ed. São Paulo: Saraiva, 2001, p. 577/578.

> Tem-se entendido, também, ser possível a preventiva quando a infração comociona, gerando um verdadeiro clamor, em face da insensibilidade moral do criminoso. O exemplo do enfermeiro do Hospital Salgado Filho, no Rio de Janeiro, causou grande repulsa no meio social. A indignação foi geral, a ponto de os próprios sentenciados, recolhidos à penitenciária, terem sentido profunda aversão. **Em casos como esse, a ordem pública precisa ser garantida, atendendo aos anseios da sociedade. Não obstante não sejamos contrários à prisão provisória em casos dessa natureza, temos de admitir, contudo, ser ela contrária ao texto da Lei Maior.** E mais contrária, ainda, é a prisão provisória sob o fundamento de garantia da ordem pública nos casos em que a imprensa escrita, falada ou televisada estardalhaça o noticiário com condimentos fortes e amargos. Nessas hipóteses o indiciado ou réu precisa de proteção, de algum Juiz que impeça que a Lei Maior da sua terra seja invertida para satisfação e delírio daqueles que desejam a imediata e pronta punição, mesmo porque, desgraçadamente, haveria uma antecipação da pena. E, conforme já anotamos, o STF não admite prisão preventiva respaldada apenas no "clamor público" (cf. *Informativo do STF* n. 138).

Embora a reiteração na prática criminosa seja admitida majoritariamente, na linha do que sustentado por Paulo Rangel, como motivo suficiente à decretação da prisão preventiva com o fim de garantir a ordem pública (cf. NUCCI, Guilherme de Souza. **Código de Processo Penal Comentado.** 6. ed. São Paulo: Revista dos Tribunais, 2007, p. 593), também essa possibilidade foi afirmada inconstitucional por TOURINHO FILHO na seguinte passagem[9]:

> Quando se decreta a prisão preventiva como garantia da ordem pública, o encarceramento provisório não tem o menor caráter cautelar. É, *datíssima maxima venia*, um rematado abuso de autoridade e uma indisfarçável ofensa a nossa Lei Magna, mesmo porque a expressão 'ordem pública' diz tudo e não diz nada [...] A prisão preventiva é

9 *Apud* MOURA, Humberto Fernandes. Prisões provisórias – evolução legislativa e sua análise em face do princípio da presunção de inocência, estado de inocência ou da não-culpabilidade. **Revista IOB Direito Penal e Processual Penal – nº 38.** São Paulo: Thomson – IOB, 2006, p. 30.

> providência cautelar e por isso mesmo, conforme advertência de Romeu Pires de Campos Barros, tem por finalidade prevenir um perigo, isto é, evitar um dano jurídico que se apresenta como provável com base nas circunstâncias do fato. A decretação da prisão preventiva como garantia da ordem pública ou da ordem econômica é inesgotável fonte de excesso e iniqüidade. Às vezes, até será tolerável, na hipótese em que o indiciado ou acusado continua com a sua atividade criminosa, se bem que nesse caso, a medida coercitiva perde, às escâncaras, seu caráter cautelar e se transmuda numa espécie de medida de segurança, sem respaldo constitucional.

Como se viu, ao lado da crítica o ilustre doutrinador acaba por admitir a necessidade da prisão preventiva para a garantia da ordem pública quando "o indiciado ou acusado continua com a sua atividade criminosa", embora tenha afirmado que essa prisão seria inconstitucional. Do mesmo modo, o preclaro jurista admite a prisão preventiva para garantir a ordem pública "quando a infração comociona, gerando um verdadeiro clamor, em face da insensibilidade moral do criminoso". Todavia, mais uma vez afirma Tourinho que esse tipo de prisão contraria a Carta Política.

Com o devido e merecido respeito, tal posição parece ser contraditória. Afinal, como se poderia tolerar (reconhecendo-se a sua necessidade) uma prisão inconstitucional em um Estado Democrático de Direito? A resposta reside, tal como será visto no capitulo seguinte, no reconhecimento de que existem prisões preventivas endoprocedimentais e extraprocedimentais, e de que também as prisões preventivas extraprocedimentais ostentam cautelaridade e, portanto, não ofendem a Constituição da República.

Roberto Delmanto Junior também guarda reservas sobre a possibilidade de decretação da prisão preventiva com o objetivo de garantir a ordem pública[10] (grifos no original):

---

10 DELMANTO JUNIOR, Roberto. **As modalidades de prisão provisória e seu prazo de duração.** 2. ed. São Paulo: Renovar, 2001, p. 179/180.

> Sem dúvida, não há como negar que a decretação de prisão preventiva com o fundamento de que o acusado poderá cometer novos delitos baseia-se, sobretudo, em ***dupla presunção***: a primeira, de que o imputado realmente cometeu um delito; a segunda, de que, em liberdade e sujeito aos mesmos estímulos, praticará outro crime ou, ainda, envidará esforços para consumar o delito tentado. Isso, obviamente, se não se estiver diante de *grave perturbação* da ordem pública, no sentido da sociedade se sentir totalmente desprovida de garantias, prejudicando-se a própria *instrução criminal* com a mantença do acusado em liberdade, como veremos mais adiante.
>
> Com a referida *presunção de reiteração*, restariam violadas, portanto, as garantias constitucionais da *desconsideração prévia de culpabilidade* (Constituição da República, art. 5º, LVII) e da *presunção de inocência* (Constituição da República, art. 5º, § 2º, c/c os arts. 14, 2, do Pacto Internacional sobre Direitos Civis e Políticos, e 8º, 2, 1ª parte, da Convenção Americana sobre Direitos Humanos).
>
> Por outro lado, nas hipóteses de efetiva *reiteração criminosa* "contra a mesma ou diversa pessoa, ou para a consumação do crime tentado", restaria, então, *e aí sim*, a *prisão em flagrante* quando do cometimento do novo crime ou da tentativa de consumação do anterior. Todavia, mesmo que inexista prisão em flagrante deste novo delito, afigura-se plenamente possível a decretação da *prisão preventiva* em relação ao crime anterior, uma vez que evidenciada a alta probabilidade (que não se confunde com meras conjecturas) do acusado vir a perturbar a tranqüilidade das testemunhas, da vítima (se é que já não o tenha feito quando da reiteração), dos jurados etc.
>
> Trata-se, portanto, de *fatos concretos* que apontam veementemente para o *perigo real* que a sua liberdade representa para o regular andamento do processo criminal, motivo suficiente, repetimos, à decretação da prisão preventiva.

Com a *maxima venia*, a conclusão não parece ser a melhor. Em primeiro lugar, nas hipóteses de reiteração criminosa é possível a prisão preventiva do indiciado com o escopo de garantir a ordem pública, desde que atendidos os demais requisitos legais, relativamente ao crime que acaba de ocorrer (ou de ser tentado), haja vista a constatação de que o agente, em tese, vem insistindo em violar as normas penais, comportamento que viola a ordem pública, entendida como a paz, a tranqüilidade e o modo de vida de uma determinada sociedade local (não precisa ser o conjunto de toda a população do país). É dizer, a decretação da prisão preventiva, nessa hipótese, não é da alçada exclusiva do juiz competente para o julgamento do crime anterior, mas também da alçada daquele que é competente para o julgamento do crime, em tese, recém cometido.

Em segundo lugar, deve ficar assentado que essa prisão preventiva não tem como fundamento, supondo que se trate somente de um caso de reiteração criminosa, a alta probabilidade do indiciado vir a perturbar as testemunhas, a vítima (basta que se figure a hipótese de que sejam vários crimes praticados contra vítimas diversas) ou os jurados, o que alteraria o seu elemento de validade da **garantia da ordem pública** para a **conveniência da instrução criminal**.

Em terceiro lugar, a reiteração criminosa, só por si, não autoriza, aqui sim, a conclusão (ou a presunção) de que o indiciado, acaso permaneça solto, vá perturbar testemunhas, juiz, promotor ou, de qualquer forma, a instrução do processo. Por hipótese, haveria nos autos elementos de prova que indicam a reiteração criminosa, não suposta ameaça a testemunhas, ao juiz ou, ainda, conduta tendente à destruição de provas. **Tal como será explicitado no capítulo seguinte, a prisão preventiva decretada para garantir a ordem pública é uma prisão extraprocedimental que tem natureza cautelar**, logo não há razão para que seja decretada a prisão preventiva de um agente que, em tese, vem reiteradamente cometendo crimes, com lastro na "alta probabilidade" de que ele vá tumultuar a instrução do processo se ficar solto. Sua prisão preventiva deve ser decretada, repise-se, para garantir a ordem pública, não para garantir a instrução regular do processo.

Mais a frente Delmanto Junior deixa assentadas as hipóteses em que admite violação da ordem pública para fins de decretação de uma prisão preventiva, contudo, mesmo nessas hipóteses estritas, nega qualquer caráter cautelar a essa espécie de prisão[11] (grifos no original):

---

11 Ob. cit., p. 182/183.

Em resumo, segundo o pensamento majoritário acima transcrito, qual seja, o do *grave abalo social*, havendo certeza da existência do crime e sérios indícios de autoria, sem probabilidade de erro, a prisão preventiva poderia ser decretada para preservar a ordem pública, *naqueles casos em que as peculiaridades sejam repugnantes*, situações em que se vislumbra maldade, sadismo, humilhação, emprego gratuito de violência física ou psíquica etc.

Evidentemente, não há dúvida que o seio social sente-se abalado, perturbado, ao tomar conhecimento desses fatos. Por outro lado, é inegável que a mantença em liberdade daquele contra o qual pesem sérios indícios de autoria desses crimes ocasiona forte insegurança.

Nessas hipóteses, a prisão preventiva, se aceitável, seria decretada para a preservação da *ordem pública* em seu sentido estrito, afigurando-se como um mal necessário ou, nas palavras de Bento de Faria, *"uma injustiça necessária do Estado contra o indivíduo ..".*

É de se esclarecer, porém, ser ***indisfarçável*** que, ***nesses termos***, a prisão preventiva se distancia de seu caráter instrumental – de tutela do bom andamento *do processo* e *da eficácia* de seu resultado – ínsito a toda e qualquer *medida cautelar*, servindo de ***inaceitável instrumento de justiça sumária.***

Por outro lado, no próprio Supremo Tribunal Federal a reiteração na prática de crimes tem sido tranquilamente admitida como fundamento para a decretação da prisão preventiva visando à garantia da ordem pública. Vejam-se, por todas, as seguintes decisões do Pretório Excelso, exaradas por cada uma de suas duas Turmas, havendo, inclusive, em uma delas, menção a que "a garantia da ordem pública é fundamento que não guarda relação direta com o processo no qual a prisão preventiva é decretada" (negritei):

DIREITO PROCESSUAL PENAL. *HABEAS CORPUS*. DECISÃO MONOCRÁTICA DO RELATOR DO STJ. SÚMULA 691, STF. PRISÃO PREVENTIVA. ART. 312, CPP. **GARANTIA DA ORDEM PÚBLICA.** FATOS CONCRETOS. **RISCO DE REITERAÇÃO DA CONDUTA**. NÃO CONHECIMENTO. 1. O ato impugnado via este *writ* consiste em decisão monocrática do relator de outro *habeas corpus* impetrado perante o Superior Tribunal de Justiça que indeferiu o pedido de medida liminar. 2. Há obstáculo intransponível ao conhecimento deste *habeas corpus*, consoante orientação pacificada nesta Corte, representada pelo enunciado 691, da Súmula do Supremo Tribunal Federal: *Não compete ao Supremo Tribunal Federal conhecer de* habeas corpus *impetrado contra decisão do relator que, em sede de* habeas corpus *requerido a Tribunal Superior, indefere a liminar*". 3. O relator do STJ analisou detidamente os argumentos apresentados pelo impetrante, ao menos para fim de apreciação do pedido de liminar em *habeas corpus*. Revela-se fundamental o pronunciamento do colegiado do STJ para que as questões eventualmente possam chegar ao conhecimento e julgamento desta Corte, sob pena de supressão de instância. 4. O decreto de prisão preventiva e as decisões que indeferiram os requerimentos de revogação da prisão processual, na realidade, se basearam em fatos concretos observados pelo juiz federal na instrução processual, **notadamente o risco da continuidade das práticas delitivas, tais como relatadas na denúncia (e especialmente relacionadas ao "prestígio na sociedade local", o que teria servido para a perpetração do crime de tráfico de influência)**. 5. Houve fundamentação idônea à manutenção da prisão cautelar do paciente, não tendo o magistrado se limitado a afirmar que a prisão seria mantida apenas em razão da necessidade de se assegurar a ordem pública de modo genérico. 6. **Como já decidiu esta Corte, "a garantia da ordem pública, por sua vez, visa, entre outras coisas, evitar a reiteração delitiva, assim resguardando a sociedade de maiores danos" (HC 84.658/PE, rel. Min. Joaquim Barbosa, DJ 03/06/2005), além de se caracterizar "pelo perigo que o agente representa para a sociedade como fundamento apto à manutenção da segregação" (HC 90.398/SP, rel. Min. Ricardo Lewandowski, DJ 18/05/2007)**. 7. **A consideração da existência de alguns inquéritos e ações penais (inclusive com sentença condenatória por peculato em um dos casos) não teve o objetivo de afirmar a presença de maus antecedentes criminais do paciente, mas sim de corroborar a necessidade de se garantir a ordem pública, devido à conveniência de se evitar a reiteração delitiva. O mesmo fundamento foi considerado quando se levou em conta o suposto**

> **elevado valor obtido pelo paciente na conduta objeto da ação penal, bem como o prestígio social na sociedade local (o que, aparentemente, permitiria a continuidade de possíveis práticas de tráfico de influência).** 8. *Habeas corpus* não conhecido, e revogação da liminar.
>
> (HC 95324, 2ª Turma, Relatora Ministra Ellen Gracie, DJe 13/11/2008)
>
> *HABEAS CORPUS*. PENAL. PROCESSUAL PENAL. PRISÃO PREVENTIVA. LIBERDADE PROVISÓRIA. TRÁFICO DE DROGAS. ART. 5º, XLIII E LXVI, DA CONSTITUIÇÃO FEDERAL. FIANÇA E LIBEDADE PROVISÓRIA. ART. 44 DA LEI 11.343/2006. REGRA ESPECIAL QUE NÃO FOI ALTERADA POR LEI DE CARÁTER GERAL. PRISÃO PREVENTIVA. AUSÊNCIA DOS PRESSUPOSTOS. INOCORRÊNCIA. NECESSIDADE DE MANUTENÇÃO DA ORDEM PÚBLICA CARACTERIZADA PELA REITERAÇÃO CRIMINOSA. PRECEDENTES. ORDEM DENEGADA. I - A vedação da liberdade provisória a que se refere o art. 44, da Lei 11.343/2006, por ser norma de caráter especial, não foi revogada por diploma legal de caráter geral, qual seja, a Lei 11.464/07. II - **A garantia da ordem pública é fundamento que não guarda relação direta com o processo no qual a prisão preventiva é decretada, dependendo a sua avaliação do prudente arbítrio do magistrado.** III - **A reiteração criminosa, associada à demonstração da adequação e proporcionalidade da medida, autoriza a custódia cautelar.** IV - Ordem denegada.
>
> (HC 93000, 1ª Turma, Relator Ministro Ricardo Lewandowski, DJe 24/04/2008)

Embora a jurisprudência do Supremo Tribunal Federal oscile quanto a incluir ou não a "credibilidade das instituições" no conceito de ordem pública (cf. HC 80.717/SP, HC 89.143/PR, HC 92 848/PR, HC 93.315/BA e HC 93.641/RJ), ela é firme ao não admitir nesse conceito a gravidade abstrata do delito, o clamor público ou o abalo social causado pelo delito (cf. HC 95.118/SP, HC 95.906/BA, HC 94.286/RR, HC 92.299/SP e HC 94.554/BA).

Em resumo, com lastro nos recentes julgados do Supremo Tribunal Federal, **é possível afirmar ser legítima a decretação da prisão preventiva com o escopo de garantir a ordem pública, entendida**

esta como a paz, a tranquilidade e o modo de vida da sociedade local, passíveis de serem abaladas pela reiteração criminosa de uma determinada pessoa, de um grupo de pessoas ou de uma quadrilha, bem como pela prática de crime através de excessiva violência física ou moral, maldade, sadismo, humilhação, de molde a causar forte sentimento de repulsa e indignação naquele meio social.

3 A garantia da ordem pública: cautelaridade

Assentado o conceito de ordem pública, impõe-se que seja verificada a existência ou não de alguma cautelaridade na prisão preventiva decretada com esse fundamento.

A doutrina amplamente majoritária conceitua a prisão provisória, na linha do entendimento clássico sobre as medidas cautelares em geral, como uma prisão absolutamente necessária à efetividade do processo principal (*rectius*: processo penal) já iniciado ou em vias de ter início, de modo a evitar que o seu trâmite seja prejudicado por indevidas interferências do réu (*v.g.* coação de testemunhas), ou que seja frustrado em caso de eventual decisão de procedência da pretensão punitiva (*v.g.* fuga do réu). Daí já se nota o não enquadramento da prisão preventiva para a garantia da ordem pública nesse conceito de prisão provisória. Assim sendo, das duas, uma: afirma-se a inconstitucionalidade dessa espécie de prisão preventiva ou admite-se a existência de prisões preventivas endoprocedimentais e extraprocedimentais, ambas cautelares.

Como já se viu, o Supremo Tribunal Federal sempre afirmou a constitucionalidade da prisão preventiva decretada para a garantia da ordem pública e, além disso, recentemente ratificou a tese de que essa espécie de prisão "não guarda relação direta com a ação penal no bojo da qual é implementada" (HC 93.000/MG). Veja-se a seguinte passagem do voto condutor, da lavra do eminente Ministro Ricardo Lewandowski:

Ora, a garantia da ordem pública é fundamento da prisão preventiva que, muito embora pressuponha a presença da materialidade delitiva e de indícios suficientes de autoria para a sua decretação, não guarda relação direta com a ação penal no bojo da qual é implementada, dependendo a sua avaliação do prudente arbítrio do magistrado.

Nos termos desse precedente, percebe-se que o Supremo Tribunal Federal admitiu a existência das prisões preventivas extraprocedimentais, bem como a sua cautelaridade. Confira-se, a propósito, a definição das prisões preventivas endoprocedimentais e extraprocedimentais, dada por Marcelo Cardozo da Silva[12] (grifos no original):

> Em outras palavras, as razões de ser das prisões preventivas fundadas *na conveniência da instrução penal* e *na aplicação da lei penal* encontram-se exclusivamente nas necessidades do procedimento, seja no aspecto atinente à viabilidade de alcançar seu êxito, seja no aspecto atinente à viabilidade da aplicação da eventual sanção a ser imposta no processo de execução penal.
>
> Essas prisões, endoprocessuais porque no procedimento encontram sua sustentação, são de mais fácil tratamento jurídico, uma vez que *estritamente cautelares*. Com efeito, as restrições que geram à liberdade de locomoção situam-se na relação de causalidade do atuar do indiciado/réu e os danos, atuais ou potenciais, conseqüentes sobre o procedimento ou sobre a futura aplicação da sanção penal.
>
> [...]
>
> Quando se está a falar de abalo à ordem pública não se está a falar da violação específica ao direito fundamental ou bem coletivo constitucional protegido pela norma penal incriminadora: está-se a falar dos efeitos que essa violação (e conseqüente atingimento do direito fundamental ou bem jurídico constitucional) gerou sobre outros direitos fundamentais e bens coletivos constitucionais fora do processo.
>
> Todo o crime, se crime é, provoca um abalo à ordem pública. Só que o procedimento da persecução penal, em si, já coloca, digamos, pare-

12 Op. cit., p. 81/91.

des que visam a evitar o prosseguimento das *ondas de choque* a direitos fundamentais e bens coletivos constitucionais outros, garantindo a ordem pública. Por regra, assim, o próprio procedimento de persecução (em sentido amplo) já permite a recomposição do estado relacional originário entre os direitos fundamentais e bens coletivos constitucionais.

Haverá casos, contudo, em que esse abalo não poderá ser contido pelas *paredes* do procedimento, extravasando-as. Por exemplo, pode haver um caso em que uma pessoa resolva matar, pelo "divertimento", em uma escola infantil, 30 crianças, alcançando êxito. Não há procedimento capaz de reter, integralmente, o abalo à ordem pública (aos múltiplos direitos fundamentais e bens coletivos constitucionais outros que estão fora do procedimento e que, igualmente, também foram abalados pela gravíssima conduta).

Nesses casos, há se identificar os direitos fundamentais e bens coletivos constitucionais afetados, aplicando-se o preceito da proporcionalidade (e suas máximas da *adequação, necessidade* e *proporcionalidade em sentido estrito*), concluindo-se, argumentativamente, que o abalo a tais direitos fundamentais e bens coletivos constitucionais outros (cujas funções de cautela devem ser exercidas pelo procedimento) justificam a prisão preventiva do autor do ilícito penal.

[...]

Também a reiteração delitiva pode vir a melhor ser equacionada a partir de uma compreensão normativa da ordem pública, tutelando-se de futuras violações, constatadas a partir de um juízo de prognose fundado em dados empíricos, direitos fundamentais e bens jurídicos constitucionais outros protegidos pelas normas penais incriminadoras, para tanto empregando-se, mais uma vez, o preceito da proporcionalidade, que permite o controle intersubjetivo da argumentação. A reiteração delitiva como fundamento para a prisão preventiva põe em relevo, em verdade, a necessária concepção normativa de ordem pública, consistente, pois, em um *estado* em que se encontram direitos fundamentais e bens coletivos constitucionais antes de qualquer abalo e que carecem de proteção *cautelar* a ser cumprida, externamente, também pelo procedimento.

Evidencia-se, assim, o arcabouço teórico que dá lastro à afirmação de que as prisões preventivas extraprocedimentais, das quais aquela decretada para a garantia da ordem pública é exemplo maior, também ostentam natureza cautelar em relação aos direitos fundamentais e bens coletivos constitucionais outros, externos ao processo, intrínsecos ao conceito de ordem pública e ponderados, em face do princípio da não culpabilidade, pelo princípio da proporcionalidade, haja vista que eles foram igualmente abalados pelo fato criminoso, em tese, ocorrido, cujos efeitos acabaram por extravasar os limites do processo. Em resumo, ao contrário do que sustenta parte da doutrina, não é inconstitucional, em toda e qualquer situação, por suposta ausência de natureza cautelar, a prisão preventiva para a garantia da ordem pública, cabendo ao magistrado, em cada caso concreto, verificar a existência dos pressupostos que legitimam a sua decretação, com estrita observância do princípio da proporcionalidade.

Conclusão

Existem prisões preventivas endoprocedimentais e extraprocedimentais. As primeiras visam às necessidades do próprio procedimento em curso (inquérito policial ou processo penal), de modo a evitar que o seu trâmite seja prejudicado por indevidas interferências do indiciado/réu (prisão preventiva decretada para a conveniência da instrução criminal), ou que seja frustrado em caso de eventual decisão de procedência da pretensão punitiva (prisão preventiva decretada para assegurar a aplicação da lei penal). Justamente por isso, essas espécies de prisão preventiva enquadram-se no conceito clássico de medida cautelar e, portanto, não enfrentam resistência doutrinária.

Já as prisões preventivas extraprocedimentais, das quais aquela decretada com o fim de garantir a ordem pública é o grande exemplo, também ostentam natureza cautelar, não em relação às necessidades internas do próprio procedimento, mas em relação aos direitos fundamentais e bens coletivos constitucionais externos ao processo, inerentes ao conceito de ordem pública, que foram abalados pelo fato criminoso, em tese, ocorrido, cujos efeitos não puderam ser contidos pelas "paredes do procedimento".

Assentada, assim, a cautelaridade da prisão preventiva decretada para a garantia da ordem pública, afirma-se a sua constitucionalidade.

REFERÊNCIAS

DELMANTO JUNIOR, Roberto. **As modalidades de prisão provisória e seu prazo de duração.** 2. ed. São Paulo: Renovar, 2001.

JARDIM, Afrânio Silva. Direito Processual Penal. 9. ed. Rio de Janeiro: Forense, 2000.

MOURA, Humberto Fernandes. Prisões provisórias – evolução legislativa e sua análise em face do princípio da presunção de inocência, estado de inocência ou da não-culpabilidade. **Revista IOB Direito Penal e Processual Penal – nº 38.** São Paulo: Thomson – IOB, 2006.

NUCCI, Guilherme de Souza. **Código de Processo Penal Comentado.** 6. ed. São Paulo: Revista dos Tribunais, 2007.

RANGEL, Paulo. **Direito Processual Penal.** 12. ed. Rio de Janeiro: Lumen Juris, 2007.

SILVA, Marcelo Cardozo da. **Prisão em flagrante e prisão preventiva.** Porto Alegre: TRF – 4ª Região, 2008 (Currículo Permanente. Caderno de Direito Penal: módulo 4).

TOURINHO FILHO, Fernando da Costa. **Código de Processo Penal Comentado.** 6. ed. São Paulo: Saraiva, 2001.

______. **Manual de Processo Penal.** 6. ed. São Paulo: Saraiva, 2004.

A prisão temporária e a proporcionalidade

Marcelo Adriano Micheloti[1]

Resumo: Sob a justificativa de facilitar a apuração de crimes graves, criou-se, por meio de Medida Provisória, a prisão temporária em nosso país. A prática demonstra que seu uso tem sido uma punição antecipada, uma vez que ela não é imprescindível para o cumprimento de buscas e apreensões, bem como é totalmente incabível em nosso ordenamento prender para ouvir. Os direitos fundamentais, ao mesmo tempo em que precisam do Estado para sua implementação, são limitadores da atividade estatal, sendo a proporcionalidade o instrumento apto para verificar a constitucionalidade de eventuais restrições, o que se faz pela análise ordenada e subsidiária de seus três elementos: adequação, necessidade e proporcionalidade em sentido estrito. No teste da proporcionalidade, comprova-se que a prisão temporária não supera a verificação de sua necessidade.

Palavras-chave: Processo penal. Prisão temporária. Necessidade. Proporcionalidade.

1 Juiz Federal Substituto da 1ª VF e JEF Cível e Crim de Itajaí.

INTRODUÇÃO

A liberdade é um direito fundamental[2] que está expressamente consignado em nossa Constituição. Tendo em vista essa hierarquia, eventuais restrições somente podem acontecer em favor de outro direito fundamental[3], sendo que o Estado tem o dever de exercer funções protetivas eficazes[4], inclusive no campo penal[5].

No artigo 5º da Constituição encontram-se as espécies de pena possíveis em nosso ordenamento e entre elas a de restrição de liberdade[6], dispondo ainda que para tanto há necessidade do devido processo legal[7]. É assente que a pena privativa de liberdade deve ser reservada para as situações mais graves, tanto que a regra é que as penas não superiores a quatro anos são substituídas por restritivas de direitos (prestação pecuniária, perda de bens e valores, prestação de serviço à comunidade ou a entidades públicas, interdição temporária de direitos, limitação de fim de semana)[8].

Numa interpretação sistemática dos incisos LVII (presunção do estado de inocência), LIV (a privação da liberdade depende do devido processo legal), LXI (a prisão só tem cabimento no flagrante ou por ordem escrita fundamentada) e LXVI (não se permite a prisão se cabí-

2 Na síntese de Luciano Feldens, "um direito fundamental é um direito enunciado pela Constituição, aplicável diretamente, dotado de garantias jurisdicionais e de uma especial resistência frente ao legislador" (*Direitos fundamentais e direito penal: garantismo, deveres de proteção, princípio da proporcionalidade, jurisprudência constitucional penal, jurisprudência dos tribunais de direitos humanos.* Porto Alegre: Livraria do Advogado Ed., 2008, p. 54).

3 SILVA, Marcelo Cardozo da. *A prisão em flagrante na Constituição.* Porto Alegre: Verbo Jurídico, 2007, p. 55.

4 FELDENS, Luciano. *Direitos fundamentais...*, p. 63-64.

5 Lênio Luiz Streck ensina que a Constituição repele a proibição do excesso em matéria penal, mas também que o legislador não tem liberdade para, por exemplo, descriminalizar condutas ofensivas a bens fundamentais, o que significa um dever de proteção através do Direito Penal, cuja ausência pode gerar a outra face da proporcionalidade: proibição de proteção deficiente (STRECK, Lenio Luiz. A Dupla Face do Princípio da Proporcionalidade: Da Proibição de Excesso (Übermassverbot) à Proibição de Proteção Deficiente (Untermassverbot) ou de como não há Blindagem contra Normas Penais Inconstitucionais. *Revista da Ajuris*, Porto Alegre, ano XXXII, nº 97, p. 176-177, mar. 2005.)

6 CF, art. 5º, XLVI, "a".

7 "LIV - ninguém será privado da liberdade ou de seus bens sem o devido processo legal".

8 CP, arts. 43 e 44.

vel a liberdade provisória), é possível afirmar que nossa Constituição admite a prisão antes do trânsito em julgado da sentença penal condenatória por intermédio da prisão preventiva, pois esta é a outra face da liberdade provisória.

Nos moldes do art. 312 do CPP[9], a prisão preventiva tem por finalidade garantir a persecução penal, e quando se refere à "garantia da ordem pública", sua função é extraprocessual[10].

Por meio da Medida Provisória nº 111, de 24 de novembro de 1989, foi criada em nosso ordenamento a prisão temporária, com o argumento da necessidade de resolver a violência no país, pois facilitaria a apuração de crimes graves. Referida MP foi convertida na Lei nº 7.960, de 21 de dezembro de 1989. Esta segregação cautelar é cabível quando [1] imprescindível para as investigações, [2] o indiciado não tiver residência fixa ou não fornecer elementos para sua identificação e [3] fundadas razões de autoria ou participação nos crimes que relaciona[11].

Nos últimos tempos têm sido vistas na imprensa várias operações policiais, em especial por parte da Polícia Federal, dando cumprimento a ordens de prisões temporárias que, no mesmo dia, ou no mais tardar nos dias seguintes – sempre após a ouvida dos presos – acaba sendo revogada pelo próprio juiz que a determinou, ou por tribunais superiores. Pertinente aqui a observação de uma pessoa externa ao âmbito jurídico: "[...] o festival de prisões, seguido do festival de solturas, autorizadas sempre depois da simples tomada de depoimento do preso, mostra que algo está errado. Ou as prisões ou as solturas"[12].

---

9 "Art. 312. A prisão preventiva poderá ser decretada como garantia da ordem pública, da ordem econômica, por conveniência da instrução criminal, ou para assegurar a aplicação da lei penal, quando houver prova da existência do crime e indício suficiente de autoria".

10 "Com efeito, ao contrário da proteção da persecução penal, que justifica a restrição à liberdade de locomoção como medida indispensável para garantir o desenvolvimento do processo e de eventual execução de uma sentença penal condenatória, a restrição à liberdade de locomoção com a finalidade de proteção da ordem pública cumpre função extraprocessual, destinando-se à imposição de uma prisão de caráter preventivo geral e especial." (SILVA, Marcelo Cardozo da. *A prisão em flagrante...*, p. 73, nota de rodapé).

11 À frente esses requisitos serão detidamente analisados.

12 PETRY, André. *Revista Veja*, edição 2010, de 30.05.2007. Disponível em: http://veja.abril.com.br/300507/andre_petry.shtml. Acesso em: 31 mai. 2007.

O presente texto tem por objetivo demonstrar alguns aspectos da prisão temporária, destacando manifestações doutrinárias e jurisprudenciais, dando ênfase à sua utilização prática. Também será analisada a prisão preventiva, num comparativo com a temporária. Após, será feita uma investigação sobre sua constitucionalidade, especificamente se esse tipo de prisão consegue passar pela análise da proporcionalidade.

1. GÊNESE DA PRISÃO TEMPORÁRIA

Conforme antecipado, a prisão temporária foi criada pela Medida Provisória nº 111, de 24 de novembro de 1989, tendo sido convertida na Lei nº 7.960, de 21 de dezembro do mesmo ano.

Em 14 de dezembro de 1989, o Supremo Tribunal Federal, por maioria, acabou indeferindo medida liminar na ADI nº 162-1/DF. Na época, no art. 62 da Constituição não estava expressa a vedação de Medidas Provisórias tratarem sobre matéria de Direito Penal e Processual Penal. Não obstante, o voto vencido do Min. Celso de Mello foi expresso quanto à impossibilidade de tratar tal matéria em Medida Provisória:

> O sistema de tutela constitucional das liberdades, por sua vez, opõe-se à disciplina restritiva do **status libertatis,** passível, apenas, de ação legislativa do Congresso Nacional.
>
> A normação extraordinária, veiculada mediante medidas provisórias, não pode incidir sobre temas concernentes ao próprio **status liberatis**. A liberdade só pode sofrer condicionamentos normativos quando autorizados, estes, por Lei formal e não mais por mera decisão unilateral emanada do Chefe do Poder Executivo da União.

Tamanha a prova do acerto do referido Ministro que a redação do art. 62 da CF foi alterada pela EC nº 32/2001, para vedar expressamente que esse tipo de matéria fosse veiculada por meio de medidas provisórias. Além disso, a jurisprudência do Supremo atualmente não vê mais a conversão da medida provisória em lei como obstáculo para analisar o vício formal da MP[13], coisa que levou à perda do objeto da referida ADI na época.

2. REQUISITOS DA PRISÃO TEMPORÁRIA

O art. 1º da Lei nº 7.960/1989 diz que caberá prisão temporária:

> I - quando imprescindível para as investigações do inquérito policial; II - quando o indiciado não tiver residência fixa ou não fornecer elementos necessários ao esclarecimento de sua identidade; III - quando houver fundadas razões, de acordo com qualquer prova admitida na legislação penal, de autoria ou participação do indiciado nos seguintes crimes.[14]

A doutrina refere que, embora o texto não indique a cumulatividade dos incisos, há necessidade de sua conjugação para dar um mínimo de coerência à sua aplicação. Prevalece que a prisão temporária somente é possível nos crimes indicados no inciso III, bem como

---

13 "Questão de ordem quanto à possibilidade de se analisar o alegado vício formal da medida provisória após a sua conversão em lei. A lei de conversão não convalida os vícios formais porventura existentes na medida provisória, que poderão ser objeto de análise do Tribunal, no âmbito do controle de constitucionalidade. Questão de ordem rejeitada, por maioria de votos. Vencida a tese de que a promulgação da lei de conversão prejudica a análise dos eventuais vícios formais da medida provisória" (ADI 3.090-MC, Rel. Min. Gilmar Mendes, julgamento em 11.10.06, DJ de 26.10.07). Disponível em: http://www.stf.jus.br/portal/constituicao/artigoBd.asp#visualizar. Acesso em: 17 dez. 2008.

14 "a) homicídio doloso (art. 121, caput, e seu § 2º); b) sequestro ou cárcere privado (art. 148, *caput*, e seus §§ 1º e 2º); c) roubo (art. 157, *caput*, e seus §§ 1º, 2º e 3º); d) extorsão (art. 158, *caput*, e seus §§ 1º e 2º); e) extorsão mediante sequestro (art. 159, *caput*, e seus §§ 1º, 2º e 2º); f) estupro (art. 213, *caput*, e sua combinação com o art. 223, *caput*, e parágrafo único); g) atentado violento ao pudor (art. 214, caput, e sua combinação com o art. 223, *caput*, e parágrafo único); h) rapto violento (art. 219, e sua combinação com o art. 223 caput, e parágrafo único); i) epidemia com resultado de morte (art. 267, § 1º); j) envenenamento de água potável ou substância alimentícia ou medicinal qualificado pela morte (art. 270, *caput*, combinado com art. 285); l) quadrilha ou bando (art. 288), todos do Código Penal; m) genocídio (arts. 1º, 2º e 3º da Lei nº 2.889, de 1º de outubro de 1956), em qualquer de sua formas típicas; n) tráfico de drogas (art. 12 da Lei nº 6.368, de 21 de outubro de 1976); o) crimes contra o sistema financeiro (Lei nº 7.492, de 16 de junho de 1986)".

nos crimes considerados hediondos, acrescida de pelo menos uma das hipóteses dos incisos anteriores[15].

Sobre o inciso II é oportuno enfocar que, se a pessoa já está indiciada, não há como não ter esclarecimentos sobre sua identidade[16], sem se falar no risco que seria uma ordem de prisão para alguém cuja identificação não é certa. Além disso, entendida friamente a redação, um integrante de circo, por exemplo, sempre teria contra si determinada a prisão temporária, pois ele não tem residência fixa. O fato de alguém não ter endereço onde possa ser encontrado mais tem a ver com o assegurar a aplicação da lei penal (hipótese autorizadora da prisão preventiva) do que com a necessidade investigativa e, nem sempre, por si só, é motivo para a prisão cautelar, como bem demonstrou o Juiz Federal Jurandi Borges Pinheiro[17], ao enfatizar que "o simples fato

---

15 Por todos, o excelente artigo de CARVALHO, Themis Maria Pacheco de. *Considerações sobre a Lei de Prisão Temporária como Representação de um não Direito*. Disponível em: <http://www2.mp.ma.gov.br/ampem/artigos/Artigos2007/COMENTARIOSALEIDAPRISAOTEMPORARIA.pdf>. Acesso em: 07 out. 2008. p. 11-12. Com acerto Eugênio Pacelli de Oliveira quando afirma que o inciso II é redundante, pois expressa uma das várias hipóteses enquadráveis no inciso I (*Curso de Processo Penal*. 4. ed. Belo Horizonte: Del Rey, 2005, p. 419).

16 O indiciamento "contém uma proposição, no sentido de guardar função declarativa de autoria provável. Suscetível, é certo, de avaliar-se, depois como verdadeiramente, ou logicamente falsa" (PITOMBO, Sérgio Moraes. *Inquérito Policial: Novas Tendências*. Belém: Cejup, 1987. p. 38). "O indiciamento, no seu sentido amplo, ostenta o significado de convergência de indícios para o sustento de uma acusação. Indiciado, assim, é aquele sobre quem recaiam, no correr do inquérito policial, os indícios, ou outros meios de prova, bastantes para acusar em juízo, de haver perpetrado uma infração penal, cuja existência se acha suficientemente evidenciada" (TACRIM-SP – RHC 1.095.085/1 – 2ª Câm. – Rel. Silvério Ribeiro – j. 19.03.1998).

17 "Juiz manda soltar moradores de rua presos em flagrante. O simples fato de a pessoa não ter onde morar não é razão para negar-lhe o pedido de liberdade provisória. O entendimento é do juiz federal substituto Jurandi Borges Pinheiro, que no último sábado (10/7), durante o plantão, mandou soltar dois moradores de rua. Eles tinham sido presos em flagrante na terça-feira (6/7) anterior, ao tentarem sacar, de uma agência da Caixa Econômica Federal (CEF), R$ 372,78 do PIS de um deles, que se dizia portador do vírus da Aids, mostrando atestado médico e exame de sangue falsificados. Ambos estão obrigados, porém, a se apresentarem à Vara Federal Criminal de Florianópolis na primeira semana de cada mês, para serem intimados dos atos processuais. Para o juiz, a mera suposição de que eles não comparecerão não impede a soltura. Segundo Pinheiro, 'desse ângulo, não seria também possível conceder liberdade provisória aos indiciados ricos com o argumento de que poderiam evadir-se, embora às vezes o façam a bordo de confortáveis jatinhos em voos sem escala para aprazíveis recantos ultramarinos', escreveu. Em outro trecho da decisão, o magistrado sustentou que, 'sendo os autuados primários e não havendo nos autos nenhum indicativo de que a ordem pública estará em risco com eles em liberdade, a única justificativa para mantê-los no cárcere, em caráter preventivo, seria por conveniência da instrução criminal e para assegurar a aplicação da lei penal'. O juiz se referiu ao fato de que, de acordo com o auto de prisão em flagrante, 'ambos têm por lar a rua e por

de alguém, pelas intempéries da vida, não ter onde morar", não é motivo para a manutenção da prisão, quando é possível "assegurar, de algum modo, o seu comparecimento aos atos processuais e a aplicação de eventual pena", oportunizando que os acusados comparecessem mensalmente na secretaria da vara para serem intimados.

Sobre a imprescindibilidade para as investigações do inquérito (inciso I), há de ser interpretada como a última medida disponível para obter uma prova importantíssima. Com efeito, a afirmação de Themis Maria Pacheco de Carvalho[18]:

> [...] tem que restar patenteado que a polícia ou o Ministério Público não podem investigar a existência de determinado fato delituoso sem que o suspeito ou indiciado esteja recolhido à prisão, tem ainda que restar comprovado que a prisão temporária requerida tem por fim colher provas que fortaleçam o convencimento sobre autoria ou materialidade delitiva, considerando-se que a liberdade do provável autor cause prejuízo às diligências investigatórias.

A decisão deve ser proferida em até vinte e quatro horas[19]. O prazo da prisão temporária é de cinco dias[20], prorrogável por igual perí-

---

teto a abóbada celeste, às vezes azulada, às vezes estrelada, às vezes riscada pela cintilante luz de relâmpago anunciando alguma tempestade'. Entretanto, 'tenho que o simples fato de alguém, pelas intempéries da vida, não ter onde morar', não é motivo para a manutenção da prisão, quando é possível 'assegurar, de algum modo, o seu comparecimento aos atos processuais e a aplicação de eventual pena'. Um dos homens é analfabeto, sabe apenas assinar o nome, está desempregado, vive de 'bicos' e não tem endereço fixo. O outro só tem o primeiro grau, não tem emprego e também mora na rua." Disponível em: <http://certidao.jfsc.gov.br/jfsc2003/comsoc/noticias_internet/pesqnoticias.asp>. Acesso em: 14 jul. 2004.

18 *Considerações sobre...* p. 14. "[...] a prisão temporária somente comporta legitimidade a partir do instante em que, para elucidação do fato e da autoria, faça-se ela indispensável, inafastável, única providência apta a evitar que, solto, aquele a quem se investiga, possa frustrar, dificultar ou impedir a colheita de provas. Provas que apenas serão possíveis produzir e amealhar estando ele preso e por isso afastado do cenário investigatório, o qual, uma vez em liberdade o agente investigado, poderia vir a ser por ele inutilizado ou comprometido em sua eficácia e utilidade" (trecho da decisão liminar no HC nº 1.210.432-3/0, do TJSP – Caso Isabella Nardoni – Rel. Desembargador Canguçu de Almeida).

19 Art. 2º, § 2º Interessante que nos debates na apreciação da medida liminar na ADI 162, o Min. Sepúlveda Pertence afirmou que deveriam julgar com brevidade o mérito da ADI, fazendo-o antes da sua conversão em lei. O Relator, Min. Moreira Alves, disse que precisaria no mínimo de vinte dias para poder estudar o caso e que não poderia julgá-lo em 24 horas.

20 No caso de crimes hediondos será de trinta dias, também prorrogável uma vez (Lei nº

odo, em caso de extrema e comprovada necessidade[21].

É possível constatar pelos noticiários que na prática esses requisitos têm sido desprezados, transformando-a numa punição antecipada, validando a famigerada prisão para averiguações[22], uma vez que os aprisionados temporariamente têm sido liberados logo após suas oitivas e/ou conclusão das buscas e apreensões.

3. A PRISÃO TEMPORÁRIA NA PRÁTICA

É possível concluir, da análise de alguns casos concretos, que as prisões temporárias têm sido concedidas com a finalidade de [1] assegurar/preservar as diligências do cumprimento da busca e apreensão e de [2] ouvir os investigados.

Geralmente, na decisão que decreta a prisão, consta autorização para a autoridade policial liberar o preso logo após entender pela desnecessidade da manutenção da segregação. Ainda assim, é possível verificar que autoridades policiais mantêm a prisão mesmo diante de sua desnecessidade, pois assim indicam nas informações em pedidos de liberdade, nos quais há necessidade de expedição de alvarás de soltura. Outras vezes as prisões são mantidas até o final do prazo para eventuais outras diligências que possam surgir nesse curto período, como também da análise de diálogos e dados telefônicos, bem como eventuais reinquirições.

Por vezes a concessão ocorre após longos períodos de investigação que contam inclusive com interceptações telefônicas.

Também, num caso de drogas, foi concedida a prisão temporária, e não a preventiva, porque não se tinha a materialidade que aquela

8.072/1990, art. 2º, § 3º, atualmente § 4º).

21 Art. 2º, *caput*.

22 "No Governo Costa e Silva e no Governo Geisel (períodos de exceção) houve várias tentativas visando à criação da *prisão para averiguações*, coisa, aliás, que na prática existia e continua existindo. Contudo, aqueles que por ela propugnavam não lograram êxito... Passado o *período da ditadura*, o governo democrático a instituiu com o nome de 'prisão temporária'". (TOURINHO FILHO, Fernando da Costa. *Processo Penal*. 25. ed. São Paulo: Saraiva, 2003. 3. v., p. 467).

exigiria[23], com o objetivo de deflagrar uma operação para surpreender todos os envolvidos, para evitar que eles se ocultassem.

Algumas das pessoas presas acabam confessando eventual participação nos crimes.

3.1 A visão do STF e do STJ

O Supremo Tribunal Federal, no caso **Daniel Dantas**[24], entendeu incabível a prisão temporária para ouvir os investigados[25]. Para impedir que provas sejam destruídas somente com base empírica idônea da suposta destruição[26].

De um modo geral, o Superior Tribunal de Justiça exige detida análise dos requisitos de cautelaridade, não servindo como justificativas os **chavões** que servem para justificar tudo e não justificar nada[27] ou ainda meras referências aos dispositivos legais[28]. Há necessidade de se demonstrar a imprescindibilidade da medida[29], encontrando-se julgado que exige a análise da temporária junto com os requisitos do art. 312 do CPP[30], bem como outros dizendo que ela é instituto diverso da prisão preventiva[31].

No HC nº 103.144, o STJ afirmou que o fato de o investigado estar foragido é motivo para a prisão temporária. Nesse caso, a prisão se justificaria diante da necessidade de concluir o inquérito policial, e a fuga estaria dificultando a apuração do crime (eventual realização de reconhecimento pessoal, apreensão de objetos). Ocorre que se tratava de

23 Guilherme de Souza Nucci ressalta que a prova da materialidade para a prisão preventiva não precisa ser feita de modo definitivo e fundada em laudos periciais (*Código de Processo Penal Comentado*. 6. ed. São Paulo: Ed. RT, 2007, p. 597).

24 Pleno, HC 95009, Rel. Min. EROS GRAU, j. 06.11.2008.

25 No mesmo sentido: HC 90652, Rel. Min. RICARDO LEWANDOWSKI, j. 14.08.2007; HC 91.386, Rel. Min. GILMAR MENDES.

26 Pleno, HC 95009 , Rel. Min. EROS GRAU, j. 06.11.2008, itens 30 e 31.

27 RHC nº 21.824

28 HC nº 60.425.

29 RHC nº 21.824, HC nº 60.425.

30 HC nº 63.957.

31 HC nº 88.287.

um homicídio, e no Boletim de Ocorrência já havia a identificação do investigado, o qual era amásio da vítima!

Por outro lado, no referido HC nº 60.425, que dizia respeito à denominada **Operação Curupira**, a imputação indicava organização criminosa para crimes ambientais, grilagem e genocídio contra índios, tendo o voto condutor firmado:

> Não há suporte fático para sustentar a imprescindibilidade da custódia cautelar a fim de preservar as investigações policiais, uma vez que decorridos mais de 2 anos e 6 meses do início das investigações, ainda não foram apurados quais os delitos praticados, com a respectiva individualização das condutas dos indiciados.

Nessa operação foram encarceradas noventa e três pessoas, entre elas o diretor de Florestas do IBAMA, Antonio Carlos Hummel, o qual ficou quatro noites na cadeia, tendo o delegado federal Tardelli Boaventura, responsável pelas investigações, dito que a Polícia Federal nada tinha contra ele. No final, o Procurador da República concluiu que não deveria sequer tê-lo indiciado. Ele acabou sendo solto sem ao menos ter sido ouvido[32].

Em ações penais originárias, o Superior Tribunal de Justiça, como os órgãos de primeira instância, também determina a prisão temporária como medida garantidora de buscas e apreensões, bem como para ouvir os investigados, como se vê na nota à Imprensa do dia 12 de dezembro de 2008[33].

---

32 Dados extraídos da coluna "Ser direito dá cadeia", do jornalista Elio Gaspari, na Folha de São Paulo de 22 de junho de 2005. Disponível em: <http://www1.folha.uol.com.br/fsp/brasil/fc2206200535.htm>. Acesso em: 01 out. 2008.

33 "Com o término da colheita dos depoimentos dos investigados presos temporariamente, bem como com a finalização das diligências de busca e apreensão determinadas, a ministra Laurita Vaz, relatora do Inq 589/ES, considerou cumpridas as finalidades da custódia cautelar dos investigados. Por essa razão, a ministra relatora revogou o decreto de prisão temporária expedido em desfavor dos três desembargadores, um juiz de Direito e da servidora do Tribunal de Justiça do Espírito Santo, bem como dos dois advogados, mas advertindo os investigados da necessidade de estarem à disposição do Superior Tribunal de Justiça, para atender, sem embaraços, a chamados para prestar esclarecimentos adicionais no inquérito judicial em andamento". Disponível em: <http://www.stj.jus.br/portal_stj/publicacao/

Pode-se constatar que a prisão temporária tem sido utilizada para facilitar o trabalho da polícia no cumprimento das buscas e apreensões, pois, invariavelmente, logo após o término destas, ocorre a soltura. Além disso, também é utilizada para tentar obter a confissão de alguns dos investigados (valendo-se do **efeito surpresa**), uma vez que, após a oitiva, são liberados. Por outro lado, a prisão temporária tem sido usada como um substituto à prisão preventiva, com menor grau de exigências que esta.

4. A PRISÃO PREVENTIVA

Afirma com propriedade Eugênio Pacelli de Oliveira[34] que a prisão preventiva

> [...] revela a sua cautelaridade na tutela da persecução penal, objetivando impedir que eventuais condutas praticadas pelo alegado autor e/ou por terceiros possam colocar em risco a *efetividade* do processo [...] em todo o seu *iter* procedimental, e, mais, quando se mostrar a única maneira de satisfazer tal necessidade.

De acordo com o art. 312 do CPP, ela pode ser decretada como "garantia da ordem pública, da ordem econômica, por conveniência da instrução criminal, ou para assegurar a aplicação da lei penal, quan-

engine.wsp?tmp.area=398&tmp.texto=90338>. Acesso em: 13 dez. 2008. No caso conhecido como **Operação Navalha**, quarenta e oito pessoas foram presas, sendo que a ministra Eliana Calmon, após ouvir os investigados, os liberava: "[...] A ministra do STJ, Eliana Calmon, revogou a prisão de dez suspeitos. Eles foram liberados logo após prestar depoimento. [...] Todos vão responder ao processo em liberdade. Segundo o STJ, a ministra Eliana Calmon revogou as prisões porque entendeu que não havia mais risco de prejuízo às investigações, já que todas as buscas e apreensões foram efetuadas e também porque os suspeitos já prestaram depoimento." Disponível em: <http://www.cmnat.rn.gov.br/noticiaexterna.asp?id=690>. Acesso em: 16 dez. 2008.

34 *Curso de Processo Penal...*, p. 406. Aury Lopes Jr. afirma que as "medidas cautelares de natureza processual penal **buscam garantir o normal desenvolvimento do processo e a eficaz aplicação do poder de penar**" (*Prisões Cautelares:* Fumus Boni Iuris e Periculum in Mora? *Conceitos Impróprios para o Processo Penal.* Disponível em: <http://www.aurylopes.com.br/art0003.html>. Acesso em: 10 dez. 2008).

do houver prova da existência do crime e indício suficiente de autoria".

Os requisitos da parte final do art. 312 do CPP são resumidos por Aury Lopes Jr. como sendo a fumaça da existência de um delito, em que não "se exige um juízo de certeza, mas de probabilidade razoável".

> O *fumus commissi delicti* exige a existência de sinais externos, com suporte fático real, extraídos dos atos de investigação levados a cabo, em que por meio de um raciocínio lógico, sério e desapaixonado, permite deduzir com maior ou menor veemência a comissão de um delito, cuja realização e consequências apresentam como responsável um sujeito concreto.[35]

4.1 Prisões preventivas instrumentais

A definição anterior de Eugênio Pacelli de Oliveira não abarca todas as hipóteses descritas no art. 312 do CPP, pois a prisão preventiva para garantia da ordem pública e da ordem econômica não está ligada à proteção do processo penal[36].

Nas hipóteses de prisão preventiva para conveniência da instrução criminal ou para assegurar a aplicação da lei penal, tem-se em vista "a situação de perigo criada pela conduta do sujeito passivo do processo[37]". Arremata Aury Lopes Jr.[38]: "Fala-se, nesses casos, em risco de frustração da função punitiva (fuga) ou graves prejuízos ao processo, em virtude da ausência do acusado, ou no risco ao normal desenvolvi-

---

35 LOPES JR., Aury. *Prisões Cautelares:...*

36 *Curso de Processo Penal...*, p. 409. No mesmo sentido, SILVA, Marcelo Cardozo da. *A prisão em flagrante...* p. 69, nota de rodapé 149. "Enfim, há um grande dilema: de um lado, é difícil dar a essa prisão natureza cautelar, por outro lado, sente-se que há necessidade dela para evitar a reiteração de condutas criminosas e garantir a sociedade" (FERNANDES, Antonio Scarance. Funções e limites da prisão processual. *Revista Brasileira de Ciências Criminais*, nº 64, p. 245, jan.-fev. 2007).

37 LOPES JR., Aury. *Prisões Cautelares:...*

38 LOPES JR., Aury. *Prisões Cautelares:...*

mento do processo criado por sua conduta (em relação à coleta da prova)".

Por conveniência da instrução criminal entende-se como sendo a perturbação ao regular andamento do processo[39], tendo como exemplos quando o acusado, ou qualquer pessoa em seu favor, intimidar testemunhas, peritos ou o próprio ofendido, ou ainda provocar incidentes que resultem prejuízo para a instrução criminal.

Por outro lado, a prisão preventiva para assegurar a aplicação da lei penal diz respeito ao "risco *real de fuga* do acusado, e assim risco de não aplicação da lei na hipótese de decisão condenatória"[40].

4.2 Prisões preventivas extraprocessuais

Mais uma vez com base nas lições de Eugênio Pacelli de Oliveira[41] é possível concluir que a prisão preventiva para garantia da ordem econômica não se sustenta, primeiro, porque para preservar a ordem econômica são mais adequados o sequestro e a indisponibilidade de bens. Segundo, se houver risco de repetição das condutas, a prisão teria por fundamento a garantia da ordem pública.

Por último, a prisão para garantia da ordem pública é a que traz maiores controvérsias na sua definição e aplicação.

> Percebe-se, de imediato, que a prisão para garantia da ordem pública não se destina a proteger o processo penal, enquanto instrumento de aplicação da lei penal. Dirige-se, ao contrário, à proteção da própria comunidade, coletivamente considerada, no pressuposto de que ela

---

39 OLIVEIRA, Eugênio Pacelli de. *Curso de Processo Penal...*, p. 408.

40 OLIVEIRA, Eugênio Pacelli de. *Curso de Processo Penal...*, p. 408. No julgamento do HC 95009, Rel. Min. EROS GRAU, j. 06/11/2008 (**Caso Daniel Dantas**) foi referido que a capacidade econômica do paciente e seus contatos no exterior não podem servir de fundamento para a preventiva sob a alegação de risco de fuga, por quebra da isonomia, "para o bem e para o mal". Em caso de insuficiência econômica (ausência de moradia), o já citado caso acontecido em Florianópolis.

41 *Curso de Processo Penal...*, p. 409.

seria duramente atingida pelo não aprisionamento de autores de crimes que causassem intranquilidade social.[42]

O entendimento predominante é de que a garantia de ordem pública tem a ver com o risco de repetição da ação criminosa[43]. Todavia, não basta mera suposição[44].

Em decisões a respeito da prisão preventiva para garantia da ordem pública, o Supremo Tribunal Federal tem pronunciado que a decisão deve oferecer base empírica idônea[45], necessitando a indicação de elementos concretos, não servindo meras suposições de que o agente continuará delinquindo[46]. Tem cabimento a prisão preventiva em decorrência da gravidade do crime[47], da periculosidade do agente[48].

Em algumas decisões afirma que é possível a prisão preventiva para "assegurar a credibilidade das instituições públicas, em especial o Poder Judiciário, no sentido da adoção tempestiva de medidas adequadas, eficazes e fundamentadas quanto à visibilidade e transparência da implementação de políticas públicas de persecução criminal"[49].

Noutros, não admite a prisão preventiva baseada na gravidade do delito[50], como também não servindo o clamor social e a repercus-

---

42 OLIVEIRA, Eugênio Pacelli de. *Curso de Processo Penal...*, p. 409.

43 OLIVEIRA, Eugênio Pacelli de. *Curso de Processo Penal...*, p. 410.Tourinho Filho dá como exemplos: "[...] se o indiciado ou réu estiver cometendo novas infrações penais, sem que se consiga surpreendê-lo em estado de flagrância; se estiver fazendo apologia de crime, ou incitando ao crime, ou se reunindo em quadrilha ou bando, haverá perturbação da ordem pública" (*Processo Penal...*, p. 490).

44 STF, HC 95009, Rel. Min. EROS GRAU.

45 LENART, André. O STF e a Fundamentação do Decreto de Prisão Preventiva. *Revista da Seção Judiciária do Rio de Janeiro*, nº 22, p. 65, jun./2008.

46 STF, HC 95009, Rel. Min. EROS GRAU; HC 89238, Rel. Min. GILMAR MENDES; HC 88905, Rel. Min. GILMAR MENDES.

47 STF, HC 92839, Rel. Min. MENEZES DIREITO; HC 94286, Rel. Min. EROS GRAU.

48 STF, HC 90398, Rel. Min. RICARDO LEWANDOWSKI; HC 90413, Rel. Min. RICARDO LEWANDOWSKI.

49 HC 89238, Rel. Min. GILMAR MENDES; HC 88905, Rel. Min. GILMAR MENDES.

50 HC 95118, Rel. Min. ELLEN GRACIE; HC 92299, Rel. Min. MARCO AURÉLIO. Isto acaba por significar que, uma pessoa primária, sem antecedentes e com residência fixa, que cometer um homicídio simples, não pode ter contra si decretada a prisão preventiva (lembre-se do **Caso Pimenta Neves**). Caberia a prisão, se acaso cometesse um homicídio qualificado, por exemplo, por motivo fútil (HC 95172, Rel. Min. ELLEN GRACIE).

são do crime[51], muito menos a alegação de ofensa à credibilidade das instituições[52].

Essa alternância por parte do Supremo Tribunal Federal[53] acaba se espalhando por todas as demais instâncias, calhando aqui o desabafo de André Lenart de que é "inimaginável que um homem venha a ser preso por um juiz e solto, pouco depois, por outro. Esse *fator lotérico* é sintoma de que alguma engrenagem saiu do lugar ou se esclerosou"[54].

5. SUBSTITUIÇÃO DA PREVENTIVA PELA TEMPORÁRIA

Conforme adiantado, essa ausência de parâmetros seguros acaba por levar o juiz a se utilizar da prisão temporária ao invés da preventiva, tendo em vista as menores exigências daquela.

Se alguma prova é imprescindível para as investigações do inquérito[55] e somente pode ser obtida com a prisão do investigado, esta hipótese permite a prisão preventiva por conveniência da instrução criminal[56]. Do mesmo modo, se o investigado não tiver residência fixa ou não fornecer elementos para sua identificação[57], poderia ser decretada a prisão preventiva para assegurar a aplicação da lei penal.

51 HC 94554, Rel. Min. RICARDO LEWANDOWSKI; HC 91741, Rel. Min. ELLEN GRACIE.

52 HC 93315, Rel. Min. CEZAR PELUSO. "É ilegal a prisão preventiva para a garantia da ordem pública, baseada tão somente na gravidade do fato, na hediondez do delito ou no clamor público" (HC 91616, Rel. Min. CARLOS BRITTO).

53 "Nem mesmo o Supremo Tribunal Federal mostrou-se capaz de fornecer linhas de atuação, deixando ao sabor arbitrário do julgador (vez que inexistem parâmetros) no caso concreto entender o que é ou não ordem pública. A ausência de parâmetros faz com que aflore o uso da fórmula sem seu aspecto puramente retórico, nela podendo ser inserida ou retirada a hipótese desejada sem que trauma formal algum seja sentido" (SILVA, André Ghiggi Caetano da. Alguns Pontos Constitucionais Polêmicos sobre a Prisão Provisória. *Atuação – Revista Jurídica do Ministério Público Catarinense*. v. 4, nº 9, p. 183, mai./ago. 2006).

54 LENART, André. *O STF e a Fundamentação...*, p. 62.

55 Lei nº 7.960/1989, art. 1º, inciso I.

56 CARVALHO, Themis Maria Pacheco de. *Considerações sobre...* p. 10.

57 Lei nº 7.960/1989, art. 1º, inciso II.

6. REAIS FINALIDADES NA UTILIZAÇÃO DA TEMPORÁRIA

A criação da prisão temporária teve por finalidade facilitar a apuração de crimes graves, mas o que se vê na prática é sua utilização para encobrir o despreparo de nossos setores de investigação e/ou a satisfação de outros objetivos não explícitos.

Quando se decretam prisões temporárias juntamente com o deferimento de buscas e apreensões e, logo após o encerramento destas, as pessoas são liberadas, conclui-se que a prisão só serviu para facilitar o trabalho das equipes encarregadas do cumprimento das buscas. Será que não haveria outra forma de cumprir os mandados de busca e apreensão sem necessitar da prisão dos investigados? Evidente que sim. A utilização de mais pessoal, com melhor articulação e organização, evitaria a perda de qualquer prova[58].

Outro exemplo seria a manutenção dos investigados em suas residências com acompanhamento contínuo de um policial, com restrição ao uso de telefones e outros meios de comunicação[59], durante o período em que se realizassem as diligências[60]. Embora tal situação

58 Enfim, o cumprimento na prática do princípio da eficiência (CF, art. 37). Cabe aqui a lembrança da investigação que se procedeu para elucidação da morte da menina Isabella Nardoni, na qual foram realizadas várias espécies de perícias, inclusive com exame de DNA. Lembre-se de que o Tribunal de Justiça de São Paulo revogou a prisão temporária que fora decretada neste caso (HC 1.210.432-3/0, Rel. Desembargador Canguçu de Almeida). Infelizmente, trata-se de excelência pouco vista na investigação de crimes em nosso país. Se o Estado não se aparelha devidamente para bem cumprir sua função de investigar, não pode querer suprir isto ao custo da liberdade das pessoas (prisão temporária).

59 Claro que isso não poderia tolher o direito consignado no art. 5º, LXIII, da CF.

60 A Redação Final do Projeto de Lei nº 4.208-C, de 2001, aprovada na Câmara dos Deputados, que altera dispositivos do Código de Processo Penal, relativos à prisão processual, fiança, liberdade provisória, demais medidas cautelares e dá outras providências, estabelece no art. 319 medidas cautelares diversas da prisão: " I - comparecimento periódico em juízo, quando necessário para informar e justificar atividades; II - proibição de acesso ou frequência a determinados lugares quando, por circunstâncias relacionadas ao fato, deva o indiciado ou acusado permanecer distante desses locais para evitar o risco de novas infrações; III - proibição de manter contato com pessoa determinada quando, por circunstâncias relacionadas ao fato, deva o indiciado ou acusado dela permanecer distante; IV - proibição de ausentar-se da Comarca para evitar fuga, ou quando a permanência seja necessária para a investigação ou instrução; V - recolhimento domiciliar no período noturno e nos dias de folga nos crimes punidos com pena mínima superior a 2 (dois) anos, quando o acusado tenha residência e trabalho fixos; VI - suspensão do exercício de função pública ou de atividade de natureza econômica ou financeira quando houver justo receio de sua utilização para a prática de infrações penais; VII - internação

não tenha previsão expressa, isso é um *minus* em relação à prisão temporária, e aqui é plenamente cabível o aforismo de que onde é possível o mais, também o é o menos[61], pois este é inegavelmente menos gravoso que a prisão autorizada pela Lei nº 7.960/1989[62].

Insustentável também a prisão temporária com a única finalidade de ouvir os investigados. Assim, se eles são liberados logo após serem interrogados, a prisão não tem outra finalidade que não **pegá-los de surpresa** e, desta forma, obter uma confissão.

Acontece que uma confissão extrajudicial não é suficiente para sustentar um decreto condenatório[63]. A pessoa detida tem o direito de permanecer em silêncio[64], estando expresso no art. 186, parágrafo único, do CPP, que o exercício desse direito[65] não pode ser interpretado

provisória do acusado nas hipóteses de crimes praticados com violência ou grave ameaça, quando os peritos concluírem ser inimputável ou semi-imputável (art. 26 do Código Penal) e houver risco de reiteração; VIII - fiança, nas infrações que a admitem, para assegurar o comparecimento a atos do processo, evitar a obstrução do seu andamento ou em caso de resistência injustificada a ordem judicial". A prisão preventiva fica reservada expressamente como medida a ser usada apenas em "último caso" (art. 282, § 4º, *in fine*) e o juiz pode fixar as medidas cautelares de maneira isolada ou cumulativamente (art. 282, § 1º). Se isso pode ser possível em relação à prisão preventiva, também o será em relação à prisão temporária. Assim, se com uma, ou algumas das medidas indicadas for possível o cumprimento da busca e apreensão, não tem cabimento prisão para facilitar esta diligência.

61 *In eo quod plus est semper inest et minus.* (MAXIMILIANO, Carlos. *Hermenêutica e aplicação do direito.* 15. ed. Rio de Janeiro: Forense, 1995, p. 245).

62 O Tribunal Regional Federal da 4ª Região, ao invés de manter prisão cautelar, afastou o acusado de suas funções, como medida alternativa à prisão. "Decorrendo do exercício funcional o papel desempenhado pelo paciente na organização criminosa, o mero afastamento da função já será suficiente para o mesmo fim e - inquestionavelmente - com muito menores efeitos danosos" (HC 2007.04.00.017392-2/PR, Rel. Des. Federal NÉFI CORDEIRO, j. 05.06.2007). "Medida que não frustra o livre exercício de qualquer trabalho, ofício ou profissão (art. 5º, inciso XIII, da CF), tampouco viola o princípio constitucional da presunção de inocência, porquanto não implica a perda do cargo (que somente poderá vir a ocorrer com o trânsito em julgado da sentença condenatória), e da remuneração, e deve ser mantida apenas enquanto se fizer necessária à instrução processual, revelando-se, portanto, mais benéfico, por ser um *minus* em relação à prisão cautelar" (HC 2008.04.00.007496-1/PR, Rel. Des. Federal TADAAQUI HIROSE, j. 16.04.2008).

63 STF, HC 84517, Rel. SEPÚLVEDA PERTENCE; RC 1462, Rel. Min. RAFAEL MAYER.

64 CF, art. 5º, LXIII: "o preso será informado de seus direitos, entre os quais o de permanecer calado, sendo-lhe assegurada a assistência da família e de advogado". Convenção Interamericana de Direitos Humanos (Pacto de San José da Costa Rica), art. 8º, § 9: "Direito de não ser obrigada a depor contra si mesma, nem a confessar-se culpada".

65 O interrogatório é um meio de defesa que, se eventualmente o acusado falar, pode ser um meio de prova. Nesse sentido: GRINOVER, Ada Pellegrini. O Interrogatório como meio de Defesa (Lei nº 10.792/03). *Revista Brasileira de Ciências Criminais.* São Paulo: Ed. RT, mar./abr. 2005, p. 185.

contra ela. E sendo um direito, não há como aceitar que seja preso para exercê-lo, calhando aqui a afirmação de Eugênio Pacelli de Oliveira de que a condução coercitiva para interrogatório do acusado (art. 260 do CPP) não foi recepcionada pela Constituição de 1988[66].

Desde o momento da prisão tem o Estado o dever de informar ao preso o direito ao silêncio.

> Com efeito, sem o respeito ao dever de comunicação constitucional referido, os elementos de informação que de aí advierem não apresentarão nenhuma relevância probatória contra o preso: se os questionamentos (que se devem dar nos momentos para tanto previstos no ordenamento jurídico) não forem precedidos da advertência do direito a permanecer em silêncio, eventuais respostas concedidas pelo preso são contra ele imprestáveis para quaisquer fins probatórios.[67]

Portanto, eventuais declarações colhidas do investigado fora dos momentos típicos não servem como meio de prova[68].

Outra provável utilização da prisão temporária seria como um meio para ganhar tempo para conclusão do inquérito. Com o flagrante ou com a decretação da prisão preventiva, o encerramento do inquérito deve acontecer em dez dias (quinze dias, prorrogáveis, por uma vez, na Justiça Federal) e, se não cumprido, acarreta constrangimento ilegal[69]. O prazo da temporária não é contado para essa finalidade[70]. As-

---

66 OLIVEIRA, Eugênio Pacelli de. *Curso de Processo Penal...*, p. 19. Diferentemente seria se houvesse necessidade de reconhecimento pessoal e a pessoa se negasse a comparecer, quando então cabível a condução coercitiva.

67 SILVA, Marcelo Cardozo da. *A prisão em flagrante...*, p. 134.

68 É possível, no entanto que, diante da ciência de que eventuais elementos colhidos fora dos momentos típicos não podem ser levados a juízo, a utilização dessa "estratégia" seria útil para permitir a colheita de outras provas que, aí sim, poderiam ser empregadas em juízo (SILVA, Marcelo Cardozo da. *A prisão em flagrante...*, p. 131).

69 "[...] A Lei fixa prazos para a finalização do inquérito policial e para a realização dos atos processuais. Estando o indiciado recolhido ao cárcere, por mais de 30 dias, sem a formalização da denúncia, constatado está a coação ilegal. 4. Recurso oficial improvido" (TJES - REO 048050123586 - 2ª C. Crim. - Rel. Des. José Luiz Barreto Vivas - J. 08.03.2006)

70 OLIVEIRA, Eugênio Pacelli de. *Curso de Processo Penal...*, p. 420.

sim, acrescenta-se indevidamente o prazo da temporária ao do limite para encerramento da instrução policial, mascarando eventual constrangimento ilegal.

7. A PROPORCIONALIDADE

No Estado Legal de Direito a produção legislativa era identificada como Direito válido. Os direitos individuais "começavam e acabavam com o princípio da legalidade"[71]. A superação desse modelo acontece a partir de meados do século XX, fazendo com que a lei, além de subordinar-se aos critérios formais de produção, passasse a ter seu conteúdo condicionado à Constituição (Estado Constitucional de Direito). Com o avanço e o desenvolvimento do Estado Constitucional é cunhada e adotada a expressão **Neoconstitucionalismo** para identificá-lo contemporaneamente, com as seguintes características gerais[72]:

> (a) princípios *versus* regras (no sentido de que o ordenamento jurídico não é composto apenas de regras, mas também de princípios), (b) ponderação *versus* subsunção (a indicar o método aplicativo que requerem os princípios), (c) Constituição *versus* independência do legislador (denotativo do conteúdo substancial condicionante da Constituição) e, (d) juízes *versus* liberdade do legislador (a sugerir uma adequação judicial da legislação às normas constitucionais).

Adota-se aqui a compreensão feita por Luciano Feldens[73] acerca do **Neoconstitucionalismo** como positivismo crítico, como sendo

> um modelo de produção (interpretação e aplicação) do Direito que se apresenta como uma superação do juspositivismo clássico, denunciando suas antinomias (coerência e completude apenas aparentes),

71 FELDENS, Luciano. *Direitos fundamentais...*, p. 18.

72 FELDENS, Luciano. *Direitos fundamentais...*, p. 18-19.

73 FELDENS, Luciano. *Direitos fundamentais...*, p. 19.

> sua postura contemplativa diante de problemas complexos (desajustes manifestos entre Direito e justiça) e a impureza conceitual de uma teoria do Direito que, ao pretender-se pura – livre de qualquer vinculação moral –, permitiu que as maiores atrocidades da História moderna se pudessem dizer revestidas de aparência jurídica.

Assim, os princípios passaram a ter normatividade[74]. Com apoio em Esser, Alexy, Dworkin e Crisafulli, Paulo Bonavides afirma que os princípios são normas e as normas compreendem igualmente os princípios e as regras[75].

> Alexy divide as normas jurídicas em duas categorias, as regras e os princípios. Essa divisão não se baseia em critérios como generalidade e especialidade da norma, mas em sua estrutura e forma de aplicação. Regras expressam deveres definitivos e são aplicadas por meio de subsunção. Princípios expressam deveres *prima facie*, cujo conteúdo definitivo somente é fixado após sopesamento com princípios colidentes. Princípios são, portanto, "normas que obrigam que algo seja realizado na maior medida possível, de acordo com as possibilidades fáticas e jurídicas"; são, por conseguinte, *mandados de otimização.*[76]

As regras "são normas que podem sempre ser cumpridas ou não, e quando uma regra vale, então se há de fazer exatamente o que ela exige ou determina. Nem mais, nem menos"[77]. Para solução de conflitos entre as regras há necessidade de introdução de uma cláusula de exceção numa regra ou a declaração de que uma das regras é nula[78]. Em relação aos princípios, numa eventual colisão, um deles deve ce-

74 BONAVIDES, Paulo. *Curso de Direito Constitucional*. 14. ed. São Paulo: Malheiros, 2004, p. 264-266.

75 BONAVIDES, Paulo. *Curso de Direito Constitucional...*, p. 271.

76 SILVA, Luís Virgílio Afonso da. O proporcional e o razoável. *Revista dos Tribunais*, ano 91, vol. 798, p. 25, abr. 2002.

77 BONAVIDES, Paulo. *Curso de Direito Constitucional...*, p. 279.

78 BONAVIDES, Paulo. *Curso de Direito Constitucional...*, p. 279.

der, sem necessidade de declará-lo nulo ou introduzir uma cláusula de exceção[79].

> Já, os conflitos de regras – assevera o eminente Jurista – se desenrolam na dimensão da validade, ao passo que a colisão de princípios, visto que somente princípios válidos podem colidir, transcorre fora da dimensão da validade, ou seja, na dimensão do peso, isto é, do valor.[80]

A proporcionalidade é um meio para interpretação e aplicação dos direitos fundamentais. Tem sido ela tratada pela maioria dos doutrinadores pátrios como princípio, bem como pelo próprio Supremo Tribunal Federal. Humberto Bergmann Ávila afirma que, com base na classificação de Alexy, a proporcionalidade não é um princípio, "já que não entra em conflito com outras normas-princípios, não é concretizado em vários graus ou aplicado mediante criação de regras de prevalência diante do caso concreto, e em virtude das quais ganharia, em alguns casos, a prevalência"[81]. Luís Virgílio Afonso da Silva arremata dizendo que Alexy classifica a proporcionalidade como **regra**[82]. Marcelo Cardozo da Silva a trata como **preceito**, também afirmando que não é uma norma do tipo princípio, mas de um "um critério que estrutura a aplicação das espécies normativas de tipo princípio"[83].

A proporcionalidade é forma de controle das atividades legislativa ou executiva, tornando inválida uma medida restritiva de direito (proibição de excesso). Além disso, deve ser utilizada também como proibição de proteção deficiente[84].

---

79 BONAVIDES, Paulo. *Curso de Direito Constitucional...*, p. 280.

80 BONAVIDES, Paulo. *Curso de Direito Constitucional...*, p. 280.

81 A distinção entre princípios e regras e a redefinição do dever de proporcionalidade. RDA 215, p. 169. *Apud.* SILVA, Luís Virgílio Afonso da. *O proporcional e o razoável...*, p. 25.

82 *O proporcional e o razoável...*, p. 25-26.

83 *A prisão em flagrante...* p. 41, nota de rodapé nº 76. Sílvio Dobrowolski identifica-a como **máxima da proporcionalidade** (Hermenêutica Constitucional. Porto Alegre: TRF – 4ª Região, 2008 [*Caderno de Direito Constitucional*: módulo 5], p. 43).

84 "Trata-se de entender, assim, que a proporcionalidade possui uma dupla face: de proteção positiva e de proteção de omissões estatais. Ou seja, a inconstitucionalidade pode ser decorrente de excesso do Estado, caso em que determinado ato é desarrazoado, resultando despropor-

A utilização da proporcionalidade requer idônea argumentação jurídica, sendo fundamental que "se dê em meio a procedimentos que, conduzindo a exposição a padrões científicos, reduzam maximamente o espaço da retórica"[85], de modo a não desvirtuá-la. Contundente a crítica de Luís Virgílio Afonso da Silva:

> O recurso à regra da proporcionalidade na jurisprudência do STF pouco ou nada acrescenta à discussão e apenas solidifica a ideia de que o chamado princípio da razoabilidade e a regra da proporcionalidade seriam sinônimos[86]. A invocação da proporcionalidade é, não raramente, um mero recurso a um *topos*, com caráter meramente retórico, e não sistemático. Em inúmeras decisões, sempre que se queira afastar alguma conduta considerada abusiva, recorre-se à fórmula *"à luz do princípio da proporcionalidade ou da razoabilidade, o ato deve ser considerado inconstitucional"*.[87]

A proporcionalidade contém três elementos: a **adequação**, a **necessidade** e a **proporcionalidade em sentido estrito**, que devem ser aplicados em ordem predefinida. "A análise da *adequação* precede a da *necessidade*, que, por sua vez, precede a da *proporcionalidade em*

---

cional o resultado do sopesamento (*Abwägung*) entre fins e meios; de outro, a inconstitucionalidade pode advir de proteção insuficiente de um direito fundamental-social, como ocorre quando o Estado abre mão do uso de determinadas sanções penais ou administrativas para proteger determinados bens jurídicos. Este duplo viés do princípio da proporcionalidade decorre da necessária vinculação de todos os atos estatais à materialidade da Constituição, e que tem como consequência a sensível diminuição da discricionariedade (liberdade de conformação) do legislador." (STRECK, Lenio Luiz. *A Dupla Face do Princípio da Proporcionalidade...*, p. 180).

85 SILVA, Marcelo Cardozo da. Dos princípios e do preceito da proporcionalidade. *Revista de Doutrina da 4ª Região*, Porto Alegre, nº 13, jul. 2006. Disponível em: <http://www.revistadoutrina.trf4.jus.br/artigos/edicao013/Marcelo_Silva.htm>. Acesso em: 01 out. 2008.

86 Luís Virgílio Afonso da Silva refere que a razoabilidade e a proporcionalidade têm como objetivo controlar as atividades legislativa ou executiva, porém são diversas não só na sua origem, mas também na estrutura, sendo o teste da razoabilidade muito menos intenso, resumindo-se na compatibilidade entre meios e fins, sendo que a proporcionalidade tem uma estrutura racionalmente definida – análise da adequação, da necessidade e da proporcionalidade em sentido estrito (*O proporcional e o razoável...*, p. 28-30).

87 *O proporcional e o razoável...*, p. 31.

sentido estrito"[88]. E isso é importante porque nem sempre há exigência de aplicar todas as três, havendo relação de subsidiariedade entre elas[89].

Luís Virgílio Afonso da Silva relata que é corrente a conceituação de adequação como sendo aquilo que é apto para alcançar o resultado pretendido. Afirma que não é completo este conceito por problema na tradução do verbo *förden*. Assim, adequado "não é somente o meio com cuja utilização um objetivo é alcançado, mas também o meio com cuja utilização a realização de um objetivo é fomentada, promovida, ainda que o objetivo não seja completamente realizado."[90]. Dessa forma, "uma medida somente pode ser considerada inadequada se sua utilização não contribuir em nada para fomentar a realização do objetivo pretendido"[91].

A prisão temporária foi criada com o objetivo de permitir (facilitar) a investigação de crimes graves. Como se viu, ela teria cabimento quando imprescindível para as investigações do inquérito. Inegável que a prisão de um investigado tende a favorecer, permitir ou facilitar a apuração de um crime. Assim, facilmente se verifica que a medida é adequada, nos termos exigidos pela proporcionalidade, pois longe está em nada fomentar a realização do objetivo.

O segundo elemento da proporcionalidade é a **necessidade**.

> Um ato estatal que limita um direito fundamental é somente necessário caso a realização do objetivo perseguido não possa ser promovida, com a mesma intensidade, por meio de outro ato que limite, em menor medida, o direito fundamental atingido. [...] Na análise da necessidade dessas medidas, trata-se de cotejá-las com outras medidas que sejam capazes de promover o mesmo objetivo com a mesma intensidade, mas que restrinjam menos os direitos dos cidadãos.[92]

---

88 SILVA, Luís Virgílio Afonso da. *O proporcional e o razoável...*, p. 34.

89 SILVA, Luís Virgílio Afonso da. *O proporcional e o razoável...*, p. 34-35.

90 SILVA, Luís Virgílio Afonso da. *O proporcional e o razoável...*, p. 36.

91 SILVA, Luís Virgílio Afonso da. *O proporcional e o razoável...*, p. 37.

92 SILVA, Luís Virgílio Afonso da. *O proporcional e o razoável...*, p. 38.

Existe(m) medida(s) igualmente eficaz(es), como alternativa(s) à prisão temporária?

Durante todo o texto procurou-se demonstrar que a prisão temporária para ouvir um investigado não tem cabimento. Primeiro, porque se trata de um direito do investigado/indiciado/acusado. Segundo, porque bastaria uma intimação para prestar depoimento[93]. Assim, para tanto, ela não é necessária.

Quando utilizada como instrumento facilitador da realização das buscas e apreensões[94], igualmente não passa pelo teste da necessidade. Se, de uma maneira geral, a busca e apreensão serve para colher qualquer elemento de convicção e isso é imprescindível para as investigações, não há necessidade da prisão para tanto[95]. A falta de estrutura estatal ou de organização na realização das diligências não pode ser suprida/mascarada pela prisão dos investigados. Por outro lado, se realmente a liberdade estiver comprometendo a persecução penal, poderá ser decretada a prisão preventiva para a conveniência da instrução. Como se vê (e se viu – item 6), existem outras medidas infinitamente menos limitadoras ao direito de liberdade que permitem uma investigação eficaz[96].

---

93 Poder-se-ia argumentar que com isso o investigado poderia conversar com seus comparsas, bem como obter orientações de seus advogados. Para a primeira situação, o monitoramento legal das conversas telefônicas poderia servir de prova contra ele. Para a segunda, isso nada mais seria do que exercer devidamente seu direito à ampla defesa, que não poderia ser veladamente suprimido e/ou reduzido com a finalidade de obter declarações contrárias ao interesse do emissor (efeito surpresa). Se o Estado precisa que o investigado seja compelido, direta ou indiretamente, a produzir prova contra si, alguma coisa na investigação está errada...

94 CPP, art. 240: "A busca será domiciliar ou pessoal. § 1º Proceder-se-á à busca domiciliar, quando fundadas razões a autorizarem, para: a) prender criminosos; b) apreender coisas achadas ou obtidas por meios criminosos; c) apreender instrumentos de falsificação ou de contrafação e objetos falsificados ou contrafeitos; d) apreender armas e munições, instrumentos utilizados na prática de crime ou destinados a fim delituoso; e) descobrir objetos necessários à prova de infração ou à defesa do réu; f) apreender cartas, abertas ou não, destinadas ao acusado ou em seu poder, quando haja suspeita de que o conhecimento do seu conteúdo possa ser útil à elucidação do fato; g) apreender pessoas vítimas de crimes; h) colher qualquer elemento de convicção".

95 "Normalmente, eu não defiro as prisões temporárias, porque as acho desnecessárias. [...] A medida de busca e apreensão, geralmente, é muito útil como meio de prova". (SCHREIBER, Simone. Entrevista cuja matéria levou o título: *Operação Espetáculo. Ao banalizar prisão, juízes ajudam propaganda da PF.* Disponível em: <http://www.conjur.com.br>. Acesso em: 30 jun. 2008.

96 Algumas alternativas citadas no item 6. Tratando sobre direito material penal, mas plena-

Por último, o elemento da **proporcionalidade em sentido estrito** que

> [...] consiste em um sopesamento entre a intensidade da restrição ao direito fundamental atingido e a importação da realização do direito fundamental que com ele colide e que fundamenta a adoção da medida restritiva. [...] Se a importância da realização do direito fundamental, no qual a limitação se baseia, não for suficiente para justificá-la, será ela desproporcional.[97]

Conforme enfocado, a análise da proporcionalidade em sentido estrito somente ocorrerá se ultrapassadas as duas fases anteriores da adequação e da necessidade. Como foi possível demonstrar que a prisão temporária não passa pelo teste da necessidade, é dispensável a verificação do último elemento da proporcionalidade.

Por isso, é possível afirmar a inconstitucionalidade da prisão temporária, por ser ela desproporcional.

---

mente cabível no caso, *mutatis mutandi*, a lição de Luciano Feldens: "A medida (intervenção penal) será necessária se tal finalidade protetiva (fim) não poderia ser conquistada *com a mesma eficácia* recorrendo-se a uma medida alternativa menos restritiva (sanção civil ou administrativa). Essa análise se realiza mediante uma prévia consideração acerca do grau de eficácia das medidas *a priori* sujeitas à implementação, completando-se a partir de uma constatação empírica sobre a ineficácia – ou mesmo escassa eficácia – de uma ou mais medidas que, embora em primeiro plano adequadas à realização do fim proposto, não o realizam satisfatoriamente, razão por que cedem espaço àquela que, nada obstante mais lesiva, atinge eficazmente o interesse público perseguido (que, no caso, é a eficaz proteção do direito fundamental). Assim, a exclusão da norma do ordenamento jurídico somente poderá validamente realizar-se *se* à luz do raciocínio lógico, forjado em face de dados empíricos incontroversos e do conjunto de sanções que o mesmo legislador considerou necessárias para alcançar fins de proteção análogos, resulta evidente a *suficiência* de um meio alternativo menos restritivo dos direitos para a consecução igualmente eficaz das finalidades desejadas pelo legislador [STC 55/96]" (*Direitos fundamentais...*, p. 84).

97 SILVA, Luís Virgílio Afonso da. *O proporcional e o razoável...*, p. 40. Esse "exame sugere que o meio utilizado não pode se demonstrar desproporcional (em concreto) em relação ao fim perseguido". (FELDENS, Luciano. *Direitos fundamentais...*, p.

CONCLUSÃO

Tem sido uma constante o cumprimento de buscas e apreensões acompanhado da prisão temporária dos investigados. A prática tem demonstrado que sua utilização ocorre para facilitar as diligências de buscas e apreensões ou para ouvir os investigados, tornando-se simplesmente prisão para averiguações, sendo que algumas pessoas presas nem sequer são denunciadas.

O Supremo Tribunal Federal não aceita a prisão temporária para simplesmente ouvir investigados, exigindo base empírica idônea para a decretação com a finalidade de impedir que provas sejam destruídas. No Superior Tribunal de Justiça encontram-se julgados que são exigentes quanto aos requisitos da decretação, mas em ações penais originárias, não têm fugido à regra das prisões facilitadoras de busca e apreensão, bem como para ouvir os investigados.

A prisão preventiva tem finalidade endoprocessual e extraprocessual, não existindo um norte seguro quanto às situações definidas com fundamento na garantia da ordem pública, como se viu da jurisprudência do Supremo Tribunal Federal.

Com organização e pessoal preparado, as diligências de busca e apreensão podem ser cumpridas sem a necessidade de prisão dos investigados. Ou então, o impedimento de deixar a residência durante esse período seria suficiente. Em nenhuma hipótese é permitida a prisão para ouvir, e o Estado não pode se utilizar de efeito surpresa para obter uma confissão, muito menos da temporária para poder aumentar o prazo para encerramento do inquérito.

Superado o positivismo acrítico, os princípios passam a ter normatividade, sendo as normas divididas em regras e princípios, cuja divisão se baseia na estrutura e forma de aplicação. A proporcionalidade é um meio de interpretação e aplicação dos direitos fundamentais e seus três elementos devem ser aplicados numa ordem, em relação de subsidiariedade.

A prisão temporária passa pelo teste da adequação porque fomenta o objetivo de permitir investigar crimes graves, porém, não pelo teste da necessidade: o melhor preparo para cumprir buscas e apreensões a torna desnecessária, bem como existem alternativas menos limitadoras ao direito de liberdade que permitem a investigação com a mesma eficácia. Portanto, a prisão temporária é inconstitucional.

REFERÊNCIAS

ÁVILA, Humberto Bergmann. A distinção entre princípios e regras e a redefinição do dever de proporcionalidade. RDA 215, p. 169. *Apud.* SILVA, Luís Virgílio Afonso da. O proporcional e o razoável. *Revista dos Tribunais*, ano 91, v. 798, abr. 2002.

BONAVIDES, Paulo. *Curso de Direito Constitucional.* 14. ed. São Paulo: Malheiros, 2004.

CARVALHO, Themis Maria Pacheco de. *Considerações sobre a Lei de Prisão Temporária como Representação de um não* Direito. Disponível em: <http://www2.mp.ma.gov.br/ampem/artigos/Artigos2007/COMENTARIOSALEIDAPRISAOTEMPORARIA.pdf>. Acesso em: 07 out. 2008.

DOBROWOLSKI, Sílvio. Hermenêutica Constitucional. Porto Alegre: TRF – 4ª Região, 2008 [*Caderno de Direito Constitucional*: módulo 5].

FELDENS, Luciano. *Direitos fundamentais e direito penal: garantismo, deveres de proteção, princípio da proporcionalidade, jurisprudência constitucional penal, jurisprudência dos tribunais de direitos humanos.* Porto Alegre: Livraria do Advogado Ed., 2008.

FERNANDES, Antonio Scarance. Funções e limites da prisão processual. *Revista Brasileira de Ciências Criminais*, São Paulo, nº 64, jan./fev. 2007.

GRINOVER, Ada Pellegrini. O Interrogatório como meio de Defesa (Lei nº 10.792/03). *Revista Brasileira de Ciências Criminais*. São Paulo: Ed. RT, mar./abr. 2005.

LENART, André. O STF e a Fundamentação do Decreto de Prisão Preventiva. *Revista da Seção Judiciária do Rio de Janeiro*, nº 22, jun. 2008.

LOPES JR., Aury. *Prisões Cautelares: Fumus Boni Iuris e Periculum in Mora? Conceitos Impróprios para o Processo Penal*. Disponível em: <http://www.aurylopes.com.br/art0003.html>. Acesso em: 10 dez. 2008.

MAXIMILIANO, Carlos. *Hermenêutica e aplicação do direito*. 15. ed. Rio de Janeiro: Forense, 1995.

NUCCI, Guilherme de Souza. *Código de Processo Penal Comentado*. 6. ed. São Paulo: Ed. RT, 2007.

OLIVEIRA, Eugênio Pacelli de. *Curso de Processo Penal*. 4.ed. Belo Horizonte: Del Rey, 2005.

PITOMBO, Sérgio Moraes. *Inquérito Policial: Novas Tendências*. Belém: Cejup, 1987.

SCHÄFER, Jairo Gilberto. *Direitos fundamentais: proteção e restrições*. Porto Alegre: Livraria do Advogado Ed., 2001.

SILVA, André Ghiggi Caetano da. Alguns Pontos Constitucionais Polêmicos sobre a Prisão Provisória. *Atuação, Revista Jurídica do Ministério Público Catarinense*, v. 4, nº 9, mai./ago. 2006.

SILVA, Luís Virgílio Afonso da. O proporcional e o razoável. *Revista dos Tribunais*, ano 91, v. 798, abr. 2002.

SILVA, Marcelo Cardozo da. *A prisão em flagrante na Constituição*. Porto Alegre: Verbo Jurídico, 2007.

_____. Dos princípios e do preceito da proporcionalidade. *Revista de Doutrina da 4ª Região*, Porto Alegre, nº 13, jul. 2006. Disponível em: <http://www.revistadoutrina.trf4.jus.br/artigos/edicao013/Marcelo_Silva.htm>. Acesso em: 01 out. 2008.

STRECK, Lenio Luiz. A Dupla Face do Princípio da Proporcionalidade: Da Proibição de Excesso (*Übermassverbot*) à Proibição de Proteção Deficiente (*Untermassverbot*) ou de como não há Blindagem contra Normas Penais Inconstitucionais. *Revista da Ajuris*, Porto Alegre, ano XXXII, nº 97, mar. 2005.

TOURINHO FILHO, Fernando da Costa. Processo Penal. 25. ed. São Paulo: Saraiva, 2003. 3. v.

Considerações sobre a natureza cautelar da liberdade provisória

Thais Sampaio da Silva*

Resumo: Trata-se de trabalho que, diante da complexidade normativa – derivada de sucessivas alterações legislativas e, até mesmo, do advento da Constituição de 1988, e revelada pela ausência de uniformidade jurisprudencial – referente ao instituto da liberdade provisória, busca sistematizá-lo a partir da definição da sua natureza cautelar, esboçando, então, o seu regime legal. O caráter instrumental do instituto implica a sua necessária proporcionalidade, que apontará, no caso concreto, o exato conteúdo da medida a ser adotada para vincular o réu ao processo.

Palavras-chave: liberdade provisória. medida cautelar. proporcionalidade. vinculação.

INTRODUÇÃO

O interesse pelo presente tema deriva da perplexidade diante da incoerência normativa referente ao instituto da liberdade provisória.

A prescrição do art. 310, parágrafo único, do Código de Processo Penal, de que, não estando presentes os requisitos da prisão preventiva, não há de ser mantida a prisão em flagrante, torna paradoxal a existên-

* Juíza Federal Substituta da V.JEF Cível de Ponta Grossa. Especialista em Direito Público.

cia do instituto da fiança, sobretudo, ao se verificar que há crimes aos quais a própria Constituição veda a sua concessão. Ocorrida a prisão em flagrante da prática desses crimes – eleitos como mais graves e dignos de maior rigor penal e processual penal –, mas não estando presentes os requisitos da prisão preventiva previstos no art. 312 do CPP, segundo uma das interpretações adotadas pela jurisprudência, deve o flagrado ser imediatamente posto em liberdade sem a necessidade de pagamento de fiança, o que, eis a incoerência, tornaria mais benéfico o tratamento processual penal a eles reservado.

A incongruência realmente existe, demandando a atuação do legislador.

Porém, a inteligência do instituto feita de forma sistemática permite, antes disso, a sua aplicação coerente.

É o que se tentará delinear.

1. NATUREZA JURÍDICA DA LIBERDADE PROVISÓRIA

A leitura sistemática do instituto da liberdade provisória demanda, inicialmente, a verificação da sua natureza jurídica, a qual permitirá a definição dos contornos do seu regime jurídico.

A liberdade provisória, na sua origem, é aquela concedida ao agente acusado da prática de um crime, em substituição à prisão em flagrante (CPP, art. 301 e ss.), e, para alguns, também à prisão decorrente de pronúncia (CPP, art. 408, § 3o) ou sentença condenatória recorrível (CPP, art. 594). Ou seja, apenas em casos de prisão provisória, embora não em todos. Não é cabível, sustentam alguns, quando se tratar de prisão preventiva ou temporária, hipóteses em que a prisão vige enquanto presentes os seus requisitos legais autorizadores; uma vez ausentes, impõe-se a revogação da prisão, mas não a concessão da liberdade provisória[1].

---

1 É o entendimento de TOURINHO FILHO, Fernando. Da prisão e da liberdade provisória. In: *Revista Brasileira de Ciências Criminais*. Ano 2, n. 7, jul-set/1994, ed. Revista dos Tribunais, p. 86-87. Pacelli sustenta que apenas a prisão em flagrante admite a liberdade provisória, pois, nos demais casos, a autorização da prisão – decorrente de pronúncia, sentença condenatória

A liberdade provisória, acrescente-se, não se confunde com o relaxamento de prisão em flagrante, que pressupõe prisão ilegal, impondo a soltura do preso, sem a imposição de nenhuma restrição de direitos.

João Gualberto Garcez Ramos faz uma análise da natureza jurídica do instituto da liberdade provisória, apresentando as seguintes opiniões: 1) para José Frederico Marquez, baseando-se na obra de Tullio Delogu e Piero Calamandrei, e acompanhado por Romeu Pires de Campos Barros, Rogério Lauria Tucci, Weber Martins Batista e Célio de Arruda Júnior, teria natureza de *contracautela*, pois "a liberdade vinculada é um 'espelho' da prisão provisória [que tem natureza cautelar], uma medida com a mesma natureza jurídica e destinada a obter a mesma finalidade da outra, com menos danos à pessoa do imputado"[2]; 2) para outros, como José Antonio Pimenta Bueno e Galdino Siqueira, porém, a liberdade vinculada serviria como mero sucedâneo da prisão provisória, sendo a opinião também de Vicente de Paulo Vicente de Azevedo, Magalhães Noronha, Afrânio Silva Jardim, Paulo Lúcio Nogueira e Vicente Greco Filho, que não generalizam a natureza cautelar da liberdade provisória; 3) há quem, por fim, aponte a sua dupla função, cautela e sucedâneo, tal como faz Fernando da Costa Tourinho Filho e Hélio Tornaghi[3].

A ideia central da liberdade provisória, segundo Nucci, é a seguinte: "presa em flagrante – excepcionalmente em decorrência de outras situações, como será visto – a pessoa terá o direito de aguardar o seu julgamento solta, pagando fiança ou, sem que o faça, conforme o caso, afinal, é presumidamente inocente"[4].

Para Pacelli, entretanto, a liberdade provisória encontra apenas na prisão em flagrante a sua legitimação, substituindo-a. *Como a liber-*

---

recorrível – não é automática, dependendo de requisitos incompatíveis com a liberdade provisória. OLIVEIRA, Eugênio Pacelli. Curso de Processo Penal. 3. ed. Belo Horizonte: Del Rey, 2004, p. 27

2 RAMOS, João Gualberto Garcez. *A tutela de urgência no processo penal brasileiro – doutrina e jurisprudência*. Belo Horizonte: Del Rey, 1998, p. 61.

3 *Ibidem*, p. 63.

4 NUCCI, Guilherme de Souza. *Manual de Processo Penal e Execução Penal*. 3. ed. São Paulo, 2007, p. 573.

dade provisória implica restrição de direitos de quem não foi definitivamente condenado, assevera ser irrecusável a conclusão no sentido de que, *também ela, a liberdade provisória*, em qualquer de suas modalidades, deve se fundar igualmente em razões cautelares. Preso em flagrante, e cumpridas as funções inerentes a essa modalidade de prisão, a regra é o retorno do preso à sua liberdade. Por isso, o predicado *provisória* que acompanha o vocábulo *liberdade* refere-se à medida cautelar, não à *liberdade* enquanto atributo de todo homem livre[5]. Sintetiza assim a discussão:

> ... o instituto da liberdade *provisória* vem apontado na doutrina tanto como contracautela quanto como sucedâneo da prisão provisória, a se entender, como de rigor, que a aplicação daquele se dá após ou ao invés da realização desta. Sucedâneo, enquanto sucede e *substitui*, e contracautela, porque oposto a uma medida de natureza cautelar, presente ou iminente. Se correto o raciocínio, à luz da lógica, a sua fundamentação, no plano estritamente jurídico, não afasta completamente o juízo de antecipação de culpa, na medida em que não admite a *restituição* da liberdade, mas apenas a conversão da custódia em uma situação de liberdade *a ela vinculada*.[6]

Opta, então, pela autônoma natureza cautelar, porque o regime deve impor restrições ao acusado, configurando um estado de mera *coercitividade*, sem, contudo, antecipar o resultado final previsto na norma penal[7].

Basta ao presente estudo a indicação de que a liberdade provisória é uma medida cautelar – ou de contracautela, quando contraposta à prisão cautelar – e, como tal, instrumental ao processo (a referibilidade característica das medidas tipicamente cautelares), pois visa a assegurar a vinculação do agente aos seus termos. Instrumental

5 OLIVEIRA, Eugênio Pacelli. *Op. cit.*, p. 544-545.

6 OLIVEIRA, Eugênio Pacelli. *Regimes constitucionais da liberdade provisória*. Rio de Janeiro: Lumen Juris, 2007, p. 102.

7 *Ibidem*, p.152.

ao **processo** significa dizer, também, que seus requisitos não podem confundir-se com um juízo antecipatório de condenação.

Tem, sim, autonomia, e, como se sustentará adiante e ao contrário do que defendido por alguns, não se vincula somente à prisão em flagrante – que não tem natureza cautelar, como sustenta Marcelo Cardozo da SILVA[8], não podendo, pois, ser-lhe mero sucedâneo –, mas, servindo como cautelar ao processo, será alternativa viável todas as vezes que for necessário vincular o réu, mesmo no bojo da revogação de eventual prisão preventiva.

2. PARADOXO HISTÓRICO E CLASSIFICAÇÃO

A (as)sistemática atual da liberdade provisória reflete diversas alterações legislativas que tornaram o tema aparentemente confuso.

Em sua redação original, no CPP de 1941, a prisão em flagrante servia como título bastante para justificar a manutenção da prisão do flagrado, presumindo-se a sua culpabilidade.

A regra, então, era a prisão; a liberdade provisória, exceção, qualificando-se mais como uma faculdade do poder público do que como um direito do preso. À época, admitia-se apenas a liberdade provisória mediante o pagamento de fiança, salvo se o crime tivesse sido praticado por meio de conduta penalmente *justificada* (CPP, art. 310) ou nas hipóteses em que o réu se *livrasse solto* (CPP, art. 321)[9]. Se o crime fosse inafiançável, mantinha-se a prisão, sem nenhuma outra consideração.

Apenas em 1977 a Lei 6.416 inaugura a atual discussão, estabelecendo, no art. 310, parágrafo único, que a prisão em flagrante só será mantida se presentes os requisitos autorizadores da prisão preventiva, tornando, ao que parece, inócuo o instituto da fiança, pois, não sendo o caso de prisão preventiva, o preso deve ser imediatamente posto em

---

8 SILVA, Marcelo Cardozo. *Prisão em flagrante e prisão preventiva*. Porto Alegre: TRF - 4ª Região, 2008 (Currículo Permanente. Caderno de Direito Penal: módulo 4), *passim*.

9 São os casos descritos no CPP 321: a) quando a infração praticada não é, de qualquer modo, apenada com pena privativa de liberdade; b) quando a pena máxima da infração cometida não ultrapassa 3 meses.

liberdade, sendo o delito afiançável ou não. Eis a opinião de João Gualberto Garcez Ramos:

> A soma desses dois dispositivos [art.312 do CPP,referente aos requisitos da preventiva, com o parágrafo único do art. 310 acrescentado pela Lei 6.416/77] levou a uma consequência inusitada, incoerente, mas quase inevitável: o tratamento processual penal dos indiciados pela prática de crime afiançável tornou-se mais severo do que o dirigido aos presumidos autores de crimes inafiançáveis.
>
> Isso porque a manutenção do indiciado detido,após sua prisão em flagrante, ficava a depender não mais somente da prestação ou não de fiança, mas também da verificação dos requisitos pertinentes à prisão preventiva. Inexistentes esses requisitos,a solução passa a ser, por força de norma processual expressa, a concessão de liberdade vinculada ao indiciado,mediante compromisso de comparecimento a todos os atos do processo penal condenatório.E não foi feita distinção relativamente aos crimes inafiançáveis.Assim,mesmo inafiançável a infração penal,o indiciado pode livrar-se solto sem o pagamento da fiança, prometendo apenas comparecer a todos os atos do processo.[10]

A superveniência da Constituição Federal de 1988 enriquece a controvérsia, ao se referir, no rol dos direitos e garantias fundamentais, à liberdade provisória e, também, à fiança, assegurando que "ninguém será levado à prisão ou nela mantido, quando a lei admitir a liberdade provisória, com ou sem fiança;" (art. 5º, LXVI), mas prevendo ainda que "a lei considerará inafiançáveis a prática do racismo, a prática da tortura, o tráfico ilícito de drogas, os crimes hediondos o terrorismo, etc." (art. 5º, XLII, XLIII e XLIV)

Admite, então, o texto constitucional a coexistência dos dois regimes de liberdade provisória: *com e sem fiança*:

10 RAMOS, João Gualberto Garcez. *Op.cit.*, p. 218-219.

> Ora,se a própria Constituição assim estatui [art.5º,LVI] é porque reconhece a existência de crimes afiançáveis, que possibilitam a liberdade provisória, com fiança e outros em que ela é possível sem prestação de fiança. Ou seja, reconhece que crime inafiançável não é a mesma coisa que crime insuscetível de liberdade provisória, como quis dar a entender a Lei 8.072/90.(...) Na interpretação das leis,mormente a Lei Maior, deve prevalecer um critério amplo e liberal,não devendo ser tido como supérflua qualquer palavra delas constantes. Vai daí que, desde o seu preâmbulo, a CF fala da liberdade como princípio,o que é ratificado no art.5º,*caput*,erigindo-o como um dos direitos e garantias fundamentais, senão o mais importante, ao menos colocado no topo,ao lado de outros que quase se equivalem,como o direito à vida.Tais direitos não podem ser restringidos,a não ser que a restrição seja oriunda da própria Carta.[11]

A liberdade provisória sem fiança pode ser, por sua vez, dividida em liberdade em: a) sem vinculação (artigo 321); b) com vinculação, ou seja, condicionada ao cumprimento de determinadas condições, sob pena de revogação (artigos 310, *caput* e parágrafo único, 350, 408, § 2º, e 594).

Pacelli, porém, entende que o CPP 321 – liberdade provisória sem vinculação – não se enquadra entre as hipóteses de liberdade provisória, já que não se trata de medida restritiva de direitos, tal como ocorre com aquela. O aprisionado passa a usufruir da liberdade como se não tivesse sido preso. Ademais, essas infrações foram albergadas como crimes de menor potencial ofensivo, de competência dos Juizados Especiais (art. 61 da Lei 9.099/95, com redação dada pela Lei 11.313/2006), em que, em regra, não há flagrante, bastando ao acusado comprometer-se a comparecer a juízo na data a ser designada (art. 69 da Lei 9.099/95).

Nas hipóteses do art. 310, *caput* e parágrafo único[12], verificando o juiz, ao analisar o auto de prisão em flagrante, a presença de justificantes

11 PEREIRA, Paulo Maurício. A lei dos crimes hediondos e a liberdade provisória. In: *Revista Jurídica*, ano XL, nº 176, p. 54, jun. 1992.

12 Exceto para os crimes de sonegação fiscal e contra a economia popular, em que, por

(e, para alguns, também de exculpantes) ou que estão ausentes os requisitos para a decretação da prisão preventiva, concederá ao réu, após a oitiva do Ministério Público, a liberdade provisória, mediante termo de comparecimento a todos os atos do processo, sob pena de sua revogação. Trata-se da liberdade vinculada.

Isso para aqueles que entendem não subsistir o instituto da fiança. Do contrário, antes de se verificar a possibilidade de concessão de liberdade provisória nos termos do art. 310, parágrafo único, deve-se verificar se o crime é afiançável, conforme entendimento já adotado pelo egrégio Tribunal Regional Federal da 4ª Região:

> PROCESSO PENAL. HABEAS CORPUS. DESCAMINHO. CONDUTA CRIMINOSA NÃO AFASTADA. PRISÃO ILEGAL. INOCORRÊNCIA. CRIME AFIANÇÁVEL. LIBERDADE PROVISÓRIA. DESCABIMENTO. FIXAÇÃO DA FIANÇA. LIMITES E CIRCUNSTÂNCIAS. CPP, ARTS. 325 E 326. REDUÇÃO. CPP, ART. 325, § 1º C/C ART. 526. APLICABILIDADE. CONCESSÃO PARCIAL DA ORDEM. 1. Não comprovada a ilicitude da prisão - ônus do impetrante na via do habeas corpus -, bem como a não participação do paciente na conduta criminosa - colaboração no crime de descaminho, pelo transporte de grande quantidade de mercadorias importadas provenientes do Paraguai -, não há que se falar em prisão ilegal ou sem justa causa. 2. Apesar das alterações da Lei nº 6.416, de 24.5.1977, que acrescentou o parágrafo único ao art. 310 do CPP, permanecem válidos os institutos de liberdade provisória da legislação processual. 3. Continua existindo a fiança e, apenas quando não seja ela cabível, é examinado o cabimento da liberdade provisória. Há um juízo de sequência e exclusão da prisão legal: **se o réu se livra solto, não se examinam as demais formas de soltura; não sendo o caso primeiro, examina-se se o crime é afiançável, não se perquirindo da liberdade provisória propriamente dita; se, finalmente, são incabíveis as duas formas anteriores de soltura, é que se examina a liberdade provisória do art. 310 parágrafo único do CPP.** 4. Inexistindo, na espécie, quaisquer das hipóteses de

---

expressa vedação do art. 325, § 2º, do CPP, incluído pela Lei 8.035/90, não se aplica o art. 310, parágrafo único.

> vedação à fiança (inclusive o descabimento da preventiva), deve ser este o instituto de liberdade provisória examinado, e não o do art. 310, parágrafo único, do Código de Processo Penal. (7ª Turma, HC 6650/SC, rel. Des. Néfi Cordeiro, DJU 06.04.2005). (grifo nosso)

A fiança, enquanto vinculação, é uma garantia real – ao contrário do direito civil, em que é uma garantia fidejussória – de cumprimento das obrigações processuais do réu. Sendo o caso de fiança, será ela tomada por termo, ficando o acusado sujeito às obrigações previstas nos artigos 327 e 328[13]. O não arbitramento da fiança aos casos em que não for devida, permite a impetração do *habeas corpus*.

Segundo o art. 336 do CPP, o dinheiro ou objetos dados como fiança ficarão sujeitos ao pagamento das custas, da indenização do dano e da multa, se o réu for condenado, ou, como prevê o seu parágrafo único, no caso de prescrição depois da sentença condenatória.

Absolvido o réu ou declarada extinta a punibilidade, a fiança será declarada sem efeito e o valor ser-lhe-á restituído.

A fiança será cassada: 1) em qualquer fase do processo, quando se reconheça não ser cabível (CPP, art. 338); 2) no caso de inovação na classificação do delito, quando verificar tratar-se de delito inafiançável (CPP, art. 339); 3) quando o acusado não atender à exigência de reforço da fiança (CPP, art. 340, parágrafo único).

A fiança será, por sua vez, quebrada:

1. quando o réu, legalmente intimado para ato do processo, deixar de comparecer, sem provar, incontinenti, motivo justo, ou quando, na vigência da fiança, praticar outra infração penal (artigo 341);

2. quando descumprir sua obrigação de comparecer perante a autoridade, todas as vezes que for intimado para atos do inquérito e da instrução criminal e para o julgamento (artigo 327);

---

13 "Art. 327. A fiança tomada por termo obrigará o afiancado a comparecer perante a autoridade, todas as vezes que for intimado para atos do inquérito e da instrução criminal e para o julgamento. Quando o réu não comparecer, a fiança será havida como quebrada.

Art. 328. O réu afiançado não poderá, sob pena de quebramento da fiança, mudar de residência, sem prévia permissão da autoridade processante, ou ausentar-se por mais de 8 (oito) dias de sua residência, sem comunicar àquela autoridade o lugar onde será encontrado."

3. quando mudar de residência, sem prévia permissão da autoridade processante, ou ausentar-se por mais de 8 (oito) dias de sua residência, sem comunicar àquela autoridade o lugar onde será encontrado (artigo 328).

De acordo com o artigo 343,"o quebramento da fiança importará a perda de metade do seu valor e a obrigação, por parte do réu, de recolher-se à prisão, prosseguindo-se, entretanto, à sua revelia, no processo e julgamento, enquanto não for preso". Mesmo que sobrevenha decisão absolutória, a perda do valor será irreversível (exceto, é claro, se for provido o recurso em sentido estrito interposto contra a decisão que decretou o quebramento), evidenciando, portanto, a natureza cautelar do instituto.

A despeito da prisão legal, a leitura sistemática do sistema processual penal – entendendo-se a liberdade provisória como medida autônoma –, indica que, mesmo quebrada a fiança, a decretação da prisão depende da presença dos requisitos autorizadores da prisão preventiva, não havendo o mero restabelecimento da prisão em flagrante.

Por fim, pode ocorrer, ainda, a perda da fiança, quando, com o trânsito em julgado da sentença penal condenatória, o réu não se apresentar à prisão (artigo 344).

Há casos expressos de concessão de liberdade provisória sem fiança, mas com vinculação: CPP, arts. 350 (impossibilidade de prestar fiança, por motivo de pobreza), 408, § 2º (réu primário e de bons antecedentes, em prisão decorrente de pronúncia), e 594 (sentença condenatória recorrível). A dispensa, entretanto, não desonera o acusado das obrigações dos réus afiançados (é uma liberdade vinculada a condições).

Há hipóteses expressas de inafiançabilidade previstas nos arts. 323 e 324 do CPP[14], mas são também inafiançáveis, por força da Consti-

14 Art. 323. Não será concedida fiança:

I - nos crimes punidos com reclusão em que a pena mínima cominada for superior a 2 (dois) anos; (Redação dada pela Lei nº 6.416, de 24.5.1977)

II - nas contravenções tipificadas nos arts. 59 e 60 da Lei das Contravenções Penais; (Redação dada pela Lei nº 6.416, de 24.5.1977)

III - nos crimes dolosos punidos com pena privativa da liberdade, se o réu já tiver sido condenado

tuição da República: 1. os crimes de racismo (artigo 5º, LXII); tortura, tráfico ilícito de entorpecentes e drogas afins, terrorismo e os definidos em lei como crimes hediondos (artigo 5º, LXIII); a ação de grupos armados, civis ou militares, contra a ordem constitucional e o Estado Democrático.

A definição e o conceito de inafiançabilidade adotados pela Constituição foram elaborados a partir da redação original do CPP, quando a única modalidade de liberdade provisória existente era a liberdade *com fiança*. Com isso, dizer que determinada infração era inafiançável era o mesmo que dizer que não cabia, em tais casos, qualquer espécie de liberdade provisória.

Para Pacelli, porém, quando a Constituição refere-se à inafiançabilidade para os crimes de racismo, tortura, e outros, incluindo-se os previstos no Estatuto do Desarmamento (art. 14 e art. 15), a única conclusão que se poderia extrair do texto é a vedação da concessão de liberdade provisória *com fiança*. Não haveria que se falar em proibição de aplicação do CPP 310, parágrafo único.

A jurisprudência oscila em relação ao tema.

A Segunda Turma do Supremo Tribunal Federal admite a concessão de liberdade provisória mesmo às hipóteses de crimes hediondos e equiparados, especialmente em razão da revogação da vedação prevista na Lei 8.072/90, pela Lei 11.646/2007, de concessão da liberdade provisória:

---

por outro crime doloso, em sentença transitada em julgado; (Redação dada pela Lei nº 6.416, de 24.5.1977)

IV - em qualquer caso, se houver no processo prova de ser o réu vadio;

V - nos crimes punidos com reclusão, que provoquem clamor público ou que tenham sido cometidos com violência contra a pessoa ou grave ameaça. (Incluído pela Lei nº 6.416, de 24.5.1977)

Art. 324. Não será, igualmente, concedida fiança:

I - aos que, no mesmo processo, tiverem quebrado fiança anteriormente concedida ou infringido, sem motivo justo, qualquer das obrigações a que se refere o art. 350;

II - em caso de prisão por mandado do juiz do cível, de prisão disciplinar, administrativa ou militar;

III - ao que estiver no gozo de suspensão condicional da pena ou de livramento condicional, salvo se processado por crime culposo ou contravenção que admita fiança;

IV - quando presentes os motivos que autorizam a decretação da prisão preventiva (art. 312). (Incluído pela Lei nº 6.416, de 24.5.1977)

> EMENTA: CRIMINAL. HABEAS CORPUS. CRIME HEDIONDO. ALEGAÇÃO DE EXCESSO DE PRAZO. INSTRUÇÃO ENCERRADA. NÃO CARACTERIZADA A COAÇÃO. PRECEDENTES. PRISÃO EM FLAGRANTE HOMOLOGADA. PROIBIÇÃO DE LIBERDADE PROVISÓRIA. CONSTRANGIMENTO ILEGAL CONFIGURADO. ORDEM PARCIALMENTE CONHECIDA E CONCEDIDA. 1. Alegação de excesso de prazo não caracterizado. A instrução processual já está encerrada e os autos aguardam designação de julgamento pelo Tribunal do Júri. Precedentes. **2. A atual jurisprudência desta Corte admite a concessão de liberdade provisória em crimes hediondos ou equiparados, em hipóteses nas quais estejam ausentes os fundamentos previstos no artigo 312 do Código de Processo penal. Precedentes desta Corte.** 3. Em razão da supressão, pela lei 11.646/2007, da vedação à concessão de liberdade provisória nas hipóteses de crimes hediondos, é legítima a concessão de liberdade provisória ao paciente, em face da ausência de fundamentação idônea para a sua prisão. 4. Ordem parcialmente conhecida e, nesta extensão, concedida. (HC 92880, Relator(a): Min. JOAQUIM BARBOSA, Segunda Turma, julgado em 20/05/2008, DJe-142 DIVULG 31-07-2008 PUBLIC 01-08-2008 EMENTVOL-02326-04 PP-00688) (grifo nosso)

Anote-se, porém, que se trata de decisão que não se aplica ao tráfico ilícito de entorpecentes, como anotado expressamente pelo relator em seu voto, em razão do princípio da especialidade. É o que esclarece a seguinte decisão:

> EMENTA: HABEAS CORPUS. PENAL E PROCESSUAL PENAL. TRÁFICO DE ENTORPECENTES. PRISÃO EM FLAGRANTE. LIBERDADE PROVISÓRIA. NÃO CABIMENTO (CONSTITUIÇÃO DO BRASIL, ART. 5º, INC. XLIII). EXCESSO DE PRAZO. JUSTIFICAÇÃO. INCOMPETÊNCIA DO JUÍZO. IMPROCEDÊNCIA. FLAGRANTE PREPARADO. INOCORRÊNCIA. **1. A jurisprudência do Supremo Tribunal Federal está alinhada no sentido de afirmar o não cabimento da liberdade provisória no caso de prisão em flagrante por tráfico de entorpecentes – entendimento respaldado no art. 5º, inc. XLIII da Constituição do Brasil, que proíbe a concessão de fiança no crime de tráfico**

> **de entorpecentes.** 2. Excesso de prazo da instrução criminal. Justificação satisfatória nas informações prestadas pela Juíza da causa. 3. Incompetência do Juízo da Comarca de São Bernardo do Campo mercê da circunstância de os fatos terem ocorrido na Comarca de Praia Grande. Improcedência: tratando-se de competência territorial, relativa, o juiz que tiver antecedido a outro na prática de algum ato processual será o prevento para a causa (CPP, art. 83). No caso, o Juízo prevento, de São Bernardo do Campo, decretou a interceptação telefônica que embasou a acusação, não obstante a prisão em flagrante ter sido realizada no Juízo da Comarca de Praia Grande. (HC 93762, Relator(a): Min. EROS GRAU, Segunda Turma, julgado em 29/04/2008, DJe-152 DIVULG 14-08-2008 PUBLIC 15-08-2008 EMENT VOL-02328-03 PP-00550) (grifo nosso)[15]

A Primeira Turma, porém, vai além, asseverando que, mesmo nos casos de crimes hediondos, subsiste a vedação por aplicação direta do texto constitucional, sendo prescindível qualquer consideração sobre a presença dos requisitos da prisão preventiva:

> EMENTA: HABEAS CORPUS. PRISÃO EM FLAGRANTE POR TRÁFICO DE DROGAS. SUPERVENIÊNCIA DA SENTENÇA CONDENATÓRIA: QUESTÃO NÃO-PREJUDICADA. LIBERDADE PROVISÓRIA: INADMISSIBILIDADE. ORDEM DENEGADA. 1. A superveniência da sentença condenatória - novo título da prisão - não prejudica, nas circunstâncias do caso, a análise do pedido de liberdade provisória. **2. A proibição de liberdade provisória, nos casos de crimes hediondos e equiparados, decorre da própria inafiançabilidade imposta pela Constituição da República à legislação ordinária (Constituição da República, art. 5º, inc. XLIII): Precedentes. O art. 2º, inc. II, da Lei n. 8.072/90 atendeu o comando constitucional, ao considerar inafiançáveis os crimes de tortura, tráfico ilícito de entorpecentes e drogas afins, o terrorismo e os definidos como crimes hediondos. Inconstitucional seria a legislação ordinária que**

15 No mesmo sentido: HC 93653, Relator(a): Min. ELLEN GRACIE, Segunda Turma, julgado em 03.06.2008, DJe-117 DIVULG 26.06.2008 PUBLIC 27.06.2008 EMENT VOL-02325-04 PP-00715

dispusesse diversamente, tendo como afiançáveis delitos que a Constituição da República determina sejam inafiançáveis. Desnecessidade de se reconhecer a inconstitucionalidade da Lei n. 11.464/07, que, ao retirar a expressão "e liberdade provisória" do art. 2º, inc. II, da Lei n. 8.072/90, limitou-se a uma alteração textual: a proibição da liberdade provisória decorre da vedação da fiança, não da expressão suprimida, a qual, segundo a jurisprudência deste Supremo Tribunal, constituía redundância. Mera alteração textual, sem modificação da norma proibitiva de concessão da liberdade provisória aos crimes hediondos e equiparados, que continua vedada aos presos em flagrante por quaisquer daqueles delitos. 3. A Lei n. 11.464/07 não poderia alcançar o delito de tráfico de drogas, cuja disciplina já constava de lei especial (Lei n. 11.343/06, art. 44, *caput*), aplicável ao caso vertente. **4. Irrelevância da existência, ou não, de fundamentação cautelar para a prisão em flagrante por crimes hediondos ou equiparados: Precedentes.** 5. Licitude da decisão proferida com fundamento no art. 5º, inc. XLIII, da Constituição da República, e no art. 44 da Lei n. 11.343/06, que a jurisprudência deste Supremo Tribunal considera suficiente para impedir a concessão de liberdade provisória. Ordem denegada. (HC 93229, Relator(a): Min. CÁRMEN LÚCIA, Primeira Turma, julgado em 01/04/2008, DJe-074 DIVULG 24-04-2008 PUBLIC 25-04-2008 EMENTVOL-02316-06 PP-01302) (grifos nossos) [16]

Ainda, o Estatuto do Desarmamento (Lei 10.826/2003), sem nenhum reclame constitucional, fez previsão similar, vedando a concessão de fiança e de liberdade provisória aos delitos previstos nos seus artigos 16, 17 e 18. O Supremo Tribunal Federal, porém, nesse caso, entendeu que a previsão seria inconstitucional, restando a decisão assim ementada:

16 Cf. também HC 93940, Relator(a): Min. RICARDO LEWANDOWSKI, Primeira Turma, julgado em 06.05.2008, DJe-102 DIVULG 05.06.2008 PUBLIC. 06.06.2008 EMENT VOL-02322-01 PP-00070. E, em relação ao delito de tráfico de drogas: HC 94328, Relator(a): Min. RICARDO LEWANDOWSKI, Primeira Turma, julgado em 14.10.2008, DJe-216 DIVULG 13.11.2008 PUBLIC 14.11.2008 EMENT VOL-02341-03 PP-00414. Cf. também, em relação ao art. 2º, inc. II, da Lei n. 8.072/90: HC 83468, Relator(a): Min. SEPÚLVEDA PERTENCE, Primeira Turma, julgado em 11.11.2003, DJ 27.02.2004 PP-00027 EMENT VOL-02141-04 PP-00844

EMENTA: AÇÃO DIRETA DE INCONSTITUCIONALIDADE. LEI 10.826/2003. ESTATUTO DO DESARMAMENTO. INCONSTITUCIONALIDADE FORMAL AFASTADA. INVASÃO DA COMPETÊNCIA RESIDUAL DOS ESTADOS. INOCORRÊNCIA. DIREITO DE PROPRIEDADE. INTROMISSÃO DO ESTADO NA ESFERA PRIVADA DESCARACTERIZADA. PREDOMINÂNCIA DO INTERESSE PÚBLICO RECONHECIDA. OBRIGAÇÃO DE RENOVAÇÃO PERIÓDICA DO REGISTRO DAS ARMAS DE FOGO. DIREITO DE PROPRIEDADE, ATO JURÍDICO PERFEITO E DIREITO ADQUIRIDO ALEGADAMENTE VIOLADOS. ASSERTIVA IMPROCEDENTE. LESÃO AOS PRINCÍPIOS CONSTITUCIONAIS DA PRESUNÇÃO DE INOCÊNCIA E DO DEVIDO PROCESSO LEGAL. AFRONTA TAMBÉM AO PRINCÍPIO DA RAZOABILIDADE. ARGUMENTOS NÃO ACOLHIDOS. FIXAÇÃO DE IDADE MÍNIMA PARA A AQUISIÇÃO DE ARMA DE FOGO. POSSIBILIDADE. REALIZAÇÃO DE REFERENDO. INCOMPETÊNCIA DO CONGRESSO NACIONAL. PREJUDICIALIDADE. AÇÃO JULGADA PARCIALMENTE PROCEDENTE QUANTO À PROIBIÇÃO DO ESTABELECIMENTO DE FIANÇA E LIBERDADE PROVISÓRIA. (...) IV - A proibição de estabelecimento de fiança para os delitos de "porte ilegal de arma de fogo de uso permitido" e de "disparo de arma de fogo", mostra-se desarrazoada, porquanto são crimes de mera conduta, que não se equiparam aos crimes que acarretam lesão ou ameaça de lesão à vida ou à propriedade. V - Insusceptibilidade de liberdade provisória quanto aos delitos elencados nos arts. 16, 17 e 18. Inconstitucionalidade reconhecida, visto que o texto magno não autoriza a prisão *ex lege*, em face dos princípios da presunção de inocência e da obrigatoriedade de fundamentação dos mandados de prisão pela autoridade judiciária competente. VI - Identificação das armas e munições, de modo a permitir o rastreamento dos respectivos fabricantes e adquirentes, medida que não se mostra irrazoável. VII - A idade mínima para aquisição de arma de fogo pode ser estabelecida por meio de lei ordinária, como se tem admitido em outras hipóteses. VIII - Prejudicado o exame da inconstitucionalidade formal e material do art. 35, tendo em conta a realização de referendo. IX - Ação julgada procedente, em parte, para declarar a inconstitucionalidade dos parágrafos únicos dos artigos 14 e 15 e do artigo 21 da Lei 10.826, de 22 de dezembro de 2003.

(ADI 3112, Relator(a): Min. RICARDO LEWANDOWSKI, Tribunal Pleno, julgado em 02.05.2007, DJe-131 DIVULG 25.10.2007 PUBLIC 26.10.2007 DJ 26.10.2007 PP-00028 EMENT VOL-02295-03 PP-00386)

Essa decisão proferida quando da análise do Estatuto do Desarmamento serviu como palco de importante discussão, sendo pertinente a leitura de alguns votos, em especial, do voto do Min. Gilmar Mendes, que trouxe elucidativa análise sobre o tema.

Citando Luciano Feldens[17], o Min. Gilmar Mendes assevera que a Constituição traz mandados de criminalização que atuam como limitações à liberdade de atuação do legislador penal, impondo a instituição de um sistema de proteção por meio de normas penais.

Trata-se da concretização do dever de proteção de direitos fundamentais mediante a criminalização de condutas. O Tribunal deve levar em consideração que a Constituição confere ao legislador amplas margens de ação para eleger os bens jurídicos penais e avaliar as medidas adequadas e necessárias para a proteção desses bens, devendo verificar se as medidas legislativas eleitas transbordam os limites impostos pela Constituição.

Faz o ministro, então, uma análise do instituto da liberdade provisória, delineando o seu regime constitucional e apontando também a sua perplexidade. Para ele, a previsão do art. 5º, LXVI, institui a liberdade provisória como medida cautelar cuja conformação substancial foi deferida ao legislador, que deve exercer esse poder conformador "tendo em vista os princípios constitucionais que balizam os direitos fundamentais e o próprio direito à liberdade".

Citando, então, a lição já mencionada de Pacelli, anota que a Constituição de 1988 teria chegado desatualizada no que concerne ao tema da liberdade provisória ao ressuscitar o termo "inafiançabilidade", acentuando-se a contradição quando se verifica que o regime da liberdade provisória com fiança é mais oneroso que a liberdade provisória sem

17 FELDENS, Luciano. *A Constituição Penal: a dupla face da proporcionalidade no controle de normas penais.* Porto Alegre: Livraria do Advogado, 2005.

fiança, exigindo tão somente o compromisso de comparecimento, a comunicação prévia de alteração de endereço e a necessidade de autorização judicial para ausência superior a oito dias. É que, como visto aqui, nos termos do art. 310, parágrafo único, do CPC, "a simples inafiançabilidade não impede a concessão da liberdade provisória".

É com base nessa premissa que analisa a vedação peremptória de alguns textos legais à liberdade provisória, à luz do disposto no art. 5º, inc. LVII e LXVI, da Constituição, referindo-se, *v.g.*, à redação original da Lei 8.072/90 (crimes hediondos), da Lei 9.034/95 (organizações criminosas), da Lei 10.826/2003 (estatuto do desarmamento) e da Lei 9.613/98 (lavagem de dinheiro), cuja análise da constitucionalidade, objeto da Rcl 2.391/PR, restou prejudicada.

Essa vedação acaba por estabelecer um regime de prisão preventiva obrigatória, remontando, sustenta, ao "vetusto dogma que lastreava o processo penal sob uma outra concepção de Estado de Direito: o da presunção da culpabilidade (e não da inocência), segundo a qual a liberdade era apenas 'provisória', e a prisão, permanente".

Citando Ferrajoli, invoca o princípio da presunção de inocência[18], o qual impõe que toda prisão anterior ao trânsito em julgado do caso deve estar lastreada em razões devidamente fundamentadas pela autoridade judicial, justificadoras da necessidade de se garantir o funcionamento eficaz da jurisdição penal, baseada nas circunstâncias específicas do caso concreto, concluindo que a vedação peremptória da liberdade provisória é inconstitucional, constituindo um excesso legislativo.

O Ministro Cezar Peluso, no julgamento dessa mesma ADI 3112, refere que a previsão do art. 5º, inc. LIII, da CF/88 (conhecida como "presunção de inocência"), garante àquele que se encontra na condição de réu, "no curso de processo que ainda não chegou ao termo definitivo, de não sofrer, por parte do Estado, nenhuma sanção ou ne-

18 FERRAJOLI, Luigi. *Direito e Razão. Teoria do Garantismo Penal.* São Paulo: Ed. RT, 2002, p. 441, *Apud*: "a presunção de inocência não é apenas uma garantia de liberdade e de verdade, mas também uma garantia de segurança ou, se quisermos, de defesa social: da específica 'segurança' fornecida pelo Estado de direito e expressa pela confiança dos cidadãos na justiça, e daquela específica 'defesa' destes contra o arbítrio punitivo".

nhuma medida que tenha o caráter sancionatório e que, portanto, implique restrição de qualquer direito de qualquer espécie".

Porém, apesar da conclusão – inconstitucionalidade dos dispositivos do estatuto do desarmamento –, não é possível inferir dessa decisão que toda e qualquer previsão legal de inafiançabilidade ou de vedação à concessão da liberdade provisória seria inconstitucional, por não ser pacífica a tese da transcendência dos motivos determinantes – ofensa à presunção de inocência –, podendo-se, inclusive, afirmar que a declaração de inconstitucionalidade desses dispositivos no Estatuto do Desarmamento deveu-se também à ausência de previsão constitucional (standard) de inafiançabilidade. Isso justifica a decisão da Primeira Turma acima transcrita de constitucionalidade da vedação – pura e simples e decorrente diretamente do texto constitucional – da concessão da liberdade provisória aos crimes hediondos e equiparados.

Ainda, a Terceira Seção do Superior Tribunal de Justiça, nos mesmos moldes em que já havia decidido quando do julgamento referente à redação original do art. 2º, II, da Lei 8.072/90, assim decidiu:

> PROCESSUAL PENAL. HABEAS CORPUS SUBSTITUTIVO DE RECURSO ORDINÁRIO. ART. 33 DA LEI Nº 11.343/06. CRIME EQUIPARADO A HEDIONDO. PRISÃO EM FLAGRANTE. LIBERDADE PROVISÓRIA. PROIBIÇÃO DECORRENTE DE NORMA CONSTITUCIONAL.
>
> I - O art. 5º, inciso XLIII, da Carta Magna, proibindo a concessão de fiança, evidencia que a liberdade provisória pretendida não pode ser concedida.
>
> II - Essa orientação já é assente no c. Pretório Excelso, como se depreende do HC nº 83468/ES, Rel. Ministro Sepúlveda Pertence, DJ de 27/02/2004, no qual restou consignado, litteris: "(...) a proibição de liberdade provisória, nessa hipótese, deriva logicamente do preceito constitucional que impõe a inafiançabilidade das referidas infrações penais (...), seria ilógico que, vedada pelo art. 5º, XLIII, da Constituição, a liberdade provisória mediante fiança nos crimes hediondos, fosse ela

admissível nos casos legais de liberdade provisória sem fiança" (Ministro Sepúlveda Pertence);

"Sendo o crime inafiançável, ele não comportaria mesmo a liberdade provisória. E a Lei nº 8.072, art. 2º, inciso II, ao falar que não cabem a "fiança e liberdade provisória", de certa forma foi até um pouco redundante, não haveria nem necessidade da ressalva" (Ministro Carlos Ayres Britto);

"Essa circunstância (a inafiançabilidade contida no art. 5º, XLIII, da CF) (...) afasta a liberdade provisória (...), porque se nem mesmo com fiança é possível,o que se dirá sem a fiança" (Ministro Marco Aurélio).

III - Esse entendimento foi recentemente confirmado pela c. Suprema Corte (HC 89068/RN, 1ª Turma, Rel. Ministro Carlos Ayres Britto, DJ de 23.02.2007; HC 89183/MS, 1ª Turma, Rel. Ministro Sepúlveda Pertence, DJ de 25.08.2006 e HC 86118/DF, 1ª Turma, Rel. Ministro Cezar Peluso, DJ de 14.10.2005) e, também, por esta Corte (HC 67145/GO, 5ª Turma, Rel.ª Ministra Laurita Vaz, DJ de 02.04.2007; HC 69566/SP, 5ª Turma, de minha relatoria, DJ de 09.04.2007 e HC 55984/SC, 6ª Turma, Rel. Ministro Hamilton Carvalhido, DJ de 09.04.2007).

IV - Os crimes previstos nos arts. 33, *caput* e § 1º, e 34 a 37 da nova lei de tóxicos (regra específica) "são inafiançáveis e insuscetíveis de sursis, graça, indulto, anistia e liberdade provisória, vedada a conversão de suas penas em restritivas de direitos" (art. 44 da Lei nº 11.343/06).

Writ denegado.

(HC 76779/MT, Rel. Ministro FELIX FISCHER, TERCEIRA SEÇÃO, julgado em 27.06.2007, DJe 04.04.2008) [19]

Não se trata, porém, de entendimento pacífico, conforme se extrai da seguinte decisão da 6ª Turma:

PROCESSUAL PENAL. EMBARGOS DE DECLARAÇÃO EM AGRAVO REGIMENTAL EM HABEAS CORPUS. TRÁFICO DE DROGAS. RELAXAMENTO DE PRISÃO EM FLAGRANTE. EMENTA DO ACÓRDÃO QUE SE REFE-

19 No mesmo sentido: HC 81.515/SP, Rel. Ministro ARNALDO ESTEVES LIMA, QUINTA TURMA, julgado em 07.10.2008, DJe 03/11/2008; HC 853/MG, Rel. Ministro ARNALDO ESTEVES LIMA, QUINTA TURMA, julgado em 11.11.2008, DJe 01.12/.2008, 114.

> RIU A CASO DE PRISÃO PREVENTIVA.CONTRADIÇÃO.ERRO MATERIAL.OCORRÊNCIA.ALEGAÇÃO DE DESACORDO DO JULGADO IMPUGNADO COM A POSIÇÃO DO STF.OMISSÃO.
>
> EMBARGOS ACOLHIDOS.
>
> 1.A proibição da liberdade provisória com fiança não compreende a da liberdade provisória sem a fiança.A Lei 11.464/07 não impede a concessão da liberdade provisória nos crimes hediondos, sendo de natureza geral em relação a todos os crimes dessa natureza.
>
> 2. Se não estão presentes os elementos fáticos, deve ser cassado o acórdão recorrido,bem como a decisão monocrática por ele confirmada, para conceder a liberdade provisória, sem prejuízo de que seja decretada nova custódia, com base em fundamentação concreta.
>
> 3.Embargos acolhidos,sem modificação do resultado.
>
> (EDcl no AgRg no HC 107.299/SP, Rel. Ministra JANE SILVA (DESEMBARGADORA CONVOCADA DO TJ/MG),SEXTA TURMA,julgado em 18/11/2008, DJe 09.12.2008)

Aliás, no próprio Supremo Tribunal Federal não há consenso sobre o assunto. Recentemente, o Min. Celso de Mello, em decisão monocrática proferida em 19 de dezembro de 2008, entendeu que a vedação apriorística da liberdade provisória prevista no art. 44 da Lei 11.343/2006 é inconstitucional, por ofensa ao princípio da presunção de inocência, da dignidade da pessoa humana e da proporcionalidade, invocando justamente o precedente referente ao Estatuto do Desarmamento (MC no HC 96.715-9).

Em contrapartida, o Min. Ricardo Lewandowski decidiu pela aplicabilidade do referido dispositivo, indeferindo a liminar no HC 100.831.

Tampouco no Tribunal Regional Federal da 4ª Região:

> **EMENTA:** PROCESSO PENAL.HABEAS CORPUS.PRISÃO EM FLAGRANTE.TRÁFICO INTERNACIONAL DE ENTORPECENTES (COCAÍNA).DELITO TIPIFICADO NOS ARTS.33,35 E 40 DA LEI 11.343/2006.PRESENÇA DOS REQUISITOS DA PRISÃO PREVENTIVA.RISCO À ORDEM PÚBLI-

CA. CRIME HEDIONDO. INAFIANÇABILIDADE. PRECEDENTES DOS E. STJ E STF. 1. Mesmo aos crimes de tráfico internacional de entorpecentes, o pedido de liberdade provisória requerida na impetração deve ser apreciado à luz dos requisitos do art. 312 do CPP. 2. O paciente foi preso em flagrante com aproximadamente com 27.570 kg cocaína, escondida no interior do tanque de combustível de um veículo, originária da cidade de Pedro Juan Caballero/PY, o que revela a gravidade do delito, em tese, cometido pelo paciente, denotando risco para a própria ordem pública, em face da quantidade da droga, sabidamente de grande potencial lesivo. 3. Por outro lado, na linha da jurisprudência do STJ e do STF, inexiste ilegalidade na manutenção da segregação provisória do acusado preso em flagrante por crime hediondo, uma vez que a proibição de liberdade provisória decorre da própria inafiançabilidade imposta pela Constituição (CF, art. 5º, XLIII). (TRF4, HC 2008.04.00.020691-9, Sétima Turma, Relator p/ Acórdão Nivaldo Brunoni, D.E. 23.07.2008)

Anote-se, contudo, que o item 1 dessa ementa não reflete exatamente o entendimento do relator, que, em seu voto, fez constar o entendimento acima expendido dos Tribunais Superiores, indicando, apenas, que, no caso específico em análise, estariam, ainda que prescindíveis, também presentes os requisitos para a decretação da prisão preventiva. O item 1 reflete entendimento do Desembargador Néfi Cordeiro, relator originário vencido, que insiste ser sempre necessária a verificação da presença dos requisitos do art. 312 do CPP, tal como já entendera pacificamente outrora o TRF da 4ª Região[20].

3. SOLUÇÃO SISTEMÁTICA: A LIBERDADE PROVISÓRIA COMO MEDIDA CAUTELAR E A AMPLITUDE DAS OPÇÕES VINCULATÓRIAS

Diante da perplexidade normativa – e até jurisprudencial – apontada, vislumbra-se a necessidade de adotar posicionamento que seja

20 Cf. TRF4, RSE 2005.70.01.005984-2, Oitava Turma, Relator Luiz Fernando Wowk Penteado, D.E. 17.01.2007; TRF4, HC 2006.04.00.027870-3, Oitava Turma, Relator Paulo Afonso Brum Vaz, DJ 11.10.2006).

ao mesmo tempo coerente e factível, isto é, passível de aplicação prática, sem, contudo, implicar qualquer antinomia.

Partindo-se da premissa explicitada e acolhida de que a liberdade provisória tem natureza cautelar, pela necessidade de vincular o réu ao processo, tem-se que essa instrumentalidade demanda a proporcionalidade da medida, no sentido singelo de que tanto mais forte deve ser a vinculação quanto maior for a necessidade.

É que, tal como já proclamado e festejado no âmbito do direito processual civil, a técnica processual é sempre instrumental ao direito material tutelado, seja, no caso, a liberdade do réu, seja o bem jurídico ofendido pelo crime supostamente praticado pelo agente.

Consiste, enfim, uma relação mútua de complementaridade funcional chamada por Figueiredo Dias de Direito Penal "total" [21].

Em termos de direitos fundamentais, essa relação demanda a necessidade de a técnica processual eleita ser adequada ao direito tutelado, sob pena, tal qual o temor exposto pelo Min. Gilmar Mendes no voto acima relatado, na esteira do pensamento de Robert Alexy, de inconstitucionalidade pela proteção deficiente.

É a conclusão, aliás, de Garcez Ramos, diante do assistemático regime da liberdade provisória, apontando que a omissão legislativa em organizar o instituto implica inconstitucionalidade pela "violação do direito da coletividade a ter, para os criminosos, um tratamento processual penal coerente com a gravidade dos crimes cometidos"[22].

Para ele, "é preciso que desate o *nó* de incongruência criado pelo art. 310 do Código de Processo Penal, tornando a fiança a forma principal de obter a liberdade vinculada"[23].

Eis, enfim, a sugestão do presente trabalho. Se, como medida cautelar extrema, existe a previsão da prisão preventiva, desde que preenchidos os requisitos do art. 312 do CPP, e se, por outro lado, estando estes ausentes, deve ser concedida a liberdade provisória, nada obsta

21 DIAS, Jorge Figueiredo. *Direito Processual Penal*. Coimbra Editora, 1994, p.28.

22 RAMOS, João Gualberto Garcez. *Op. cit.*, p. 220.

23 *Ibidem*, p. 220.

que entre estes dois termos haja outras formas de vinculação processual, graduadas conforme a harmônica aplicação dos direitos fundamentais em debate, quais sejam, o direito fundamental à liberdade – e o princípio que garante o estado de não culpabilidade – e o bem jurídico tutelado pela norma penal violada – e o respectivo mandado de criminalização constitucional, impondo a resposta estatal coerente.

Sobre o princípio da "inocência", ou, como aqui se preferiu, "de não culpabilidade", aponta a doutrina o seu conteúdo, justificando, inclusive, a opção terminológica:

> O que se entende hoje, como diz Florian, é que existe apenas uma *tendência* à presunção de inocência, ou, mais precisamente, um *estado de inocência,* um estado jurídico no qual o acusado é considerado inocente até que seja declarado culpado por uma sentença transitada em julgado. Assim, melhor e dizer-se que se trata do 'princípio de não culpabilidade'. Por isso, a nossa Constituição Federal não 'presume' a inocência, mas declara que 'ninguém será considerado culpado até o trânsito em julgado de sentença penal condenatória' (art. 5º, LVII), ou seja, que o acusado é inocente durante o desenvolvimento do processo e seu estado só se modifica por uma sentença final que o declare culpado.[24]

> ... o princípio da inocência, ou *estado* ou *situação jurídica* de inocente, impõe ao Estado a observância de duas regras específicas em relação ao acusado: uma de *tratamento*, segundo a qual o réu, em nenhum momento do *iter persecutório*, pode sofrer restrições pessoais fundadas exclusivamente na possibilidade de condenação, e a outra, de fundo *probatório*, a estabelecer que todos os ônus da prova relativa à existência do fato e à sua autoria devem recair exclusivamente sobre a acusação.

24 MIRABETE, Julio Fabbrini. *Processo Penal.* 14. ed. São Paulo: Atlas, 2003, p. 42. Cf., ainda, NUCCI, Guilherme de Souza. *Op. cit.*, p. 77: "O princípio da presunção de inocência garante, primordialmente, que o ônus da prova cabe à acusação, mas, por outro lado, confirma a excepcionalidade e a necessidade das medidas cautelares de prisão, já que indivíduos inocentes somente podem ser levados ao cárcere quando realmente for útil à instrução e à ordem pública".

> O princípio exerce função relevantíssima, ao exigir que toda privação de liberdade antes do trânsito em julgado deva ostentar natureza cautelar, com a imposição de *ordem judicial* devidamente motivada. Em uma palavra, o estado de inocência (e não a presunção) proíbe a antecipação dos resultados finais do processo, isto é, a prisão, quando não fundada em razões de extrema necessidade ligadas à tutela da efetividade do processo e/ou da própria realização da jurisdição penal.[25]

A expressa menção constitucional ao princípio (CF, art. 5º, LVII), como, de qualquer maneira, já se poderia inferir do princípio do devido processo legal (CF, art. 5º, LIV), impede "que o legislador ordinário formule normas restritivas à liberdade pessoal que ultrapassem aquele mínimo necessário para assegurar a aplicação da lei penal ou garantir a ordem pública"[26].

Por outro lado, salientando a força normativa dos princípios, Sérgio Fernando Moro, no seminário "Justiça Criminal em Risco", adverte, para sustentar a possibilidade da execução provisória da sentença criminal (quando pendente recurso extraordinário *lato sensu*), que o princípio "da inocência" – cuja origem, aponta, tem conteúdo eminentemente probatório – não deve ser interpretado de forma absoluta a ponto de esvaziar alguns institutos processuais penais, como é o caso do sequestro e prisão provisória[27]. As restrições seriam, assim, ainda que excepcionais, não vedadas.

---

25 OLIVEIRA, Eugênio Pacelli. *Curso...*, p. 27. Em seu livro sobre a liberdade provisória, Pacelli adota explicitamente o termo não culpabilidade, para, retomando lição de Afrânio Silva JARDIM, esboçar a retrospectiva histórica do princípio que aponta a sua origem exclusivamente no campo probatório, afirmando novamente: "Tem-se, portanto, como regra primeira do novo sistema, que o não culpado – em situação jurídica de inocente – somente poderá ser preso antes da decisão final por razões de comprovada necessidade, para fins de acautelamento dos interesses que fundamentam e legitimam a própria jurisdição penal, de natureza marcadamente instrumental – exceção feita à prisão para garantia da ordem pública –, e nos limites da proporcionalidade da medida" (OLIVEIRA, Eugênio Pacelli. *Regimes...*, Rio de Janeiro: Lumen Juris, 2007, p. 76).

26 PEREIRA, Paulo Maurício. *Op. cit.*, p. 54.

27 MORO, Sérgio Fernando. Justiça Criminal em Risco. In: *Série Cadernos do CEJ*, nº 25, vol. 25, p. 180-181.

É preciso, como se sustenta aqui, harmonizar, numa leitura coerente e sistemática, o princípio da não culpalidade à necessidade de restrições de direito aptas a vincular o réu ao processo. Essas medidas, como visto, devem ser proporcionais, adequando-se à gravidade do delito e à resposta social exigida ao Estado, desde que presentes, é claro, os clássicos requisitos cautelares – *fumus* e *periculum* — que serão, então, lidos à luz dessas finalidades.

Nem sempre essa harmonização implicará a drasticidade da prisão preventiva, mas, em contrapartida, nem sempre autorizará a concessão da liberdade provisória com o simples compromisso de comparecimento aos atos do processo. É, afinal, conclusão que deriva do poder geral de cautela, previsto no art. 804 do CPC (aplicável subsidiariamente ao Processo Penal), e inerente a toda atividade jurisdicional.

Serve essa conclusão a atender, inclusive, aos casos em que, por vedação constitucional ou legal, o crime é inafiançável, mas não estejam presentes os requisitos para a prisão preventiva. Serve, assim, a permitir um tratamento processual mais rigoroso e restritivo aos crimes eleitos como graves e que, embora não passíveis de fiança, também não devem implicar a apriorística e abstrata necessidade de decretação da prisão provisória.

O que se quer dizer é que a concessão de liberdade provisória sem fiança, de todo modo, não exclui a possibilidade de vinculação do réu ao juízo por outros meios. A sua natureza de contracautela autoriza essa exigência, conforme as peculiaridades do caso concreto. Seria essa a solução ótima, segundo aqui se sustenta, para afastar a incoerência apontada inicialmente, já que se poderia exigir, também nos crimes inafiançáveis, uma vinculação, para além do compromisso, ao juízo. O réu não é privado da liberdade, mas não deixa de estar vinculado ao processo.

Exemplificativamente, em decisão alardeada pela imprensa jurídica, o juiz federal Mário Jambo, da 2a Vara Federal Criminal do Rio Grande do Norte, concedeu a liberdade provisória a dois réus acusados de crimes praticados via internet, no bojo de um pedido de revogação de prisão preventiva, entendendo que, apesar de estarem mitigados os requisitos para a manutenção desta em virtude do encerramento da instrução, ainda haveria a necessidade de preservação da ordem pública – eis a natureza cautelar da liberdade provisória. Contudo, entendeu que essa preservação dependeria da vinculação dos réus à prática de certas tarefas – eis o ineditismo –, dentre as quais a leitura e elaboração de resumos manuscritos de obras literárias, além de frequência escolar, entre outras medidas tendentes, ainda que de forma menos drástica que a segregação, a afastar os réus do sedentarismo intelectual e do ócio que lhes permitiria a reiteração do delito e, sobretudo, a manutenção, como era o caso, da quadrilha formada para a prática[28].

Nessa toada, Nucci defende a afiançabilidade de todos os delitos, sobretudo para abranger o réu com maior poder aquisitivo, vinculando-o de maneira mais forte ao processo[29].

A jurisprudência do egrégio Tribunal Regional Federal da 4ª Região conta, por sua vez, com precedentes favoráveis à tese ora esposada, admitindo a concessão de fiança, ou de uma caução pecuniária, para crimes, em princípio, inafiançáveis:

> **EMENTA:** PROCESSUAL PENAL. HABEAS CORPUS. PRISÃO EM FLAGRANTE - DELITO TIPIFICADO NO ARTIGO 289, PARÁGRAFO 1º, DO CÓDIGO PENAL. CONDICIONAMENTO DA LIBERDADE PROVISÓRIA AO RECOLHIMENTO DE CAUÇÃO PECUNIÁRIA - FACTIBILIDADE. REDUÇÃO DA CAUÇÃO ARBITRADA - POSSIBILIDADE. 1. A gravidade do delito que se imputa ao paciente (CP, art. 289, § 1º) factibiliza o condicionamento de sua liberdade provisória ao recolhimento de caução pecuniária, cuja função é melhor vinculá-lo ao distrito da culpa e coibir a renovação da conduta vergastada. 2. Reduz-se a caução pecuniária arbitrada à concessão de liberdade provisória quando o seu dimensionamento afigura-se excessivo face às condições pes-

28 Notícia publicada em: <http://www.conjur.com.br/2008-abr-22/juiz_manda_reus_lerem_guimaraes_rosa_graciliano_ramos>. Acesso em: 28 jan. 2009

29 NUCCI, Guilherme de Souza. *Op. cit.*, p. 575.

soais do paciente, circunstância essa que se verifica na espécie pela ausência de recolhimento do quantum até a presente data - julgamento do writ. (TRF4, HC 2008.04.00.011584-7, Sétima Turma, Relator Marcos Roberto Araujo dos Santos, D.E. 28.05.2008)[30]

EMENTA: PENAL E PROCESSUAL. HABEAS CORPUS. IMPORTAÇÃO CLANDESTINA DE REMÉDIOS. ART. 273, § 1º-B DO CP. DESCAMINHO. LIBERDADE PROVISÓRIA. FIANÇA. 1. Em que pese o disposto no art. 1°, VII-B, da Lei 8.072/90, as infrações previstas no artigo 273, § 1º-B, do CP admitem a concessão de liberdade provisória, conforme o caso, quando ausente hipótese autorizadora da prisão preventiva (art. 312, CPP). Precedentes. 2. Na espécie em análise, a natureza da infração, a quantidade de mercadorias apreendidas, bem como as condições econômicas da acusada, justificam a prestação de fiança, como medida de cautela e fixação do vínculo entre a Paciente e o Juízo. (TRF4, HC 2007.04.00.004257-8, Oitava Turma, Relator Élcio Pinheiro de Castro, D.E. 14.03.2007)

Marcelo Cardozo da Silva noticia, aliás, que essa solução é objeto do Projeto de Lei 4.208/2001, que admite expressamente sua natureza cautelar, trazendo um rol de medidas passíveis de ser adotadas pelo juiz para vincular o réu[31].

Trata-se, pois, de uma solução viável e, quiçá, apta a evitar tantas das incongruências apontadas em relação ao instituto da liberdade provisória.

CONCLUSÃO

Na esteira do que se denomina direito penal total, evidenciando o caráter de mútua complementaridade entre o direito material e o direito processual penal, na tentativa de harmonizar os direitos funda-

30 CP, art. 289, § 1º, comina pena privativa de liberdade de 3 a 12 anos e, portanto, não comportaria fiança.

31 SILVA, Marcelo Cardozo da. *Op. cit.*, p. 47-48.

mentais em colisão – no caso, o direito fundamental à liberdade e o direito tutelado pela norma penal violada, e seus corolários –, procurou-se, de maneira pouco ambiciosa, delinear a natureza do instituto da liberdade provisória.

Sua conformação normativa atual é complexa ou mesmo paradoxal, o que se reflete na jurisprudência sobre o tema, demandando, pois, a sua sistematização.

Definida a sua natureza cautelar, e, como tal, instrumental, apontou-se a necessidade de sua aplicação proporcional àquilo que se pretende acautelar, conforme os parâmetros apresentados no caso concreto.

Surge, assim, como alternativa viável entre dois polos opostos: a decretação da prisão e a liberdade sem vinculação, autorizando o juiz, diante da peculiaridade de cada caso, a adotar medidas diversas para reforçar essa vinculação, seja pela exigência de fiança, seja pela exigência do cumprimento de outros requisitos que se revelarem necessários.

REFERÊNCIAS

DIAS, Jorge Figueiredo. *Direito Processual Penal.* Coimbra Editora, 1994.

MIRABETE, Julio Fabbrini. *Processo Penal.* 14. ed. São Paulo: Atlas, 2003.

MORO, Sérgio Fernando. Justiça Criminal em Risco. In: *Série Cadernos do CEJ*, nº 25, vol. 25.

NUCCI, Guilherme de Souza. *Manual de Processo Penal e Execução Penal*. 3. ed. São Paulo, 2007.

OLIVEIRA, Eugênio Pacelli. Curso de Processo Penal. 3. ed. Belo Horizonte: Del Rey, 2004.

____. *Regimes constitucionais da liberdade provisória.* Rio de Janeiro: Lumen Juris, 2007.

PEREIRA, Paulo Maurício. A lei dos crimes hediondos e a liberdade provisória. In: *Revista Jurídica*. Ano XL, nº 176, jun/92.

RAMOS, João Gualberto Garcez. *A tutela de urgência no processo penal brasileiro – doutrina e jurisprudência*. Belo Horizonte: Del Rey, 1998.

SILVA, Marcelo Cardozo. *Prisão em flagrante e prisão preventiva*. Porto Alegre: TRF – 4ª Região, 2008 (Currículo Permanente. Caderno de Direito Penal: módulo 4).

TOURINHO FILHO. Da prisão e da liberdade provisória. In: *Revista Brasileira de Ciências Criminais*. Ano 2, n. 7, jul-set/1994, ed. Revista dos Tribunais.

NOVA LETRA
GRÁFICA & EDITORA
www.novaletra.com.br

Esta obra foi impressa na Nova Letra Gráfica e Editora. - Blumenau - SC - 47 3325-5789. Miolo em papel Offset 75g. Capa em papel Triplex Supremo 300g.